KB151822

개정2판

재정학개론

－국가재정과 지방재정의 이해－

최 식 인

형지사

머리말

이 책은 도시 · 지역학부생을 대상으로 지방정부의 재정을 강의하기 위하여 사용되던 2014년 판의 교재를 부분적으로 수정·보완한 개정판이다. 초판에서 말했듯이 지방정부의 재정을 체계적으로 학습하기 위해서는 먼저 국가재정을 이해하는 것이 필요하다. 이 책은 이러한 점을 감안하여 국가재정을 다루는 일반재정학의 기본원리와 지방재정학의 기본원리 가운데 기본이 되는 것을 연계하여 통합적으로 설명하였다.

이 책의 기술은 국가재정에 관한 일반이론을 먼저 설명하고 이와 관련된 지방재정이론을 설명하는 순서를 취하였다. 이와 같은 방식은 국가재정과 지방재정의 상호 연관관계 속에서 지방재정의 기본개념 체계를 설명하기 위함이다. 그러나 이러한 접근이 효과적인 측면도 있었지만 당초의 의도와 달리 어떤 부분에서는 다소 의제적인 결과를 초래하였다는 반성을 하게 된다.

개정판에서도 전체적인 체계는 이전의 것을 그대로 유지하였다. 제1부에서는 국가 및 지방재정의 기초에 대하여 설명하였다. 제1장에서는 재정학의 개념, 제2장에서는 우리나라 재정현황에 대하여 개관하였다. 그리고 제3장, 제4장에서는 효율성과 공평성, 시장의 실패에 대한 논의를 통하여 재정학의 학문적 성격을 설명하였다. 제2부에서는 국가재정과 지방재정의 관계에 초점을 맞추어 구성하였다. 제5장에서는 정부조직의 구성 원리를, 그리고 제6장과 제7장에서는 투표 이론 및 티브 모형을 통하여 공공선택의 결정원리를 설명하였다. 그리고 제3부에서는 예산과정과 공공서비스의 공급과정을 설명하였다. 마지막으로 제4부에서는 재정의 수입에 대하여 설명한 후 재정정책을 추가로 보완하였다.

이 책은 결과적으로 새로운 것을 더하기보다는 다음과 같은 저서들에서 많은 부분을 인용하였다. 일반재정 부분은 H. S. Rosen & T. Gayer(2008)의 Public finance를, 그리고 지방재정 부분은 R. C. Fisher(2007)의 State & Local Public Finance를 주로 참고하였다. 그 외에도 기획재정부의 재정교실, 이준구(1999), 이

필우(1995)의 재정학, 전상경(2007), 우명동(2001), 권형신 외(2001), 손희준 외(2001) 등의 지방재정학 저서를 주로 참고하였다. 이 분들께 깊이 감사드린다. 그리고 이 책의 출판을 맡아 주신 형지사에도 깊은 감사를 드린다.

2019. 7.

저자 최식인

차 례

제2부 정부조직과 공공선택

제3부 정부의 예산과 공공사업

제1부

재정의 기초

제 1 장

재정학이란?

국민경제는 크게 민간부문과 공공부문으로 양분된다. 넓은 의미에서의 정부라고 할 때는 이 중에서 통상 공공부문만을 지칭한다. 이 개념 속에는 좁은 의미의 정부와 여러 형태의 공공기관들이 모두 포함된다.

좁은 의미의 정부란 중앙정부와 지방정부만을 포함하는 일반정부를 의미한다. 중앙정부는 구체적으로 말하면 정부의 각 부처를, 그리고 지방정부는 특별시, 광역시, 도·시·군 등의 지방자치단체를 가리킨다.

중앙정부와 지방정부이외에 공공기관이란 한국은행, 지하철공사와 같이 정부가 자본금의 전액을 투자한 정부투자기관이나 정부가 자본금의 일부를 출자한 한국방송공사, 한국전력공사 등과 같은 정부출자기관을 말한다.

재정을 흔히 정부의 경제활동이라고 말할 때 정부의 범위를 어디까지로 보느냐에 따라서 달라질 수 있다. 다시 말해서 공공기관을 포함하는 광의의 재정과 좁은 의미의 재정은 구분하여 사용하는 것이 필요하다. 통상적으로는 재정(財政)이라고 하면 중앙정부와 지방정부의 재정을 포함하는 좁은 의미의 일반정부 재정을 의미하지만 경우에 따라서는 넓은 의미로 사용하기도 한다. 본서에서 재정이라고 하면 주로 좁은 의미의 일반정부의 재정을 지칭하기로 한다.

〈그림 1-1〉 재정의 범위

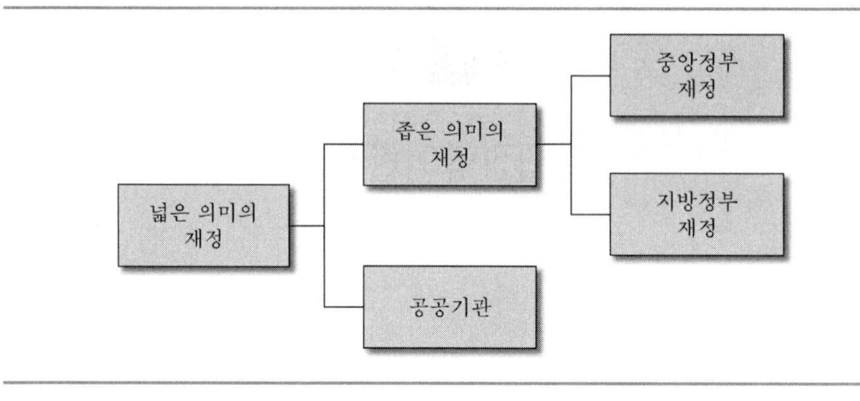

1. 재정학의 사적배경

재정학에 대한 논의는 국가의 형성과 더불어 이루어져 왔다고 해도 과언이 아니다. 재정이론에 대한 초기의 체계적인 접근은 18세기에 독일에서 형성된 관방학파에서 찾을 수 있다. 관방학(官房學)이란 크게는 국력부강정책으로 산업정책을 연구하는 학문으로 볼 수 있지만, 보다 좁게는 국왕의 수입을 확보하는 재무행정의 기술에 관해 주로 연구하는 학문이었다(이필우, 1997) 이 당시의 재정학은 그 중심이 국가의 수입측면에 주로 국한되어 있었으므로 재정의 국민경제적 역할은 오늘날과 같이 크지 않았다.

근대적인 재정이론은 18세기 후반에 근대 시민사회를 배경으로 하여 체계적으로 정립되기 시작했다. 이때는 스미스(A. Smith)를 중심으로 하는 자유주의 사상이 지배하던 시기이다. 그는 경제활동은 시장 기능에 맡겨 두면 보이지 않는 손(invisible hand)인 가격에 의하여 효율적으로 이루어진다고 보았으므로, 국가의 기능은 국방, 사법과 경찰, 그리고 개인이 할 수 없는 공공사업이나 공공시설의 제공과 같은 기본적인 역할에 한정되어야 한다고 주장하였다. 다시 말하면 당시는 작은 정부가 좋은 정부라는 생각이 팽배해 있었기 때문에 재정규모를 최소로 하는 이른 바 야경국가관이 지배적이었다. 이 시기의 경제학적 주 관심은 시장의 효율성에 주어져 있었으므로 재정학의 연구범위는 오늘날에 비하면 극히 제한되어 있었다.

자유방임주의 사상에 기초한 초기의 자본주의는 19세기 중반에 이르러 소득분배의 불공평이라는 심각한 문제에 직면하게 되었다. 이에 따라 사회복지를 구현하기 위한 정부의 기능이 강조되었다. 그리하여 이 시기를 기점으로 재정학 연구의 필요성이 증대되고 연구영역 또한 확대되기에 이르렀다. 당시의 대표적인 경제학자인 밀(J. S. Mill)은 국가의 기능을 이전의 고전학파가 강조한 야경 국가 중심으로부터 복지국가 중심으로 전환해야 한다고 주장하여 재정학의 새로운 지평을 여는데 크게 기여하였다. 또한, 피구(A. C. Pigou)는 어떤 경제의 상태가 얼마나 높은 사회 후생을 가져다 주는가를 평가하는 후생경제학을 발전시키는데 있어서 기초를 놓았다. 그의 후생경제학 이론은 그 후 재정학의 정립에 크게 기여하였다.

20세기에 들어서는 경제학에서 재정정책의 중요성이 강조되게 되었다. 1920년대 말경에는 대공황이 세계를 엄습하였고 각국에서는 전대미문의 경기침체로 인하여 수많은 실업자가 발생하였다. 이런 시대적 배경에서 태어난 것이 케인즈의 경제이론이다. 케인즈(J. M. Keynes)는 경기침체의 원인이 수요의 부족에 있다는 사실을 처음으로 갈파하고 수요를 진작시키는 정책수단의 필요성을 주장하였다. 그는 총수요를 창출하는 정책 수단으로서 특히 재정확대정책을 강조하였다. 그리고 이러한 정책적 제안은 그 후에 미국을 비롯한 여러 나라에서 받아들여져 경기조절의 수단으로 활용하게 되었다. 이를 계기로 거시경제정책의 일환으로서 재정정책의 중요성이 강조되기 시작하였다.

그러나 제2차 세계대전 이후에는 재정지출의 과도한 증가에 의하여 인플레이션이라는 새로운 문제에 직면하게 되었으며, 이 같은 현상은 국민경제에 매우 심각한 악영향을 미치게 된다는 사실을 알게 되었다. 따라서 각국에서는 경제정책을 성장 위주에서 점차로 인플레이션을 억제하는 안정화정책으로 바꾸어 나가게 되었다. 이에 따라 재정정책도 단기적인 의미에서의 경기 대책으로부터 장기적인 안정적 성장으로 그 중심이 이동하게 되었다.

그 후, 1960년대에 이르면 구미에서 소위 스태그플레이션(stagflation)이라는 새로운 경제현상이 나타나게 되었다. 이것은 총수요 확대 정책에도 불구하고 실업률이 줄지 않으면서 동시에 인플레이션이 지속되는 현상으로 당시의 경제이론으로서는 설명하기 어려운 일이었다. 스태그플레이션의 원인과 대책을 설명한 대표적인 학파로 통화주의자들을 들 수 있다. 이들은 재정정책과 같은 재량적인 경제정책의 유효성을 비판하고 안정적인 통화의 공급이 중요하다고 주장하였다. 즉, 그들은 스태그플레이션의 원인으로 그 동안의 무분별한 재정정책을 거론하였다. 1970년대 말에 이르면 새고전학파(new classical school)가 등장하여 합리적인 기대이론을 구축하였다. 그들은 합리적 기대에 의한 즉각적인 시장 균형의 달성을 전제로 하여 재량적 경제정책의 유효성을 보다 근본적으로 비판하게 되었다. 그러나 다른 한편으로는 케인즈의 전통을 계승하는 새케인즈학파(new Keynesian)가 등장하여 재정정책의 유효성을 여전히 강조하였다.

한편 근래에는 재정학에서 상대적으로 소홀히 취급되어 왔던 정부 지출의 내용과 정책 결정 과정에 대한 분석으로 학자들의 관심이 크게 이동하였다. 즉 공공재를 효율적으로 공급하기 위한 조건을 밝히는 공공재 이론, 정책 입안 과정에서의 정치가와 관료들의 행위, 투표와 협상의 효율성 등의 문제를 분석하기 위한 공공선택이론 등이 중시되고 있다.

2. 재정의 의의

재정의 정의

오늘날 정부부문은 국민경제에서 상당한 부분을 차지하며 지대한 영향을 미치고 있다. 정부는 민간으로부터 조세를 징수하고, 이것을 재원으로 하여 정부를 운영할 뿐 아니라 여러 가지 정부사업을 포함한 각종의 경제정책을 전개함으로써 국민경제를 바람직한 방향으로 유도하고 있다.[1)]

앞 절에서 설명한 바와 같이 자본주의의 초기단계에는 작은 정부(small government)가 좋은 정부라는 생각이 지배적이었다.[2)] 그러나 산업혁명이 완료되

---

1) 이와 같이 정부가 국민경제에서 상당한 비중을 차지하는 경제를 흔히 혼합경제(mixed economy)라고 한다.

고 자본주의가 성숙됨에 따라 그 병폐가 심각하게 나타나게 되었고 그리하여 사람들은 정부가 보다 적극적으로 개인의 경제적 문제를 해결해 줄 것을 요구하게 되었다. 따라서 오늘날 정부는 질서유지와 국가안보의 기능에만 머물러 있지 않고 보다 적극적으로 국민들의 복지적 요구를 충족시키는 데 필요한 역할을 확대해 가고 있는 실정이다. 그러므로 재정의 개념을 과거에 비하여 좀더 적극적으로 정의하는 것이 필요하게 되었다.

즉, 재정이란 과거에는 정부가 국방·외교·치안 등 국가 유지를 위한 기본적인 기능을 수행하기 위하여 필요한 재원을 마련하고 지출하는 모든 행위라고 정의되었다. 이 정의 속에 나타난 국가의 역할들은 과거나 지금이나 불변의 가장 고유한 역할들이다. 과거에 작은 정부 시절에는 재정을 이와 같이 좁게 정의하여도 무방하였다.

그러나 오늘날은 이상과 같은 기본적인 정부의 역할에 더하여 경제성장을 위한 기반의 조성이나 사회복지 확충 등을 위한 활동을 포함시키는 것이 필요하게 되었다. 따라서 오늘날은 재정은 보다 넓게 정의하여 위에서 언급한 바와 같이 정부가 국방, 치안, 외교 등 기본적 기능을 수행할 뿐만 아니라 국민경제의 안정적 성장과 복지국가실현을 위하여 필요한 재원을 조달하고 이를 관리하는 모든 활동으로 정의하게 되었다. 이상과 같은 정의를 간단히 말하면 국가가 행정활동이나 각종 공공정책을 시행하기 위하여 자금을 조성하고 지출하는 모든 경제활동을 재정이라고 할 수 있다.[3)]

재정의 특징

정부의 경제활동을 재정이라고 하여 별도로 다루고 있는 것은 정부의 역할이 민간부문과 다르기 때문이다. 정부도 가계나 기업과 같은 민간 부문처럼 수입을 마련하여 지출 활동을 수행한다는 점에서는 다르지 않다. 하지만 몇 가지 점에서 근본적인 차이가 있다.

---

2) 당시에는 정부의 기능을 사회의 질서유지와 국가의 방위에 한정하고, 정부의 국민경제에 대한 개입은 바람직하지 않다고 생각하였는데, 이러한 정부를 야경국가 또는 경찰국가라고 불렀다.

3) Gerloff는 재정을 '국가 또는 공공단체가 그의 공공욕구를 충족하기 위하여 필요로 하는 물질적 수단을 조달하고 사용하는 일체의 행위'로 정의하였다.

첫째, 민간부문의 경우에 가계는 가족의 복지 수준(효용)을 극대화하고, 기업은 이윤을 극대화한다는 비교적 뚜렷한 목표를 가지고 행동하지만 정부는 국가 전체의 방위, 치안, 경제성장, 복지 향상 등 복합적인 목표를 염두에 두어야 한다는 점에서 차이가 있다. 특히 오늘날의 정부는 소득의 양극화에 따른 경제적, 사회적 취약 계층을 배려하는 복지의 증진이나 산업화에 따른 자연의 파괴, 환경오염 등 민간부문에서는 자체적으로 해결되지 않는 정책 목표를 달성해야 한다는 점에서 차이가 있다.

둘째, 가계는 노동 등 생산요소의 공급으로, 기업은 생산한 물품이나 용역의 판매로 수입을 얻지만, 정부는 공권력에 의하여 강제적인 방법으로 조세를 징수하는 방식으로 수입의 대부분을 조달한다는 점에서 차이가 있다. 다시 말해서 민간부문의 수입이 주로 시장의 원리에 의하여 자율적으로 결정되는 데 비하여 정부의 수입은 정책 결정에 의하여 이루어진다는 점에서 다르다.

셋째는 재정은 복잡한 예산행위에 의하여 그 활동이 이루어진다는 점에서 차이가 있다. 기업도 수입·지출계획을 세우지만 정부예산과 같이 구속력이 그렇게 강하지 않다. 정부예산의 결정과정에는 행정부뿐만 아니라 국회까지도 포함되고 집행과정 역시 엄격한 원칙과 통제 속에서 이루진다. 즉, 재정은 국민 부담인 조세로 수입을 마련하고 그 지출이 국민 전체에 포괄적인 영향을 미치기 때문에 행정부는 예산안을 편성하여 국회에 제출하고 의결을 받은 후에 수입·지출 활동을 수행하고, 그 결과를 국회로부터 승인 받아야 한다. 이러한 점이 민간 부문과 엄격히 구분된다. 그러므로 예산뿐만 아니라 조세의 징수, 결산, 그리고 국유재산의 관리 등 국고 업무를 포함하는 모든 활동이 재정에 속한다.[4)]

국가재정과 지방재정

1995년에 이르러 지방자치의 본격적인 실시로 인하여 재정의 중요성이 중앙재정으로부터 지방재정으로 많이 이동되고 있다. 하지만 지방재정은 아직도 중앙재정과 독립된 것이 아니라 중앙재정과의 깊은 의존관계에 있는 것이 사실이다. 이상에서는 재정을 설명할 때 중앙정부와 지방정부를 구분하지 않은 채 포괄적으

4) 기획재정부(2004), 재정교실, 참조.

로 논의하였지만 사실 지방정부는 중앙재정과 다른 특성을 가지고 있으므로 별도의 논의가 필요하다.

국가재정 또는 중앙재정이 나라 전체의 경제활동을 대상으로 하는데 반해 지방재정은 지방정부라는 제한된 범위의 경제활동을 대상으로 한다는 점 때문에 약간의 차이가 발생한다.[5)]

경제적 측면에서 볼 때 지방재정은 중앙재정과 달리 높은 개방성(openness) 또는 이동성(mobility)이라는 특징을 갖는다. 국가적 관점에서 볼 때 국민의 국가 간 이동에는 상당한 정도의 제약이 따르지만 한 국가 내에서 주민들의 지역 간 이동에는 장벽이 별로 존재하지 않는다. 한 예로 한 지방정부가 지방세를 낮추는 재정정책을 마련한다면 다른 지역으로부터 기업들이 유입되어 들어 올 수 있다. 반대로 세금을 올리는 정책은 해당 지역 주민을 다른 지역으로 유출시키는 작용을 한다. 이와 같은 지역 간의 높은 이동성은 한 지방정부의 재정정책의 효과가 인접한 다른 지역으로 파급되게 되는 지역 간 외부효과를 초래한다.[6)] 이러한 점 때문에 지방재정은 중앙재정과 구분하여 고찰하는 것이 필요한 것이다.

지방재정의 이러한 특수성을 전제하면 지방재정을 다음과 같이 정의할 수 있을 것이다. 즉 지방재정이란 지방정부가 중앙재정과의 연관관계 속에서 특히 그 지역 주민의 복지적 욕구와 같은 공적욕구를 충족시키기 위하여 필요한 재화 및 서비스를 공급하는 데 필요한 재원을 조달하고 관리하는 모든 활동을 말한다. 이러한 경제활동은 구체적으로는 지방정부가 집행하는 예산, 결산, 회계 등에 구체적으로 나타난다.

5) 국가재정이란 넓은 의미로 정의된 정부, 즉 중앙정부와 지방정부 및 공공부문을 포함하는 재정을 의미하기도 하고, 중앙정부재정인 중앙재정을 지칭할 때도 있다. 또는 양자 간의 엄밀한 구분 없이 사용할 때도 있다. 본서에서는 국가재정은 전자의 의미로 사용한다.

6) 이 같은 효과를 공간적 외부성(spatial externalities)하고 한다.

3. 재정의 경제적 기능

오늘날과 같은 혼합경제에서는 정부의 역할이 과거에 비해 다양해졌다. 무엇보다도 정부는 시장의 규칙을 정하고 감시 감독하는 기능을 갖는다. 다시 말해서 정부는 시장에 참여자인 동시에 감시자로서 시장에 참가하는 참가자들이 지켜야 할 경기의 규칙(rules of game)을 정해 주고 이를 감독하는 기능을 담당한다. 구체적으로는 사유재산(private property)제도, 계약과 파산에 관한 법률, 공정거래법, 노사관계법 등에 관한 규정을 정하고 유지하는 일을 한다. 이상과 같은 정부의 일반적 기능은 국민경제의 기본적 틀을 형성함으로써 국민경제에 영향을 미친다.

이와 같이 정부가 국민경제의 운행에 필요한 제도를 마련하는 행위는 국민경제의 성과에 지대한 영향을 미친다. 이외에도 정부의 모든 활동은 국민경제에 어떤 형태로든 영향을 미친다. 정부활동은 그 자체가 국민경제에 영향을 미치기도 하지만 그러한 활동을 수행하는 데 필요한 재원을 조달하고 지출하는 재정행위는 보다 직접적이고 가시적으로 국민경제에 영향을 미친다. 재정의 경제적 기능으로 머스그레이브 부부(R. A. Musgrave & P. B. Musgrave, 1984)는 다음과 같은 세 가지 기능을 들고 있다. 즉 그들은 자원의 효율적 배분, 공정한 소득분배의 실현, 경제의 안정이라는 재정의 3대 기능을 강조하였다. 다음에서는 이 세 가지 기능에 대하여 각각 설명한다.

자원배분 기능

머스그레이브에 의하면 정부의 재정은 시장을 도와서 자원배분의 효율성을 증대시키는 기능을 갖는다. 우리가 알고 있는 바와 같이 시장이 항상 효율적인 것은 아니며 때로는 실패할 때도 있다. 즉 시장의 실패(market failure)가 나타난다. 이러한 경우에 정부가 시장에 개입하여 시장실패(市場失敗)를 보완하는 역할을 담당한다. 예를 들어 시장 기구는 국방과 같은 공공재를 제대로 공급할 수 없으므로 정부가 이런 역할을 수행한다. 또, 공해와 같이 외부효과가 있거나 시장이 지나치게 독과점화 되면 정부가 개입하여 시장의 효율성을 증대시킬 수 있다.

이와 같이 시장 실패의 경우에 정부가 개입한다면 어느 단계의 정부가 책임을 지며 어떤 역할을 수행하는 것이 바람직한가하는 점 역시 재정학의 중요한 연구 주제이다. 다시 말해서 시장의 기능을 보완하거나 대신하여 자원배분의 효율성을 증대시키는 데 있어서 중앙정부 재정의 기능은 무엇이며, 이와 별로도 지방정부의 역할은 무엇인지 구분하여 규명하는 것이 필요하다.

일반적으로 정부는 재정 활동을 통하여 사회적으로 바람직한 수준의 공공 서비스를 제공하여야 하는데, 국방, 치안, 고속도로 등 파급범위가 전국적으로 미치는 순수 공공재는 주로 중앙정부가 담당한다. 반면에 교육, 공원, 상하수도, 지방도로와 같이 그 파급범위가 제한된 공간에 미치는 공공재의 공급은 지방재정이 담당한다는 것이 전통적인 견해이다. 이와같이 역할분담을 통하여 지방정부는 국가재정을 보완함으로써 사회 전체적으로 자원이 효율적으로 배분되도록 하는 데 기여할 수 있다.

소득분배 기능

재정은 소득분배(所得分配)를 개선시키는 중요한 기능을 갖는다. 일반적으로 시장은 효율적이지만 공평한 분배는 보장하지 못한다. 오히려 시장경제가 발달할수록 소득분배의 격차는 더욱 벌어지는 경향이 있다. 따라서 정부는 소득 분배의 불공평을 시정하기 위하여 각종의 재분배정책을 실시할 필요가 있다. 중앙정부에 의한 주요한 재분배정책으로는 실업보험, 연금제도, 의료보험 등과 같은 사회보장제도를 들 수 있다. 이러한 중앙정부의 기능은 그 중요성이 점차 증대되고 있는 실정이다.

공평한 소득분배라는 국가적 목표를 달성하는 데에는 중앙재정이 지방재정보다 효율적이라는 견해가 지배적이다. 지방재정은 이에 관한 한 단지 보완적 기능만 가진다는 것이 전통적인 견해이다. 예컨대 특정지역이 다른 지역에 비하여 강력한 소득재분배정책을 시행하면 다른 지역으로부터 저소득계층이 전입하여 들어오고, 반면에 그 지역의 고소득계층은 다른 지역으로 전출하려는 현상이 발생한다. 그렇게 되면 지방정부의 세원이 감소하는 반면 지출은 더욱 증대되어 재정압박을 받을 수 있다. 때문에 지방정부의 재분배정책은 한계를 가질 수밖에 없다. 경우에 따라서는 지방정부가 재분배정책을 시행하다가 재정파탄에 이르기도 한다. 1970년대 중반 사회복지사업을 과도하게 실시하다 재정파탄에 직면한 뉴욕시가 대표적 예이다. 이 때문에 대부분의 지방정부는 재분재정책의 추진에 소극적인 입장을 보이거나 심한 경우에는 빈곤층의 유입을 억제하고 부유층의 유입을 촉진하는 소득분배에 역행하는 정책을 선택하게 된다. 이에 반해 중앙정부는 국세를 통하여 지방정부간의 재정력 격차를 해소하고 지역 간의 소득차이를 해소하는 정책을 추진하는 데에 명백한 장점을 가진다.따라서 재분배정책은 국가적 차원에서 수행되는 것이 지방정부에 의해 수행되는 것보다 바람직하다고 보는 것이 일반적 견해이다.

이러한 전통적인 견해와 달리 최근의 연구에서는 지방정부에 의해 소득재분배사업이 상당히 추진되고 있으며, 또 그럴만한 이유가 있다고 한다. 특히 지방정부에 의해 제공되는 교육, 보건 등과 같은 서비스는 중요한 재분배적 의미를 갖는다고 본다. 즉, 전통적인 주장과 달리 실제로는 재분배 정책이 지방정부에 의하여 이루이지고 있다는 것이다. 그 이유로는 첫째로 전통적 이론에서 말하는 바와 같이 주민의 이동성이 그렇게 크지 않다는 점과 둘째로는 정치적으로 재분배정책이 정당화된다는 점을 들 수 있다. 특히 지방 정치가는 주민의 득표를 극대화하려는 의도를 가지고 소득의 재분배를 적극적으로 추진할 수 있다는 점이 강조되고 있다.

경제안정화 기능

재정은 안정적으로 경제의 성장을 유도하는 기능을 갖는다. 오늘날 정부는 국민경제가 안정적인 기반위에서 지속적인 성장을 할 수 있도록 재정·금융정책을 실시할 수 있는 힘을 가지고 있다. 시장경제는 그냥 두면 경기순환 과정에서 실업, 인플레이션, 국제수지의 불균형 등을 겪게 되므로 정부가 개입하여 경제안정과 성장을 개선하는 것이 필요하게 되었다.

경제안정화(經濟安定化)의 기능 역시 중앙정부가 대부분의 정책수단을 가지고 있기 때문에 지방정부의 역할은 극히 제한적이라는 것이 전통적인 견해이다. 한 지방정부로서는 자신의 권한으로 그 지역의 가격, 고용 수준 등 경제적 활동을 독자적으로 통제할 능력에 한계가 있다. 사실 지방정부는 독립적인 통화운용권이나 독자적인 과세권한을 가지고 있지 않기 때문에 거시적 경제정책을 수행하는 데에는 근본적으로 한계가 있다. 만약 통화 및 재정 정책 수단을 가진다 하더라도 지역 간의 개방성 및 이동성으로 인하여 그 효과가 그 지역 안에 국한되어 나타나지 않는다. 그러므로 지방정부는 효과적인 재정정책을 수행할 수 없다고 보는 것이 전통적인 생각이다.

예를 들어, 한 지방정부가 지방세 감세, 현금보조, 지출 확대 등과 같은 방법으로 확장적인 재정정책을 시도한다고 하자. 그러면 주민들의 소득이 증가되어 소비를 증대시킬 것이다. 그러나 이 같은 소비증대의 궁극적인 효과가 모두 그 지역 안에 파급되는 것은 아니다. 다시 말해서 그 지역 주민들이 소비한 소비재가 어디에서 생산되는가에 따라 그 효과는 달라진다. 그 소비재가 다른 지역에서 생산된 것이라면 그 이익이 다른 지역으로 파급되고 만다. 그러나 확장적인 재정정책을 수행하기 위하여 차입한 기금은 언젠가는 상환되어야 하기 때문에 해당 지역 주민의 부담으로 남는다는 문제가 있다.

그럼에도 불구하고 최근의 연구에 의하면 전통적인 생각보다 지방정부의 재정정책이 경제의 안정에 기여한다고 본다. 그들에 의하면 주민은 전통적인 생각처럼 그렇게 경제적 이유만으로 쉽게 이동하지 않으며 지출의 많은 부분이 지역에서 생산된 재화 및 서비스로 돌아간다는 것이다. 따라서 지방재정정책이 그 지역 안에서 상당한 효과를 갖는다고 생각한다. 또한 오늘날 지방자치의 진전에 따라 지방정부의 재정규모가 날로 증가하여 국민경제에 미치는 영향력이 커지고 있다는 점이 지적되고 있다. 예들 들어, 경기 침체기에 지방정부가 지출을 확대하거나 경기 확장기에 지방재정에 잉여가 발생한다면 이는 국민경제 전체적으로 경기 조정적인(countercyclical) 기능을 갖게 된다는 점이 인정되고 있다.

4. 국민경제와 재정의 관계

국민경제에서 정부의 역할은 국민소득의 창출 과정 속에서 파악할 수 있다. 〈그림 1-2〉는 폐쇄경제의 가정 하에 국민소득이 어떻게 생성되고 순환되는지를 나타낸 것이다. 그림에서 위쪽은 재화 및 서비스가 거래되는 재화시장을 나타내고, 아래쪽은 생산요소가 거래되는 생산요소시장을 나타내고 있다.

그림의 왼쪽에 있는 가계는 요소시장에서 노동, 자본, 토지 등의 생산요소를 기업과 정부에 제공하고 그에 대한 대가로 기업과 정부부문으로부터 임금, 배당금(이윤), 임대료, 이자 등과 같은 소득을 얻는다. 이러한 가계소득을 모두 합한 것을 넓은 의미로 국민소득이라고 부른다.

〈그림 1-2〉 국민경제와 정부

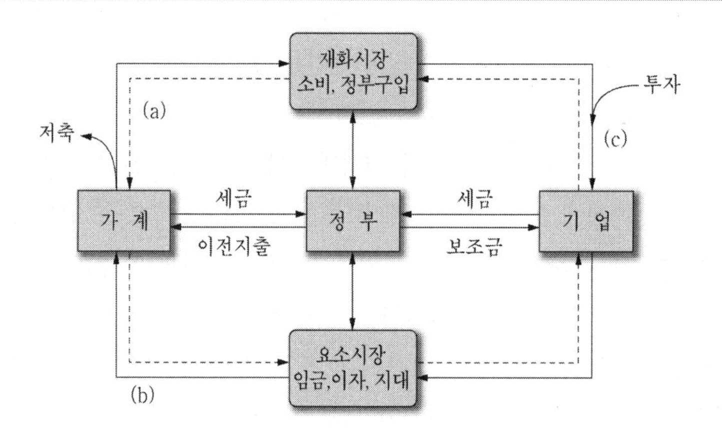

가계부문이 받은 국민소득(國民所得)은 다시 재화시장을 통하여 소비되고 일부는 정부에 세금으로 지출된다. 그리고 남는 것이 저축된다. 그림의 오른 쪽에 있는 기업은 가계와 정부에 판매하여 얻은 판매수입을 가지고 가계부문으로부터 생산요소를 다시 구입함으로써 생산 활동을 지속한다. 이 때 수입과 지출의 차이는 기업 이윤(profit)으로서의 기업소득이며 이 중에서 일부는 정부에 세금(법인세)으로 내고 나머지는 가계부문에 배당금으로 지급되어 가계소득을 구성한다. 그리고 나머지는 기업이 미래 신규투자(사내유보이윤)를 위하여 사용한다.

한편, 그림의 가운데에 있는 정부는 가계와 기업으로부터 받은 세금으로 재화시장에서 정부활동에 필요한 각종 사무용구, 기자재 등을 구입하며, 요소시장에서는 가계로부터 공무원을 고용한다거나 건물을 임대하는 등 생산요소를 구입한다. 또한 정부는 가계에 사회보장적 이전지출을 하며 기업에 대해서도 특정 사업이나 활동에 대하여 보조금을 지출하는 행위를 한다. 이러한 활동은 반복해서 계속적으로 이루지고 그 과정에서 국민소득이 창출된다. 국민소득은 국민소득의 순환과정의 어느 한 지점에서나 측정할 수 있고, 어느 곳에서 측정해도 그 크기는 동일하게 된다. 실제로 국민소득은 생산 측면, 지출 측면, 분배 측면에서 측정되어 기록된다.[7)]

국민계정은 이상에서 설명한 바와 같이 국민경제를 구성하고 있는 가계, 기업, 정부 등이 일정 기간 동안에 수행한 경제활동의 결과를 기록한 것이다. 다음에서는 국민계정을 통하여 정부의 역할에 초점을 맞추어 국민소득의 구성을 살펴보기로 한다.

국민계정의 생산측면에서 볼 때 재화나 서비스의 가치는 시장 가격으로 평가함이 원칙이다. 기업들이 생산하는 대부분의 재화 및 서비스는 이런 방식으로 측정된다. 하지만 정부 서비스는 시장에서 거래되지 않기 때문에 시장가격으로 평가할 수 없으므로 부득이 생산 원가로 평가한다. 이 점이 민간부문과 다른 점이다. 다시 말해서 정부가 생산하는 정부서비스의 생산은 공공행정·국방서비스,

---

7) 첫째는 재화시장에서 기업이 생산한 모든 재화 및 서비스의 가치를 직접 측정한 것으로 이를 생산국민소득이라고 한다(a지점). 즉, 생산국민소득은 일정기간 동안 기업에 의해서 생산된 생산물을 화폐가치로 측정한 것이다. 두 번째 방법은 재화시장에서 재화나 서비스를 구입하는 사람들이 지출한 금액을 모두 합하여 측정하는 방법으로 이를 지출 국민소득이라고 한다(c지점). 세 번째 방법은 요소시장에서 생산요소를 판매하고 받은 요소소득을 모두 더하는 방법이다. 이와 같이 요소시장에서 기업이 생산요소를 구입하고 지출한 소득을 합한 것을 분배국민소득이라고 하는데, 이것은 일정 기간 가계가 벌어들인 요소소득의 크기를 말한다(b지점). 생산국민소득의 대표적인 개념이 GDP와 GNP이다. 국내총생산(gross domestic products: GDP)이란 자국 내에서 일정 기간 동안 생산한 재화와 서비스의 가치를 시장가격으로 평가하여 합산한 것이다. GDP와 유사한 개념인 국민총생산(gross national products: GNP)이란 일정기간 동안 자국민에 의해 생산한 재화와 서비스의 가치를 사장가격으로 평가하여 합산한 것으로서 두 개념은 지리적인 국경인가 아니면 생산주체인가의 차이이다

사회서비스 등을 말하는데 이들은 시장에서 거래되지 않으므로 가격이 형성되지 않기 때문에 시장재화와 같은 방식으로 측정할 수 없다. 따라서 부득이 생산에 투입된 원가로 평가한다. 이 같은 방식은 실제의 공공서비스 가치를 정확하게 반영할 수 없다는 한계가 있다. 기업이 생산하는 시장재화의 경우는 가격이 수요와 공급의 원리에 의하여 결정된다. 그러므로 시장 가격은 투입 원가보다 훨씬 높은 수준에서 결정될 수 있다. 이에 반해 공공서비스의 가치는 수요와 공급의 원리가 아니라 생산원가로만 측정되기 때문에 저평가될 수 있는 가능성이 있다.

구체적으로는 정부 서비스 생산에 투입되는 중간 소비, 피용자 보수, 고정 자본 소모 및 간접세를 합산하여 정부 부문의 총산출액을 구하고, 여기에서 인쇄, 소모품 구입 등 중간 소비를 차감하여 정부 서비스의 생산액을 산출하는 것이다. 예를 들어 〈표 1-1〉에서 보듯이 2015년의 경우 총 GDP가 약 1,500조원인데 이 중에서 일반정부서비스의 부가가치는 약 154조원으로 GDP의 약 10%를 차지하였다.

〈표 1-1〉 일반정부 서비스생산

제도부문별 생산계정(명목, 연간)별	2015	
	십억(명목)	구성비(%)
국내총생산(GDP)	1,564,123	100.0
일반정부산출액	224,190.1	14.3
일반정부중간소비	69,686.5	4.5
일반정부총부가가치	154,503.6	9.9

자료: 통계청, kosis, 국민계정, 제도부문별 생산, 2017.

지출측면에서 국민소득은 크게 소비지출, 투자지출, 수출로 구분된다. 이 중에서 소비지출은 민간소비와 정부소비로 나누어 기록된다. 유의해야 할 점은 정부지출 중 이전지출은 국민소득에 포함되지 않는다. 중앙정부의 지방자치단체 또는 특정 부문에 대한 보조금 지급 등은 이전지출(transfer payment)로서 이를 수취한 주체가 최종 지출하는 단계에서 국민소득으로 측정되기 때문이다. 다시 말해서 이전지출은 그 해에 생산된 최종재화에 대한 정부의 구입이 아니기 때문에 국민소득 추계에는 포함되지 않는다.

한편 정부의 지출 중 소비지출을 제외한 투자지출, 즉 도로 등 자본 시설의 건설과 같은 정부투자지출은 투자항목(총고정자본 형성)에 포함시켜 기록한다. 대체적으로 총고정자본형성의 약 30%는 정부투자지출이 차지한다.

예를 들어 〈표 1-2〉에서 보면 2012년도에 GDP에서 소비지출이 약 70%를 차지하고 있다. 이 중에서 대부분은 민간소비이고 정부소비는 약 16%를 차지하였다. 그 다음으로 큰 항목이 총자본형성(투자지출)인데 이것은 GDP의 약 28%를 점하였으며, 이 속에는 앞에서 말한 정부투자지출이 약 1/3을 차지한다.

〈표 1-2〉 국내총생산(GDP)에 대한 지출

국내총생산과 지출별	2015(십억)	2016	
		십억(명목)	구성비(%)
국내총생산에대한지출(GDP)	1,564,123	1,637,420	100.0
민간최종소비지출(Cp)	771,239	798,364	48.8
정부최종소비지출(Cg)	234,766	249,118	15.2
총고정자본형성(I=Ip +Ig)	458,419	485,948	29.7
재화와서비스의수출(X)	709,122	691,616	42.2
(공제) 재화와서비스의수입(M)	600,239	580,332	35.4
국외순수취요소소득	4,259	1,645	0.1
국민총소득(GNI)	1,568,383	1,639,066	100.1

자료: 통계청, kosis, 국민계정, 국내총샌산과 지출, 2017.

재정의 정의	보이지 않는 손	경찰국가(야경국가)	복지국가
재정의 경제적 기능	지방재정의 개방성 및 이동성		구축효과

제 2 장 한국의 재정 현황

1. 재정의 기본 구조

각 나라의 재정은 그 나라의 정부구조에 따라 조금씩 차이가 있다. 그러므로 재정의 구조를 이해하기에 앞서 정부의 구조에 대한 이해가 필요하다. 나라마다 다양한 형태의 정부구조를 가지고 있으나 크게 보면 미국이나 캐나다와 같은 연방제국가와 우리나라나 일본과 같은 비연방제국가로 나눌 수 있다. 연방제국가는 연방정부 아래 여러 단계의 지방정부들로 구성되어있다. 그에 비해 비연방제국가의 지방정부계층은 비교적 단순하다. 연방제국가는 기본적으로 지방자치를 실시하지만 비연방제국가의 경우는 중앙집권적인 행정을 하는 국가도 있고 지방자치를 실시하는 나라도 있다. 우리나라는 비연방제국가로서 1995년도부터 본격적으로 지방자치를 실시하고 있다.

우리나라의 정부구조를 보면 중앙정부 아래에 각 계층의 지방정부로 구성되어 있다. 지방정부는 구체적으로는 광역자치단체와 기초자치단체로 구분되는 복수계층제도(two-tiered system)의 구조를 가지고 있다. 광역지방자치단체로는 서울특별시와 부산, 대구, 인천, 광주, 대전, 울산 등 6개 광역시와 1개의 특별자치시인 세종시, 그리고 8개의 도와 1개의 특별자치도인 제주도가 있고,[8] 그 산하에 230

8) 제주특별자치도는 시 군과 같은 기초자치단체를 갖지 않는 단층제구조를 띠고 있다. 다른 자치단체와는 달리 교육위원회가 도의회의 상임위원회로 통합되어 운영되고 있다.

여개의 기초자치단체인 시·군·자치구가 있다. 특별시와 광역시에는 기본적으로 자치구가 있으며, 광역시의 경우는 행정구역 개편을 통해 군 지역이 편입된 광역시에는 자치구와 함께 군이 포함되어 있다. 각도는 관할구역 내에 시와 군으로 구성되어 있다. 각 자치단체의 관할구역 내에는 행정계층으로 동과 읍, 면을 두고 있다.9)

〈그림 2-1〉 정부의 구조

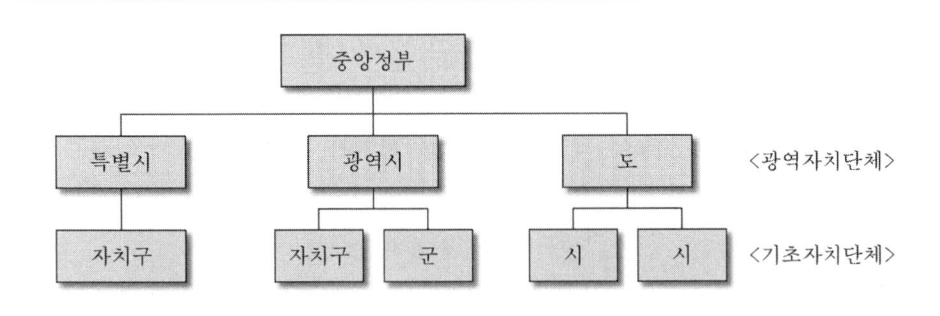

국가의 재정구조는 정부구조에 따라 큰 틀이 짜여진다. 우리나라의 국가재정은 크게는 중앙정부 재정과 지방정부 재정으로 구분할 수 있다. 그리고 중앙 및 지방정부 재정의 구체적인 내용은 크게 예산과 기금으로 나뉘어져 기록되는데, 예산은 다시 일반회계와 특별회계로 구분된다.

중앙정부(中央政府)의 일반회계는 주로 조세수입을 재원으로 하며 국방, 외교, 행정, 경제개발 , 교육 등 국가고유의 기능을 수행하는 데 필요한 세입·세출 내용을 담고 있다. 통상적으로 예산이라고 하면 이러한 일반회계의 예산만을 의미하기도 한다.

특별회계는 정부가 특정한 사업을 운영하거나 특정한 세입으로 특정한 곳에 지출할 필요가 있을 때 설치하는데 일반회계에 비하면 규모면에서 작다. 특별회계는 크게 기업특별회계와 기타특별회계로 구분된다.

지방정부의 재정 역시 중앙정부의 예산과 같은 방식으로 편성되지만 규모나

9) 우리나라는 1952년에 지방자치제도가 도입되었으나 1961년에 군사정권에 의해 중단되었다가 1991년에 기초 및 광역지방의회가 구성되었고 1995년에 제1기 지방자치단체장 선거가 실시되어 본격적으로 지방자치가 실시되었다.

기능에 있어 약간씩 차이가 있다.

다음은 재정의 구조를 살펴보기에 앞서 각급 정부의 수입 및 지출 측면의 원천을 국민소득계정을 통하여 살펴보기로 한다. 정부수입은 크게 조세수입, 이전수입, 재산소득 등으로 구성되어 있다. 2016년도의 경우를 보면 중앙정부소득의 80% 가까이가 조세수입에서 충당되었다. 조세수입 중에서 생산 및 수입세(간접세)와 경상세(직접세)수입의 비중이 거의 비슷하였다.[10] 이 둘을 합한 것이 중앙정부 수입의 대부분을 차지하였다.

지방정부의 소득 중에는 중앙정부로부터의 이전수입(경상이전수취, 주로 지방재정교부금)이 50%를 넘어 가장 큰 비중을 차지하였고 다음으로 생산 및 수입세(간접세)의 비중이 30%에 육박하여 이 두 항목이 지방정부 소득의 대부분을 차지하였다. 지방정부의 이전수입이란 중앙정부로부터 교부되어 넘어온 지방교부세, 국고보조금 등으로 중앙정부가 지방정부에 이전하는 재원이다.

한편 정부 지출을 보면 정부의 정부서비스 생산을 위한 공무원 봉급 등 중간재 구입에 사용된 지출이 중앙정부는 27%, 지방정부는 50%이상을 차지하였다. 그 이외에는 정부 간 경상이전 등으로 사용되고, 나머지는 총자본형성으로서 이것은 정부의 저축에 해당한다.

〈표 2-1〉 2016일반정부 소득원천

분류별	중앙정부		지방정부	
	10억원	구성비(%)	10억원	구성비(%)
생산및수입세	115,812	38	60,205	26
재산소득	11,385	4	2,004	1
경상세	121,115	39	16,916	7
기타경상이전	26,918	9	116,743	50
기타	32,237	10	37,528	16
총수입	307,467	100	233,396	100

주: 각 항목의 수취 분으로 계산함
자료: 통계청, kosis, 2017.

10) 개정된 국민계정에서 생산세란 주로 종래의 간접세에 해당하는 것으로 부가가치세가 대표적이다. 한편 경상세란 종래 직접세로서 소득 및 재산에 대한 과세를 말한다.

〈표 2-2〉 2016년도 일반정부 총지출

분류별	중앙정부		지방정부	
	10억원	구성비(%)	10억원	구성비(%)
최종소비지출	80,973	27.1	108,734	50.6
총자본형성	31,473	10.5	41,112	19.1
보조금,	1,845	0.6	3,349	1.6
기타경상이전	143,947	48.1	34,798	16.2
기타	40,972	13.7	27,062	12.6
총지출	299,210	100.0	215,055	100.0

주: 보조금, 기타경성이전,지본이전 등 각 항목의 지급 분을 계산함
자료: 통계청, kosis, 2017.

2. 재정구조

정부의 모든 활동은 예산과 기금의 편성을 통하여 이루어진다. 특히 정부 활동의 대부분은 예산의 편성을 통하여 이루어지므로 예산을 이해하는 것은 정부의 활동을 이해하는 데에 필수적이다. 예산은 일반회계와 특별회계로 구분되어 지출측면과 수입측면에서 각각 편성된다. 즉 세출예산과 세입예산이 회계별로 별도로 편성된다. 이와 같이 일반회계, 특별회계, 기금이 별도로 편성될 경우 국민이 재정활동을 한 눈에 파악하기에 어려움을 겪을 수 있다. 때문에 정부에서는 일반회계, 특별회계, 기금을 모두 합하여 통합재정통계를 편성하게 된다.

그러므로 정부재정의 규모를 알아보고 이것을 국가 간에 비교하기 위해서는 통합재정에 대한 이해가 우선되어야 한다. 정부에서는 1979년 이래로 통합재정통계를 작성하여 발표하고 있다. 다음에서는 통합재정에 대하여 먼저 개관하고 우리나라의 재정규모에 대하여 알아보기로 한다.

통합재정

통합재정을 이해하기 위해서는 먼저 통합재정의 범위를 알아두는 것이 필요하다. 통합재정을 작성할 때는 중앙정부의 재정만을 대상으로 할 때도 있지만, 지방정부까지 포함한 일반정부를 대상으로 하는 것이 일반적이다. 이외에도 범위를

더 확장하여 비금융공기업까지 포함하여 작성하기도 한다.

다시 말하면 통합재정이란 일반회계·특별회계·기금을 모두 포괄한 정부의 전체 재정활동을 의미한다. 그러므로 통합재정이란 명칭은 일반회계, 특별회계, 기금을 통합하여 편성하며, 중앙정부, 지방정부, 그 외에 공공부분을 모두 포괄하여 편성하기 때문에 붙여진 이름이라고 볼 수 있다.[11]

우리나라는 1979년부터 연도별로 통합재정수지를 작성하였다. 한동안 통합재정에는 지방정부의 예산편성 및 결산작성의 시차, 회계과목간 상이 등의 문제로 기업특별회계를 포함한 중앙재정만을 포함하고, 지방재정은 제외하여 작성해왔다. 그러나 정부재정의 투명성 향상 및 정부재정 전체의 포괄적 이해를 위해 통합재정에 지방재정을 포함시켜야 할 필요성이 있게 되었다. 그리하여 2001년부터 지방예산과목 구조 개편 및 회계별 전산시스템을 구축하였으며, 2005년에 지방재정법 개정을 통해 통합재정 도입의 근거를 마련하였다. 이에 따라 지난 2005년 회계연도 분부터 지방재정과 지방교육재정까지를 포괄하는 통합재정통계를 작성하게 되었다.[12]

통합재정에서는 정부의 거래를 세입과 세출 그리고 보전재원 등 세 부분으로 구분하여 파악하고 있는데, 여기서의 세입과 세출은 통상적인 정부회계 상의 세입, 세출과는 개념이 다르다.

정부 회계(예산서 및 결산서)에서는 회계연도 내의 모든 수입과 지출을 세입과 세출로 파악하지만 통합재정에서는 정부의 수입을 세입, 보전 수입, 융자 회수로, 지출을 세출, 보전 지출, 융자 지출로 구분하고 있다. 이때 회계, 기금 간 내부거래는 제외한다.

통합재정의 세입에서는 정부로 유입되는 수입 중 비상환성 수입만이 세입으로 기록되고 상환성 수입인 국채발행 수입, 차입 등은 세입으로 분류되지 않고 보전수입으로 분류된다.

---

11) IMF는 1974년 재정통계 작성 기준인 [정부재정통계편람](A Manual on Government Finance Statistics)을 발간하였는데, 우리나라를 비롯한 세계 각국은 IMF의 권고에 따라 매년 통합재정편제의 재정통계를 작성·제출함으로써 각국 재정운용 결과의 국제적인 비교가 가능하게 되었다.

12) 기획재정부(2013), 디지털예산회계시스템, 재정통계, 참조.

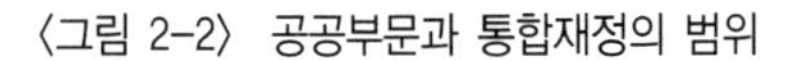
〈그림 2-2〉 공공부문과 통합재정의 범위

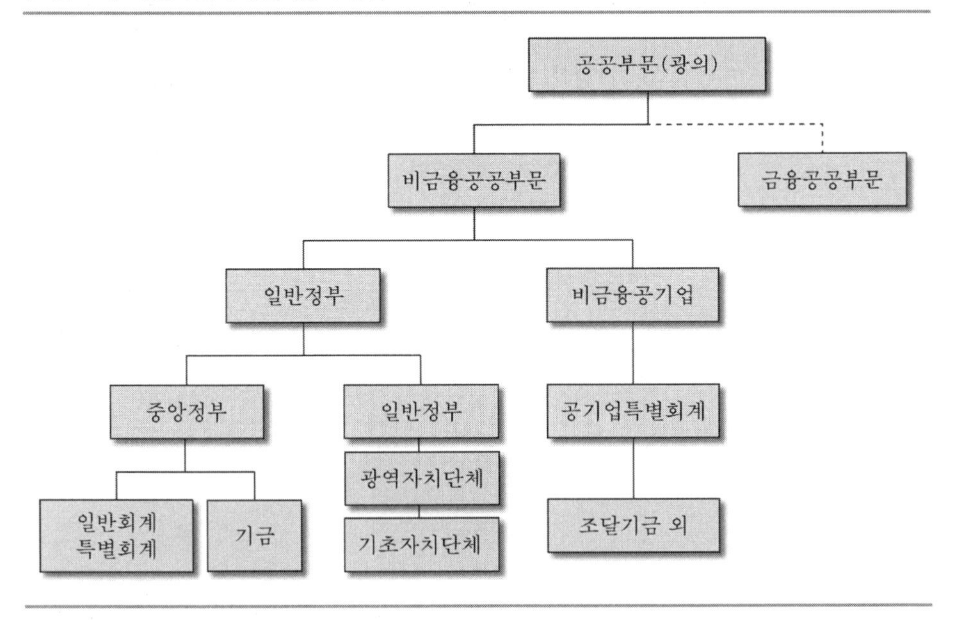

세입은 다시 경상수입과 자본수입으로 구분되는데, 자본수입에는 자본재의 매각으로부터 발생한 수입금이 포함되고, 경상수입에는 조세수입과 재산수입, 수수료 등 세외수입이 포함된다.

통합재정의 세출 및 순융자는 정부의 모든 비상환성 지출을 포함하며 경제 성질별, 기능별로 나누어 작성되고 있다. 경제 성질별 분류에서는 정부 세출이 거래의 경제적 성격에 따라 경상지출, 자본지출 등으로 구분되고 기능적 분류에서는 정부 지출의 목적에 따라 일반 공공행정, 국방, 교육, 경제 사업 등으로 구분된다.

다음으로 보전재원 거래를 보면 여기에는 유동성 목적의 상환성 수입·지출 거래가 포함되며, 보전 재원의 크기는 세입에서 세출 및 순융자를 뺀 차와 같다. 즉 정부의 예금 및 현금 보유, 화폐 발행이나 정부 예수금 이외의 정부 채무, 정책적인 목적보다는 유동성 관리의 목적을 위하여 정부가 보유하고 있는 금융 자산 등의 거래는 보전 거래에 해당된다.

〈표 2-3〉 통합재정요약(2016) (단위: 10억원)

구 분	중앙재정	지방재정
1.세입(A)	363,656	102,382
1.1 경상수입	360,280	99,805
1.2 자본수입	3,376	2,577
2.세출 및 순융자(B)	224,739	160,901
2.1 경상지출	197,359	101,839
2.2 자본지출	16,723	58,618
2.3 순융자	10,657	444
3.통합재정수지(A-B)	138,917	Δ 58,518
4.보전재원	Δ 138,917	58,518
4.1 국내보전	Δ 16,859	Δ 12,281
4.1.1 통화당국	261	-
4.1.2 통화금융기관	Δ 4,206	Δ 1,104
4.1.3 비통화금융기관	Δ 12,462	-
4.1.4 국채발행	27,015	179
4.1.5 국고시재	Δ 3,948	Δ 11,222
4.1.6 기타	Δ 23,519	Δ 135
4.2 해외보전	Δ 51	
4.3 내부거래	Δ 122,006	70,800

주: 경상수입은 조세수입(사회보장기여금 포함) 및 세외수입(임대료, 이자수입, 수수료, 벌금 및 몰수금, 공무원연금기여금 등)임. 2) 자본수입 : 고정·재고자산, 토지 및 무형자산 매각수입 등. 3) 경상지출 : 인건비, 임차료, 이자지급, 보조금 및 지방정부 등에 대한 경상이전. 4) 자본지출 : 고정·재고자산 매입비, 지방정부 등에 대한 자본이전. 5) 순 융 자 : 융자지출 – 융자회수입. Δ은 적자 및 상환.

자료: 기획재정부, 재정통계, 2018.

이와 같이 통합재정은 회계·기금 간 내부거래와 국채 발행, 차입, 채무 상환 등 수지차 보전을 위한 보전거래를 세입과 세출에서 각각 제외하여 별개의 항목으로 분류하여 작성하는 점에 특징이 있다. 그리고 이렇게 작성한 통합재정에서 통합재정수지란 순계 개념으로서 세입과 세출의 차를 말하며 이것은 구체적으로 보전재원에 의해서 설명된다.

통합재정은 재정이 건전하게 운용되었는지를 판단하는 데 유용한 지표로 활용되고 있다. 즉 통합재정은 정부부문의 전체적인 재정규모에 대한 파악이 가능하고, 내부거래와 보전거래를 제외함으로써 순수한 재정활동의 규모파악이 가능하다.

요약하면 통상적인 정부회계(예산 및 기금)에서는 '세입=세출'이 균형을 이루어 재정운용의 건전성을 파악하기 곤란하나, 통합재정에서는 재정적자의 보전 또는 흑자처분을 위한 거래는 제외되므로 재정의 건전성 판단이 가능하다. 또한 재정흑자 및 적자를 보전거래로 처리하여 일목요연하게 보여준다는 점에서 특징이 있다. 예컨대, 재정수지의 경우에 보전재원은 이것을 차입이나 국채발행 등으로 조달하였음을 나타낸다. 그러나 통합재정에서는 융자 지출도 재정수지의 적자 요인으로 파악한다는 한계를 가지고 있다. 융자 지출은 회수되는 시점에서는 흑자 요인이 된다는 점에서 순환적인 적자의 성격을 가지고 있음에도 불구하고, 이를 당해 연도의 적자 요인으로 보고 이를 기초로 재정 운용의 건전성을 판단하는 것은 다소 무리라고 할 수 있다.[13)]

재정규모

통합재정통계를 작성하게 되면 이것으로 재정규모를 파악할 수 있다. 통합재정규모란 한 회계연도 중 정부의 총지출액에서 채무상환을 위한 지출을 차감한 금액을 말한다. 이것은 경상지출규모, 자본지출규모, 순융자규모 등으로 구성된다. 즉,

통합재정규모 = 총지출액 - 채무상환용지출액
= 경상지출규모 + 자본지출규모 + 순융자지출규모

위에서 순융자지출이란 그 회계연도 중 정부가 융자방식으로 지출한 총금액(총융자)에서 기존의 융자지출에 대한 회수분(융자회수)을 차감한 금액으로서 만간에 대한 정부융자지출의 순수한 증가분을 말한다.

한편, 재정의 규모를 파악하기 위하여 총지출규모의 개념을 사용할 수 있다. 이 개념은 통합재정규모에서 순융자지출 대신에 총융자지출을 활용한다. 그 이유는 일반국민의 입장에서 순융자지출을 파악하는데 어려움이 있기 때문이다. 즉,

총지출규모 = 경상지출규모 + 자본지출규모 + 총융자지출규모

13) 우리나라는 통합재정수지 외에 관리재정수지를 작성하여 활용하고 있다. 이것은 통합재정수지에서 사회보장성기금수지는 차감하고 공적자금손실분의 국체전환에 따라 악화되는 수지는 상쇄되도록 보전한 수지를 말한다.

통합재정규모나 총지출규모를 파악할 때에 정부부문(일반회계, 특별회계, 기금)의 지출총액에서 회계와 기금 상호간의 내부거래와 채무원리금상환을 위한 지출액을 차감한다는 점에서 두 방식은 동일하다. 그러나 통합재정수지는 총재정지출규모에서 융자회수금액을 차감하여 산출하게 되므로 통합재정수지규모는 총재정지출규모보다 작아진다(강태혁, 2010).

우리나라는 2005년도부터 지방정부를 포함한 통합재정의 통계를 작성하였다. 이때부터 통합재정의 범위에 지방정부가 포함됨에 따라 국가전체의 분야별 재정지출규모 및 재정수지 파악이 가능하게 되어 지방정부의 건전한 재정운용 뿐 아니라 국가자원의 효율적인 배분에도 크게 기여하게 되었다.

통합재정규모라고 할 때는 위에서 언급했듯이 통상 지출 수준을 기준으로 말하는 데, 2017년도에 그 규모는 GDP대비 약 22%로서 선진국들에 비해 아직 낮은 수준이다. 그 이유는 사회보장지출이 아직 본격적으로 이루어지지 않았기 때문이다. 향후에 정부의 적극적인 역할 증대로 사회복지비 지출이 증가하게 되면 통합재정규모는 더욱 증가할 것으로 예측된다.

〈표 2-4〉 중앙정부재정규모

	1975	1980	1989	1990	1995	2000	2005	2010	2015	2016	2017
중앙정부 통합재정규모(조원)	2	9	26	34	72	129	188	264	344	355	369
(GDP대비, %)	21.1	22.4	17.7	19	17.9	22.3	23.2	23.4	21.6	22.1	21.8
중앙정부 총지출규모	-	-	-	-	-	-	210	293	375	386	401

주: 중앙정부 통합재정규모 : 05년까지 결산기준, '10년 이후는 예산기준, 총지출 규모 : 예산 기준
자료: 통계청, e-나라지표, 2017.

일반적으로 재정규모는 국민소득의 크기와 더불어 증가한다. 그러나 그 크기는 그 나라가 채택하고 있는 국가이념이 무엇이냐에 따라 차이를 보인다. 선진국 중에서도 미국, 일본과 같이 시장경제체제에 무게를 두고 있는 국가에서는 GDP 대비 재정의 비중이 상대적으로 낮지만 북유럽과 같이 사회주의적 색채가 짙은 나라는 상대적으로 재정규모가 높다. 우리나라는 재정규모면에서는 미국, 일본과 흡사하다. 그러나 세입 면에서는 간접세 위주의 조세구조를 가지고 있다는 점에

서 오히려 유럽형에 가깝다.

3. 재정의 수입 측면

중앙정부의 세입

중앙정부의 수입은 소관별·회계별로 구체적으로 표시되며 정부수입의 성격에 따라 과목구조가 관 · 항 · 목으로 구분하여 관리된다. 정부수입을 회계별로 보면 일반회계와 특별회계가 약 8:2로 일반회계의 수입이 대부분을 차지한다.

중앙정부의 총수입은 국세수입, 세외수입, 기금수입 등으로 구분할 수 있다. 이 가운데 재정수입의 주 원천은 국세수입이다. 우리나라의 조세체계는 크게 국세와 지방세로 구분된다. 그리고 국세는 다시 그 성격에 따라 내국세, 관세, 목적세로 구분할 수 있다. 내국세는 다시 직접세와 간접세로 구분할 수 있는데, 2016년 현재 우리나라의 직접세에는 개인소득세, 법인세, 상속세, 증여세, 종합부동산세의 5개세목이 있으며,[14] 간접세에는 부가가치세, 인지세, 개별소비세, 증권거래세, 주세의 5세 세목이 있다. 그리고 목적세에는 교육세, 교통·에너지·환경세, 농어촌특별세의 3세 세목이 있다. 따라서 국세에는 내국세 10개 세목, 목적세 3개 세목과 관세를 합하여 모두 13개 세목이 있다.[15]

이상과 같은 중앙정부 세입은 경상수입과 자본수입으로 구분되며, 경상수입은 다시 조세수입과 세외수입으로 구분된다. 중앙정부 세입(歲入) 중 약 90%를 조세수입이 차지하고 나머지 약 10% 내외를 세외수입이 차지한다. 국세수입은 다시 내국세, 관세, 목적세 수입으로 구분할 수 있는데, 이 중에는 내국세 비중이 약 80%로 국세수입의 대부분을 차지한다. 그 외에 관세수입이 약 5% 내외를 차지하며, 교육세, 교통·에너지·환경세, 농어촌특별세를 포함한 목적세 수입이 나머지를 차지한다.

---

14) 종합부동산세의 성격에 대해서는 논란이 있다. 그 수입이 지방정부로 배분되므로 목적세라는 주장, 재산에 부과되는 직접세라는 주장, 그리고 별도로 분류해야 한다는 주장 등이 있다. 이 책에서는 종합부동산세를 내국세의 직접세로 분류하였다. 그러나 이 같은 분류가 통설은 아니며 목적에 따라 달리 분류할 수 있다.

15) 종전의 간접세 가운데 전화세는 2011년에 폐지되어 부가가치세로 전환되었다.

그리고 국세 수입 가운데 95% 이상이 일반회계로 들어가고 특별회계로 들어가는 부분은 5% 이내에 불과하다. 그러므로 중앙정부의 예산은 주로 일반회계가 중심이 된다. 중앙정부의 일반회계 조세수입 중에는 내국세인 부가가치세, 개인소득세, 그리고 법인세가 각각 20%를 상회하는 수준으로 국세수입의 대 부분을 차지하고 있는 실정이다. 그러므로 이 3개 세목이 국세의 근간을 이루고 있는 것이다. 그 외에는 관세수입의 전액과 목적세인 교통·에너지·환경세와 교육세 수입이 일반회계로 들어간다.

특별회계 수입에는 목적세인 농어촌특별세와 주세수입이 들어간다. 목적세란 특별한 목적을 달성하기 위하여 설치한 것으로 이 세의 수입은 특별회계를 구성하여 계획된 목적에 사용하는 것을 원칙으로 하며 계획된 목적이 달성되면 폐지된다. 하지만 우리나라의 목적세 수입 중에서 큰 비중을 차지하는 교통·에너지·환경세와 교육세는 2004년 이전까지는 특별회계로 들어갔지만 그 이후로는 일반회계로 들어가도록 조정되었다.[16]

〈표 2-5〉 중앙정부 회계별 수입(2016)

구분	조원	비중(%)
총수입금액	266.23	100.0
국세수입 합계	242.6	91.1
국세수입 일반회계	235.7	88.5
국세수입 특별회계	6.8	2.6
세외수입 합계	23.5	8.8
세외수입 일반회계	9.4	3.5
세외수입 특별회계	14.2	5.3
세입세출 외	0.13	0.0

주:2016년 12월 기준임.
자료: 기획재정부, 재정통계, 2017.

16) 2007년도부터 목적세인 교통세가 교통·에너지·환경세로 명칭·변경되었다.

〈그림 2-3〉 조세구조

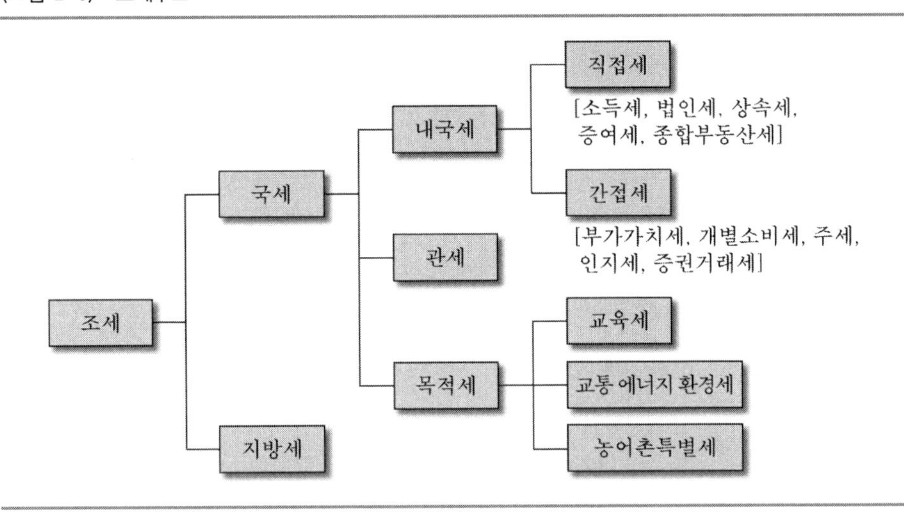

국세 수입은 조세의 성격에 따라서 간접세와 직접세로 다시 나눌 수 있다. 직접세(direct tax)란 개인이나 기업에 직접 부과되는 세금을 말하고 간접세(indirect tax)는 재화와 용역에 부과되어 이를 거래하는 사람에게 간접적으로 부담을 지우는 세금이다. 또한 조세의 전가 유무를 기준으로 구분하면 직접세는 납부하는 자와 이를 부담하는 부담자가 같은 세금인데 반해 간접세는 세금을 납부하는 자와 이를 부담하는 부담자가 서로 다른 세금을 말하기도 한다.

〈표 2-6〉 중앙정부 국세수입의 분류(2016)

세 목	수입(조원)	비중(%)
총국세	242.6	100.0
일반회계	235.7	97.2
소득세	68.5	28.2
법인세	52.1	21.5
부가가치세	61.8	25.5
교통세	15.3	6.3
관세	8	3.3
기타	29.9	12.3
특별회계	6.8	2.8

주: 2016년 12월 수입기준임
자료: 기획재정부, 재정통계, 2017.

우리나라는 국세(國稅)를 기준으로 볼 때 간접세의 비중이 높아서 직접세와 비슷한 수준이다. 이러한 우리나라의 조세구조를 다른 선진국과 비교하면 우리나라는 미국이나 일본과 다르고 유럽형에 가깝다. 〈표 2-7〉에서 보듯이 미국은 직접세의 비중이 대단히 높은 조세구조를 하고 있다. 일본이나 영국도 역시 직접세의 비중이 높은 편이다. 그러나 영국 이외의 유럽 국가들은 간접세의 비중이 상대적으로 높다. 이렇게 국가 간에 직·간접세의 비중에 있어서 차이가 나는 것은 주로 그 나라가 부가가치세 제도를 채택하고 있느냐의 여부에 달려 있다. 부가가치세는 대표적인 간접세로서 그 비중이 대단히 크기 때문이다.

일반적으로 후진국일수록 간접세의 비중이 높은 경향이 있다. 특히 우리나라는 일찍부터 국민소득 수준에 비하여 간접세의 비중이 상대적으로 높은 조세구조를 가지게 되었는데, 이는 부가가치세 제도를 개발연대인 70년대에 일찍이 채택하였기 때문이다. 그러나 근래에 들어서는 직접세의 비중이 조금씩 증가하고 있는 추세에 있다.

〈표 2-7〉 국가별 직접세·간접세 비교 (단위:2005년 기준,%)

국가별	직접세	간접세
한국	46.8	53.2
일본	56.3	43.7
미국	91.6	8.4
영국	56.2	43.8
독일	41.7	58.3
프랑스	42.8	57.2
이탈리아	51.5	48.5

주: 일본은 결산기준, 나머지 국가는 예산기준임. 조세기준은 국세와 지방세를 합한 것임. 프랑스는 일반회계 국세 기준임. 한국은 국세기준임.
자료: 통계청, kosis, 2008.

조세부담률

조세는 국민으로부터 나오기 때문에 당연히 국민의 부담이 된다. 국민의 조세부담 정도를 측정하는 지표로서 조세부담률의 개념을 흔히 사용한다. 조세부담률(租稅負擔率)은 일반적으로 경상GDP에서 조세총액이 차지하는 비중으로 나타낸다. 우리나라의 경우 경제성장과 더불어 재정규모가 빠르게 증가하여 왔고, 이에 상응하여 국민의 조세부담률 역시 꾸준히 증가하였다.

〈표 2-8〉 조세부담률의 국제비교

구 분	한 국	미 국	일 본	프랑스	독 일	이태리	영 국	OECD평균
조세부담률(%)	18.7	18.9	17.2	27.5	22.5	29.8	26.7	24.7
국민부담률(%)	24.8	24.4	29.5	44.0	36.5	42.7	33.0	33.7

주: 2012년 기준임(OECD Revenue Statistics('14년판)
자료: 통계청, e-나라지표, 2017.

우리나라의 조세부담률은 1970년대 초에 약 14.5%에 머물러 있었으나 지속적으로 상승하여 2000년대에는 20%에 근접하는 수준으로 증가하게 되었다. 우리의 조세부담률은 선진국 중에서는 일본보다는 높고 미국과는 비슷한 수준이다. 우리의 경제 시스템이 미국 및 일본과 비슷하다는 점을 고려하면 조세부담률 수준이 낮은 편은 아니다. 그러나 유럽의 복지국가들과 비교하면 아직은 매우 낮은 수준이다. 그 이유는 유럽은 사회복지를 위한 사회보장적인 재정지출을 많이 하기 때문이다.

조세부담률과 달리 국민들의 실제 부담 수준을 나타내기 위하여 국민부담률(國民負擔率)이란 개념을 사용하기도 한다. 국민부담률이란 경상GDP에서 조세총액(국세+지방세)과 국민의 사회보장기여금을 합한 것의 비율을 말한다. 사회보장기여금이란 각종 연금(국민연금, 공무원연금, 사학연금, 군인 연금, 보훈기금), 건강보험, 산재보험, 고용보험 등을 합한 것이다. 국민부담률은 조세 외에도 준조세 성격이 강한 사회보장기여금까지 포함한 실질적인 국민부담 수준을 나타내는 지표라는 점에서 조세부담률과 다른 의의가 있다. 우리나라는 사회보장부담률이 2015년도를 기준으로 5%를 약간 상회하는 수준이므로 이것을 합한 국민부담률은 약 25% 수준에 이른다.

〈표 2-9〉 조세부담률의 변화

		1990	1995	2000	2005	2010	2015
경상GDP		197.7	428.9	635.2	919.8	1,265.30	1,558.60
조세	계(조원)	33.2	72.1	113.5	163.4	226.9	288.9
	(조세부담률,%)	16.8	16.8	17.9	17.8	17.9	18.5
	국세	26.8	56.8	92.9	127.5	177.7	217.9
	지방세	6.4	15.3	20.6	36	49.2	71

자료: 통계청, e-나라지표, 2017.

한편, 한 국민의 조세 부담 정도는 총 조세수입을 인구수로 나눈 1인당 조세부담액으로 가늠할 수 있다. 2015년도의 경우를 예로 들면 1인당 조세부담액은 약 570만 원에 해당한다. 1인당 조세부담액은 이해하기 쉽다는 점에서 국민의 조세 부담 지표로 흔히 사용하고 있다. 하지만 국제적 비교 기준이 아닐 뿐만 아니라 지나친 단순화로 세금 부담의 실상이 잘못 전달되는 문제점이 있다. 사실 1인당 조세 부담액 속에는 기업이 낸 법인세가 상당한 비중을 차지하고 있으므로 일반 국민이 실제로 부담하는 조세액은 이보다 적다. 또한 개인이 부담하는 소득세의 경우에도 고소득자가 대부분의 세금을 부담하고 있다. 전체 근로자를 기준으로 하면 상위 10% 정도가 종합소득세의 75% 이상을 부담하고 있다. 따라서 실제 평균적인 서민의 부담은 정부에서 공표하는 1인당 조세부담액에 크게 미치지 못한다.

지방정부의 세입

지방정부의 수입은 회계별로는 중앙정부와 마찬가지로 일반회계와 특별회계로 분리되어 기록된다. 먼저 지방정부 세입의 회계별 구성비를 보면 일반회계와 특별회계는 약 8:2로 일반회계수입이 절대적으로 크다.

지방정부 세입은 구체적으로 지방세, 세외수입, 국고보조금, 지방교부세, 지방채수입 등으로 구성된다.[17] 그리고 이들은 성격에 따라서 자체재원과 의존재원

17) 지방세외수입은 크게는 실질적 수입과 명목적 수입으로 나눈다. 실질적 수입은 주로 지방정부의 경제활동 결과로 얻어지는 수입인 반면 명목적 수입은 경제활동이 수반되지 않는 매매, 이전 등을 통한 수입이다. 또 실질적 수입은 경상적 수입과 사업수입으로 다시 구분

으로 구분된다. 자체재원(自體財源)이란 지방자치단체가 스스로 확보한 재원으로 지방세수입, 세외수입 등을 말하며, 의존재원이란 지방자치단체의 수입 가운데 국가나 상급지방자체단체로부터 지원받은 것으로서 지방교부세, 국고 및 도비보조금, 조정교부금 등을 말한다. 특히 자체재원 중에서 지방채수입을 제외한 것을 자체수입이라고 하는데, 여기서 지방채를 제외하는 것은 이 수입이 결과적으로 지방정부의 부채(負債)를 의미하므로 자주성을 해치기 때문이다.

〈표 2-10〉 지방정부 재원별 세입예산

구분	2016년		2017년	
	백만	%	백만	%
총괄	250,014,905	100.0	259,432,432	100.0
자체수입	89,033,443	35.6	95,930,783	37.0
지방세수입	65,796,255	26.3	72,183,834	27.8
세외수입	23,237,188	9.3	23,746,948	9.2
의존(이전)수입	126,263,029	50.5	130,552,529	50.3
지방교부세	31,952,711	12.8	33,738,414	13.0
조정교부금등	8,187,973	3.3	8,648,603	3.3
보조금	86,122,345	34.4	88,165,512	34.0
지방채	3,883,091	1.6	2,275,724	0.9
보전수입등및내부거래	30,835,342	12.3	30,673,396	11.8

주: 최종예산, 총계기준임.
자료: 행정안전부, 재정지표, 2017.

지방재정자립도

지방재정의 건전성 지표로 흔히 사용되는 지방재정자립도(地方財政自立度)는 일반회계수입에서 자체수입이 자치하는 비율로 흔히 다음과 같이 정의된다.

$$\text{지방재정자립도} = \frac{\text{자체수입}}{\text{자체재원} + \text{의존재원}} \times 100$$

할 수 있다. 명목적 수입 역시 임시적 수입과 사업이외 수입으로 다시 구분할 수 있다. 그리고 이상의 실질적 수입과 명목적 수입을 합쳐서 최광의의 세외수입이라고 하고, 실질적 수입만을 지칭하여 협의의 세외수입이라고 한다.

그런데 지방재정자립도는 다음과 같은 문제점 때문에 지방정부의 재정력과 재정운용의 건전성을 정확히 반영하지 못한다는 비판을 받고 있다. 첫째는 현재의 재정자립도는 일반회계만을 대상으로 하고 특별회계를 제외하여 계산하고 있기 때문에 실제보다 지방정부의 재정력을 과소평가하는 경향이 있다는 점이다. 특별회계는 자체수입인 사업수입 등 세외수입이 많기 때문에 일반회계보다 자립도가 높다. 따라서 특별회계를 포함하면 자립도가 올라가게 된다. 특별회계도 지방재정의 재정활동을 나타내는 중요한 구성요인인 만큼 재정자립도의 계산에 포함시키는 것이 바람직한 측면이 있다.

〈그림 2-4〉 지방재정재원의 분류

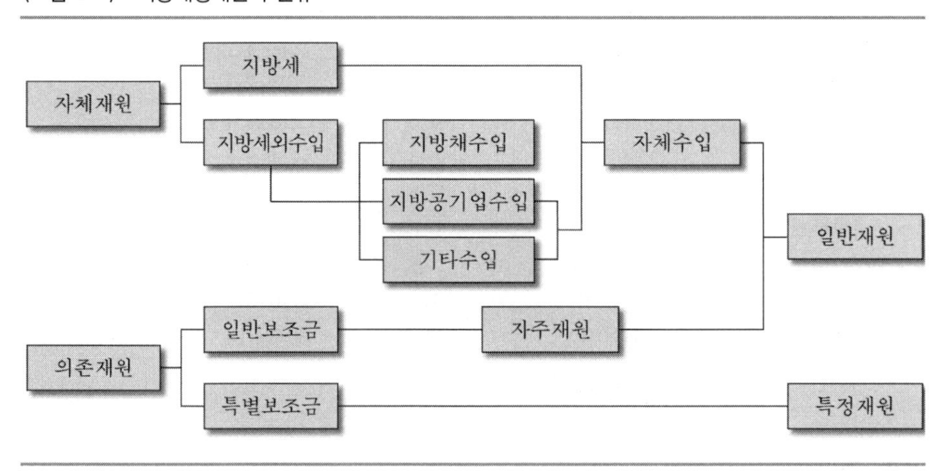

둘째는 재정자립도는 1인당 공공서비스수준을 나타내지 못한다는 점이다. 재정자립도는 세입 측면에서 측정한 것으로써 세출 측면을 고려하지 않고 있기 때문에 재정자립도와 주민들이 향유하는 공공서비스 수준 간에는 반드시 비례관계에 있지 않게 된다는 문제점이 있다. 의존재원인 지방교부세나 국고보조금을 많이 받으면 재정자립도는 떨어지지만 주민들이 받게 되는 공공서비스 수준은 증가하기 때문이다. 특히 지방교부세는 의존재원이기는 하지만 자주적 재원의 성격이 강하므로 이를 많이 확보하면 실제로는 지방재정의 자주성이 올라감에도 자립도는 낮게 계산되는 문제점이 있다. 다시 말하면 중앙정부가 지방정부에 교부하는 지방교부세는 중앙정부의 간섭이 거의 없는 재원이므로 지방정부는 자체적으로 조달한 자금과 마찬가지로 처분할 수 있다. 하지만 현재는 지방교부세를 의존재원으로 분류하고 있어 이것을 많이 확보한 지방정부일수록 자립도가 떨어진다는 문제가 있다.

셋째는 재정자립도는 세출구조를 반영하지 않는다는 점이다. 세출측면에서는 지출을 경상적 지출과 투자적 지출로 구분하여 분류함으로써 각 경비의 성격을 보여주지만 재정자립도는 세입측면에서 본 것이기 때문에 이와 같이 점에 대한 고려가 없다는 한계점이 있다. 지방정부의 투자적인 지출은 장기적으로 지방정부의 세입원을 강화시키지만 재정자립도에는 이에 대한 고려가 들어가 있지 않다.

〈표 2-11〉 재정자립도(2017) (단위: %)

구분	특별시	광역시	도	시	군	자치구
평균	83.3	55.6	38.3	39.2	18.8	30.8
최고 (단체명)	83.3 서울본청	70.5 세종본청	59.3 경기본청	72.2 경기안산시	49.7 울산울주군	68.5 서울서초구
최저 (단체명)		44.8 광주본청	21.2 전남본청	11.3 전북남원시	8.6 전남신안군	13.5 부산영도구

주: 2017년도 당초예산기준임.
자료: 행정안전부, 재정지표, 2017.

〈표 2-11〉에서 보듯이 2017년도의 전국의 평균 지방재정 자립도는 60%에 미치지 못하며 50%를 약간 상회하는 수준에 머물러 있는 실정이다. 이와 같이 낮은 지방재정자립도는 지방자치를 제약하는 요인으로 흔히 지적된다.

그리고 지방재정자립도는 자치단체별로 커다란 차이를 보인다. 일반적으로 자립도는 재정규모가 큰 특별시와 광역시에서 높은 반면, 도와 시, 군으로 내려갈수록 낮아진다. 군의 경우는 평균자립도가 20%에도 미치지 못하여 자체수입으로 인건비도 충당하지 못할 정도로 열악한 실정이다.

이외에도 재정자립도와 함께 널리 사용되는 지표로 재정자주도란 지표가 있다. 이 지표는 각 지방정부에서 재정자립도와 함께 공표하는데 지방재정의 건전성을 이해하는 데에 유용한 보조지표로서 널리 사용된다.

재정자주도는 일반회계기준 지방정부 예산에서 자체수입과 일반보조금으로서의 자주재원이 차지하는 비중으로 계산된다. 위에서 재정자립도는 지방정부예산에서 자체수입이 차지하는 비중으로 정의된 바 있는데, 그러다보니 지방정부가 자율적으로 사용할 수 있는 재원인 상위정부로부터의 일반보조금을 많이 받을수록 재정자립도가 낮아지는 문제가 있었다. 이러한 결점을 보안하기 위하여 재정자주도는 지방정부의 자체수입 이외에 지방교부세, 조정교부금 등과 같은 상위정부로부터의 일반보조금을 더한 것이 총예산에서 차지하는 비중을 말한다. 이 같은 일반보조금은 지방정부가 자율적으로 사용이 가능한 재원을 말한다. 따라서 재정자주도가 높을수록 지방자치단체가 자율적으로 사용할 수 있는 예산의 폭이 넓어진다.

이렇게 정의된 재정자주도는 재정자립도보다 더 포괄적인 개념이므로 지방자치단체들은 재정자립도와 함께 재원활용능력을 표시하는 지표로 재정자주도를 사용하며 정부에서 각종 보조금을 배분하는 기준으로도 사용된다.[18]

〈표 2-12〉 재정자주도(2017) (단위: %)

구분	특별시	광역시	도	시	군	자치구
평균	84.0	68.0	49.1	67.2	64.1	48.7
최고 (단체명)	84.0 서울본청	80.1 세종본청	71.8 제주본청	87.0 경기과천시	73.7 울산울주군	72.0 서울종로구
최저 (단체명)	-	65.0 부산본청	35.4 전남본청	55.4 전북익산시	55.5 충남부여군	28.8 광주북구

주: 2017년도 당초예산기준임.
자료: 행정안전부, 재정지표, 2017.

지방세의 구조

2016년 현재 지방정부의 대표적인 자체재원인 지방세 수입은 지방정부 세입예산의 약 30%를 차지하고 있다. 이 점은 국세수입이 중앙정부 수입의 대부분을 차지하는 것과 대비된다. 지방세는 행정체계에 따라 도세와 시·군세로 크게 구분된다. 2016년 현재 도세에는 4개의 보통세와 2개의 목적세가 있다. 시·군세는 5개의 보통세로 구성되어 있다. 이렇게 지방세는 모두 11개의 세목으로 구성되어 있고 이 중에서 9종은 보통세, 2종은 목적세이다.[19] 보통세는 다시 성격에 따라

18) 지방재정자주도 $= \frac{\text{자체수입} + \text{자주재원(일반보조금)}}{\text{자체재원} + \text{의존재원}} \times 100$

직접세와 간접세로 구분되는데 국세에 비하여 지방세는 간접세의 비중이 높다.

〈그림 2-5〉 지방세의 종류

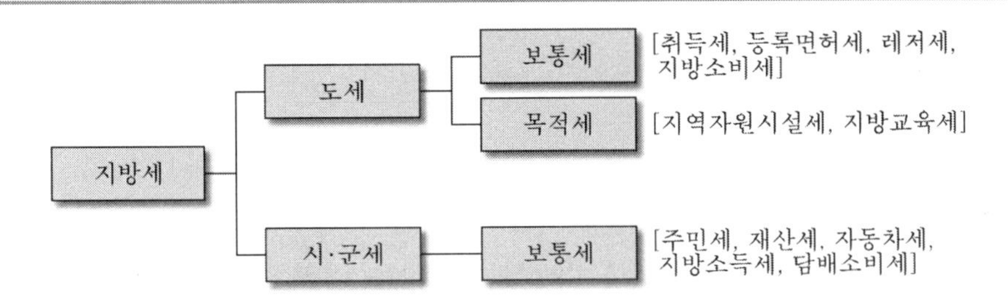

*등록면허세, 재산세는 자치구세, 그 외는 특별 · 광역시세
(단,주민세 가운데 균등분을 제외한 재산분, 종업원분은 광역시자치구세)

〈표 2-13〉 국가별 조세총액대비 지방세 비중

한국	미국	일본	영국	독일	프랑스
21.0	46.1	42.3	6.1	48.3	28.4

주: OECD(연방제 및 비연방제) 34개 국가의 2012년 공표기준 자료임.
자료: OECD Revenue Statistics(최신 2014년판), 통계청 e-나라지표. 2017.

2011년을 기준으로 보면 우리나라 조세의 총수입 중에서 지방세 수입은 20%를 약간 상회하는 실정이지만 그 비중은 약간씩 증가하는 추세에 있다. 그러나 중앙정부수입 중에서 지방정부로 내려가는 지원금인 지방교부세, 국고보조금 등의 수입을 지방세 수입에 합하여 계산한 총수입 비중은 50%를 넘어서고 있으며 또한 점차 증가하고 있는 실정이다. 중앙정부의 재정교부금인 이전수입을 고려한 총수입이 지방정부의 실제적 수입이라고 볼 수 있으므로 지방정부 재정의 실질적 비중은 중앙정부를 능가하고 있다.

국가별로 비교해 보면 우리나라의 지방세 비중은 OECD 국가 중 대부분의 선진국보다 낮은 수준이다. 미국, 일본, 독일 등은 지방세 비중이 40%를 넘고 있어 우리나라보다 많다. 그러나 영국의 경우를 보면 지방세의 비중이 특별히 낮을 것

19) 2011년 이전까지는 지방세세목이 16개이었으나 지방세법이 개정되어 2011년부터 11세목으로 축소되어 조정되었다.

을 볼 수 있다. 지방세의 비중이 낮다는 것은 중앙정부가 국세로 걷은 것의 많은 부분을 지방정부로 이양한다는 것을 말한다. 어느 것이 바람직한 방법인가에 대해서는 논란의 여지가 있는 주제로서 향후 재정학이 해결해야 할 연구 과제이다.

4. 재정의 지출 측면

중앙정부의 세출

정부의 어떤 조직이 어떤 일을 수행하는가 하는 내용은 세출예산에 구체적으로 나타난다. 그러므로 정부의 활동을 알아보기 위해서는 세출예산을 보면 된다. 세출예산은 운영책임 및 지출용도에 따라 소관별, 기능별, 성질별로 구분되어 기록된다. 소관별 분류는 중앙관서의 조직을 중심으로 한 구분으로서 중앙 행정기관의 부·처·청을 중심으로 국무총리실 등의 정부기관과 국회·대법원 등 독립기관을 포함하여 구분한다.

〈표 2-14〉 2016년도 중앙정부 회계별 지출

구분	2016년	
	조원	구성비(%)
총지출(조원)	384.9	100.0
예산 합계	264.7	68.8
일반회계	217.1	56.4
특별회계	47.6	12.4
기금	119.9	31.2
세입세출 외	0.3	0.1

주: 2016년 12월기준임
자료: 기획재정부, 재정통계, 2017.

예산으로 추진되는 사업은 소관별로 구분 후 회계별로 구분하고 기능을 중심으로 분야, 부문, 프로그램, 단위사업, 세부사업 등으로 분류되거나 또는 경비의 성질을 중심으로 분류된다.[20]

---

20) 예산과목은 사업예산제도의 도입에 따라서 종전의 장, 관, 항, 세항, 세세항에서 분야, 부문, 정책사업(프로그램), 단위사업, 세부사업 등으로 변경되었다(기회재정부, 재정통계, 2013).

회계별 세출예산은 일반회계와 특별회계가 8:2의 비율로 구성되어 일반회계의 비중이 압도적으로 높다. 기능별 세출 예산에는 정부가 하는 일이 기능에 따라 조목조목 담겨 있다는 점에서 유용한 분류방식이다. 기능별 분류는 16개 분야 69개 부문으로 구분된다. 16개 분야는 일반공공행정, 국방, 공공질서 및 안전, 교육, 보건, 사회보장 및 복지, 주택건설 및 지역사회개발, 오락·문화·종교, 경제사업 등으로 구성되어 있다.

2017년의 경우에 중앙정부의 기능별 세출을 보면 지방행정비를 포함한 일반공공행정비가 약 40%를 차지하였다. 이 항목은 국가운영 및 관리에 들어가는 제반 비용을 포함한다. 이 항목의 비중이 크게 나타난 것은 지방정부에 대한 보조금이 포함되었기 때문이다. 이 부분을 제외하면 중앙정부의 일반행정비는 약 5-6%에 불과하다.

〈표 2-15〉 중앙정부 분야별 세출현황

대분류	2010년		2016년		2017년	
	억원	%	억원	%	억원	%
공공질서및안전	130,478	1.8	178,032	1.9	184,359	1.9
과학기술	44,474	0.6	70,268	0.7	72,852	0.8
교육	435,670	6.0	541,464	5.7	624,018	6.5
교통및물류	327,803	4.5	369,907	3.9	356,394	3.7
국방	314,790	4.3	413,788	4.4	429,167	4.5
국토및지역개발	129,427	1.8	71,778	0.8	65,352	0.7
농림수산	305,573	4.2	337,123	3.5	345,574	3.6
문화및관광	50,310	0.7	81,757	0.9	83,434	0.9
보건	78,157	1.1	114,406	1.2	111,311	1.2
사회복지	1,781,753	24.3	2,728,759	28.7	2,874,437	30.1
산업·중소기업및에너지	278,668	3.8	416,189	4.4	429,963	4.5
예비비	21,000	0.3	31,500	0.3	30,000	0.3
외교·통일	48,476	0.7	52,194	0.5	59,041	0.6
일반·지방행정	3,217,184	43.9	3,882,272	40.8	3,675,974	38.5
통신	76,604	1.0	106,457	1.1	100,816	1.1
환경	81,708	1.1	110,935	1.2	106,560	1.1
계	7,322,075	100.0	9,506,829	100.0	9,549,252	100.0

주: 중앙정부 예산기준임
자료: 기획재정부, 재정통계, 2017.

국가의 기본적 기능 가운데 하나인 국방 분야는 우리나라가 다른 나라에 비하면 상대적으로 높은데 그 이유는 우리나라의 특수한 안보상황 때문이며 이것은 다른 분야의 가용재원을 일정 부분씩 줄이는 작용을 한다. 교육비 지출 역시 상당히 높은 비중을 차지하는데 이는 주로 유아 및 초중등교육을 위한 지출이 대부분을 차지하기 때문이다.

중앙정부 지출 가운데 가장 높은 비중을 차지하는 것이 사회복지분야이다. 이 분야의 지출은 2016년에 약 30%를 상회하였으며 여기에는 기초생활보장, 보육비, 노인 및 청소년 복지관련 비용, 건강보험관련 비용 등이 포함된다. 근래에 들어오면서 이 부문의 지출 신장률이 매우 높은데 소득의 증대에 따라 복지에 대한 국민들의 욕구가 점점 증대되기 때문이다. 앞으로 이 분야의 지출 증가율은 더욱 빨라질 것으로 예상된다. 이 분야는 교육비와 더불어 국민생활에 직접적인 영향을 미치며 소득재분배적 기능을 가진다.

사회복지분야와 더불어 중앙정부의 지출 가운데 높은 비중을 자치하는 것이 경제사업 분야의 지출이다. 경제관련 분야의 지출은 산업·중소기업 및 에너지, 농림수산, 국토 및 지역개발 등의 분야에서 이루어진다. 이 분야에 대한 지출은 주로 사회간접자본(SOC)을 형성하고 산업 활동을 육성하며 지원하는 데에 사용된다. 구체적으로는 농업·농촌개발지원, 중소기업지원, 투자촉진, 연구 및 인력개발지원, 금융 산업 지원 등이 이와 관련된다.

정부의 기능별 지출을 살펴볼 때 일반공공행정, 공공질서 및 안전, 그리고 국방 분야에 대한 지출은 국민의 질서유지 및 안전과 관련된 지출이라고 볼 수 있다. 국가의 기본적 기능은 절서 유지와 안정에 있으므로 이 같은 요구는 다른 어떤 목적보다도 우선적으로 강조될 수밖에 없다. 그리고 이들 분야는 국제질서의 환경 및 국내의 정치·사회적 안정과도 밀접한 관련이 있다.

경제개발과 관련된 분야에 대한 지출은 국민의 물질적 삶을 지속적으로 향상시키기 위한 것으로 볼 수 있다. 즉 경제성장에 초점을 두는 지출이다. 특히 개발도상국가에서 경제개발비의 확충은 매우 중요하다.

한편 사회복지, 교육 분야에 대한 지출은 사회적 형평을 이룩하기 위한 지출로 분류할 수 있다. 사회적 형평이란 새로운 재화와 서비스를 생산하기보다는 기존에 있는 재화와 서비스를 재분배함으로서 사회적인 합리성을 달성하려는 것이다. 그러나 사회적 형평이 먼저냐 아니면 경제성장이 먼저냐 하는 점에 대해서는 논란의 여지가 있다. 일반적으로 사회주의에서는 경제적인 기반이 사회적 형평에 기초해야 한다고 생각하는데 반하여 자본주의에서는 사회적 형평보다는 경제성장을 우선시하는 경향이 있다(윤성채, 2001).

이상과 같은 정부의 기능별 세출로부터 다음과 같은 몇 가지 사실을 정리할 수 있다. 첫째는 정부의 세출구조에서 국방, 일반 공공행정, 공공질서 및 안전 등 지출하지 않을 수 없는 경직성 비용이 전체의 약 60%를 차지한다는 점이다. 이러한 이유로 인하여 현실적로 정부가 세출을 탄력적으로 운용하여 경제정책을 펼칠 수 있는 여지는 상당히 제약적이다.

둘째는 소득의 증가에 따라 사회개발과 관련된 비용의 증가율이 높아진다는 점이다. 이는 국민들의 사회복지에 대한 수요가 증가하는 데 따른 것으로 이러한 추세는 당분간 계속될 것으로 보인다. 사회복지비 지출이 증가하자면 다른 부문의 지출 비중을 줄여야 하므로 이에 따른 희생을 감수해야 한다.

셋째는 정부예산의 기능별 지출구조를 통하여 정부가 어떤 이념을 추구하는지를 알 수 있다는 점이다. 분배와 형평에 중점을 둔 정부에서는 사회복지비가 증가하기 때문에 상대적으로 경제개발비의 비중이 감소할 수밖에 없다. 반면에 성장에 우선순위를 둔 정부에서는 사회간접자본시설투자 등에 소요된 경제개발비가 증가하며 상대적으로 사회개발비의 비중이 감소하게 된다.

정부의 세출은 기능별 분류 이외에도 성질별, 경제적 성질 등으로 분류할 수 있다. 사용 목적에 따라 분류의 종류를 선택하여 사용할 수 있다.

지방정부 세출

지방정부의 세출 예산 역시 중앙정부와 마찬가지로 일반회계와 특별회계로 분류하여 기록된다. 일반회계(一般會計)는 지방정부의 중추적인 예산으로써 정부의 중요한 사업내용을 대부분 포함한다. 즉 일반회계는 지방정부의 기본적인 행정업무를 수행하는 데 필요한 경비를 포함하는 회계로서 지방재정의 핵심이 되는 회계이다.[21)]

특별회계는 지방정부가 특별한 목적을 가지고 일반회계와 분리하여 경리할 필요가 있을 때 법률 또는 조례에 의하여 설치하는데, 공기업특별회계와 기타특별회계로 나누어진다.[22] 특별회계(特別會計)는 지방정부가 법률뿐만 아니라 조례에 의하여서도 설치할 수 있기 때문에 동일한 사업이라도 지방정부의 사정에 따라 사업의 회계분류가 달라질 수 있다. 원칙적으로 특별회계는 예산의 통일의 원칙에 비추어 볼 때 적은 것이 바람직하지만 지방정부는 이것을 설치함으로써 탄력적인 재정운용을 할 수 있다는 이점을 갖는다.[23]

〈표 2-16〉 2017년도 기능별 회계별 세출예산

분야	계	%	일반회계	공기업특별회계	기타특별회계
합계	259,432,432	100.0	215,986,132	14,360,627	29,085,673
일반공공행정	26,125,829	10.1	25,375,699	34,602	715,527
공공질서및안전	6,884,143	2.7	5,594,375	0	1,289,768
교육	11,787,032	4.5	11,687,877	0	99,155
문화및관광	11,816,800	4.6	11,155,753	127,300	533,747
환경보호	23,948,876	9.2	11,239,248	9,774,662	2,934,966
사회복지	81,240,044	31.3	72,820,761	0	8,419,283
보건	4,501,089	1.7	4,498,159	0	2,931
농림해양수산	17,531,113	6.8	17,148,313	0	382,800
산업 · 중소기업	4,669,724	1.8	4,019,971	0	649,753
수송및교통	20,047,300	7.7	13,444,735	2,000	6,600,564
국토및지역개발	17,242,632	6.6	11,512,714	1,437,899	4,292,019
과학기술	497,228	0.2	278,019	219,209	0
예비비	4,907,059	1.9	3,030,242	1,154,924	721,894
기타	28,233,563	10.9	24,180,266	1,610,031	2,443,266

주: 당초예산기준임
자료: 행정안전부, 재정자료, 2017.

21) 지방자치법 제117조 제1항은 지방정부의 회계는 일반회계와 특별회계로 구분한다고 명시하고 있으며, 동조 제2항은 특별회계는 법률 또는 지방정부의 조례로 설치할 수 있다고 규정하고 있다.

22) 공기업특별회계에는 상수도 사업, 하수도 사업, 지역개발사업, 공영개발사업, 지하철운수사업, 주택건설사업 등이 있고, 기타 특별회계에는 도시철도사업, 도시개발사업 특별회계 등이 있다.

23) 지방정부로서는 지방의회의 예산심사에서 대부분의 관심이 일반회계에 주어지므로 예산심의전략상의 이유로 특별회계를 활용하기도 한다.

지방정부 세출예산은 중앙정부와 마찬가지로 장(분야) –관(부문) –항(프로그램) –세항(단위사업) –세세항(세부사업)으로 구분된다. 지방정부의 세출의 기능별 분류는 이 가운데서 중앙정부와 마찬가지로 장과 관을 말한다. 지방정부의 기능 및 역할을 이해하기 위한 목적으로 지방정부의 예산을 이용할 경우에는 기능별 예산분류를 보는 것이 도움이 된다. 기능별 분류는 지방정부가 어떠한 활동을 위해서 얼마나 지출하는가를 나타내기 때문에 지방정부의 활동방향이나 규모를 알아보는 데에 이용할 수 있다.

기능별 분류의 장에는 중앙정부와 마찬가지로 일반공공행정, 공공질서 및 안전, 교육, 문화 및 관광, 사회복지, 보건, 경제사업 등으로 분류된다. 전체적으로 보면 지방정부예산 가운데 사회복지와 관련된 지출의 비중이 가장 높고 각종 경제사업과 관련된 비용의 비중이 그 다음으로 높다.

그런데 각각의 항목이 구체적으로 어떻게 사용되었는지를 알기 위해서는 다시 하위분류인 관 분류를 보면 된다. 예컨대 장(분야)에 해당되는 일반공공행정의 관(부문)분류에 속하는 것으로 입법 및 선거관리, 지방행정·재정지원 등이 있고, 사회복지의 하위분류인 관(부문)에는 기초생활보장, 취약계층지원, 보육·가족 및 여성 등이 속해 있다. 그리고 농림수산해양의 관 분류에는 농업·농촌, 임업·산촌, 해양수산·어촌 등이 속해 있다. 이와 같이 분류된 하위분류를 참조하면 기능적 분류의 구체적인 세출을 파악할 수 있다. 주민은 기능별 분류를 통하여 지방정부가 어떠한 활동을 위해서 얼마나 지출하는지, 또한 지방정부의 활동방향이나 규모가 얼마나 되는지를 주민이 쉽게 파악할 수 있다.

지방정부의 기능별 세출구조를 보면 대체적으로 경제관련 지출과 사회개발관련 지출의 비중이 가장 높다. 그러나 이 같은 비중은 시대별로 항상 일정한 것은 아니다. 시대에 따라 정부가 수행하는 활동에 있어서 중요성이 변화하며 또한 새로운 활동이 발생할 수 있기 때문에 각 분야의 비중은 항상 변동되게 된다.

지방정부의 세출의 성격을 보기 위해서는 성질별 분류를 참고할 수 있다. 지방세출의 성질별 분류는 예산과목에서 목(통계목)에 해당하는데 지방정부의 재정지출이 구체적으로 어떤 재화 및 서비스를 구입하는 데 사용되었는지를 개괄적으로 나타낸다. 따라서 이는 예산의 집행을 감독하고 경비사용의 적정을 기하여 위하여 필요한 분류이다.

지방정부의 성질별 세출분류는 인건비, 물건비, 이전경비, 자본지출, 융자 및 출자, 보전재원, 내부거래, 예비비 및 기타 경비 등으로 나눌 수 있으며, 이러한 분류를 다른 말로 품목별 분류라고도 한다. 즉, 이 분류는 지방정부가 정부활동을 위해서 어떠한 재화 또는 서비스를 시장으로부터 조달하는가를 구체적으로 나타낸다는 점에서 유용성이 있다. 다시 말하면 성질별 분류는 지방정부가 경비를 요소시장에서 요소서비스를 구입하는 데 사용하는가, 아니면 생산물 시장에서 소비재를 구입하는데 사용하는가, 또는 투자재를 구입하기 위한 것인가를 파악하는 데 이용될 수 있다.

〈표 2-17〉 2015년도 지방정부 세출예산의 성질별 분류

구 분	백만원	구성비
세출계	175,333,827	100.0
인건비	19,967,219	11.4
물건비	11,753,810	6.7
경상이전	68,839,348	39.3
자본지출	52,224,497	29.8
융자및출자	1,412,288	0.8
보전재원	5,787,442	3.3
내부거래	13,397,395	7.6
예비비 및 기타	1,951,827	1.1

주: 2015년 결산기준임.

자료: 행정안전부, 재정통계, 2017.

2계층제도　경상세　국민부담률(國民負擔率)　국세(國稅)의 종류
일반재원비율　통합재정(統合財政)　조세부담률　지방재정자립도
특별회계(特別會計)

제 3 장

재정의 효율성과 공평성

정부의 역할을 이해하기 위해서는 효율성과 공평성의 개념에 대한 이해가 필요하다. 예컨대 정부가 어떤 정책을 펼 때 이것이 사회적 효율성을 증대시키는 것인가에 대한 판단을 할 수 있어야 한다. 또한 이 경우에 공평성을 저해하는 것은 아니지 하는 점에 대하여도 명확한 판단이 서야만 올바른 정책의 집행이 가능하게 된다. 이 장에서는 먼저 효율성에 대하여 설명한다. 효율성의 개념에 대한 이해는 두 가지로 설명이 가능하다. 소비자 잉여와 생산자 잉여의 개념에 의한 설명과 일반균형에 의한 설명방식이다. 두 가지 접근 방식을 각각 설명 한 후에 이를 바탕으로 공평성에 대하여 설명한다.

1. 효율성

효율성의 개념

• 파레토 효율성

파레토(V. Pareto)에 의하면 경제적 효율성(efficiency, or optimality)이란 다른 사람들에게 손해를 주지 않으면서 어느 한 사람에게라도 이익을 주는 것이 불가능하다면 그러한 경제는 효율적인 상태라고 정의한다. 파레토의 정의에 따라서 현재의 경제상태가 효율적인지 아닌지 하는 판단은 어떻게 할 수 있을까? 그의 정의에 의하면 현재의 경제 상태에서 어떤 사람의 편익을 증가시키는 변화가 다른 사람의 편익을 해치지 않는가 하는 것을 조사하면 된다. 만약 어떤 사람의 편익을 증가시키는 변화가 있었는데도 불구하고 다른 사람의 편익을 전혀 해치지 않았다면 원래의 경제 상태는 효율적이지 못한 상태에 있다. 그리고 그러한 비효율적인 사회는 정책적 변화를 통하여 개선이 가능하다. 그러나 위의 경우에 만약 다른 사람의 편익을 해치게 된다면 원래의 경제 상태는 개선의 여지는 없으므로 효율적이라고 할 수 있다.

그런데 문제는 파레토에 의한 효율성 개념이 비효율성을 너무 좁게 규정한다는 데 있다. 만약 어떤 경제정책으로 인하여 많은 사람들이 이익을 보는데 단 한 사람이 손해를 본다면 파레토 정의에 의해 원래의 경제 상태는 효율적이다. 그러므로 정책은 필요 없게 되어 정책의 영역을 지나치게 제한한다. 이와 같이 파레토 정의는 효율성(效率性의) 범위를 너무 넓게 정의한 반면 비효율성의 범위를 좁게 해석하는 단점이 있다. 즉 파레토의 효율성 기준에 따르면 어느 누구에게도 손해를 주지 않으면서 다른 어떤 사람들의 이익을 증가시킬 수 있는 경제 상태를 비효율적이라고 정의하기 때문에 이런 경제상태만이 개선의 여지가 있고 이 경우만 경제정책이 가능하다. 이렇게 정의된 비효율성 개념은 너무 좁은 것이어서 현실적으로 정책적 개입을 어렵게 한다는 문제가 있다.

• 칼도의 보상의 원리

이상과 같은 파레토 효율성의 기준을 조금 완화해 보자. 어떤 정책적 변화로 인하여 이익을 본 사람이 그의 이익을 가지고 그러한 변화로 인하여 손해를 본 사람에게 보상을 해 주고도 남는 것이 있다고 하자. 그렇다면 그와 같은 변화로 인하여 사회는 전체적으로 이전에 비해 개선될 수 있을 것이다. 따라서 변화 이전의 경제 상태는 개선의 여지가 있으므로 비효율적이라고 판정된다. 따라서 이 경우에는 비효율성의 범위가 확장된다. 이러한 원리를 칼도(N. Kaldor)의 보상의 원리라고 하는데, 칼도의 보상의 원리에 따르면 정부에 의한 정책적 수행의 여지가 증가된다.

칼도의 보상(補償)의 원리를 적용하면 효율성의 개념을 다음과 같이 일반화할 수 있을 것이다. 어떤 변화가 그 사회에 주는 이익을 한계개념을 사용하여 사회적 한계편익(social marginal benefit), 그리고 그 변화가 사회에 주는 손해를 사회적 한계비용(social marginal cost)이라고 정의하자. 칼도의 원리에 따르면 어떤 한계적인 정책적 변화에 의한 사회적 한계편익이 사회적 한계비용보다 크다면 원래의 경제 상태는 비효율적이다. 변화로 인해 개선의 여지가 있기 때문이다. 그러나 만약 어떤 한계적 변화로 인하여 발생한 사회적 한계편익이 사회적 한계비용보다 작다면 그 경제는 정책적 변화에 의해 개선의 여지가 없으므로 효율적이다.

예를 들어 한 사회가 사회복지부문에서 자원을 떼어 내어 교육부문으로 돌렸다고 가정하자. 이 때 모든 사람들이 감소된 사회복지서비스보다 증가된 교육서비서를 더 높게 평가한다면 원래의 경제 상태는 효율적이지 못하다. 왜냐하면 증가된 교육서비스의 한계편익이 사회복지서비스 감소에 의한 한계비용보다 크기 때문이다. 이 경우에는 교육서비스의 증가로 인하여 이익을 본 사람들이 사회복지서비스의 감소로 인해 손해를 본 사람에게 보상을 해 주고도 남는 것이 있게 된다.

잉여 개념에 의한 설명

• 소비자 잉여와 생산자 잉여

효율성의 개념을 자세히 이해하기 위해서 먼저 소비자잉여와 생산자잉여의 개념을 이해하는 것이 필요하다. 소비자 잉여(consumer's surplus)란 소비자가 시장의 거래에 참가하여 얻는 이익을 말한다.[1] 거래에 참가하면 물건을 생산하여 판 사람이나 산 사람이나 모두 이익을 얻는다. 소비자 잉여는 소비자가 거래에 참가하여 얻는 이익을 말하고 생산자 잉여는 생산자가 거래에 참여하여 얻은 이익을 말한다.

먼저 소비자잉여에 대하여 알아보자. 소비자가 소비를 하는 이유는 당연히 소비를 통해 얻는 행복감이 주머니에서 빠져나간 돈이 주는 상실감보다 크기 때문일 것이다. 소비자 잉여란 이 둘의 차이를 말하며 이는 당연히 클수록 좋을 것이다. 예를 들어 보자. 사과를 사려는 소비자가 사과 1상자에 대하여 지불하고자

1) Mankiw(2001), Principles of Microeconomics, ch. 7, 참조

하는 최대 가격, 즉 지불용의가격(willingness to pay)이 10만원이라고 하자. 그런데 시장에서 결정된 사과 1상자의 가격이 8만원이라고 하면 소비자는 생각했던 것보다 2만원이 낮은 가격으로 사과를 살 수 있어 2만원의 잉여가 발생한다. 이러 같이 소비자가 지불하고자 하는 지불용의금액과 시장에서 실제 지불한 금액 간의 차이를 소비자 잉여(消費者剩餘)라고 한다. 소비자잉여는 수요곡선에서 설명할 수 있다. 수요곡선의 높이는 다름 아닌 소비자가 지불하고자 하는 가격, 즉 지불용의가격을 의미하며, 이는 동시에 소비자가 소비를 통하여 얻는 한계 편익(marginal benefit)의 크기를 의미한다.

수요곡선에서 소비자 잉여란 〈그림 3-1〉에서 보듯이 수요곡선의 아래 부분에서 시장가격을 뺀 면적의 크기로 측정된다. 이렇게 측정된 소비자 잉여는 소비자가 시장에서 누리는 이익을 측정한 것으로서 소비자의 경제적 후생을 측정하는 지표로 사용된다. 이를 이용하면 경제적 효율성을 평가할 수 있다. 즉 소비자들이 가치 있다고 생각하여 높은 가격을 지불할 의사가 있는 재화를 소비자들이 싼 값으로 살 수 있는 경제조직은 소비자 잉여가 큰 사회이며 이러한 사회는 효율성이 높다고 평가될 수 있다.

다음은 생산자 잉여(producer's surplus)의 개념에 대하여 알아보자. 이 개념은 소비자 잉여와 같은 방법으로 설명할 수 있다. 소비자 잉여가 소비자가 거래에서 얻는 이익을 측정한 것이라면 생산자 잉여는 생산자가 거래에 참여하여 얻는 이익을 말한다.

예를 들어 보자. 사과를 생산하는 한 농부가 사과 1상자를 추가로 생산하는 데 들어간 최소비용이 6만원이라고 하자. 물론 이 비용 속에는 사과를 생산하기 위해 들어간 각종 투입요소 비용과 본인이 제공한 생산요소에 대한 기회비용도 비용으로 포함하고 있다고 하자. 그런데 사과의 시장가격이 8만원이라고 하자. 그러면 이 농부는 사과 1상자를 팔아서 2만원의 잉여(이윤)을 얻을 수 있는데, 이것을 생산자 잉여라고 한다. 디시 말해서 생산자 잉여란 생산자의 판매수입에서 그것을 생산하는 데 들어간 최소비용을 뺀 차이 즉 경제적 이윤을 말한다.

좀더 부언하면, 농부 입장에서는 사과를 생산하는 데 들어간 비용보다 시장의 판매가격이 높으면 사과를 생산하지만, 시장가격이 사과를 생산하는 데 들어간 비용에도 미치지 못한다면 농사를 포기할 것이다. 즉 농부로서는 시장 가격이 사과를 생산하는 데 들어간 비용과 같거나 이것보다 커야지만 사과를 생산하여 공급하려 할 것이다. 이와 같이 생산자가 시장에 재화를 공급하여 실제로 받은 금액에서 생산에 들어간 비용을 뺀 것을 생산자 잉여(producer's surplus)라고 정의한다.

생산자 잉여(生產者剩餘) 역시 공급곡선에서 측정될 수 있다. 〈그림 3-1〉에서 공급곡선의 높이는 원래 정의에 의하여 그 재화의 생산에 따른 한계비용의 크기를 의미한다. 그러므로 공급곡선 상에서 생산자 잉여는 시장가격의 아래 부분면적에서 공급곡선의 아래 부분의 면적을 뺀 것으로 계산할 수 있다. 즉 공급곡선에서 볼 때 생산자 잉여란 시장가격과 공급곡선으로 둘러싸인 부분이다.

〈그림 3-1〉 사회적 총잉여

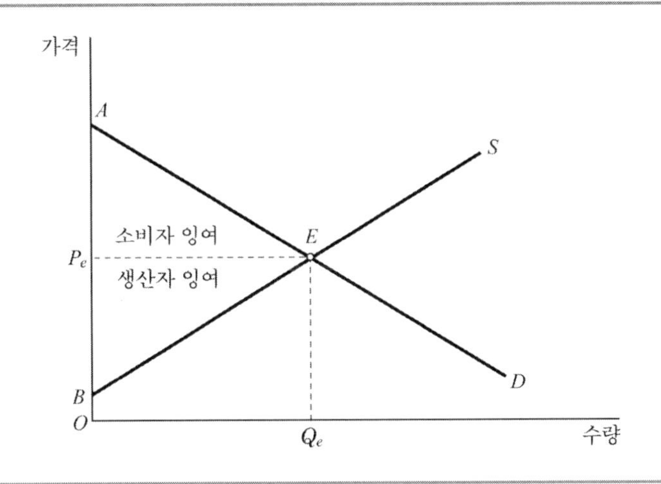

• **효율성의 측정**

이상에서 설명한 소비자 잉여와 생산자 잉여의 개념은 시장의 성과를 측정하는데 사용될 수 있다. 시장의 성과는 시장에 참여하는 사회구성원의 후생 수준을 말하는데, 사회구성원은 크게 보면 소비자와 생산자로 나눌 수 있으므로 사회의 총 후생은 소비자잉여와 생산자 잉여를 합한 것으로 측정할 수 있다.

앞에서 설명하였듯이 수요곡선과 공급곡선을 이용하여 소비자 잉여와 생산자 잉여를 측정할 수 있다. 그리고 이들을 합하여 사회의 총 후생수준을 측정할 수 있을 것이다. 소비자 잉여는 〈그림 3-1〉에서 보면 수요곡선의 일부인 AE의 아래 부분과 균형가격인 P_eE의 위 부분의 면적에 해당한다. 그리고 생산자 잉여는 공급곡선의 일부인 BE의 위부분과 균형가격인 P_eE의 아래 부분 면적이다. 따라서 사회적 총 잉여는 소비자 잉여와 생산자 잉여를 합한 면적인 삼각형 ABE의 면적으로 나타낼 수 있다. 달리 말하면 사회적 총 잉여는 소비자가 지불하고자 하는 가격에서 생산자가 생산과정에서 지불한 비용을 뺀 크기로 나타낼 수 있다.

이상에서 사회적 잉여를 측정하는 방법에 대하여 알아보았다. 사실 지금까지 사회적 잉여의 측정에 대하여 알아 본 것은 이것으로 자원배분의 효율성을 측정하기 위한 것이었다. 다시 말해서 사회적 잉여의 크기가 자원배분의 효율성 정도를 의미한다는 것이다. 이 점에 대하여 좀 더 구체적으로 답하기 위해서 먼저 어떤 소비자와 어떤 생산자가 시장에 참여하게 되는가 하는 결정과정을 이해하는 것이 선행되어야 한다.

앞서의 예를 다시 들어 보자. 사과에 대해 시장의 균형가격보다 높은 가치를 부여하는 소비자는 사과를 구입할 수 있지만 이 가격보다 낮은 가치를 부여하는 소비자는 구입하지 못할 것이다. 마찬가지로 생산측면에서 보면 사과의 균형가격보다 생산비용이 낮은 생산자들은 시장에 참여할 수 있지만 생산비용이 균형가격보다 높은 공급자는 사과를 공급할 수 없을 것이다. 이것은 달리 말하면 시장에서 결정되는 가격은 소비자와 생산자를 시장에 참가시키거나 배제시키는 기능을 한다.

시장의 이러한 기능을 염두에 두고 다음은 시장에서 결정되는 균형점에서 사회적 총 잉여가 극대가 된다는 점에 대하여 알아보자. 〈그림 3-1〉에는 균형가격 수준의 거래량에서 소비자 잉여와 생산자 잉여를 합한 사회적 총 잉여를 표시하였다. 결론적으로 말해 이때의 사회적 총 잉여가 다른 어떤 경우보다도 크다는 사실을 보이려 한다. 즉 시장의 균형에서 자원배분이 가장 효율성이라는 것을 보이고자 한다. 이러한 사실을 확인하기 위해서는 균형가격(均衡價格)이 아닌 다른 어떤 거래 수준에서든 창출되는 사회적 총 잉여가 균형수준보다 적다는 사실을 보이면 된다.

얼핏 생각하기에는 사과의 공급량이 늘어나면 소비가 늘어나서 사회적 후생이 증대할 것으로 생각할 수 있다. 그러나 균형에서 벗어나면 균형에 비해 더 많이 생산되더라도 사회적 총 잉여는 오히려 줄어든다. 이러한 사실을 〈그림 3-2〉에서 설명해 보자. 이 그림에서 균형 수준을 초과하는 거래량 Q_1에서는 공급곡선이 시장가격보다도 위쪽에 있다. 이는 무엇을 말하는가? 공급곡선이 한계비용을 나타낸다는 점을 상기하면 생산자가 균형거래량을 초과하여 공급할 때는 시장에서 받는 수입보다도 생산비가 더 들어가기 때문에 초과된 거래량에 대하여 손실을 보고 있다는 것을 의미한다. 그러므로 Q_1의 생산량에서는 균형수준의 생산량보다 생산자 잉여가 줄어드는데, 이 크기는 삼각형 FEG에 해당한다.

〈그림 3-2〉 시장의 효율성

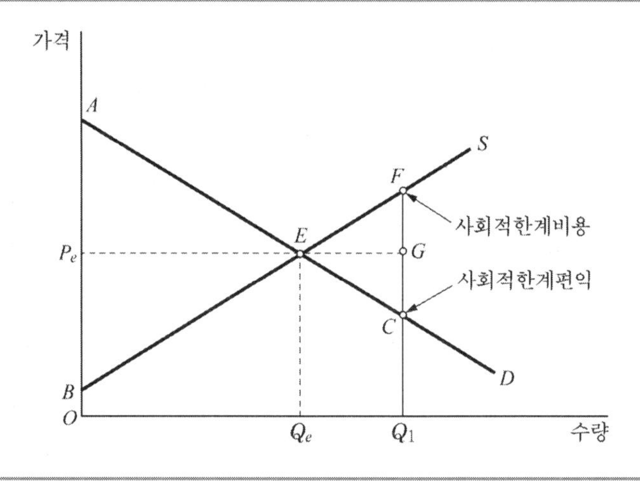

또, 소비자의 입장에서 보면 균형 수준을 초과하는 Q_1의 소비에 대하여 지불하고자 하는 가격(수요곡선의 높이)이 실제로 지불한 시중가격보다 낮기 때문에 소비자 잉여가 발생하는 것이 아니라 마이너스 잉여가 발생한다. 균형을 초과한 소비에 대하여 이것을 모두 합하면 그 크기는 삼각형 EGC에 해당한다. 즉 소비자 잉여도 생산자잉여와 마찬가지로 균형수준에 비하여 줄어들었다.

결과적으로 균형을 초과하는 생산으로 인하여 사회적 총 잉여는 균형수준보다 감소하였다. 그 크기는 〈그림 3-2〉에서 삼각형 EFC의 면적에 해당하는 부분이며, 이 부분에서는 한계생산비를 나타내는 공급곡선의 높이가 한계편익을 나타내는 수요곡선의 높이를 초과하고 있다.[2] 다시 말하면 시장의 균형에서는 수요곡선(사회적 한계편익)과 공급곡선(사회적 한계비용)이 일치하고 이때 사회적 잉여가 극대화된다. 그러나 이 점을 벗어나면 사회적 편익과 사회적 비용이 일치하지 않고 비효율이 발생한다는 것이다.[3]

이상에서는 시장에서 소비자 잉여와 생산자 잉여로 표시되는 사회적 총 잉여가 극대화된다는 사실에 대하여 알아보았다. 이때 사회적 잉여는 효율성을 판단하는 기준이 된다. 즉, 시장의 자원배분 기능이 효율적이라는 것은 그렇지 않은 경우에 비하여 사회적 잉여를 크게 한다는 것을 의미한다.

이상에서 설명한 효율성의 개념은 직관적인 방법으로도 설명이 가능하다. 예를 들어 사과시장에 생산비가 가장 적게 드는 생산자에 의해 사과공급이 이루어지지 않고 높은 비용의 생산자에 의해서 공급이 이루어지고 있다면 이는 효율적이라고 할 수 없다. 이 경우에는 고비용 생산자로부터 저비용 생산자에게로 생산자원을 이동시킴으로써 사회적 총비용을 낮출 수 있으므로 사회적 총 잉여를 증가시킬 수 있다. 이러한 기능을 하는 것이 시장이다. 마찬가지로 사과의 소비를 배분하는 데에도 비효율이 있을 수 있다. 사과에 대하여 가장 높은 가치를 부여하는 소비자가 사과를 소비하지 못한다면 이는 사과가 효율적으로 배분되었다고 할 수 없다. 높은 가격을 지불하고서라도 사과를 절실히 먹어야 하는 사람이 사과를 사지 못하고 먹어도 그만이고 먹지 않아도 그만인 사람이 사과를 사 먹는다면 그러한 배분은 효율적이라고 할 수 없다. 이와 같은 비효율적인 배분 상태에서는 사과를 낮게 평가하는 사람으로부터 높게 평가하는 사람에게로 소비를 이전시킴으로써 사회적 총 잉여를 증가시킬 수 있다.

일반균형에 의한 설명

모든 시장에서 동시에 균형이 성립하는 것을 일반균형(general equilibrium)이

---

2) 마찬가지 원리로 시장의 균형보다 적은 거래수준에서도 사회적 총 잉여는 균형수준보다 줄어든다는 것을 보일 수 있다.

3) 한계비용을 개인의 관점에서 볼 때 사적 한계비용, 사회적 관점에서 볼 때 사회적 한계비용이라고 한다. 이 두 개념은 외부성이 존재하지 않으면 일치한다. 한계편익도 마찬가지다. 그러므로 두 개념을 특별히 구분하지 않고 동일하게 사용하였다.

라고 한다. 일반균형에서는 모든 시장에서 수요와 공급이 각각 일치하여 균형가격이 결정된다.

일반균형(一般均衡)에서는 모든 재화시장과 요소시장에서 수요와 공급이 일치하고 있기 때문에, 이 상태에서는 모든 가계가 원하는 만큼의 생산요소를 공급할 뿐 아니라 또한 재화 및 서비스의 소비로부터 얻는 효용을 극대화한다. 그리고 시장에 참여하는 모든 기업은 이윤을 극대화한다.[4)]

미시경제학 이론에 의하면 2인 2재 경제의 경우에 일반균형이 성립하기 위한 조건은 다음과 같다.

(1) $(MRS_{xy})_A = (MRS_{xy})_B$

(2) $(MRTS_{LK})_X = (MRTS_{LK})_Y$

(3) $MRT_{xy} = MRS_{xy}$

첫 번째 조건은 교환(소비)에서 일반균형이 성립하기 위한 조건이고, 두 번째는 생산에서 일반균형이 성립하기 위한 조건이다. 그리고 세 번째는 교환과 생산에서 동시에 일반균형이 성립하기 위한 조건이다.

일반균형을 〈그림 3-3〉에서 설명하면 이 그림에서 원점에 오목하게 그려진 생산가능곡선 상에서는 두 번째 조건, 즉 $(MRTS_{LK})_X = (MRTS_{LK})_Y$이 성립한다. 생산가능곡선이란 두 재화 X재와 Y재의 생산에서 주어진 자원의 가장 효율적인 배분을 나타내는 조합을 연결한 선이기 때문이다. 그리고 이 그림에서 생산가능곡선 상에 한 점인 b점이 선택되었다면 이 경제는 X재가 X_0, Y재가 Y_0만큼 생산된다는 것을 의미한다.

다음은 이렇게 생산된 두 재화를 두 사람(A, B)에게 어떻게 분배하는 것이 효율적인가 하는 문제이다. 일반균형의 첫 번째 조건인 $(MRS_{xy})_A = (MRS_{xy})_B$은 생산된 재화가 효율적으로 분배되기 위한 조건이다. 다시 말해서 이 조건은 교환(소비)에서 효율성이 달성되기 위한 조건이다. 〈그림 3-3〉에서 보면 에지워드-보울리 박스(Edgeworth -Bowley box diagram) 안에 두 무차별곡선이 접하

4) 최식인(2010), 경제학원론, 제11장, 참조

는 a, e, c점 등에서 이러한 조건이 충족되며 이 때에 두 사람은 효용을 극대화하고 있다.

생산과 교환에서 각각 효율성이 달성되었다고 해서 경제 전체적으로 일반균형이 달성되는 것은 아니다. 생산과 교환에서 동시적 균형이 달성되기 위한 조건이 세 번째 조건, 즉 $MRT_{xy} = MRS_{xy}$이다. 다시 말해서 생산과 교환에서의 동시적 균형은 〈그림 3-3〉에서 생산가능곡선의 기울기인 한계전환율(MRT_{xy})와 생산가능곡선 안에 그려진 두 무차별곡선이 접하는 점의 기울기인 한계대체율(MRS_{xy})이 같을 때이다. 이 그림에서 보면 생산이 b점에서 이루어질 때 e점과 같이 X, Y재가 분배되는 경우에 $MRT_{xy} = MRS_{xy}$의 조건이 충족된다.

〈그림 3-3〉 생산과 교환의 동시적 균형

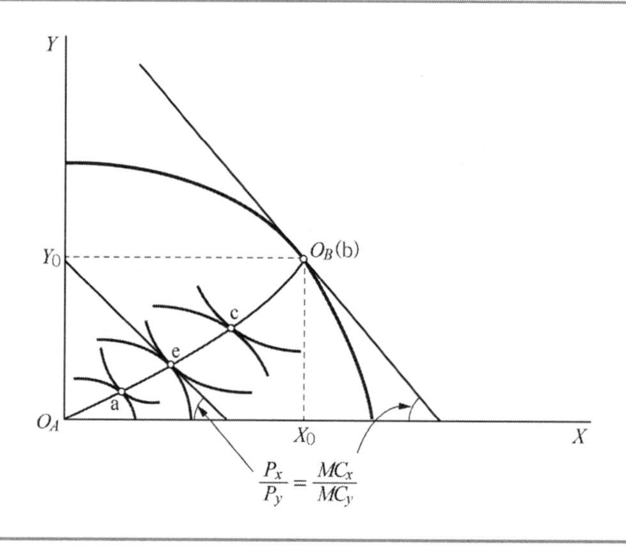

• 경쟁과 일반균형

지금까지 설명한 일반균형은 완전경쟁시장에서 자동적으로 실현된다. 경쟁시장이 효율적이라고 하는 것은 이 때문에 하는 말이다. 구체적으로 말하면 생산과 소비에 있어서 각각의 시장이 존재하고 시장이 완전경쟁이면 일반균형이 달성된다. 경쟁시장에서는 하나의 가격이 성립하고 모든 소비자와 기업은 시장에서 성립된 가격에 대하여 가격 수취자의 입장에 있다. 즉, 모든 소비자와 생산자는 동일한 가격을 받아들인다. 그러므로 일반균형의 필요조건인 (1), (2)는 경쟁시장에서 자연히 충족된다. 다시 말하면 모든 소비자는 그들의 MRS_{xy}를 하나의 가격체계와 일치시키고, 생산자 역시 $MRTS_{lk}$를 하나의 요소가격체계에 일치시키므로 (1), (2)의 조건은 충족된다.

다음으로 (3)의 조건이 충족되는 것을 보이기 위하여 먼저 생산가능곡선 상의 한 점에서의 기울기인 한계대체율의 의미를 다시 알아보자. 이 점은 생산에서의 효율성이 달성되고 있는 점다. 이점의 기울기인 한계전환률은 동일한 생산비용으로 X재의 생산을 1단위 늘리자면 Y재를 몇 단위나 줄여야 하는가를 나타내는 비율이다. 따라서 X재의 생산을 증가시키는 데 소요되는 비용인 $MC_x \cdot \Delta X$와 Y재의 생산을 감소시킬 때 절약되는 비용인 $MC_y \cdot \Delta Y$가 같아야 한다. 즉, 다음과 같이 나타낼 수 있다.

$$MC_x \cdot \Delta X = - MC_y \cdot \Delta Y$$

이 식을 정리하면 한계전환률은 다음과 같이 두 재화의 한계생산비의 비율로 나타낼 수 있다.

$$MRT_{xy} = -\frac{\Delta Y}{\Delta X} = \frac{MC_x}{MC_y}$$

한편 완전경쟁시장(完全競爭市場)에서는 기업이 $P = MC$에서 이윤을 극대화하고, 소비자는 효용극대화를 위하여 한계대체율(MRS_{xy})과 두 재화의 상대가격비율을 일치시킨다. 이상의 두 조건을 결합하면 다음과 같이 나타낼 수 있다.

$$MRT_{xy} = -\frac{\Delta Y}{\Delta X} = \frac{MC_x}{MC_y} = \frac{P_x}{P_y} = MRS_{xy}$$

이러한 과정을 〈그림 3-3〉에서 보면 교환에 있어서 균형을 나타내는 e점과 생산에서의 균형을 나타내는 b점에서의 접선의 기울기가 같을 때 동시적 균형이 달성된다. 즉 경쟁시장에서는 생산과 소비에서 동시적 균형이 달성된다.

요약하면 효율성이 충족되기 위해서는 생산과 소비에 있어서 각각 시장이 존재하고 또한 각 시장은 완전한 경쟁이 전제되어야 한다. 이 두 가지 가정 하에서 효율성의 조건이 충족되는데 이것을 후생경제학(厚生經濟學)의 제1정리라고 한다.

2. 공평성

한 경제의 상태를 사회적인 관점에서 평가하는 데는 효율성과 공평성이라는 두 가지 기준이 적용된다. 효율성에 대해서는 이미 앞장에서 설명한 바와 같이 어느 정도 객관적인 기준이 마련되어 있다. 그러나 공평성의 문제는 그렇게 간단하지 않다. 공평성에 대해서는 사람마다 생각이 다르기 때문에 객관적인 기준을 마련하는 것이 쉽지 않다. 이 때문에 공평성을 다루는 후생경제학의 분야는 어느 정도 가치판단의 문제를 포함하는 규범적인 분석에 기초하지 않을 수 없다.

효용가능곡선

앞장에서의 논의를 바탕으로 하여 사회적 관점에서 가장 바람직한 자원배분생태란 무엇인가에 대하여 알아보기로 한다. 위의 〈그림 3-3〉으로 돌아가서 생산과 소비에 있어서의 동시적 효율성에 대하여 다시 생각해 보자. 이 그림에서 생산가능곡선 위에 있는 모든 점에서는 생산에 있어서의 효율성이 달성된다. 이 점들 중에서 특히 한 점인 b점이 선택되었다고 하자. b점을 선택하였다는 것은 이 경제에서 두 재화가 각각 X_0, Y_0만큼의 생산이 결정되었다는 것을 의미한다.

생산량이 결정된 다음의 문제는 이렇게 생산된 두 재화를 어떻게 분배하였을 때 가장 바람직한가 하는 것이다. 〈그림 3-3〉에서 보면 소비에서의 효율성은 생산가능곡선 안에 그린 계약 곡선 위에서 달성되고 있다. 이 계약 곡선을 다시 U_A와 U_B를 축으로 하는 평면 위에 그린 것이 〈그림 3-4〉인데, 이를 효용가능곡선(utility possibility curve)이라고 한다. 여기서 U_A와 U_B는 각각 A와 B의 효용수준을 나타낸다. 그러나 효용가능곡선 선상에서 소비와 생산에 있어서의 동시적 균형이 달성되는 점은 오직 e점 하나라는 것이다.

〈그림 3-4〉의 왼쪽 그림의 생산가능곡선 위에 있는 다른 점에서 이러한 작업을 반복하면 또 다른 효용가능곡선을 그릴 수 있다. 이러한 과정을 나타낸 것이 〈그림 3-5〉이다. 이 그림에서 보면 소비와 생산에 있어서의 동시적인 효율성을 보장하는 점, 즉 e, e', e"과 같은 점들은 수많은 효용가능곡선의 가장 위에 위치하게 된다. 특히 이러한 점들을 이은 곡선을 총효용가능곡선(grand utility possibility curve)이라고 한다. 다시 말해 총효용가능곡선(總效用可能曲線)의 위에서는 생산과 소비에 있어서의 동시적인 효율성이 달성된다.

〈그림 3-4〉 효용가능곡선

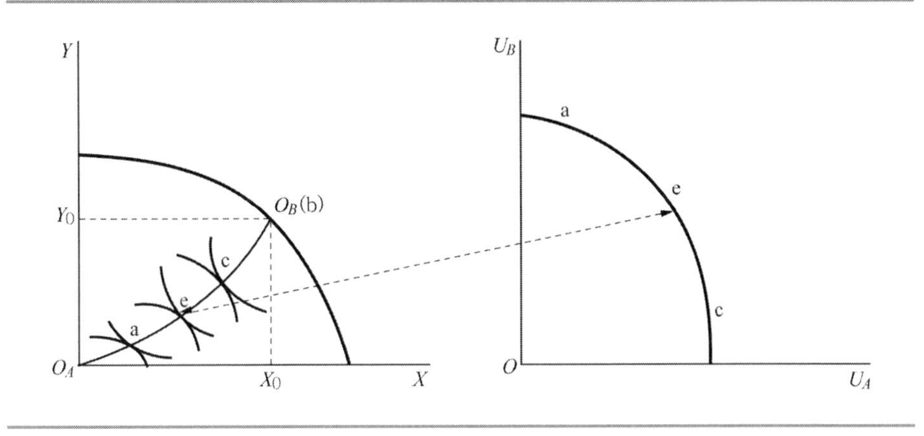

사회후생의 극대화

〈그림 3-5〉를 다시 보면 이 그림에서 e', e, e"점은 모두 효율성이 달성되고 있다. 그러나 세 점은 공평성의 측면에서 보면 모두 다르다. 즉 e'점은 A에 비하여 B가 더 많은 재화를 소비함으로써 B의 효용수준이 높을 것이고, e"점은 A의 효용수준이 더 높다. 즉 세 점이 공평성의 측면에서 평가할 때 모두 같다고 할 수 없다. 공평성에 대하여는 사실상 객관적인 기준을 정한다는 것이 어렵게 때문에 이 문제를 어떻게 해결할 것인가 하는 점에 대하여 많은 논란이 있다. 여기서는 사회후생함수를 통하여 이러한 문제를 해결하려는 방식을 중심으로 논의하기로 한다. 사회구성원의 효용을 측정할 수 있다고 가정하면 다음과 같이 사회후생함

수를 정의할 수 있을 것이다.

〈그림 3-5〉 총효용가능곡선

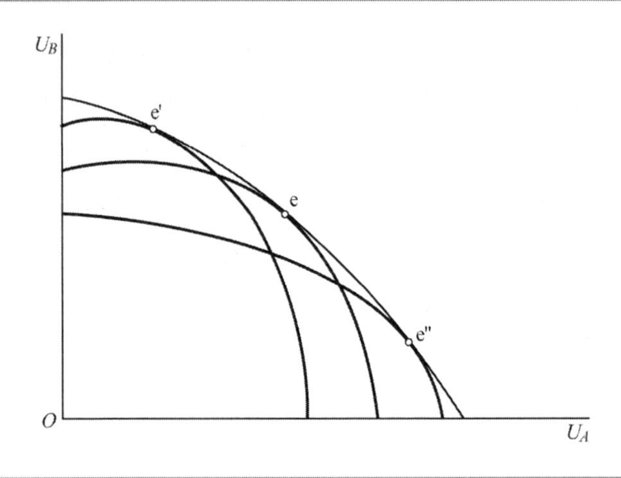

$$SW = f(U_a, U_b)$$

사무엘슨(P. Samuelson)에 의하여 고안된 사회후생함수는 이 예에서 사회구성원인 A와 B의 효용수준을 종합하여 하나의 사회후생수준을 나타낸 것으로, 이는 두 사람의 효용수준을 어떤 가치판단 위에서 평가하느냐에 따라서 그 형태가 달라질 것이다. 여기에서는 한계효용은 체감한다는 일반적인 원리에 따르기로 한다. 이러한 성질을 갖는 사회후생함수를 무차별곡선으로 나타내면 원점에 볼록한 형태를 취한다. 이 무차별곡선의 모양은 바로 사회후생함수가 가지고 있는 가치판단의 성격을 반영한 것이라고 볼 수 있다.[5)]

그러면 이제 사회후생(社會厚生)의 극대화에 대하여 논의하는 것이 가능해 진다. 〈그림 3-6〉에는 총효용가능곡선과 사회적 무차별곡선을 함께 그렸다. 이 그림에서 사회적 후생의 극대화는 총효용가능곡선과 사회적 무차별곡선이 접하는 점인 e점에서 이루어진다. 이 점은 총효용가능곡선 위에 있는 점이므로 생산과 소비에 있어서 동시적인 효율성이 보장될 뿐 아니라 또한 사회적 무차별곡선과도 접

5) 사회적 무차별곡선이 직선에 가까우면 개인주의적 가치판단을 반영한 것으로 볼 수 있는 반면, 원점에 볼록할수록 평등주의적 가치판단을 반영한 것으로 볼 수 있을 것이다.

하고 있기 때문에 사회구성원들이 가지고 있는 공평에 대한 가치를 역시 반영하고 있다. 따라서 이 점은 이 사회가 도달할 수 있는 가장 높은 만족의 수준이라고 할 수 있다. 이러한 의미에서 이점을 보통 지복점(bliss point)이라고 한다.

〈그림 3-6〉 사회후생의 극대화

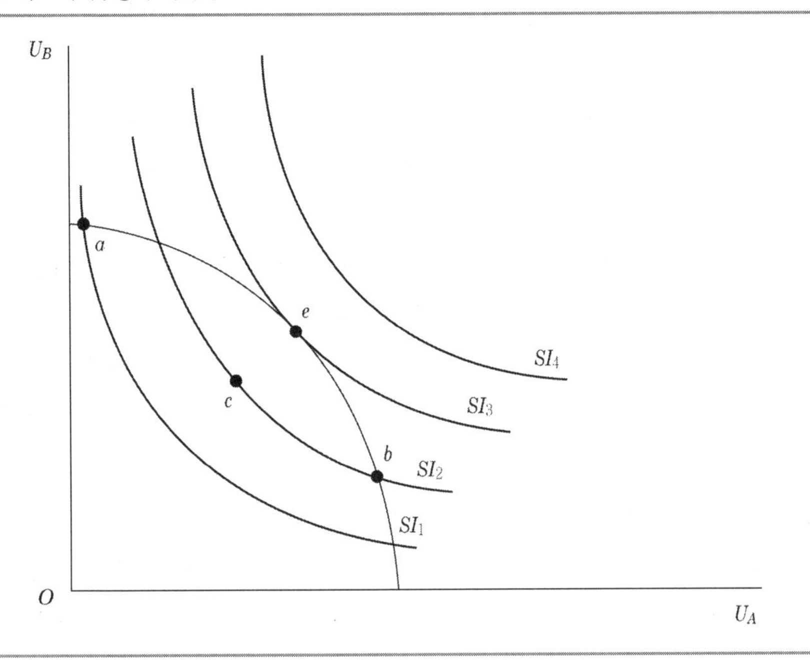

그런데 효율성과 관련하여 유의할 점은 효율성의 조건이 충족된 상태가 그렇지 않은 점에 비하여 반드시 사회후생의 측면에서 우월한 것은 아니라는 점이다. 〈그림 3-6〉에서 보면 a점은 효율성의 조건이 충족되는 점이다. 총효용가능곡선 위에 있기 때문이다. 그러나 효율성의 조건을 충족시키지 못하는 c점에 비하여 사회적 후생수준이 낮다. 이는 사회구성원들이 효율성보다도 공평한 분배에 더 높은 가치를 두기 때문이다. 물론 모든 점 중에서 e점은 어느 점보다도 선호되는 점이다. 이점은 효율적이고 공평하다.

요약하면 자유로운 경쟁체제는 총효용가능곡선 상의 어떤 배분 상태에도 도달하게 한다. 이러한 원리를 후생경제학의 제1정리(first welfare theorem)라고 하였다. 그러나 그러한 배분 상태가 사회후생을 극대화한다는 보장은 없다. 따라서 경제가 파레토 효율적인 배분상태에 있을지라도 이것이 사회구성원이 바라는 공평한 분배 상태가 아니라면 이를 달성하기 위해서는 정부의 개입이 요청된다.

그런데 경제가 후생의 극대화점에 도달하게 하기 위하여 정부가 시장에 직접적으로 개입해야 하는가 하는 점이다. 예를 들면 가난한 사람들이 구입하는 재화에 대하여 최고가격제도를 도입하는 방법을 들 수 있다. 그러나 그 결과는 바람직하지 않을 수 있다. 정부가 시장에 개입하는 경우는 대체적으로 효율성을 저해하는 결과를 초래하기 때문이다. 이와 달리 정부는 자원의 초기부존(initial endowment)을 재조정하고 시장에서 자유롭게 교환하도록 하게 함으로서 어떤 다른 파레토 효율적인 배분상태로 이동하게 할 수 있다. 이를 후생경제학의 제2정리(second welfare theorem)이라고 한다. 달리 말하면 소득분배 상태를 조정한 후 시장이 잘 작동하도록 허용함으로써 정부는 총효용가능곡선 상에 더욱 공평한 후생의 분배를 나타내는 어떤 점으로 이동하게 할 수 있다. 이는 〈그림 3-6〉에서 보면 a점에서 e점으로의 이동이 가능하다는 것이며, 효율성의 상실 없이도 공평성을 증대시킬 수 있다는 것을 의미한다(Rosen & Gayer, 2008)

후생경제학 제2정리는 정책적으로 중요한 의미를 갖는다. 만약 현재의 자원배분상태가 공평하지 않다고 하자. 그러면 정부는 시장의 가격구조에 영향을 미치는 개입을 통하여 효율성을 저해할 필요가 없이, 그보다는 자원을 구성원 간에 공평하도록 이전시키는 정책을 통하여 정책목표를 달성할 수 있다. 즉 그렇게 함으로써 효율성을 저해하지 않고 공평성을 증대시킬 수 있다. 이와 같이 이론적으로 보면 정부로서는 효율성은 시장에 맡기고 공평한 분배를 위해서는 자원을 이전하는 정책을 사용하는 것이 가능하다. 그러나 실제로는 정부가 자원을 조정하기 위하여 사용한 각종 정책 예컨대 조세정책 등도 가격에 영향을 미쳐 효율성을 저해할 수 있기 때문에 또 다른 문제가 야기된다.

주요개념

파레토 효율성	보상의 원리	소비자 잉여	생산자 잉여
사회적 총잉여	계약곡선	생산가능곡선	일반균형의 조건
후생경제학의 1, 2정리		총효용가능곡선	사회적 무차별곡선
지복점			

제 4 장

시장의 실패와 재정

효율적인 자원배분이 가능하기 위해서는 모든 상품에 대하여 시장이 존재하고 또한 각 시장은 경쟁적이어야 한다. 그러나 이러한 가정이 현실적으로 충족되지 못하는 경우가 발생하는데 이때는 시장이 효율적인 자원배분에 실패한다. 또한 경쟁시장에서 자원의 효율적 배분이 이루어진다고 하더라도 그 결과가 공평이라는 가치의 측면에서 만족스럽지 못할 수 있다. 이때는 정부가 개입하여 시장을 보완하는 것이 일반적이다. 그렇다고 하여 정부가 개입하는 것이 반드시 최선은 아니다. 때로는 정부의 개입이 시장의 실패보다 더 큰 비용을 초래할 수도 있기 때문이다.

1. 시장의 실패

앞 장에서 본 바와 같이 완전경쟁시장의 가정 하에서 효율적인 자원배분이 가능하다. 스미스의 표현을 빌리면 자유로운 경쟁 시장에서는 보이지 않는 손에 의해 자원이 효율적으로 배분된다. 경쟁시장이 성립하기 위해서는 소비자와 기업이 다수이며 이들이 산출물의 가격과 품질에 대하여 완전한 정보를 가지고 있어야 한다. 그러면 시장의 모든 참여자가 가격수취자(price taker)로서의 지위에 있게 된다. 즉 어느 누구도 시장 지배력을 행사할 수 없다. 그러나 현실적으로는 시장이 독과점화되는 등 여러 가지 요인 때문에 완전경쟁시장의 조건이 성립되지 않게 되므로 시장의 효율성이 보장되지 못한다. 즉 시장실패(market failure)가 발생한다.[1]

그러나 이외에도 어떤 상품에 대하여 시장이 존재하지 않는다면 시장이 자원을 효율적으로 배분할 수 없을 것이다. 실제로 어떤 상품에 대해서는 시장이 나타나지 않을 수 있다. 보험 시장을 생각해 보면 보험을 민간시장에서 구입할 수 없을 때가 종종 있는 것을 볼 수 있다. 예컨대 소득이 일정 수준에 미달되면 보상해 주는, 즉 빈곤에 대비하는 보험 상품이 있다고 하자. 기업이 이러한 상품을 공급하는 것이 가능하겠는가? 당연히 그렇지 않을 것이다. 만약 그러한 상품이 있다면 사람들은 보험에 가입한 후에 성심(sincerity)을 다해 일하려 하지 않을 것이고 보험회사로서는 그러한 행동을 감시한다는 것이 대단히 어려울 것이다. 그러므로 이러한 보험 상품에 대한 시장은 존재할 수 없다. 다시 말해서 이 같은 빈곤보험이 실제로 있다면 성실한 사람보다는 게으르고 농땡이를 치는 사람들이 주로 가입하려 할 것이다. 이 때 발생하는 것이 비대칭적 정보의 문제이다.

비대칭적 정보(asymmetric information)란 한쪽은 정보를 알고 있지만 다른 한 쪽은 정보를 모르고 있을 때 발생한다. 즉 불확실성이 존재할 때 시장에는 여러 가지 문제가 발생한다. 이러한 비대칭적 정보 하에서 발생하는 대표적인 문제로 도덕적 해이와 역선택 문제를 들 수 있다.

도덕적 해이(道德的 解弛)란 정보를 가진 쪽이 정보를 가지지 못한 상대방을 이용하여 사사로운 이익을 취하는 현상이다. 위의 예를 다시 들면 빈곤보험의 경우 보험회사는 보험 가입자가 성실한 사람인지 아니면 농땡이인지 알지 못한다. 이 경우 후자는 가난해 질 가능성이 크므로 자신에 대한 정보를 숨기고 보험에 가입하는 것이 유리하다. 이러한 행동을 도덕적 해이라고 한다.

다른 예를 들어보자. 자동차 회사가 자기 회사에서 만든 제품에 결정적인 결함이 있는 것을 알면서 판매하는 것은 중대한 도덕적 해이 현상의 한 예이다. 또 다른 예로 자동차 보험의 경우, 음주를 많이 하거나 운전습관이 난폭한 사람은 사고 날 위험이 많으므로 보험에 가입하는 것이 유리하다. 그러나 보험사로서는

1) 최식인(2010), 경제학원론, 제11장, 참조

보험가입자가 상습적인 알코올 중독자인지 아닌지 본인이 밝히지 않으면 구별하기 어렵다. 이 경우 보험 가입자가 자신에 대한 정보를 밝히지 않고 보험에 가입한다면 이는 도덕적 해이 현상에 해당한다.

도덕적 해이(moral hazard)는 말할 필요도 없이 사회적 비용을 증가시킨다. 만약 도덕적 해이로 인하여 불량한 사람들이 보험에 많이 가입한다고 가정해보자. 보험사로서는 보험료율을 높일 수밖에 없을 것이고, 그러면 사고를 내지 않는 우량고객은 높은 보험료를 부담해야 한다. 만약 우량 고객이 너무 높은 보험료 때문에 보험가입을 기피하게 된다면, 결과적으로 보험시장에는 불량고객만 남고 우량고객은 퇴출되고 마는 현상이 나타난다. 이러한 현상을 특히 역선택(adverse selection)이라고 말한다. 즉 역선택(逆選擇) 현상이란 정보의 비대칭으로 말미암아 시장에서 우량고객들이 퇴출되는 현상을 말한다. 이러한 현상이 만연하게 되면 시장이 축소되게 되고 정상적인 거래가 이루어지지 못하기 때문에 시장의 기능이 약화되거나 결국에는 시장 자체가 존재할 수 없게 된다. 즉 시장 실패가 초래된다.

이외에도 시장이 존재하지 않기 때문에 발생하는 비효율성의 형태로 외부성(externality)을 들 수 있다. 외부성(外部性)이란 한 사람의 행동이 시장을 거치지 않고 다른 사람의 후생에 영향을 주는 것을 말한다. 예를 들면 담배를 피우는 행위가 공기를 오염시켜 다른 사람에게 피해를 줄 수 있다. 이 경우 흡연자는 깨끗한 공기를 오염시키는 데 가격을 지불하지 않는다. 즉 공기에 대한 시장에 존재하지 않아서 발생하는 문제이다. 이 때는 가격체계가 담배의 기회비용에 대한 정확한 신호를 보내는 데 실패하게 된다. 따라서 시장 실패가 발생한다.

공공재(public good) 역시 외부성와 밀접하게 관련된 것이다. 공공재(公共財)란 비경합성과 비배제성의 성질을 갖는 재화를 말한다. 비경합성이란 한 사람의 소비가 다른 사람의 소비를 줄이거나 억제하지 않는 성질을 말하며, 비배제성이란 다른 사람의 소비를 막는 것이 불가능하거나 비용이 매우 많이 들어가는 성질을 말한다.

사람들이 공공재에 대해서는 그들의 선호를 정확하게 표출하지 않는다는 특징으로 인하여 시장실패의 문제가 발생한다. 사람들은 공공재에 대하여 그들의 정확한 가치를 숨기려는 유인을 갖는 경향이 있기 때문이다. 공공재의 대표적인 예로서 등대를 흔히 든다. 등대 서비스는 비용을 지불하던 하지 않던 사용이 가능하다. 그런데 정부에서 이에 대하여 사용료를 부과할 생각으로 사람들에게 등대 서비스에 대하여 지불할 의사가 있는 가격을 묻는다면 사람들은 대부분 등대는 필요 없다고 대답한다. 대부분의 사람들은 무임승차자(free rider)가 되려는 유인을 갖는 경향이 있다. 그렇게 되면 등대는 필요하지만 건설되지 못하는 문제가 발생한다. 즉 시장 기구는 사람들의 선호를 표출하도록 하는 데 실패하게 되고 결과적으로 자원이 그쪽으로 충분히 배분되지 못하게 되어 시장실패가 발생한다. 이상에서는 시장 실패의 요인에 대하여 개관하였다. 자세한 내용은 다음 절에서 설명하기로 한다.

이상과 같은 시장의 실패가 발생하면 그 해결자로서 정부를 생각할 수 있다. 시장실패는 정부로 하여금 시장에 개입할 수 있는 필요조건을 제공한다. 시장이 실패하는 경우 정부가 시장에 개입하여 시장의 기능을 바로잡고 개선하는 것이 현실적 대안이다. 그러나 정부의 개입이 시장 실패를 개선하기 보다는 더욱 악화시킬 수도 있기 때문에 정부가 시장에 개입할 때는 신중을 기해야 한다. 다시 말해서 시장의 실패가 정부개입의 충분조건은 되지 못한다는 것이다.

2. 독과점

후생경제학의 제1원리인 효율성의 필요조건을 충족시키기 위해서는 시장이 완전경쟁이라야 한다. 그러나 현실에는 독점이나 과점시장이 상당부분을 차지한다. 이러한 시장에서는 자원의 효율적 배분이 달성되지 못한다. 즉 독과점은 완전경쟁에 비하여 자원배분에 있어서 비효율적이며 따라서 사회적 후생을 감소시킨다. 좀 더 자세히 말하면 독과점 기업은 경쟁 기업에 비하여 산출량을 줄이고 가격을 높게 책정하므로 자원배분에 있어서 상당한 왜곡이 발생한다. 이 때는 흔히 정부의 개입이 뒤따른다.

독과점의 원인에는 특허권, 허가권, 생산요소의 독점, 규모의 경제 등 여러 가지가 있다. 이러한 요인들은 해당 산업으로 다른 기업의 진입을 방해하는 작용을 한다. 진입장벽이란 물론 독점 기업의 입장에서 보면 독점적인 이윤을 가능하게 하므로 좋은 것이다. 그렇기 때문에 독점기업으로서는 진입장벽을 유지하기 위해 노력한다. 예컨대 로비, 광고 등이 그것이다. 이러한 행위는 직접적인 생산비용 이외의 추가적 비용을 수반하므로 자원의 낭비를 초래한다는 점을 직관적으로 이해하기 어렵지 않다.

위에서 지적한 독점의 원인 중에서 특별히 관심의 대상이 되는 것은 생산에 있어서 규모의 경제(規模의 經濟)이다. 규모의 경제란 예를 들면 모든 생산요소를 두 배만큼 증가시킬 때 산출량이 2배 이상으로 증가하는 현상을 말한다. 만약 이와 같이 요소투입이 두 배로 증가할 때 산출량이 두 배 이상으로 증가하면 평균비용(총비용/산출량)은 모든 산출량에 대하여 감소하게 된다. 그리고 이에 따라 한계비용은 평균비용보다 아래에 있게 된다. 일반적으로 이러한 비용구조는 가변비용에 비하여 고정비용이 클 때 나타난다. 고정비용은 산출량 수준에 상관없이 지급해야 하기 때문에 산출량이 증가함에 따라 단위 당 비용 부담은 줄어든다. 통신, 전기, 하수도 등과 같은 공공시설의 경우에 이러한 비용구조가 발생하는데, 이들은 대부분 대규모 자본시설을 필요로 하는 것들이다. 이와 같이 규모의 경제현상이 나타나는 산업을 특히 자연독점(natural monopoly)이라고 한다.

자연독점의 경우에 기업으로서는 가격을 한계비용과 같게 할 때(효율성 조건) 정의 이윤을 얻을 수 없다는 데에 문제가 발생한다. 그 이유는 한계비용이 평균비용보다 아래에 있는 상황에서 가격을 한계비용과 같게 놓으면 손실이 발생하기 때문이다. 〈그림 4-1〉에서 $P=MC$인 점 a에서는 $AC>MC=P$이므로 총비용이 총수입을 초과하여 손실이 발생한다. 한편 이 그림에서 b점과 같이 가격을 평균비용과 같게 놓으면 기업으로서는 손실을 보지 않지만 산출량 수준이 효율적 수준인 Q_2^*에 미달한다. 다시 말해서 자원이 과소 고용되는 문제가 발생한다.

이상과 같은 문제가 발생할 때 정부의 개입을 필요로 한다. 한 가지 방법은 정부가 생산자이며 동시에 공급자가 되는 것이다. 이 때 정부는 효율성 조건을 충족시키기 위하여 가격과 한계비용을 일치시키고 이로 인해 발생하는 손실을 세금으로 메우는 방법을 선택할 수 있다. 또 다른 방법은 정부가 기업에게 독점생산을 인정해 주고 정상이윤만 확보되도록 독점가격을 규제하는 것이다. 즉 $P=AC$(평균비용 가격정책)가 되도록 가격을 규제하는 것이다. 그러나 어느 경우이든 즉 세금의 부과이든 아니면 규제이든 어느 경우나 효율성의 문제를 야기한다. 전자의 경우는 손실을 보전하기 위하여 세금을 걷는 과정에서 효율성이 저해되며, 후자의 경우는 자원의 과소이용이 문제가 된다. 따라서 어느 것을 선택해야 하는가 하는 문제는 어느 방식이 실제적으로 잘 작동되는가의 여부에 달려 있다(R. Fisher, 2007).

〈그림 4-1〉 자연독점과 시장실패

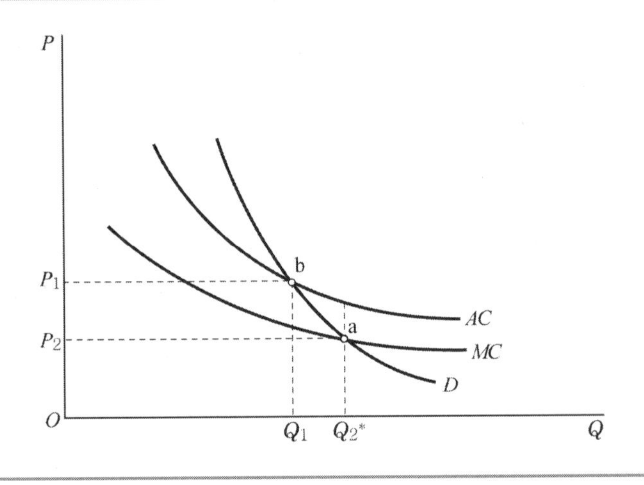

3. 공공재

공공재의 특성

공공재(public goods)는 집합적으로 소비가 이루어진다는 성질 때문에 시장 재화와 그 성격이 대조된다. 시장재의 경우는 소비에 있어 경합적이며 가격에 의하여 배제되는 성격이 있는 반면, 공공재(公共財)는 비경합성과 비배제성이라는 특징을 갖는다. 이러한 성질 때문에 공공재는 다른 사적재화와 같이 시장이 존재할 수 없고 따라서 시장에서 공급될 수 없다. 즉 시장이 공공재의 공급에 실패하는 시장 실패가 초래된다.

공공재의 비경합성(non-rivalry)이란 공공재에 대한 한 사람의 소비가 다른 사람의 소비에 영향을 주지 않는 성질을 말한다. 예를 들어 국방과 같은 공공재를 생각해 보자. 국방이라는 서비스가 일단 공급되면 다른 사람이 그 혜택을 받는다고 해서 나에게 국방의 혜택이 적게 공급되는 것은 아니다. 또 한산한 도로를 생각해 보자. 다른 사람이 그 도로를 이용한다고 하여 내가 이용하는 데 불편을 겪는 것은 아니다. 이와 같이 공공재는 집합적으로 소비되기 때문에 서로에게 경합관계에 있지 않다는 특징이 있다.

공공재의 두 번째 특징으로 비배제성(non-exclusion)을 들 수 있다. 시장에서 거래되는 시장재화는 그것을 소유하려면 그에 대한 비용을 치러야 한다. 사과를 먹고 싶은 사람이 돈을 내고 사지 않는 한 사과의 소비로부터 배제 당한다. 이러한 원리는 바로 경제학에서 배운 수요와 공급의 원리이다. 그러나 공공재는 이와 다르게 대가 즉 가격을 치르지 않아도 소비로부터 배제당하지 않는다는 특징이 있다. 국방의 예를 다시 들어 보자. 국방의 서비스는 모든 국민들에게 배제됨이 없이 무차별하게 제공된다. 세금을 내지 않았다고 해서 그 서비스가 제공되지 않는 것이 아니다. 만약 세금을 내지 않았다고 해서 국방의 해택에서 배제시키자면 더 많은 비용이 들 수 있다. 예컨대 세금을 내지 않은 사람들을 국방의 혜택으로부터 배제시키기 위하여 비무장지대나 휴전선 근처의 섬으로 이전시킨다고 해보자. 어떻게 되겠는가? 아마도 더 많은 비용이 들 것이다. 그러므로 비배제성이란 특정 사람을 소비로부터 제외시키는 것이 불가능하거나 아주 많은 비용이 들어가는 성질을 말한다.

그런데 모든 사람들은 국방의 혜택을 받기를 원하지만 국방을 유지하기 위하여 세금을 내라고 하면 자발적으로 내지 않으려고 한다. 국방과 같이 비배제성이 강한 공공재의 경우에 자발적으로 비용 부담을 표출하지 않으면서 혜택만 보려는 사람들을 특히 무임승차자(free rider)라고 한다. 이러한 경우에 정부는 무임승차를 방지하기 위하여 강제적인 방법으로 공공재의 공급비용을 부담시킬 수 있다.

공공재의 종류

모든 재화는 비경합성과 비배제성의 성질이 강한 순수공공재에서부터 경합적이고 배제적인 시장재화에 이르기까지 그 종류가 다양하다. 이들을 두 가지 기준에 따라 크게 네 가지 형태로 〈그림 4-2〉와 같이 분류할 수 있다.

〈그림 4-2〉 재화의 종류

배제성 \ 경합성	경합적	비경합적
배제적	**시장재** 옷, 집 혼잡한 유료도로	**자연독점** 전기, 케이블 TV, 혼잡하지 않은 유로도로
비배제적	**공유자원** 바다고기, 환경 혼잡한 무료도로	**순수 공공재** 국방, 지식 혼잡하지 않은 무료 도로

이 중에서 순수공공재의 대표적인 예로는 앞에서 예로 든 국방, 치안서비스, 등대 등을 들 수 있다. 이와 달리 비경합성이나 비배제성이 약화되다보면 시장재화에 가깝게 된다. 시장재화는 물론 경합적이고 배제적인 성격을 갖는 재화로 공공재의 정반대편에 있는 재화이다.

비경합성이 약해지는 예로서 혼잡한 도로나 공원을 들 수 있다. 도로나 공원도 집합적으로 소비가 이루어진다는 점에서는 공공재이다. 그러나 도로의 경우 사용자가 늘어나면 혼잡의 문제가 발생할 수 있고 그러면 경합관계에 놓일 수 있다. 또 다른 예로 사람들이 공원에 많이 입장하면 내가 공원에 입장하여 관람하거나 휴식을 취하는 데 방해가 된다. 공원이나 도로에 혼잡의 문제가 발생하면 경합적으로 될 수 있다. 이와 같이 혼합의 문제가 발생할 때는 가격을 도입함으로써 일부의 소비자를 배제시키는 방법을 생각할 수 있다. 그렇게 되면 시장재화와 유사하게 된다. 하지만 이런 서비스는 시장재화처럼 서비스를 사람에 따라 완전히 분리시킬 수 없다는 점에서 차이가 있다. 공공재서비스는 시장재화처럼 서비스를 분리하는 것이 불가능하다는 특징을 갖는다. 이러한 성격을 갖는 공공재의 예로서 교육, 의료서비스 등을 들 수 있는데, 이들을 흔히 가치재(merit goods)라고도 한다. 이러한 서비스는 민간에 의해 공급되는 것이 가능하지만 특히 정부에 의해서 소비가 권장된다는 의미에서 가치재(價値財)라고 부른다.

〈그림 4-2〉에서 보듯이 비배제적이면서 경합적인 성격을 갖는 자원을 특별히 공유자원(common resources)이라고 한다. 공유자원의 예로 환경을 들 수 있다. 초원의 목초, 동물, 물고기 등이 대표적 공유자원이다. 공유자원은 과도하게 사용되어 고갈되기 쉽다. 희귀 동식물의 멸종, 강이나 바다의 심각한 오염 등이 대표적인 예이다. 공유자원은 사용에 있어서 비배제성 때문에 자정(自淨)능력의 범위를 넘어서 남용(濫用)되기 쉽다. 이를 막기 위한 방안으로 공유자원의 소유권을 인정해 주어 소유자로 하여금 관리하도록 하는 방법이 있을 수 있다. 또는 정부가 직접 규제를 통하여 보호하기도 한다.

또 다른 유형이 자연독점산업의 재화나 서비스이다. 이것은 배제 가능하지만 비경합적인 예에 해당한다. 예컨대 케이블 TV시청은 시청료를 받는 방식으로 배제 가능하다. 하지만 한계비용이 제로이므로 효율성의 원리에 따라면 가격이 제로(0)로 부과되어야 하지만 그렇지 않으므로 시장 실패가 발생한다.

이상과 같은 재화의 분류에서 시장재화를 제외하면 모두 시장실패가 발생한다. 일반적으로 공공재는 시장에 맡겨두면 사회적으로 필요로 하는 만큼의 공급이 이루어지지 않는 시장실패가 발생한다. 그 이유는 앞에서 언급한 바 있듯이 시장에서 재화의 효율적 공급의 원리는 사회적 한계비용과 사회적 한계편익을 일치시키는 것이지만 공공재의 경우는 그러한 원칙의 적용이 어렵기 때문이다.

국방의 예에서 보듯이 국방서비스는 한번 일정한 량이 공급되면 사회적 한계비용은 제로(0)에 가깝다. 달리 말해서 인구가 추가되었다고 국방비가 더 들어가는 것은 아니다. 따라서 효율성의 기준을 충족시키자면 무상으로 공급해야 하지만 시장에서는 무상으로 공급될 수 없는 것이다. 국방주식회사가 설립되어 무상에 가깝게 안보서비스를 판매한다고 하자. 안보가 충분히 보장될 수 있겠는가? 치안서비스도 마찬가지다. 정부가 치안서비스를 제공하지 않고 민간에 맡겨둔다면 충분한 서비스가 공급될 수 없다. 실제로 시장에 보안서비스회사나 보디가드

회사가 있다. 그러나 이러한 회사들이 모든 국민의 치안을 효율적으로 담당하는 것은 불가능할 것이다. 또, 가능하다고 하더라도 정부에서 하는 것보다 효율적이라고 할 수 없다. 이러한 이유 때문에 특히 순수공공재는 대부분 정부에 의해서 공급된다.

4. 외부성

외부경제와 외부비경제

외부효과, 또는 외부성(externality)이란 어떤 기업이나 소비자의 경제행위가 제3자에게 의도하지 않은 이익이나 손해를 주는 것을 말한다. 이 때 제삼자에게 이익이 되는 경제행위를 외부경제(external economies)라고 하고, 손해를 주는 경우를 외부비경제(external diseconomies)라고 한다. 외부성이 주로 문제가 되는 것은 주로 외부비경제가 발생할 경우이다.

〈표 4-1〉 외부성의 분류

	소비	생산
외부경제	교육, 향수	밀봉, 과수원
외부비경제	목욕, 빨래	공해, 자동차생산

외부성(外部性)이 존재하면 사회적비용과 사적비용, 그리고 사회적 편익과 사적 편익이 일치하지 않는다. 그렇게 되면 기업의 의사결정에 의한 생산량과 사회적으로 바람직한 생산량 간에 차이가 발생한다.

재화의 성격에 따라 사회적비용과 사적비용, 그리고 사회적 편익과 사적 편익은 일치할 수도 있지만 다를 수도 있다. 외부성이 존재하지 않는 경우는 두 개념은 일치하기 때문에 구분하여 사용할 필요가 없다. 그러나 외부성이 존재하면 두 개념은 일치하지 않기 때문에 구분해야 하다.

외부비경제의 대표적인 예로 공해를 발생시키는 생산 활동을 생각해 보자. 한 기업의 생산 활동이 공해를 발생시키면 그 사회는 기업이 부담하는 생산비용 이외에 추가적인 비용을 부담해야 한다. 사회 전체적으로는 기업의 생산비용 이외에도 공해를 제거하기 위하여 새로운 시설을 마련한다거나 또는 의료비용의 증가로 인한 비용을 추가로 부담해야 한다. 따라서 사회적비용은 기업이 부담하는 사적비용을 초과한다. 이 때 사회적 비용이란 기업이 부담하는 사적비용에다 사회에서 추가로 부담하는 비용을 합한 개념이다.

예를 들어 보자. 시멘트를 생산하는 기업과 세탁소가 이웃해 있다고 하자. 시멘트 공장에서 나오는 먼지는 세탁소의 세탁물을 더럽히기 때문에 세탁을 더 자주 해야 한다. 그러면 세탁소는 그렇지 않을 경우에 비하여 비용이 추가된다. 이것은 시멘트를 생산하는 행위가 외부비경제효과를 창출하는 예에 해당한다. 다시 말해 시멘트 공장은 의도하지 않았지만 그 행위가 세탁소에 손해를 주어 세탁비용을 증가시켰다.

만약 시멘트 1포를 추가로 생산하는데 1만원이 들어가고 이것이 인접해 있는 세탁소에 1,000원의 추가적 비용을 발생시킨다고 하자. 이 경우에 시멘트 회사의 시멘트 한포의 사적한계비용은 1만원이지만, 사회적한계비용은 1만 1천 원이다. 이때는 사회적 비용이 사적비용을 초과한다. 이러한 외부성이 문제가 되는 것은 시멘트 공장이 생산량을 결정할 때에 사적비용만 고려할 뿐 외부비경제비용은 고려하지 않는다는 데에 있다. 완전경쟁을 가정하고 그린 〈그림 4-3〉을 통하여 이를 설명해 보자. 공해를 발생시키는 기업은 이윤극대화를 위하여 한계수입(MR)과 기업의 사적인 한계비용(PMC)이 일치하는 점에서 Q_p를 생산하려고 할 것이다($P=MR=PMC$).

그러나 사회적 관점에서는 한계편익(한계수입)과 사회적 한계비용이 같도록 Q_s만큼 생산이 이루어질 때 효율적이다($P=MR=SMC$). 이와 같이 시장에 그대로 맡겨 놓으면 사회적으로 요구되는 바람직한 산출량인 Q_s를 초과하는 Q_p에서 생산이 이루어진다. 때문에 이로 인해 공해가 증가하게 되고 이는 사회적 효율성을 저해시킨다.

한편, 외부비경제와 반대로 외부경제가 발생하는 경우는 사회적으로 필요로 하는 것보다 시장에서의 생산이 적게 된다. 외부경제 효과란 어떤 기업의 생산행위가 제3자에게 이익을 주는 것을 말한다. 이익을 준다는 것은 달리 말하면 사회적 입장에서는 비용을 줄이는 것이다. 그러므로 외부경제효과가 발생하면 사적비용이 사회적비용을 초과하게 된다. 따라서 시장에 맡겨놓으면 사회적으로 바람직한 수준보다 적은 수준에서 생산이 이루어지므로 자원배분의 왜곡현상이 발생한다.

〈그림 4-3〉 외부비경제(공해)의 시장실패

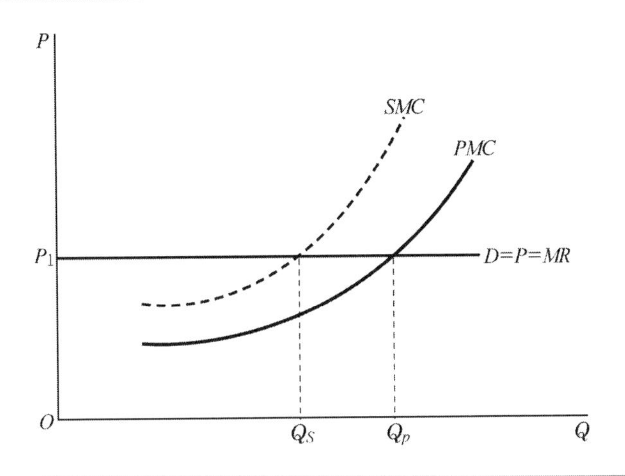

외부경제의 대표적인 예로서 사과를 생산하는 과수원과 양봉업자의 예를 들 수 있다. 두 업자가 서로 인근에 위치하고, 과수원을 경영하는 사람은 사과를 생산하는 데 주된 목적이 있다고 하자. 그러나 사과의 생산은 근처의 밀봉업자에게 꿀의 생산을 증가시켜 의도하지 않은 이익을 가져다준다. 또 양봉업자의 꿀 생산 행위 역시 의도하지 않았지만 꽃의 수정을 도와 사과 생산량을 증가시킨다. 양봉업자도 외부경제효과를 창출하는 것이다. 이 경우는 서로에게 외부경제효과를 창출하는 특별한 예이다.

과수원 주인은 이윤을 극대화하기 위하여 한계비용과 한계수입을 일치시키려 한다. 이 때 한계비용은 물론 과수원 주인이 계산하는 사적인 한계비용이다. 그러나 사회적 한계비용은 과수원 주인이 계산한 비용에서 사회적(양봉업자)으로 주는 이익(마이너스 비용)을 뺀 비용이다. 구체적인 수치로 예를 들어 보자. 사과를 한 상자를 추가로 생산하는 데 과수원이 부담하는 사적한계비용이 10만원이고, 사과를 한 상자 더 생산할 때마다 양봉업자는 1만원에 상당하는 꿀을 더 얻는 혜택을 얻는다고 하자. 그러면 사회적한계비용은 9만원이다. 이와 같이 외부경제효과가 있으면 사회적비용이 사적비용보다 적게 된다.

외부경제효과를 〈그림 4-4〉에서 설명해 보자. 이 그림은 완전경쟁을 가정하고 그린 것이다. 이 그림에서는 사회적 한계비용곡선이 기업의 사적 한계비용곡선보다 아래에 위치하고 있다. 이는 사회적 한계비용이 사적 한계비용보다 적다는 것을 반영한 것이다. 기업으로서는 사적인 한계비용(PMC)과 한계수입($P=MR$)을 일치시키는 수준에서 생산량(Q_p)을 결정하고 이윤을 극대화한다. 그러나 사회적 관점에서는 사회적 한계비용(SMC)과 한계수입(MR)을 일치시키는 생산량(Q_s)에서 후생이 극대화된다. 그림에서 보듯이 기업의 이윤극대화에 따른 생산량이 사회적으로 바람직한 생산량보다 적다. 이는 사회적으로 바람직한 것보다 사과생산에 자원이 적게 배분되고 있는 것이다. 이러한 이유 때문에 외부경제효과가 있을 때도 외부비경제와 마찬가지로 시장실패를 초래한다.

〈그림 4-4〉 외부경제와 시장실패

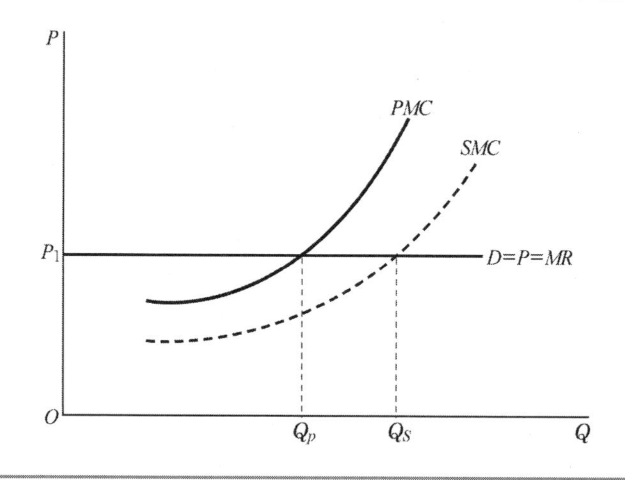

외부성에 대한 정책

외부성이 있으면 자원 배분의 효율성을 저해한다는 것이 지금까지의 논의이다. 그러면 외부효과가 있을 때 어떻게 해야 하는가? 이에 대해서는 앞에서 말한 바와 같이 정부가 개입하는 방법이 있고, 다른 하나는 정부가 개입하지 않고 시장에 맡겨 당사자 간에 협상을 통하여 문제를 제거하는 방법이다. 특히 후자를 외부효과의 내부화라고 한다.

• 개인 간의 거래

먼저 외부효과의 내부화 문제에 대하여 알아보자. 위에서 예로 든 시멘트공장과 세탁소의 예를 다시 보자. 세탁소 주인이 세탁물의 피해에 대하여 법적인 대응을 할 수 있다고 하자. 이 경우 시멘트 공장은 법적 제제를 피하기 위하여 세탁소를 사서 두 개의 기업을 통합 운영하는 방법을 생각할 수 있다. 즉 소유권을 통합하는 것이다.

소유권이 통합되면 공해문제가 어떻게 해결되는지 생각해 보자. 소유권을 통합한 후 시멘트 공장이 생산을 계속한다고 해보자. 그러면 시멘트 공장에서는 추가적 생산에 따라 수확체감의 법칙(한계생산물체감의 법칙)에 의해 한계수입은 점차 줄어들 것이다. 반면에 그에 따라 세탁소의 한계비용은 빠르게 증가할 것이다.[2] 이 기업은 시멘트 생산의 한계수입이 세탁소의 한계비용을 초과한다면 시멘트를 계속 생산할 것이다. 하지만 어느 시점에 이르면 시멘트 생산의 한계수입이 세탁소의 한계비용보다 적어지게 될 것이고 그러면 시멘트 생산을 중단하려 할 것이다. 이와 같이 두 기업이 통합되면 그 소유자는 두 기업의 한계비용과 한계수입을 통합하여 생산량을 결정하게 되는데, 그렇게 되면 통합 전에 비해 시멘트의 생산량이 줄어들게 된다. 따라서 공해발생량도 감소하게 되어 외부성의 문제가 해소된다.

또 다른 방법은 세탁소주인과 시멘트 공장 주인이 서로 협상을 하는 것이다. 시멘트 공장이 시멘트 1포를 추가로 생산할 때 1,500원의 이익이 발생하고, 세탁소 주인은 그 때마다 1,000원씩의 피해를 본다고 하자. 그리고 피해를 보는 세탁소는 법적 소송을 제기할 수 있고 따라서 시멘트공장의 폐쇄가 가능하다고 가정하자. 이 경우 양자 간에 협상은 어떻게 가능한가? 시멘트 공장 입장에서는 생산을 포기하는 것보다 시멘트 1포를 생산할 때마다 1,000원에서 1,500원 사이에서

2) 시멘트 생산이 증가하면 그에 따라 공해가 심해져서 세탁물의 오염정도가 더욱 심해질 것이므로 한계비용은 증가한다고 생각할 수 있다.

보상액을 제의하는 것이 이익이다. 이러한 제안은 세탁업자에게도 이익이 되므로 양자 간 협상이 성립될 수 있다. 만약 보상이 1,200원에서 맺어졌다면 시멘트회사는 생산을 중단하는 것보다 생산을 계속함으로써 1포당 300원씩의 이익을 본다. 세탁업자도 역시 200원씩의 이익을 본다. 결과적으로 시멘트 공장은 보상을 함으로서 생산을 계속할 수 있겠지만 그에 따라 단위당 생산비용이 상승하기 때문에 생산량을 줄여야 한다. 그러면 결과적으로는 사회 전체의 입장에서 볼 때 공해가 전보다 감소하여 효율성이 증대될 것이다.

위에서는 외부비경제의 경우를 예를 들었지만 외부경제효과가 있을 때도 마찬가지 원리에 의해 통합이나 당사자 간의 협상이 성립할 수 있다. 특히 외부효과를 내부화하는 예를 기업에서 흔히 볼 수 있다. 우리나라 재벌이 다각화를 선호하는 이유는 이러한 외부경제를 내부화하는 좋은 예이다. 재벌은 여러 산업에 걸쳐 기업 간 수직적 또는 수평적 통합을 이룸으로서 생산비를 절감할 수 있다. 예를 들어 제철회사와 자동차회사, 조선업이 결합하게 되면 제철회사는 같은 계열사에 철강을 공급하여 안정적인 수요처를 확보할 수 있고, 자동차회사나 조선업 역시 안정적인 원료 공급을 확보할 수 있어서 상호간에 이익이 발생한다.

지방정부의 경우도 통합을 통하여 외부효과를 내부화할 수 있을 것이다. 예컨대 지역마다 대학병원을 유치하려고 노력하는 것이 현실이다. 병원시설은 지역주민에게 긍정적인 외부경제효과를 초래하여 지역의 자산 가치를 높이기 때문이다. 그러나 이와 달리 화장장과 같이 외부비경제효과를 갖는 혐오시설을 지역 내에 설치하는 데는 결사적으로 반대한다. 이 경우 지방정부는 병원과 화장장 시설을 통합하는 방식을 통하여 외부비경제효과를 외부경제효과로 보상하여 내부화할 수 있다. 이 경우에 지방정부는 정책의 실효성을 높일 수 있을 것이다.

이상과 같이 거래의 당사자 간에 작은 거래비용으로 협상할 수 있는 경우에는 외부효과가 있더라도 이들 기업이나 소비자의 자율적인 거래에 의하여 최적의 자원배분을 달성할 수 있는데, 이를 코스의 정리(Coase theorem)라고 한다. 그러나 당사자 간에 거래비용이 지나치게 큰 경우에는 협상 또는 통합이 이루어질 수 없어서 시장 스스로 최적의 자원배분을 달성할 수 없다. 이런 경우에는 정부에 의한 개입이 필요하다. 예를 들어 마을에 교량을 건설하는 경우 수혜자들이 조금씩 각출하여 건설업체에 교량건설을 의뢰하는 것을 생각할 수 있다. 그러나 실제로는 이러한 사업이 성사되기 대단히 어렵다. 왜냐하면 이해 당사자수가 다수이고 변동이 많아 이들을 조직화하는 데에 비용이 지나치게 많이 들기 때문이다. 따라서 대부분의 교량건설은 정부가 다수 수혜자를 대신하여 공급하고 있다(정홍상, 1999).

• 정부의 정책

외부성이 있을 때 이를 해결하는 두 번째 방법은 정부가 개입하여 외부효과를 직접 제거하는 방법이다. 외부효과를 발생시키는 경제주체에게 정부는 흔히 세금이나 보조금을 부과하는 방식을 통하여 이를 해결한다. 또는 직접적으로 생산량이나 공해를 규제하는 방법을 사용하는 경우도 있다. 이외에도 최근에는 오염허가권을 발행하는 방법으로 공해(公害)를 규제하기도 한다.

먼저 외부비경제에 대한 정부의 정책을 알아보자. 위의 예에서 시멘트 공장이 사적인 의사결정에 따라 생산을 하면 과도한 생산이 이루어진다. 이 경우 정부가 시멘트 공장에 세금을 부과하면 시멘트 공장의 한계 생산비가 상승하기 때문에 생산을 줄여야 한다. 한편 정부는 이렇게 걷은 세금으로 피해를 본 세탁소에 대해 보상함으로써 세탁소의 추가적 비용을 줄여줄 수 있다. 그러나 정부가 세금을 부과할 시에 사회적한계비용과 사적한계비용의 차이에 해당하는 만큼을 세금으로 부과하여야 효율적이지만, 현실적으로 이 크기를 정확하게 측정한다는 것이 쉽지 않다는 데에 문제가 있다.

외부비경제가 있을 때 얼마나 세금을 부과해야 하는지 〈그림 4-5〉에서 알아보자. 이 그림에서는 공해와 같은 외부비경제가 있을 경우에 사회적 한계비용이 기업의 사적인 한계비용을 초과하고 있으며, 사회적 최적량은 Q_s로 기업에 의한 최적생산량 Q_p보다 적음을 나타내고 있다. 이 때는 사적인 생산량을 사회적 최적생산량으로 유도하기 위하여 SMC와 PMC의 차이에 해당하는 만큼의 세금(T)을 부과하는 방식으로 외부비경제를 제거하고 할 수 있다. 이러한 세금을 피구의 조세(Pigou's tax)라고 한다.

〈그림 4-5〉 외부비경제와 조세의 부과

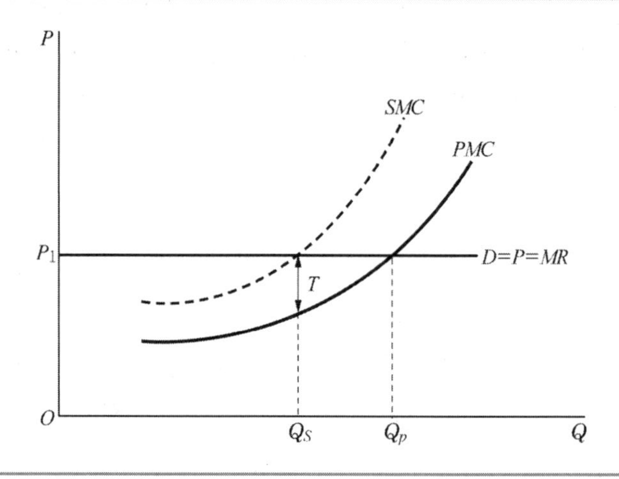

반대로 외부경제효과가 있으면 정부는 보조금을 지급함으로써 경제 활동을 장려할 수 있다. 어떤 산업에 외부경제효과가 존재하여 그 생산량이 사회적으로 효율적 생산 수준에 미달된다고 하자. 이러한 경우 정부가 개입하여 생산 활동을 장려하게 된다. 외부효과의 좋은 예로서 기술발전과 교육에 대한 투자를 들 수 있다. 한 기업의 기술에 대한 투자와 기술개발은 일정기간이 지나면 다른 기업이나 소비자에게로 확산되어 혜택이 공유된다. 예를 들어 *PC*의 기술발전은 *PC*를 개발한 기업뿐만 아니라 다른 기업이나 학생들에게도 많은 혜택을 준다. 교육도 마찬가지다. 개인의 비용으로 받은 교육은 개인에게 소득을 증가시키는 효과도 있지만 사회적으로도 사회를 건전하게 유지하는 데 들어가는 비용을 절감시키는 효과가 있다. 즉 교육을 받은 사람이 많은 사회는 사회의 유지비용이 절감된다. 예컨대 질서 유지가 잘 이루어지며 범죄가 줄어드는 등의 효과가 나타난다. 그러나 개인에 맡겨 놓으면 사회적으로 바람직한 만큼 충분한 기술 투자와 교육 투자가 일어나지 않기 때문에 정부로서는 개인적 한계비용과 사회적 한계비용 간의 차이에 해당하는 만큼을 보조해 줌으로써 투자를 촉진시킬 수 있다. 실제로 기술개발 투자나 교육에 대하여 정부는 각종 혜택을 제공하는 것을 볼 수 있다. 이 때 보조금을 얼마로 할 것인가는 외부비경제의 경우에 조세를 결정하는 방식과 동일하게 *PMC*와 *SMC*의 차이를 고려하여 결정할 수 있다.

최근에는 오염배출권(emission trading right)을 판매함으로써 공해의 총량을 규제하는 정책이 사용되고 있다. 이 제도는 정부가 일정량의 오염배출 총량을 정해 놓고 기업에 오염배출권을 판매하는 제도이다. 오염배출권은 기업 간에 시장을 통하여 거래될 수 있다. 이 제도의 장점은 오염배출을 줄이는 기술을 사용하는 기업은 오염배출을 줄임으로써 나머지 여유분을 다른 기업에 판매할 수도 있다는 데에 있다. 그러면 기업들에게 기술개발을 통하여 오염배출을 줄이려는 유인이 작용한다. 또한 이 제도는 전체적으로 배출되는 오염 총량을 일정하게 유지할 수 있으므로 정부로서는 감독과 감시에 따른 비용을 줄일 수 있다. 최근에는 세계적으로 오존층을 보존하기 위하여 각국에 이산화탄소 배출량을 할당하고 그 권리를 사고팔게 함으로써 탄소배출량을 규제하는 정책을 사용하고 있다.

5. 정부의 실패

이상에서 본 바와 같이 시장이 실패할 때 이를 시정하기 위하여 정부가 개입하는 것이 보통이다. 이러한 개입은 정부의 존재 이유이기도 하지만 그렇다고 하여 시장실패가 정부개입의 충분조건은 되지 못한다. 일반적으로 고전학파와 같이 시장을 중시하는 사람들은 작은 정부를 선호하고 정부개입을 반대한다. 정부의 개입이 증가하여 정부부문이 커지면 민간부문이 활력을 잃기 때문에 경쟁력이 약화된다고 주장한다.[3] 예컨대 정부가 커지면 그에 따른 정부지출 증가를 위해 세금을 올린다. 그러면 그만큼 민간이 활용할 수 있는 자금이 줄어든다. 즉 정부지출이 민간지출을 구축하는 효과가 발생하는 것이다. 이러한 경우 시장논자들은 동일한 금액을 쓰더라도 민간부문이 정부부문보다 훨씬 효율적으로 사용한다고 보기 때문에 정부의 개입이 바람직하지 않다고 한다.

또한 정부는 규제를 통하여 시장의 오류를 시정하려고 하지만 규제는 경우에 따라서 시장의 자동조절기능을 저해할 수 있다. 그리하여 정부의 개입이 기업으로 하여금 새로운 정보의 획득이나 신기술의 도입에 장애가 되기도 한다. 따라서

3) 안재욱, 시론, 한경(2007. 3)

정부가 개입할 때는 이로 인하여 효율성이 명백히 증가하는 경우로 한정해야 한다. 만약 정부의 시장 개입이 오히려 시장의 효율성을 저해한다면 이런 경우를 가리켜서 특히 정부의 실패(government failure)라고 한다.

정부실패(政府失敗)는 다양한 경로를 통하여 이루어진다. 예컨대 정부가 시장의 실패를 보완하기 위한 목적으로 어떤 정책을 실행에 옮긴다고 하자. 이 때 정부가 그 정책과 관련하여 발생할 수 있는 모든 것을 충분히 예견하지 못한다면 원래 의도한 대로 효과를 거두지 못할 수 있다. 예를 들어 국제 금융시장이 불안한 상태에서 이러한 상황을 제대로 파악하지 못한 정부가 경제성장을 촉진할 목적으로 고환율정책을 지지하는 정책을 추구했다고 하자. 그 결과로 인하여 환율이 폭등하게 되면 엄청난 경제적 위기를 초래할 수 있다.

또한 정부가 정책을 집행할 때 이를 집행하는 관료들이 자신의 이익이나 입지를 앞세워 정책을 원래의 의도대로 집행하지 않는 도덕적 해이에 빠질 수 있다. 그리고 정책이 집행되는 과정에서 경제적 합리성보다도 정치적인 고려가 앞서서 정책의 본질이 변질된다면 정부의 개입이 실패할 수 있다.

관료에 의한 예산 집행의 비효율성의 심각성은 니스카넨(W. A, Niskannen)에 의하여 적절히 지적된 바 있다. 그에 의하면 관료는 예산 극대화를 도모하는 주체라고 지적한다. 즉 소비자는 효용을, 기업은 이윤을 극대화하는 데 비해 관료는 자신의 책임 하에 집행되는 예산을 늘림으로써 자신의 지휘 하에 움직이는 조직규모를 자꾸 확장하려 한다는 것이다. 관료는 사용할 수 있는 지출예산규모의 극대화를 추구하지만 그것의 재원조달비용을 제대로 고려하지 않는다. 그래서 그들은 한계편익이 조금이라도 존재하면 예산의 증액을 요구한다. 결국 한계편익이 제로가 될 때까지 공공 서비스가 공급되므로 과잉공급이 이루어진다는 것이다. 이는 결국 돈을 벌어서 쓰는 것이 아니라 걷어서 쓰는 조직이라서 발생하는 비효율이다. 사용할 명분만 있으면 예산을 쓰게 된다는 얘기이고 이것이 바로 공공부문에 의한 재원 집행이 가진 가장 근본적 문제점이다(이준구, 1999).

정부 실패의 원인에는 이외에도 재정집행까지의 시간지연 효과를 지적할 수 있다. 다시 말해 정부는 우선 시장에서 무언가 잘못되어 가고 있다는 것을 인식하고 그 원인을 파악하는 데까지 상당한 시간이 걸린다. 그리고 그러한 상황에 맞는 정책을 수립하고 집행하는 시점까지 또 시간이 걸린다. 경우에 따라서는 국회에서 입법과정을 거쳐야 하고 국민에 대한 설득과정도 필요한데 이와 같은 절차에 상당한 시간이 소요된다. 그리고 나서도 이 정책이 시행된 후 정책효과가 나타날 때까지 또 시간이 걸린다. 이처럼 여러 단계에서 지연효과가 발생하므로 정책을 집행할 시점에 다다르면 이미 시장에서 문제가 사라져서 정책자체가 필요 없어지는 경우도 있다. 이렇게 시장의 자동조절기능에 의하여 문제가 자체적으로 해결되었는데도 불구하고 정부가 예정된 정책을 그대로 집행한다면 개입을 하지 않은 것만 못하게 되어 정부실패가 초래된다.

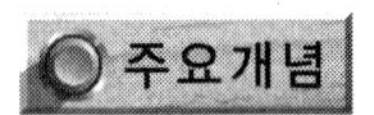

가격수취자	가치재	공공재	공유자원
규모의 경제	도덕적 해이	무임승차자	비경합성
비대칭적 정보	비배제성	시장실패	역선택
외부비경제	자연독점	정부의 실패	코스의 정리

제2부

정부조직과 공공선택

제 5 장

재정분권과 정부의 조직

우리나라의 정부구조는 중앙정부와 지방정부, 그리고 지방정부는 광역자치단체와 기초자치단체의 복수계층구조를 하고 있다. 본 장에서는 정부가 이렇게 다층구조를 하고 있는 이론적 배경을 재정분권의 측면에서 논의한다. 정부구조에 대한 이해를 위해서는 먼저 중앙집권제도이든 지방자치제도이든 어느 경우나 중앙정부와 지방정부의 이원적 계층을 이루고 있지만 지방자치제도에서는 지방정부가 독자적인 의사결정권을 갖는다는 점에서 그렇지 못한 중앙집권제도와 다르다.

지방분권을 강조하는 사람들은 지방자치가 주민의 다양한 공공서비스 수요를 효율적으로 충족시킬 수 있기 때문에 바람직하다고 한다. 반면에 중앙집권의 큰 정부가 효율적이며 바람직하다고 주장하는 사람들은 지역 간 외부성의 존재, 공공재 생산에서의 규모의 경제 등을 중시한다.

정부권력의 배분형태에 있어서 중앙집권이냐 지방분권이냐 하는 것은 양자택일이라기보다는 공공서비스의 공급에 있어서 어느 정부가 어떤 역할을 담당해야 하는지의 역할 배분의 문제이며, 어떤 정부조직이 가장 적합한가 하는 것은 구성원들의 선택의 문제이다. 즉 사회구성원들은 중앙정부, 광역지방정부와 기초지방정부로 구성된 다단계 정부구조에서 어느 정부가 어떤 서비스를 제공해야 하는가를 선택해야 한다.[1)]

---

1) R. C. Fisher, Public finance, ch. 6 참조.

1. 정부조직의 계층화

정부조직이 어떻게 계층화되어야 하는지를 이해하기 위해서는 이를 결정하는 요인들에 대한 설명이 필요하다. 다시 말해서 중앙정부 이외에 별도로 지방정부를 조직하여 의사결정권한을 분권화하는 이유를 설명해 주는 요인들에 대한 설명이 필요하다. 또한 지방정부를 조직할 때 그 규모는 얼마로 해야 하는지에 대한 설명이 필요하다. 정부조직의 형태와 그 규모를 결정하는 요인들로 다음과 같은 것들을 들 수 있다.

공공서비스에 대한 수요의 차이

주민들마다 공공서비스에 대한 수요에는 다양한 차이가 존재한다. 즉 주민들이 선호하는 공공재는 지역마다 다르다. 또한 같은 종류의 공공재를 선호하더라도 지역마다 크기에 있어서 차이가 있을 수 있다. 이 경우에 공공재에 대한 동일한 수요를 가진 사람들을 하나의 그룹으로 묶어서 하나의 정부를 만드는 방식을 생각할 수 있다. 만약 모든 주민들이 동일한 공공서비스를 동일한 규모로 원한다고 하면 하나의 정부만 있으면 된다. 이때는 하나의 중앙집권적 정부만으로 충분할 것이다.

그러나 주민들의 공공서비스에 대한 수요가 다른 데도 불구하고 하나의 정부에 의해 일방적으로 서비스가 제공된다면 대부분의 사람들은 그들이 원하는 공공재를 원하는 만큼 소비할 수 없기 때문에 만족하지 못할 것이다. 이 같은 주민의 불만족은 곧 후생의 상실을 의미한다. 이러한 문제를 해결하기 위해서 분권화된 다수의 지방정부를 구성하는 방식을 생각할 수 있다. 즉 주민들의 공공서비스에 대한 다양한 수요는 더 많은 수의 지방정부를 필요로 하는 것이다.

사람들의 공공재에 대한 다양한 수요가 중요한 요인이기는 하지만 사실 이것만으로는 분권화된 정부의 구성을 정당화할 수 없다. 그 외에도 예컨대 유사한 수요를 가진 사람들이 지리적으로 함께 위치할 수 있어야 한다. 주민들이 자유롭게 주거지를 이동할 수 있다면 같은 수요를 가진 사람들이 함께 거주할 가능성이 증가하기 때문에 분권화의 이점은 당연히 증가할 것이다.

공간적 외부성

정부의 조직에 있어서 공간적 외부성(spatial externality or spillover)이 또한 중요한 고려요인이다. 공간적 외부성이란 공공서비스의 비용과 편익(便益)이 그것을 제공하는 정부의 관할구역을 넘어서 다른 정부로 확산되는 것을 말한다. 이 경우에 비거주자도 공공서비스의 비용을 일부 부담하거나 편익의 일부를 향유하게 된다. 그렇게 될 때 개인들이 한 지방정부의 조세나 정부지출 프로그램만을 고려하여 지방정부를 선택할 경우 사회 전체적 관점에서 보면 비효율이 발생할 수 있다.

만약 공공서비스의 제공에 따른 비용의 부담이 다른 지역으로 수출되면, 즉 비용의 공간적 외부성이 나타나면 그 지역 주민들은 공공서비스 비용을 과소평가하게 된다. 따라서 그 지역 주민들은 더 많은 공공서비스를 수요하려고 한다. 그들이 받는 공공서비스에 비하여 실제로 체감하는 비용이 적다고 생각하기 때문이다. 반면에 한 지역의 공공서비스의 편익이 다른 지역으로 확산되는 효과가 나타나면 그 지역주민들이 느끼는 편익이 사회적 편익에 비하여 적기 때문에 해당 지역주민들은 사회적으로 필요한 것보다 수요를 줄이게 된다.

비용의 공간적 외부성이 나타나는 경우로는 부재지주가 재산세를 부담한다거나 다른 지역에 거주하는 사람이 해당 지역에서 담배를 구입하는 행위 등을 들 수 있다. 편익의 외부성이 나타나는 예로서는 타 지역 학생이 들어와서 그 지역에서 제공하는 무상교육을 받고 전출해 간다거나 잘 닦아 놓은 도로를 타지 사람들이 통과해서 지나간다거나 하는 행위 등을 들 수 있다.

이러한 외부성에 대한 경제적 해결 방법은 외부효과를 내부화하는 것이다. 내부화한다는 것은 주체들이 의사결정을 함에 있어서 진정한 사회적 비용과 편익을 고려한다는 것을 의미한다. 내부화의 가장 간단한 방법은 정부의 규모를 크게 하는 것이다. 그러면 비용을 부담하거나 편익을 누리는 사람들이 모두 한 지역 내에 포함될 수 있다. 이 때는 지역 간 외부효과가 당연히 제거된다. 따라서 공간적 외부성의 존재는 광역자치단체나 중앙집권적인 정부를 요청하게 만드는 중요한 한 요인이다.

공간적 외부성의 존재는 중앙정부가 재분배정책이나 경제안정화 정책을 수행하는 데 있어서 지방정부보다 효율적일 수 있는 중요한 이유이기도 하다. 예컨대 경제정책과 관련하여 한 지방정부가 소비를 촉진하는 확장적인 재정정책을 수행했을 때 그 소비가 다른 지역에서 생산된 소비재에 대하여 일어날 경우 그 편익은 다른 지역으로 유출될 수 있다. 이때는 그 지역의 주민들이 그런 정책의 편익을 과소평가하게 되고 따라서 안정화 정책은 필요한 만큼 시행되지 못한다. 마찬가지 원리로 지방정부는 재분배정책의 비용과 편익을 모두 내부화하지 못한다. 지역주민의 이동성 및 지방 경제의 개방성으로 인하여 재분배정책의 효과가 상당 부분 다른 지역으로 확산되어 유출되므로 그 효과가 제한적이기 때문이다.

규모의 경제

경제학에서 규모의 경제는 생산량이 증가함에 따라 평균비용이 감소하는 현상을 말한다. 정부의 규모와 관련된 규모의 경제는 공공서비스를 받는 사람의 수가 증가함에 따라 공공서비스의 1인당 평균비용이 감소하는 것을 가리킨다. 예를 들어 인구 5천명인 지역이 인구 1천명인 지역보다 1인당 수돗물 공급비용이 감소한다면 규모의 경제가 작용한 것이다.

규모의 경제는 어떤 점에서는 공동 소비의 이점을 의미하기도 한다. 수영장을 예로 들어보자. 수영장 전체의 임대비용이 50만원이라고 할 때 혼자서 사용하면 비용부담이 50만원이다. 그런데 두 사람이 공동으로 사용하여도 혼자서 사용할 때나 마찬가지로 불편하지 않다고 가정하면, 이 경우에 1인당 비용은 절반으로 줄어들어 공동소비의 이익이 발생한다.

지방정부의 공공서비스공급에 있어서 규모의 경제 현상은 기업 생산의 경우처럼 그렇게 분명하게 나타나지는 않는다. 그리고 규모의 경제효과가 일정 수준을 넘어서면 사라진다. 규모의 경제성이 사라지는 공공서비스 공급 규모는 공공서비스의 종류에 따라 다르게 나타난다.

규모의 경제성은 대체로 자본집약적인 공공서비스 생산에서 크게 나타난다. 이 경우를 자연독점이라고 한다. 예를 들어 철도, 상·하수도, 전기 및 가스 공급과 같은 대규모 시설을 요구하는 공공서비스에서 규모의 경제성이 크게 나타난다. 이러한 서비스의 공급에서는 규모를 크게 할 때 정부가 생산에서의 단일화를 통하여 자본설비의 중복을 피할 수 있기 때문에 경제성을 얻을 수 있다. 그러나 농산물과 같이 노동집약적인 생산에서는 생산요소 투입의 절약을 기하기가 어렵다. 또 일반 행정에 있어서도 노동집약적 성질 때문에 규모의 경제 효과가 약하게 나타난다. 근래에 전자행정화로 행정의 편의성이 크게 증대되었다. 하지만 공무원 수는 그대로 유지되어 행정의 효율성은 증가하지 못하고 있는 현상도 이와 연관되는 현상이다.

그런데 공공서비스의 공급이 생산과 분리될 수 있다고 가정하면 규모의 경제는 정부 규모와 관련이 없을 수 있다. 규모의 경제는 생산단계에서 나타나지만 정부의 일차적인 기능이란 일정한 량의 공공서비스를 공급하는 데 있으므로 정부규모가 너무 작아서 자체적인 생산에서 규모의 경제 이점을 취할 수 없는 경우라면 다른 규모가 큰 정부로부터 서비스를 구입하여 제공함으로서 규모의 경제 이점을 간접적으로 얻을 수 있기 때문이다. 따라서 생산에 있어서 규모의 경제 이점을 살리기 위하여 정부의 규모를 반드시 크게 할 필요는 없다.

정부의 규모가 작을 때 규모의 경제 문제를 극복하는 하나의 예를 들어보자. 쓰레기 소각장을 건설하는 데 1인당 평균비용이 최저수준이 되는 효율규모가 인구 50만이라고 하자. 인구가 25만인 도시는 소각장을 단독으로 건설할 경우 주민당 비용 부담이 커지게 된다. 이 같은 경우에 인구 25만의 정부는 다른 인구 25만 도시의 소각장을 임대하여 사용할 수 있다. 그러면 두 정부 모두에게 비용 상의 이점이 발생한다. 또는 인구규모가 25만인 도시끼리 공동으로 쓰레기 소각장을 건설할 수 있는데, 어느 경우나 작은 규모로도 규모의 경제 이점을 달성할 수 있는 방법이 될 수 있다.

또는 인구가 작은 지방정부는 민간기업과 계약에 의해서 서비스를 공급하는 것이 비용 면에서 유리할 수 있다. 기업으로서는 몇 개의 지방정부와 계약을 맺고 생산하기 때문에 생산에서 규모의 경제를 달성할 수 있다. 이 경우 지방정부는 직접 생산하지는 않지만 계약에 의해서 필요한 공공서비스의 규모를 통제하며 그 비용은 세금이나 사용료를 걷어서 지불한다. 그러므로 규모의 경제 때문에 반드시 지방정부의 규모가 커야 하는 것은 아니다.

공동구매 또는 사용계약은 상·하수도 서비스, 쓰레기 수거, 수송 등에서 흔히 목격된다. 그 외에도 최근에는 경찰 서비스, 소방 및 구급 서비스와 같은 전통적인 정부의 영역에서도 정부 간 또는 정부와 기업 간 계약에 의한 공급으로 그 영역이 확대되고 있다.

행정 및 순응비용

개인들이 정치적 과정에 참여하는 데서 발생하는 직접적 행정비용 또는 시간적 비용을 절약한다는 측면에서는 중앙집권화가 유리하다. 행정비용(administration costs)이란 관리비용으로 인건비, 시설비 등을 모두 포함한다. 그리고 순응비용(compliance costs)이란 주민들이 정치적 이슈나 후보자에 대해 정보를 획득하는 것과 관련해서 발생하는 비용, 그리고 유권자로서의 주민들이 공청회나 투표에 참여하는 데서 발생하는 시간비용 등을 포함한다. 이러한 순응비용(順應費用)은 지방정부의 수를 줄이고 중앙집권을 강화할수록 감소할 것이다.

사실 중앙집권이 행정비용을 줄인다는 주장은 정부 행정에 있어서도 공공서비스 생산에 있어서와 마찬가지로 규모의 경제가 존재한다는 것을 의미한다. 예컨대 기초행정구역인 면 단위나 동 단위마다 지방의회를 구성할 때 발생하는 비용은 이들을 통합하여 군 단위나 시단위의 의회를 구성할 때의 비용보다 더 많이 들어간다. 그러나 행정구역을 통합하는 것이 다른 측면에서는 효율성을 떨어뜨릴 수 있다. 즉 주민들과 가까이서 의견을 수렴하고 조정한다는 측면에서 보면 통합이라는 것이 오히려 효율성을 떨어뜨릴 수 있다.

일반적으로는 지방정부를 통합하는 것이 상대적으로 주민들의 순응비용을 줄일 수 있다. 이는 주민들이 관여해야 할 정부의 수를 줄이기 때문이다. 예를 들어 현재 기초자치단체와 광역자치단체의 2계층 행정 구조를 하나의 광역자치단체로 통합한다면 주민들은 각각의 후보자에 대하여 정보를 입수하고 투표할 필요 없이 한 후보자에 대해서만 투표를 하면 되므로 순응비용이 상당히 줄어들 것이다. 서울시의 경우 한때 구의회를 폐지할 것을 고려한 바 있다. 이는 지나친 분권화는 행정비용과 순응비용을 증가시킨다는 생각에서 비롯된 것이다.

2. 지방분권화

오늘날은 중앙정부와 지방정부가 계층적 구조를 이루며 재정권한이 분산되어 있는 정부구조가 바람직하다는 견해가 일반적으로 받아들여지고 있다. 그러므로 실질적인 문제는 하위계층의 정부유형과 숫자를 얼마로 해야 하며, 그리고 하위계층의 정부와 중앙정부간에 책임과 권한을 어떻게 배분해야 하는가이다. 이를 위해서는 공공영역의 여러 가지 기능과 재정적 도구 중에서 어떤 것이 중앙집권화(中央集權化)에 바람직하고 어떤 것이 분권화에 적합한 것인지에 대한 이해가 있어야 한다.

과거에 비해 오늘날 세계적으로 분권화가 더욱 촉진되는 경향이 있다. 분권화(分權化)란 의사결정의 권한이 지방 또는 하급기관에 위임되어 있는 것을 의미하며, 지방자치란 권력 배분에 있어서 중앙집권보다는 지방분권을 더 강조하는 제도이다. 그러므로 다음에서는 지방자치와 그에 따른 정부구조를 논의하기에 앞서 우선 분권화의 장단점에 대해 먼저 설명하기로 한다.[2)]

분권화와 경제적 효율성

지방자치와 관련하여 반드시 지적되어야 할 점은 경제적 측면에서 분권화가 모든 국가에서 효율성을 보장하는 것은 아니라는 점이다. 다시 말해서 분권화에 따라 정부의 책임이 중앙정부에서 하위계층으로 이양됨에 따라 주민의 정치참여 폭은 증대되지만 분권화에 따라 경제적 효율성 역시 증대된다는 보장은 없다.

분권화와 관련하여 정치참여의 증대와 경제적 효율성의 증대라는 두 가지 가치 간에는 양립하기 어렵다는 연구(Inman and Rubinfeld, 1997)의하면 이 두 가

2) 중앙집권제든 지방자치제든 정부구조는 중앙정부와 지방정부로 계층구조를 이룬다는 점에서는 차이가 없다. 그러나 중앙집권제 하에서의 지방정부는 의사결정권한을 독립적으로 행사하지 못한다는 점에서 지방자치제도와 다르다. 여기에서의 정부조직에 대한 논의는 자치권을 가진 지방정부구조에 대한 것이다.

지 가치 간에는 상반관계가 발생하므로 두 가지 가치를 가장 잘 혼합하는 절충점을 찾는 것이 바람직하다고 주장하였다. 〈그림 5-1〉에서 수평축은 정치참여의 지표를, 수직축은 경제적 효율성의 지표를 나타낼 때 두 지표간의 관계는 상충관계를 나타내는 곡선으로 나타낼 수 있다. 이 그림에서 A에서 B로의 이동이나 D에서 C로의 이동은 정부숫자를 늘리고 책임을 이양할 때 분권화로 인하여 경제적 효율적과 정치적 참여의 폭이 함께 증가함을 나타낸다. 하지만 구간 B에서 C로의 이동은 정부숫자를 늘려나가고 책임이 이양됨에 따라 경제적 효율성이 떨어진다는 것을 나타내고 있다.

〈그림 5-1〉 경제적 효율성과 분권화

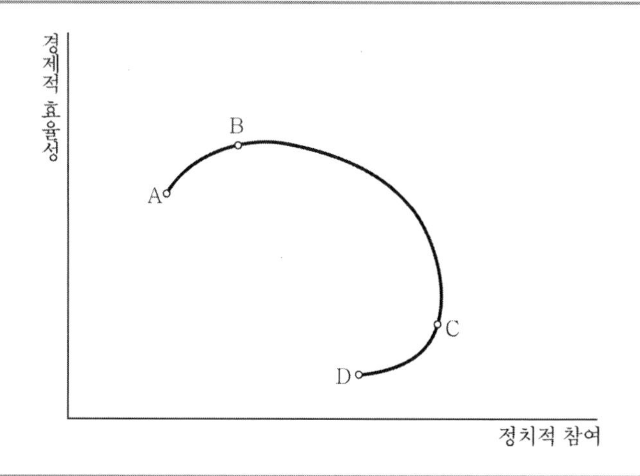

〈그림 5-1〉에서 볼 때 실제로 대부분의 개도국이 직면하게 되는 점은 BC 구간 중의 어느 점이라고 한다. 한 연구(Davoodi, 1998)에 의하면 재정분권화가 국가경제성장에 기여하는 경우는 선진자본주의 민주주의국가에 한정된다고 한다. 이는 분권화가 바람직한 것이기는 하지만 충분한 준비나 적절한 통제장치 없이 추진되면 부작용이 있을 수 있다는 점을 시사한다.

그러므로 분권화가 경제발전을 촉진시킨다고 일반화하여 말하기는 곤란하다. 오히려 경제발전이 경제적 자유 또는 민주화를 촉진한다는 주장은 상당히 설득력이 있다. 즉 경제발전이 민주주의발전을 촉진시킨다고 말할 수는 있어도 민주주의가 반드시 경제발전을 초래한다고 말하기는 어렵다. 경제적 선진국은 대부분

민주주의 국가이지만 민주주의 국가라고 해서 모두 경제적 선진국은 아니기 때문이다.

지방분권화의 장점

지방자치는 지방분권을 전제로 한다. 지방자치의 장점은 오츠(W. Oates)의 분권화 정리(decentralization theorem)에 잘 요약되어 있다. 분권화의 정리란 특정 공공재의 소비가 지리적으로 일부 주민들에게 한정되고, 각 지역에서 소비될 공공재의 공급비용이 중앙정부와 지방정부에서 동일하다면, 중앙정부가 획일적으로 일정한 공공재를 공급하는 것보다 그 공공재를 소비할 해당 지방정부가 공급하는 것이 더 효율적이라는 것이다. 즉 분권화 정리란 특정 공공재의 생산에 있어서 규모의 경제성이 없다면 그 지역의 특성과 주민의 선호를 잘 알고 있는 지방정부가 해당 공공재를 공급하는 것이 바람직하다는 것이다.

분권화의 정리는 완전부합의 원칙(perfect correspondence principle)을 전제로 한다. 완전부합이란 한 지방정부가 제공하는 공공재의 소비자들을 모두 그 지역 안에 포함시키는 것을 말한다. 다시 말해서 특정 공공서비스의 편익이 미치는 범위와 지방정부의 크기를 일치시키는 것을 의미한다. 이러한 원리는 뒤에서 다시 설명하겠지만 지방정부의 조직을 결정하는 중요한 원리가 된다.

오늘날 지방자치제도는 분권화의 이점을 이론적 기반으로 하고 있다. 중앙집권제도가 규모의 행정을 통해서 주로 비용 상의 이점과 획일적 행정에서 오는 효율성을 달성할 수 있는 이점이 있는데 반해 지방분권제도는 행정의 다양성과 치밀성, 주민의 참여와 책임성의 제고와 같은 행정의 질적인 면에서 이점이 있다.

• 지역주민의 다양한 선호를 반영

지방분권에 기초한 지방자치는 일정한 구역을 기초로 하여 지역주민들이 자신의 부담으로 자신의 일을 스스로 처리하는 과정으로 정의될 수 있다. 지방자치제도하에서는 지역 주민들은 자신들의 대표를 선출하여 그들로 하여금 자신들의 선호를 정책에 반영하도록 노력한다. 즉 주민들은 선거를 통하여 자신들의 선호를 반영해 줄 의원과 단체장을 선출한다. 이렇게 선출된 지방의 의원과 단체장은 중앙정부보다도 주민들의 선호를 먼저 생각하지 않을 수 없다.

만약 모든 사람이 동일한 선호를 가지고 있다면 중앙집권화 된 하나의 정부만 있으면 된다. 그러나 분권화가 필요한 것은 공공서비스에 대한 주민의 선호는 개인이나 지역별로 차이가 있게 마련이기 때문이다. 부유한 주민들은 조세부담이 높더라도 높은 수준의 치안과 쾌적한 환경서비스를 원하는 반면 소득수준이 낮은 사람들은 안정성은 다소 낮더라도 조세부담이 적은 정부를 원한다. 또, 어떤 사람은 교육서비스 수준이 높은 정부를 원하지만 어떤 사람은 문화생활을 충분히 즐길 수 있는 정부를 원한다.

중앙정부로서는 지역 주민의 개별 선호를 파악하고 이에 기초하여 맞춤 서비스를 제공한다는 것이 기술적으로 불가능한 일이다. 물론 여론조사, 공청회 등을 통하여 주민의 의견을 최대한 수렴할 수 있지만 다양하고 상이한 집단별 선호는를 모두 충족시키는 것은 불가능하다. 그러나 정부의 규모가 작아지면 지역주민의 다양한 욕구를 파악하고 이에 탄력적으로 대처하는 것이 용이해진다. 즉 분권화된 정부는 그 지역주민의 개인별 또는 집단별 선호에 따라 그 지역에 한정된 차별화된 서비스를 공급하는 데 유리하다. 예를 들어 학교나 공원처럼 그 혜택이 특정 지역에 국한해 나타나는 공공재의 배분과 관련해서는 중앙정부의 획일적인 배분이 비효율적일 수 있다. 그러나 지방정부는 비교적 가까운 거리에서 주민들과 대화할 수 있기 때문에 그들이 원하는 것을 잘 파악하고 이에 충실히 대응할 수 있다.

사실 개발초기에는 중앙집권적 정부가 더 효율적일 수 있다. 이 시기는 주민의 선호가 다양하게 표출되지 않기 때문이다. 대부분의 국민은 이 단계에서는 의식주를 해결하는 것이 주요 관심사이다. 이때는 정부는 생산의 효율성만 달성하면 된다. 그러나 소득이 증가하게 되면 국민의 선호는 다향하게 표출된다. 교육, 문화, 여가, 복지, 인권 등에 대한 욕구가 다양하게 나타난다. 이 같은 욕구들은 대체적으로 편익의 파급범위가 제한적이므로 중앙정부가 직접 제공하는 것보다는 지방정부 차원에서 이를 담당하는 것이 더 효율적일 수 있다. 그러므로 경제발전이 어느 수준에 도달하면 분권화에 대한 필요성이 증대되는 경향이 있다.

• 특성화사업을 통한 경쟁력 제고

분권화의 이념에 기초하여 정부의 규모가 작아지면 각각의 지방정부 마다 서로 다른 내용의 공공서비스 프로그램을 가질 수 있다. 즉 지역별로 특성화(特性化)된 공공서비스를 제공하는 것이 가능하게 된다.

이러한 상황에서 주민들의 지역 간 이동이 자유롭다면 주민들은 자기 선호에 맞는 정부를 찾아서 이동하게 되고 이에 따라 전체의 후생수준이 증대될 수 있다. 이는 마치 시장에서 물건을 살 때 선택의 여지가 많으면 같은 비용으로 더 높은 수준의 효용을 달성하는 것과 같은 원리이다. 예를 들어 한 지방정부가 좋은 교육프로그램을 마련하고 양질의 교육서비스를 제공한다면 자녀 교육에 관심이 있는 사람들은 그 지역으로 이동함으로써 후생을 증가시킬 수 있다.

공공부문이 비효율적인 근본적인 이유 중 하나는 경쟁의 압력이 없기 때문에 최소한의 비용으로 생산하고자 하는 유인이 존재하지 않는다는 점이다. 지방정부가 독자적인 재정 프로그램을 운영하는 체제에서는 지방정부들 사이에 경쟁이 벌어지게 되며, 여러 정부가 경쟁하는 체제에서는 공공재 생산의 능률이 촉진될 뿐더러 정부운영에 있어서 기술혁신 역시 촉진된다는 장점을 갖는다. 이는 경쟁시장이 독과점 시장보다 효율적인 것과 동일한 이치이다.

• 재정운영의 효율성 및 책임성 제고

효율적인 재정운영을 기하기 위해서는 재정지출과 관련된 사업의 추진이 조세부담과 연계되어 결정되어야 한다.[3] 즉 세입과 세출이 연계될 때 국가재정운영의 효율성이 증대된다. 지출의 결정이 실질적인 자원조달비용과 결부될 때 효율적인 공공의사결정이 가능하기 때문이다.

중앙집권에서 중앙정부에 의하여 추진되는 공공사업의 비용은 대부분 국세로 조달되며 지역주민은 그 중 일부만 부담하기 때문에 지역에서는 정부의 해당 지역에 대한 공공사업 확대를 지나치게 요구하는 경향이 있다. 다시 말해서 생산 및 공급비용을 대부분 중앙정부가 부담하는 경우에는 지역에 꼭 필요하지 않거나 편익보다 비용이 큰 서비스의 경우에도 공급확대를 요구하게 되므로 사회 전체적으로 자원의 낭비를 초래할 수 있다. 즉 지방정부가 제공하는 공공서비스와 그 서비스의 재원조달 간에 연계가 미흡하기 때문에 자원의 배분에 있어서 비효

3) 이와 관련된 법을 pay go law(pay as you go)이라고 한다. 이것은 새로운 사업과 관련된 법은 그것의 재정조달계획까지 포함해야 한다는 의미이다.

율이 초래된다(전상경, 2007).

그러나 분권화가 잘 이루어진 체제에서는 주민들이 지방정부의 사업시행에 필요한 추가적 조세부담을 명백하게 인식하기 때문에 무리한 사업을 요구하지 않는다는 장점이 있다. 어떤 사업이 실행에 옮겨지면 주민들의 조세부담이 그 만큼 증가한다는 것을 알기 때문이다. 그러므로 중앙집권체제에서 일어나는 것처럼 무조건 자신의 거주 지역에 많은 공공사업의 시행을 요구하는 현상은 나타나지 않고 꼭 필요한 것만을 요구하게 되므로 지역 주민의 책임성이 고양된다는 이점이 있다(김종순, 2001).

지방분권의 단점

실제로 세계적으로 지방자치가 강화되고 있는 현상은 민주화와 직접적인 관련이 있다. 지방자치, 즉 분권화와 민주화는 따로 분리해서 생각하기 어렵기 때문이다. 민주화는 이 시대의 모든 사람들이 추구되는 가장 중요한 가치 중의 하나이므로 이로 인하여 지방자치화가 강조되는 현상은 불가피한 측면이 있다. 그러나 사실 선진국 역사의 산물인 민주화와 지방분권을 개도국이 짧은 기간에 그대로 답습하다 보면 상당한 경제적 희생이 뒤따른다. 전후에 민주화와 더불어 선진경제를 달성한 후진국이 실제로 거의 없다는 사실이 이를 반증해 준다. 그러므로 후진국으로서는 분권화를 추진함에 있어 장점에만 너무 집착하지 말고 이면의 단점도 동시에 고려해야 한다.

• 자원배분상의 비효율성 초래

한 지방정부의 경제행위는 다른 지역의 정부로 파급되는 경우가 허다하다. 이러한 현상을 앞에서 공간적 외부성이라고 정의한 바 있다. 이와 같이 지역 간 외부효과가 발생하는 사업은 지방정부가 하는 것보다 중앙정부가 하는 것이 자원배분 측면에서 효율적이다. 예를 들어 어떤 지역에 댐을 건설하게 되면 이로부터 나오는 사회적 총편익이 총비용에 비해 월등히 크다고 하자. 그리고 댐의 건설로 인하여 나오는 편익이 한 지역에만 국한되지 않고 다른 지역으로 확산된다고 하자. 이런 경우에 한 지방정부에만 해당 사업을 맡겨 놓으면 이 사업이 잘 실행에 옮겨지지 않을 수 있다.

가상적인 예로, 어떤 사업의 투자비용은 총 1천억이고, 편익은 A, B, C의 세 지방정부에 각각 500억씩 돌아간다고 하자. 이 경우에 이 댐의 건설이 지방정부 A에 의해 단독으로 이루어지기를 기대하기는 어렵다. A지방정부 단위에서 계산한 비용이 편익을 초과하기 때문이다. 그러나 이러한 사업은 국가적인 차원에서 보면 총 편익이 총비용보다 크기 때문에 시행되는 것이 바람직하다. 이와 같이 지역 간 외부성이 큰 사업은 중앙집권적인 경우에 더 효율적으로 집행될 수 있다. 그러나 분권화될 경우에는 사업의 집행이 어려워져 국가 전체적 차원에서 본 효율적 자원배분에는 실패할 수 있다.

또한 규모의 경제가 작용하는 정부서비스의 공급에는 지방분권이 중앙집권 경제보다 비효율적이다. 서비스의 종류에 따라 규모의 경제를 누릴 수 있는 최적 규모는 달라진다. 최적규모가 작은 것은 지방정부가 공급하는 것이 효율적이지만, 최적 규모가 매우 큰 서비스는 상급정부가 공급하는 것이 효율적이다.

부합의 원리에 의하면 지방정부는 적절한 최적규모를 가지는 공공서비스를 제공하는 데 적합한 조직이다. 그러나 공공서비스 제공의 최적규모가 지방정부의 구역을 초과하는 경우 예컨대 철도사업과 같이 최적규모가 매우 큰 사업은 중앙정부가 담당 하는 것이 효율적이다. 그 이유는 전국적으로 통일된 철로를 유지하고 행정규모를 크게 만드는 데서 오는 규모의 경제 이득이 현저히 크기 때문이다.4)

또한, 조세체제의 효율성면에서도 분권화는 단점을 갖는다. 이러한 효율성의 상실문제는 조세수출현상이 있을 때 나타난다. 특정지방정부의 지방세가 그 지방주민이 아닌 다른 지방주민들에게로 부담이 돌아갈 때 이를 조세수출(tax export)이라고 한다. 조세수출이란 공공서비스의 비용에 대한 부담이 지역 내의 주민들로부터 다른 지역의 주민들로 이전되는 것을 말하는데, 다시 말하면 한 지방에서 제공되는 지방공공재의 공급비용이 수익자인 그 지역주민들로부터 비거주민들에게 전가되는 경우를 조세수출(租稅輸出)이라고 한다. 이러한 조세수출은

4) 규모의 경제가 작용하는 사업이라고 해서 모두 상급정부에 의해 이루어질 필요는 없다. 위에서 언급한 바 있지만 각 지방정부가 연합해 공동으로 생산하는 방식을 취할 수도 있고, 민간부문에 위탁해 이 같은 문제를 극복할 수 있다. 예를 들어 쓰레기 수거를 직접 담당하기에 너무 작은 지방정부는 다른 지방정부와 연합을 하거나 또는 민간기업과의 계약을 통하여 비용을 줄일 수 있다.

앞서 말한 지역 간 외부성의 문제에 해당된다.

한 지방정부가 조세수출이 가능한 경우 지역주민들의 불평 없이 세수를 증대시킬 수 있기 때문에 이러한 지방세를 채택할 유인이 높다. 예를 들어 한 지방정부에 질 좋은 지하수가 생산된다고 할 때 여기에 지방세를 부과하면 이를 소비하는 다른 지방 주민들에게도 부담이 돌아가므로 해당 지방정부는 지역민의 조세부담을 줄일 수 있다. 따라서 이 정부는 이 같은 조세부과를 실행에 옮길 가능성이 크다. 이런 경우에 국가적 차원에서 보면 자원의 최적배분에 실패하게 된다. 왜냐하면 조세수출로 조세부담을 다른 지방에 전가시킨 지방정부 주민들은 공공재공급을 과다하게 요구할 것이므로 경제전체적으로 보면 자원배분에 비효율성이 발생할 수 있다.

공공재 공급의 효율성은 그 재화의 사회적 한계비용과 사회적 한계편익이 일치하는 수준에서 공급될 때 달성 된다. 그러나 조세수출로 한 지방주민들이 공공재 공급에 대한 한계비용을 낮게 평가할 경우는 다른 지역에 비하여 더 많은 공공재가 공급되는 결과를 초래하므로 사회 전체적으로 보면 경제적 효율성을 떨어뜨리는 결과를 가져온다(전상경, 2007).

• 형평성의 저해

중앙정부의 입장에서는 지방정부 간 경제력 격차를 줄이는 것이 바람직하지만 지방분권화에서는 이 같은 격차가 더 벌어질 가능성이 있다. 실제로 자방자치제도 하에서 지방정부간에 경제력에서 현격한 차이를 보이고 있고, 이러한 경제력의 격차는 점점 심화되는 경향을 보인다.

자방자치 하에서 잘사는 지역의 지방정부는 조세 수입이 많으므로 더욱 높은 수준의 서비스를 제공할 수 있지만 가난한 지역의 지방정부는 낮은 수준의 서비스를 제공할 수밖에 없다. 그렇게 되면 잘 사는 사람들은 더 좋은 서비스를 찾아서 모이게 됨으로써 지방정부간에 부익부 빈익빈 현상이 더욱 심화된다.

3. 최적정부구조

지방분권을 실현하는 지방자치제도는 경제적 관점에서 단점이 있음에도 불구하고 더 많은 장점이 있기 때문에 오늘날 민주주의 국가에서는 대부분 지방자치제도를 실시하고 있다. 민주주의의 실현이라는 가치는 어떤 측면에서는 경제적 가치 못지않게 중요하기 때문이라고 생각된다. 지방분권의 당위성이 인정되면 다음의 문제는 지방정부의 규모를 어떻게 결정하느냐 하는 것으로 귀결된다. 이와 관련하여 부합의 원리, 규모의 경제성 등이 이론적 기초로 동원된다.

정부의 적정규모

사람들이 지역 간을 이동할 수 없으며 공공재 생산의 평균비용이 사람들의 수와 상관이 없이 일정하다고 가정해 보자.[5] 그리고 지역마다 공공재 수요에 있어서 차이가 존재한다고 가정해 보자. 이러한 조건이 충족될 때 특정한 공공재로부터의 편익이 미치는 지역을 한 구역으로 하는 하나의 정부를 세우는 것을 생각해 볼 수 있다. 분권화로 인한 공간적 외부성의 비용을 피하면서 분권화의 이점을 극대화할 수 있기 때문이다.

이러한 논리에 의하면 국방과 같이 그 편익이 전 국민에게 동시에 미치는 서비스는 중앙정부가 제공해야 한다. 그러나 그 편익이 한정된 지역의 사람들에게 미치는 공공재는 거기에 상응하는 크기의 지방정부가 공급하게 된다. 예를 들어 소방서비스는 여러 지방정부들이 각각 일정한 구역을 담당하여 공급을 해야지만 모든 사람들에게 적절한 소방서비스가 돌아간다. 위에서 이미 말한 바 있듯이 오츠(W. Oates)는 이러한 원리를 부합의 원리(correspondence principle)이라고 하였다. 이는 다시 말해서 정부의 규모가 그 정부가 제공하는 공공재로부터의 편익이 미치는 범위와 일치해야 한다는 것이다. 그렇게 되면 각 공공재들은 외부성이 존재하지 않는 가장 작은 수준의 정부에 의해서 공급되어지며, 이와 같은 정부는

5) 사람들의 이동이 가능할 경우에 균형이 성립되지 않게 되며, 또한 규모의 경제가 작용할 경우에는 분권화 자체가 성립하지 않게 된다.

지역민의 차별화된 선호를 잘 충족시킬 수 있을 것이다.

부합의 원리에 따르면 정부조직은 이론적으로 아주 작은 지방정부로부터 중앙정부에 이르는 다단계의 스펙트럼의 구조를 가지게 된다. 이때 지방정부의 존재가 정당화되기 위해서는 우선 공공재의 수요에서 차이가 존재해야 하고, 그리고 그런 차이에 부합되는 공공재를 공급할 때 편익이 그 구역에 한정되도록 해야 한다. 만약 그렇지 않고 지역 간에 공공재 수요에 있어 차이가 존재하지 않는다면 굳이 여러 지방정부가 필요하지 않을 것이다. 하나의 중앙정부가 여러 공장에서 생산해서 공급하면 된다. 예컨대 만약 모든 사람들의 교육에 대한 수요가 동일하다면 중앙정부가 전국에 걸쳐 동일한 교육과정을 제공함으로서 수요를 충족시킬 수 있다. 그러나 지방정부마다 교육 자치를 요구하는 이유는 교육의 형태 및 정도에 맞추어 지역마다 차별적인 교육 서비스를 제공하는 것이 필요하기 때문이다.

이상과 같이 부합의 원리는 비용의 공간적 외부성이라는 개념에 기초하고 있다. 그런데 현실적으로 정부규모를 결정하기 위해서는 이외에 규모의 경제, 주민의 선호도 등의 요소를 고려해야 한다. 다음에서는 이러한 요인들을 종합적으로 고려한 최적정부규모의 결정에 대하여 설명한다.

정부규모의 결정은 분권화의 장단점을 비교하는 것과 같은 원리에 입각한다. 즉 중부 규모의 확대에 따른 외부성의 내부화 및 규모의 경제로 인한 이점과 주민의 욕구를 충족시킬 수 없는 데서 오는 후생의 손실이라는 두 가지 상반되는 측면을 동시에 고려해야 한다. 다시 말하면 정부의 규모가 커지면 지역 간 외부성으로 인한 비용이나 편익의 유출(spillover)을 내부화할 수 있는 이점과 규모의 경제성이 나타나는 반면에 정부규모가 적으면 주민들의 선호를 결집함으로서 통일된 공공서비스에 대한 주민의 수요를 잘 충족시킬 수 있는 이점이 있다. 그러므로 이 두 가치 측면을 동시에 고려해서 주민의 후생이 극대화되는 적정규모를 찾아내는 것이다. 그리고 정부의 최적규모를 논의할 때 주의해야 할 것은 각각의 공공서비스공급에 대하여 후생을 극대화하는 하나의 정부를 상정하고 논의한다는 점이다.

좀더 상술하면, 정부규모가 작을 때에는 지역 간 외부성의 문제, 즉 조세 및 편익이 다른 지역으로 확산되어 자원배분상의 비효율성이라는 문제가 발생한다. 그러나 이러한 지역 간 외부성으로 인하여 발생하는 비효율성은 정부규모가 커짐에 따라 내부화되므로 사라지게 된다. 또한 정부규모가 커짐에 따라 공공재 생산에서 평균비용이 감소하는 규모의 경제성이 발생한다. 정부규모가 증가할 때는 이와 같이 공간적 외부성의 내부화와 규모의 경제로 인한 이익이 초래된다.

반대로 정부규모가 증가할 때에는 후생의 손실도 나타난다. 인구가 증가하면 공공재에 대해 상이한 수요를 가진 사람들을 결합하는 것이 쉽지 않기 때문에 주민들의 공공서비스에 대한 불만족이 발생하고 따라서 후생의 손실이 초래된다.

이상의 논의를 결합해 보면 인구의 크기에 따라 공공재 공급에 따른 비용의 절감이라는 이익과 주민선호의 희생이라는 손실이 동시에 초래되는데 최적 정부규모란 이러한 이익과 손실의 차이를 극대화하는 인구규모를 말한다.

이상의 내용을 〈그림 5-2〉를 통하여 최적의 지방정부 규모는 어떻게 결정되는지를 보다 구체적으로 설명할 수 있다. 그림의 가로축에는 지방정부의 크기를 나타내는 인구수를 나타내고 세로축에는 이익과 손실의 크기를 나타내었다. 그림에서 인구수가 원점에 가까울수록 작은 정부를 나타내고 멀수록 큰 정부를 나타낸다. 이 그림에서 C곡선은 인구가 증가함에 따라 공공재에 대해 서로 다른 선호를 갖는 주민들을 결합하는 데서 발생하는 비용, 또는 주민들의 선호가 무시되는 데서 발생하는 후생상의 손실을 나타내고, B곡선은 인구의 규모가 커짐에 따라 공공재 공급의 비용 면에서 생기는 이득을 나타낸다.

인구의 절대규모가 적은 단계에서는 인구가 증가할 때 외부성의 내부화 및 규모의 경제에서 오는 이점이 상대적으로 크다. 반면에 이 단계에서는 지역주민의 공공재에 대한 욕구를 동질화시키기 쉬우므로 후생의 손실은 상대적으로 적다. 그림에서는 이를 반영하여 B곡선이 C곡선의 위에 위치하도록 그렸다.

그러나 인구가 어느 수준에 이른 이후에는 공공재 공급에 따른 외부성의 내부화 및 규모의 경제에 의한 이익은 체감하는 율로 증가하는데 반해 후생의 손실은 체증하는 율로 증가한다. 그림에서의 두 곡선의 기울기는 이러한 특징을 반영하여 그린 것이다. 인구의 증가에 따라 후생의 손실이 체증하는 이유는 주민이 추가될수록 공공재에 대한 주민의 수요를 통합하고 동질화시키는 데 있어서 더욱 어려움이 발생하기 때문이다. 반면에 인구의 증가에 따라 비용 상의 이익이 체감하는 율로 증가하는 이유는 일정한 규모에 이르면 규모의 경제는 더 이상 나타나지 않을 뿐만 아니라 공간적 외부성의 내부화로 인한 이익 역시 감소하기 때문이다.

〈그림 5-2〉 최적의 정부규모

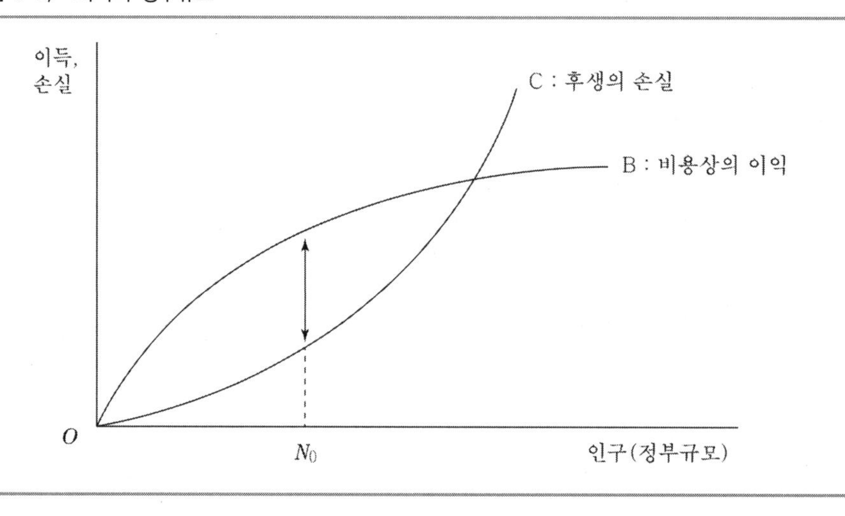

요약하면 이 그림에서 최적의 정부규모는 인구규모의 증가로 인한 후생의 손실과 비용 상의 이익의 차이가 극대가 되는 인구규모(N_0)로 정의할 수 있다. 만약 이 규모가 원점에 가까이 있다면 작은 규모의 지방정부, 원점에서 멀리 있다면 큰 규모의 지방정부를 구성하는 것이 바람직하다.

정부의 조직

이상과 같은 원리에 따라 각각의 공공재에 대한 최적정부규모가 결정될 수 있다. 상대적으로 작은 정부를 필요로 하는 공공재가 있는가 하면 상대적으로 큰 규모의 정부를 필요로 하는 공공재가 있을 것이다. 공공재는 그 종류가 다양하므로 그 종류만큼이나 많은 수의 정부들을 상정할 수 있다. 그러나 실제로는 행정비용 때문에 너무 많은 계층의 정부를 만들 수 없으므로 유사한 규모의 정부는 통합하는 방식으로 정부의 계층의 수를 줄일 수밖에 없다.

예들 들어 5개의 다른 형태의 공공서비스를 공급한다고 가정해보자. 각각의 공공재를 공급하는 정부의 최적규모는 위에서 설명한 바와 같이 각 공공재에 대해 상이한 수요를 가진 소비자들의 선호가 무시되는 데서 초래되는 소비자 후생의 손실과 지역 간 외부성 또는 규모의 경제성으로 인하여 초래되는 이익을 비교하여 결정한다.

〈그림 5-3〉 정부의 구조

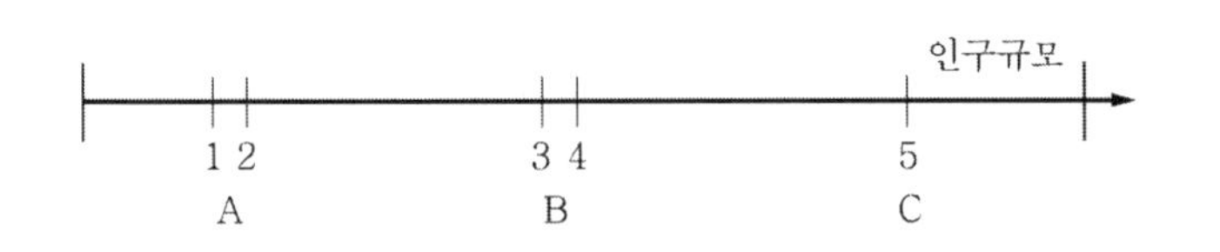

〈그림 5-3〉에서 보면 공공재 1, 2는 작은 규모의 정부, 3, 4는 중간 규모의 정부, 그리고 공공재 5는 가장 큰 규모의 정부를 필요로 한다. 예를 들어 1, 2에 해당하는 공공재에는 소방, 도서관을 들 수 있고, 3, 4에 해당하는 것으로는 교육, 교통을 들 수 있다. 그리고 5에 해당하는 것으로는 국방서비스를 들 수 있을 것이다. 이 경우에 이론적으로 서로 크기가 다른 5개의 정부가 필요하므로 5개 계층의 정부구조를 구성해야 한다. 그러나 이 경우에는 행정비용이 과다하게 소요되므로 실제로는 유사한 규모의 정부를 통합함으로써 비용을 줄이는 선택을 하게 된다. 위의 예에서 보면 공공재 1, 2를 공급하는 규모의 정부를 하나로 묶어서 A급 정부로 하고, 공공재 3, 4를 공급하는 규모의 정부를 묶어서 B급 정부로, 그리고 5의 공공재를 공급하는 정부를 가장 큰 정부로 하는 3계층의 정부구조를 조직한다.

우리나라의 정부구조도 이러한 이론적 구조와 크게 다르지 않다. 우리나라의 지방정부는 기초자치단체와 광역자치단체의 2계층으로 나누어지고 그 위에 중앙정부가 있다. 중앙정부는 위에서 설명한 바와 같이 국방이나 소득분배 등과 같은 공공서비스를 제공하고 있으며, 그 밑에 중간규모인 광역자치단체들은 도로, 교통, 환경, 상하수도 등의 공공서비스를 제공한다. 그리고 규모가 가장 작은 기초자치단체들은 소방, 공원, 도서관, 오락 등의 서비스를 공급한다.

정부의 통합

최적정부구조이론은 실제에 있어서 정부계층 간에 공공서비스공급의 책임을 어떻게 배분하는가를 설명하는 이론이다. 예를 들어 경찰 서비스의 공급을 광역정부단위로 통합하는 경우와 하위 지방정부가 개별적으로 공급하는 경우를 생각해 보자. 통합을 반대하는 사람들은 치안서비스가 지방정부의 손에서 벗어나 통합 정부에 의해서 공급되면 지방정부가 공급하는 것처럼 치밀한 형태로 공급되지 못한다고 주장한다. 반면에 통합에 찬성하는 사람들은 공공안전은 모든 지역의 문제이므로 통합 관리하는 것이 바람직하다고 생각한다.

교육의 경우도 마찬가지다. 교육서비스를 통합하여 국가에서 일률적으로 제공해야 한다고 주장하는 사람들이 있는가 하면 교육 자치를 주장하는 사람들도 있다. 통합론을 주장하는 사람들은 교육의 경우는 모든 사람이 국민으로서의 의무로 표준적인 교육을 받아야 하므로 중앙정부에 의해 획일적으로 공급되어야 한다고 한다. 반면에 교육 자치를 주장하는 입장에 있는 사람들은 각 지방단체가 어떤 형태의 교육이 그 지방학생들에게 최선이 되는지를 잘 알고 있고 있으므로 이러한 결정을 중앙관리들에게 맡기는 것은 위험하다고 본다. 이상에서 예로 든 교육이나 경찰자치의 경우 그 서비스를 통합하여 공급할 것인지 아니면 지방정부에 맡겨서 자치를 하도록 할 것인지는 결국 규모의 경제에 의해 절약되는 비용과 교육자치 및 경찰자치에 대한 주민의 열망을 비교하여 결정할 문제이다.

교육서비스의 통합과 자치문제를 좀 더 생각해 보자. 예를 들어 통합되지 않았을 때는 주민들이 원하는 의무교육 수준이 중학교 수준이었다고 하자. 그런데 통합에 의해서 고등교육이 의무교육으로 되었다면 주민들은 그들이 원하는 교육수준보다 높은 수준의 교육을 받아야 하고 이는 주민들의 후생의 손실을 초래한다. 만약 통합하는 것이 바람직한 정책이었다면 통합에 의한 후생의 손실보다는 규모의 경제나 외부성의 내부화에 의한 후생의 증가가 더 커야 한다.

또 다른 예로 의무교육서비스에 대한 사람들의 수요가 A, B, C의 지역별로 각각 초등, 중등, 고등학교로 나누어졌다고 하자. 이때 이들을 통합하여 하나의 정부가 중등 교육을 의무교육으로 제공한다고 하자. 그러면 A지역 주민들은 그들이 원하는 것보다 많은 교육을 받아야 하므로 소비자 후생의 손실이 발생하고, C지역 주민들은 원하는 것보다 적은 교육을 받아야 하기 때문에 역시 소비자 후생의 손실이 발생한다. 이때 B지역 주민들만이 후생 상의 손실이 발생하지 않을 것이다. 이처럼 통합에 따른 후생의 손실은 지역별로 주민들의 공공재 수요에 대한 차이가 클수록 더 커진다.

한 연구에 의하면 교육서비스의 통합에 의한 후생의 손실이 그렇게 크지 않다고 보고한 바 있다. 그 이유는 통합이 이루어진 후에 교육에 대한 수요가 변화한다는 것이다. 다시 말해서 통합이전에 미약한 세원으로 인해 교육의 조세가격이 높았던 지역은 교육에 대한 수요가 적었지만 통합이후에는 조세가격이 낮아져 교육에 대한 수요가 증가할 수 있다. 또, 통합이전에 교육에 대한 수요가 높았던 지역에서는 통합이후에 조세가격이 높아져서 교육에 대한 수요가 줄어들 수 있다. 그렇게 되면 통합에 의해 후생의 손실은 원래 생각했던 것보다 줄어들게 된다.

반면에 통합에 따른 규모의 경제 이점은 상당한 것으로 보고되고 있다. 즉 지역의 통합에 따라 학생 1인당 통학비용, 시설물 등의 자본비용 등이 큰 폭으로 하락하였다고 한다. 그러나 통합은 이러한 규모의 경제에 의해 나타난 비용절약의 이익이 획일적인 공공교육서비스의 제공에 의해 초래된 주민의 후생상의 손실을 보전하기에 충분해야 정당화될 수 있을 것이다.

주요개념

완전부합의 원칙	공간적 외부성	분권화의 정리	순응비용
정부의 적정규모	조세수출	중앙집권과 지방분권	

제 6 장

공공선택이론I-투표이론

어느 정부이든 세 가지 기본적 재정 선택에 직면한다. 첫째는 수입구조를 선택하는 것이다. 이는 조세구조가 어떤 형태를 갖느냐와 연관된다. 그리고 둘째는 총지출수준을 결정하는 것이다. 조세구조가 결정된 상태라면 총지출은 수입구조의 변동 없이 세율변동에 의해서 조정이 가능하다. 셋째는 정부가 총지출을 함에 있어 주민들의 수요를 만족시키기 위하여 어떤 공공재의 생산에 얼마의 재원을 배분해야 하는가 하는 문제이다. 즉 총지출 범위 내에서 어떤 공공서비스를 얼마나 공급하느냐를 결정하는 것이다.

이상과 같은 기본적 선택의 문제는 독립적으로 이루어지는 것이 아니라 서로 연관되어 있다. 다시 말해서 지출수준은 수입구조에 의존한다. 조세는 정부의 공공서비스 제공에 대한 비용, 즉 조세가격(tax price)이라는 성격을 갖기 때문에 지출수준을 늘리자면 세율을 높여야 한다.

이러한 기본적 재정결정을 하는 대표적인 방식으로 투표를 들 수 있다. 공공재는 특성상 시장에서 판매되는 것이 아니기 때문에 개인이 필요로 하는 만큼 구입하는 것이 불가능하다. 주민들이 음식을 주문하듯이 교육, 소방, 치안 등의 서비스를 단위 별로 구분해서 주문할 수 없다. 예를 들어 어떤 주민이 1년에 10만원의 비용으로 매일 쓰레기를 수거해 줄 것을 주문할 수 없지 않은가. 이러한 공공선택은 모든 주민의 참여를 통한 집합적인 방식으로 이루어질 수 있다. 특히 재정선택에서 투표를 이용하는 방식은 주민들의 서로 다른 욕구를 해결하는 데

흔히 사용된다.[1)]

1. 수요와 공급 원리에 의한 공공선택

모든 사람이 정부로부터 같은 서비스를 원하지 않는다. 또한 사람들은 같은 정부서비스라도 서로 다른 크기의 수요를 가질 수 있다. 이는 소득이 다르기 때문일 수도 있고 기호의 차이일 수도 있다. 공공재에 대한 수요는 일반적으로 시장재화와 같이 소득이 클수록 크다.

바람직한 정부서비스의 공급량을 결정하기 위하여서는 무엇보다도 정부서비스에 대한 개인의 지불하고자 하는 가격을 알아야 한다. 이 때 가격이란 개인들이 정부서비스와 교환으로 지불하려는 세금을 의미한다. 다음부터는 이런 가격을 조세가격(租稅價格)이라고 부르기로 한다.

정부서비스에 대한 개인의 조세가격(tax price)이란 조세총액에서 그 사람이 차지하는 몫을 의미한다. 간단한 예로서 세 명으로 구성된 사회에서 각각 동일한 세금을 지급한다고 가정하자. 그러면 한 사람이 정부에 의해 징수된 세금 총액의 1/3씩을 부담하면 된다. 즉 100원에 해당하는 정부서비스의 제공에 대한 한 사람당 조세가격은 약 33원이다.

위의 예와 같이 조세가격이 동일하다고 해서 각 개인이 원하는 정부서비스에 대한 수요의 크기가 모두 같은 것은 아니다. 사람마다 정부서비스에 대한 수요가 다르고 바람직한 정부서비스의 공급량 역시 달라진다. 〈그림 6-1〉에서 보면 조세가격이 h로 동일 할 때 A, B, C 세 사람에 대하여 구한 적정 서비스의 크기는 각각 a, b, c로서 서로 다르다는 것을 알 수 있다. 그런데 이 때 유의할 점은 정부가 공급해야 할 서비스 총량을 시장재화와 같이 세 사람에 대하여 모두 더해서 구하면 잘못이다. 왜냐하면 공공재는 일단 공급되면 모든 사람에게 집합적으로 제공되기 때문이다. 그림에서 보면 공공서비스의 적정 공급량은 사회적 한계비용과 사회적 한계편익이 일치하는 Q^*수준이다. 그림에서 보듯이 이 수준은 세

1) R. C. Fisher(2007), State & Local Public Finance, ch. 3, 참조

사람 각각의 적정 수준이 아니며 또한 이들을 모두 더한 크기도 아니다. 이와 같이 공공서비스의 적정 공급량이 사람마다 다를 때 정부로서는 어떤 수준을 선택해서 공급해야 할 것인가? 즉 어느 수준에서 공급량을 결정해야 하는가를 해결하여야 한다. 이러한 결정을 하는 방식으로 투표를 들 수 있는데 다음 절에서는 이에 대하여 자세히 알아본다.

〈그림 6-1〉 공공재에 대한 수요와 공급

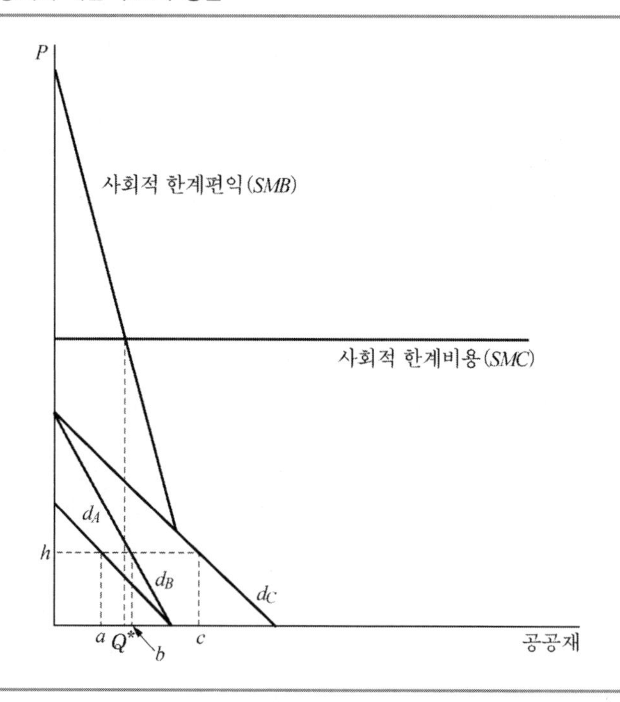

2. 투표에 의한 재정결정

과반수 투표

과반수투표(majority voting)는 공공서비스 공급 수준을 결정할 때 사용할 수 있는 투표방식(投票方式)으로 선거권자의 절반 이상의 지지를 받아야 이기는 투표방식이다. 예를 들어 정부가 서로 다른 세 가지 지출대안을 놓고 투표를 통하여 결정한다고 해 보자. 위의 〈그림 6-1〉에서에서 a, b, c는 각각 A, B, C 3인이 지지하는 정부서비스 공급량을 나타낸다. 이 때 정부가 이들 지출 안을 놓고 과반수 투표에 부친다면 어느 것이 선택되겠는가? 먼저 정부가 a와 b 안을 놓고 투표를 한다고 하자. 그러면 A는 a를, B는 당연히 b안을 지지할 것이므로 각각 1표씩을 얻는다. 문제는 C가 어느 것에 투표를 하는가에 달려있다. C는 가장 큰 정부서비스(c안)를 지지하기 때문에 a안보다는 비교적 정부서비스 규모가 큰 b안을 지지할 것으로 생각할 수 있다. 따라서 b안이 과반수 투표에서 승리하게 된다.

그런데 이 투표제도에서 유의해야 점이 있다. 위의 예에서 선택된 b안이 다수가 선호하는 것이 아니라 다수의 지지를 받을 수 있는 유일한 대안이라는 점이다. 다시 말해서 위의 예에서 낮은 수준의 대안인 a안은 B와 C가 합심해서 기각시킬 수 있고, 이와 달리 높은 수준의 대안인 c안은 A와 B가 합심해서 기각시킬 수도 있다. 결과적으로 보면 A와 C는 타협을 통해서 그들이 선호하는 것과 다른 수준의 어떤 대안을 수용해야 한다. 위의 예에서는 오직 B만이 투표 결과에 정확하게 만족할 뿐이다.

또 다른 문제는 이 투표에서는 투표 순서에 따라 결과가 달라질 수 있다는 점이다. 이러한 문제는 각 투표자가 일관된 선호를 가지지 않을 때 발생한다.[2),] 선호의 일관성이란 분명히 선호되는 대안을 가지고서 그것에서 어느 방향으로든지 멀어지면 만족의 정도도 점차적으로 감소한다는 것을 의미한다.

다음에서는 선호의 일관성이 존재하지 않을 때 과반수 투표에서 어떤 결과가

---

2) 선호에 일관성이 있을 때를 단봉선호(single-peaked preference)를 갖는다고 말하고, 단봉선호를 가질 때 소비자의 수요곡선은 통상적인 우하향하는 모습을 한다.

초래되는지를 예로 들어 설명해 보기로 한다. 정부지출의 규모를 크기 순서에 따라 정렬할 때 a, b, c라고 하자. 3가지 대안 중에서 a가 가장 작고, 그 다음이 b, 그리고 c가 가장 큰 규모의 지출 안이다. 그리고 투표에 참가하는 투표자 3인(A, B, C)의 선호는 〈표 6-1〉과 같다고 가정하자. 이 표에서 보면 투표자 C는 가장 큰 지출규모인 c안을 가장 선호한다. 그러나 다음 2번째로 지출규모가 큰 b안을 선호하는 것이 아니라 가장 작은 지출 규모인 a안을 선호한다. 즉 C는 선호에 있어서 일관성이 존재하지 않는다.

이런 경우에 먼저 a안과 b안을 놓고 투표를 하면 a안이 A와 C로부터 모두 2표를 얻어서 승리한다. 다음은 마찬가지로 a안과 c안을 놓고 대결하면 이번에서는 c안이 B와 C로부터 2표를 얻어서 승리한다. 따라서 c안이 선택되고 이 안이 가장 선호되는 것으로 보인다. 이제 투표 순서를 바꿔어 보자. 이번에서는 먼저 c안과 b안을 놓고 투표를 하면 b안이 2표를 얻어서 승리하고, 다시 b안과 a안을 놓고 대결하면 이번에는 a안이 승리한다. 요약하면 c안이 a안에 승리하고, a안은 b안에, 그리고 b안은 c안에 승리하는 결과가 나와서 투표가 실행되는 순서에 따라 승자가 바뀌게 된다. 즉 일관된 결과를 얻을 수 없게 된다.

〈표 6-1〉 투표자의 선호표

투표자	선택 우선순위		
	1	2	3
A	a	b	c
B	b	c	a
C	c	a	b

이상과 같이 일관성이 없는 결과가 나오는 것은 투표자 중 C때문이다. C는 정부지출에 대한 선호에 있어서 일관성이 존재하지 않는다. C는 정부지출이 가장 큰 c대안에 대하여 효용수준이 가장 높다. 그러면 다음 순서로 중간크기의 대안인 b안을 선호해야 일관성이 있다고 할 수 있다. 그러나 그는 b안보다도 지출수준이 가장 작은 a안을 더 선호한다. 이렇게 C와 같이 구성원 중 어느 누구의 효용체계에 일관성이 없을 때에는 투표에 있어서 모순된 결과가 나타나게 되는데,

이러한 현상을 투표의 모순(矛盾)이라고 한다.

과반수 투표와 관련하여 고려해야 할 점은 선택 대상의 성격과 관련하여 선택 대상은 일관성 있고, 수량화할 수 있으며, 연속적인 척도에 의해서 나타낼 수 있어야 한다. 정부재정의 경우에 정부지출액은 그런 조건에 적합한 척도로 생각할 수 있다. 그러나 다른 한편으로 보면 정부지출은 정부서비스의 생산에 대한 척도라기보다는 투입요소의 구매에 대한 척도라고 볼 수 있다. 만약 정부가 다양한 여러 가지 서비스들을 제공한다고 할 때 정부지출 속에는 복합적인 여러 가지 서비스들이 포함된다. 그러므로 총지출수준이 정확한 척도가 되지 못할 수 있다. 따라서 투표 시에는 어떤 정부서비스들을 포함할 것인가 하는 선택과 총지출규모의 선택이 동시에 포함되도록 해야 한다. 그러한 이유 때문에 재정선택의 투표모형은 단일 목적을 가진 지방자치단체 예컨대 학교특구, 교통특구 등에 적절히 적용된다고 하겠다.

중위투표자이론

과반수 투표에서는 중위투표자이론(中位投票者理論)이라는 재미있는 이론이 있다. 이 이론에서는 투표자의 선호가 일관적이며 투표자가 진정한 선호를 표출한다고 가정한다. 이 때 투표자의 선택이 단일의 연속선상에서 이루어지고 모든 대안이 투표에 포함된다면 과반수 투표에 의해서 선택된 대안은 중위 값에 해당한다는 것인데, 이러한 원리를 중위투표자이론(median-voter theorem)이라고 한다.

〈그림 6–2〉 중위투표자이론

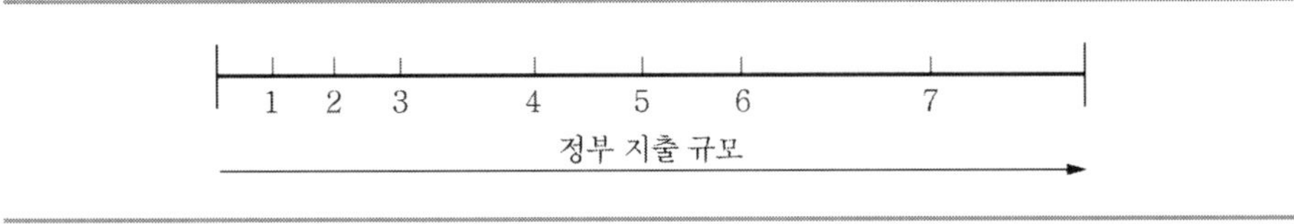

위에서 예를 든 바와 같이 정부지출은 규모의 크기 순서대로 a, b, c의 세 가지 대안이 있고 각각을 지지하는 투표자 A, B, C가 있다고 하자. 그리고 이들이 모두 일관된 선호를 갖는다고 하자. 즉 위의 〈표 6-1〉에서 c의 선호는 이제 $c > b > a$의 선호 체계를 갖는 것으로 수정된다. 이 경우 a안과 b안을 투표에

붙이면 b안이 선택된다. 왜냐하면 선호에 일관성이 있다면 많은 것을 선호하는 C는 a안보다는 b안에 표를 던지기 때문이다. 마찬가지 원리로 b안과 c안의 투표에서도 b안이 선택될 것이다. a안과 c안이 투표에 붙여지는 경우는 B가 어느 것을 지지하느냐에 따라서 a 또는 c안이 선택되지만 이러한 과정이 반복되는 과정에서 결국은 b안이 선택될 것이다.

또 다른 예를 들어 보자. 7명의 투표자가 7개의 서로 다른 대안을 지지한다고 하자. 그리고 이들의 선호에 일관성이 있다고 가정하자. 〈그림 6-2〉에서 중위 값은 대안 4인데, 왼쪽부터 3명은 이것보다 작은 지출 규모의 대안을 선호하며 오른쪽의 3명은 이보다 큰 규모의 대안을 선호한다. 이 경우에 다수결 투표에서는 대안 4를 지지하는 투표자의 선호가 선택된다는 것이 중위투표자이론이다. 이를 보이기 위하여 지출규모가 대안 1에서부터 7안까지 단선적으로 증가하는 경우, 2개씩의 대안을 선택해서 투표를 진행한다고 하자. 1안과 2안이 투표에 부쳐지는 경우는 2안이 선택된다. 3안에서부터 7안을 지지하는 사람들은 1안보다 2안이 자신의 선호에 근접하기 때문이다. 마찬가지 원리로 2안과 3안에서는 3안이, 그리고 3안과 4안에서는 4안이 선택되는데, 이러한 과정이 되풀이 되면 결국은 4안이 최종적으로 선택되게 된다.

중위투표자이론은 투표가 반복적으로 이루어질 때 성립될 수 있다. 이는 자유로운 정치적 경쟁이 전제되어야 한다는 것이다. 그러니까 자유로운 경쟁이 있기 위해서는 선거가 자주 이루어져야 하고 정치판에 진입이 쉬워야 한다. 그렇게 될수록 후보자들은 당선되어 해당 지위를 차지하기 위하여 중위 값을 선택하려고 노력한다. 이것은 마치 시장에서 경쟁이 치열할수록 기업들이 최소비용으로 가격을 설정하려고 노력하는 것과 같은 원리이다.

이상에서는 정부지출규모를 선택하는 데 있어서 중위투표자이론의 적용이 갖는 의미에 대하여 논의하였다. 그런데 이 이론의 특징은 그 결과에 상당수의 납세자들이 만족하지 못한다는 점이다. 위의 예와 같이 3가지 대안을 지지하는 3인의 투표에서 보듯이 선택된 결과에 전적으로 만족하는 사람은 단 한 사람이고, 나머지 두 사람은 만족하지 못한다. 결과적으로 만족하는 납세자보다 그렇지 못한 납세자의 비율이 더 크다.

이 방식이 갖는 또 다른 특징은 선택된 정부지출규모가 경제적으로 효율적인 규모가 아니라는 점이다. 〈그림 6-1〉에서 보듯이 경제적으로 효율적 규모는 개인의 한계편익을 모두 합한 사회적 한계편익과 사회적 한계비용이 일치하는 수준(Q^*)에서 결정되었다. 그러나 과반수 투표에 의해 선택된 결과는 이것보다 큰 수준인 b로서 효율적 수준과 다르다는 것을 알 수 있다. 물론 우연한 결과로 두 선택은 일치할 수 있겠으나 과반수 투표 결과에 의한 선택은 효율적 수준보다 크거나 적은 것이 일반적이다.

그 밖의 투표제도

이상에서 설명한 과반수 투표제도는 장점도 있지만 단점도 있었다. 이 제도로부터 초래되는 문제를 줄이기 위해 여러 가지 투표제도가 고안되었다. 최고득표제도(plurality voting), 압도적 다수투표제도(super majority voting), 만장일치제도(unanimity voting), 점수투표제도(point voting) 등이 그것이다.

이 중에서 최고득표제도는 다른 대안보다 한 표라도 많으면 승리하는 투표제도이고, 압도적 다수투표제도는 2/3 또는 3/4의 찬성을 요구한다. 이러한 투표제도들은 각각 장점과 단점이 있다.

투표결과에 대한 불만을 피하는 가장 간단한 방법은 만장일치제도(滿場一致制度)이다. 이 제도는 원래 다수가 소수의 재정적 희생에 의해서 그들의 이익에 부합하는 정부서비스를 채택할 수 있는 가능성을 배제하기 위하여 도입된 바 있다. 즉 다수의 횡보를 막기 위한 것이다. 만약 모든 사람이 동의하는 재정 결정이 이루어진다면 누구도 손해를 보지 않을 것이고, 그 결과로 파레토 최적에 도달할 것이다. 물론 재정적 이슈에서 만장일치를 얻어낸다는 것은 많은 비용이 많이 소요되고 경우에 따라서는 불가능할 수도 있다. 사실 이것이 문제이다. 또 하나의 문제는 만장일치제도에서는 전략적 투표행위를 할 유인이 있다는 점이다. 이 제도 하에서는 한 개인이 끝까지 반대함으로서 유리한 입지를 차지할 수 있다. 즉 거래의 가능성이 발생한다. 이러한 점 때문에 만장일치제도에서 합의에 이르는 것이 매우 어려워질 수 있다.

그렇다면 재정결정에 필요한 득표수는 얼마로 하는 것이 바람직한가? 의사결정에 필요한 득표 비율을 높게 정할수록 불만족은 감소하고, 반면에 의사결정 비용은 증가한다. 그러므로 의사결정에 따른 편익과 비용을 잘 고려하여 효율적인 득표비율을 결정하는 것이 필요하다. 한 가지 방법으로 위에서 본 과반수투표와 만장일치투표의 중간으로서 압도적 다수투표제도를 들 수 있다. 이 제도는 예컨대 의사결정에 2/3의 찬성을 필요로 하는 것이다. 이 제도 하에서는 다수의 찬성이 필요로 하므로 소수 그룹에 유리하게 결정이 내려지지 않을 것이다. 또한 개인 또는 소수 집단의 반대로 채택을 방해할 수 없을 것이다. 이 같은 특징 때문에 압도적 다수 투표제도는 대단히 중요한 사안을 결정할 때 주로 사용된다.

이상과 같은 다수결 투표제도(多數決投票制度)에서 불만족의 주요한 원인은 선호의 강도를 고려하지 못한다는 점이다. 이러한 문제를 제거하기 위한 하나의 방법이 점수투표제도이다. 이 제도에서는 개인들이 일정한 점수를 부여받고, 이것을 각각의 대안에 배분하는 투표를 한다. 그 결과 가장 많은 점수를 얻은 대안이 선택된다.

예를 들어 어떤 사업에 대한 정부지출 수준이 300억, 500억, 1,000억인 3가지 대안이 있고, 3사람의 투표자에게 각각 100점씩의 점수가 주어진다고 하자. 그리고 이들이 각각의 대안에 대하여 다음 〈표 6-2〉와 같이 투표하였다고 하자. 이 표에서 보면 C는 특별히 정부지출 1,000억에 대하여 강한 선호를 가지고 있음을 알 수 있다. 만약 이 3가지 지출 안에 대하여 과반수투표를 한다면 중위투표자 원리에 의하여 500억의 정부지출이 승리한다. 그러나 점수 투표제에서는 C의 강한 선호가 반영되어 1,000억의 정부지출이 승리한다.

〈표 6-2〉 점수투표제

	정부지출		
투표자	300억	500억	1000억
A	60	30	10
B	40	50	10
C	0	10	90
계	100	90	110

대의제도에 의한 결정

지금까지 예에서는 과반수 투표에 의한 정부지출규모의 선택이 주민의 직접 투표에 의해서 이루어지는 것을 가정하였다. 그러나 통상적으로는 대의민주주의 제도 하에서 투표자는 대표를 선택하고 선출된 대표에 의해서 재정결정이 이루어진다. 즉 대의민주주의에 의한 재정결정이 이루어진다. 이러한 경우도 중위투표자이론이 적용될 수 있는가?

다음으로 대의제도가 주민의 직접 투표에 의한 결정의 대안이 될 수 있는지에 대하여 알아보자. 즉 대의정치 하에서 재정결정에 대하여 좀 더 생각해 보자. 예컨대 정치 지망생마다 그들이 지지하는 정부지출규모가 있고 이를 각각 선거 전략으로서 홍보한다고 하자. 그리고 앞서의 예와 같이 정부지출 규모가 순서대로 a안, b안, c안으로 제시되어 있다고 하자. 이 때 한 후보가 정부지출 규모를 a안 수준으로 줄이겠다고 약속하고, 또 다른 후보는 c안 수준으로 늘리겠다고 약속했다고 하자. 그러면 세 번째 후보는 중위 값인 b안을 약속함으로써 다른 두 사람을 물리칠 수 있다. 다시 말해서 중위 값의 대안을 지지하는 후보자는 다른 대안을 지지하는 후보자에 대하여 승리할 수 있다. 이것이 위에서 우리가 배운 중위투표자의 원리이다. 실제로 모든 선거 홍보에서 후보자들마다 중도적 입장을 견지하려는 경향을 보이는 것은 이러한 이유 때문이다.

대의제도(代議制度) 하에서 주민은 자신의 이익을 가장 잘 대변해 줄 수 있는 후보자에게 표를 던진다. 그리고 정치가는 이에 부응하여 투표자에게 가장 유리한 정책을 추진하려 할 것이다. 이 과정에서 개인의 선호가 집단의사로 반영될 수 있는 가능성이 생긴다. 이와 같이 대의원인 정치가가 당선을 위하여 최대한 많은 표를 얻기 위하여 행동하는 것이 주민들의 합리적 행동과 모순되지 않는 측면이 있다. 즉 대의원은 주민들로부터 득표를 극대화하기 위하여 행동하고 이는 주민의 이해와 부합된다는 것이다. 이를 다운즈(A. Downs)의 득표극대화 모형이라고 한다.

득표극대화모형은 다시 말하면 정치가가 득표를 극대화하려면 결국은 중위투표자의 지지를 얻어야 한다는 점이다. 그러므로 직접민주주의에서와 같이 대의민

주제하에서도 중위투표자가 선호하는 방향으로 집단의 의사결정이 이루어지게 된다(이준구, 1999). 이모형이 말하는 바는 주민이나 정치가가 자기의 이익을 극대화하기 위하여 합리적으로 행동하는 것이 결과적으로는 서로의 이익에 부합되며 이는 지역의 후생 증진에 기여한다는 점이다.

그러나 당선을 목표로 하는 정치인들은 사회 전체적 관점에서의 후생 극대화보다도 지역의 후생문제에 더 많은 관심을 가지는 것을 쉽게 목격할 수 있다. 예컨대 지방의회의원들은 다른 지역보다도 자기 지역에 보다 많은 사업을 추진하려고 한다. 이러한 행동이 국가 전체적 관점에서 보면 제약된 자원을 두고 경쟁하는 게임이므로 국가적 관점에서는 비효율을 초래할 가능성도 있다.

한편 다른 관점에서 보면 주민과 정치가는 주인-대리인의 관계(principal-agent relation)로 파악할 수 있다. 정치가는 주민의 의사를 충실히 대변해 주는 대리인의 자격을 가진다. 득표극대화 모형과 같이 주민의 선호가 정책에 반영되기 위해서는 주민의 대표로 선출된 의원이 공약을 잘 시킴으로써 주민들의 대리인 역할을 성실히 수행할 때이다. 하지만 정치가는 일단 선출되면 대리인으로서의 역할보다는 자기의 사적 이익을 추구하기 위하여 행동하는 경우가 발생한다. 이러한 경우를 도덕적 해이(moral hazard)라고 하였는데, 그렇게 되면 사회적 후생은 감소하게 된다. 이러한 문제가 발생하는 것은 주민이 대의원을 선출하기 전에 그에 대한 능력이나 인품에 대하여 충분한 정보를 가지고 있어야 함에도 현실적으로는 그렇지 못한 경우가 많기 때문이다. 예를 들어 지방의회의원들이 그들의 활동이 지역민들에게 알려질 수 있는 통로가 없다면 이들은 지역주민들의 이익을 위하여 행동할 유인을 갖지 못할 것이기 때문에 도덕적 해이에 빠지기 쉽다.

3. 관료에 의한 결정

예산의 극대화모형

공공서비스의 공급자로서의 관료도 주인-대리인의 관계에서 보면 국민의 공복으로서 대리인의 자격에 해당한다. 그러나 니스카넨(Niskanen)의 관료제 모형에 의하면 관료는 국민의 복리증진을 위해서 노력하기보다는 자신의 효용극대화를 추구한다고 본다. 즉 그에 의하면 관료는 자신의 효용을 극대화화기 위하여 예산 극대화를 추구한다는 것이다. 왜냐하면 예산을 통해서 그들은 직책상의 특권, 사회적 명성, 권한, 영향력 등을 갖게 되기 때문이다(이준구, 1999).

관료의 예산극대화가 가능한 것은 예산의 결정과정과 깊은 관련이 있다. 경제적 관점에서 보면 관련 부서의 산출물 수준은 그 부서가 제공하는 서비스의 한계생산물가치와 한계생산비용이 일치하는 수준에서 결정되어야 한다. 하지만 관료들은 의회에서 자신들이 생산하는 서비스의 총편익이 극대가 되도록 하는 수준으로 예산을 배정받으려 노력한다. 이러한 의사결정과정에서 결정되는 생산수준은 경제적 관점에서의 생산수준보다 크게 되고 이는 예산을 효율적 수준 이상으로 증대시키는 결과를 가져온다.

〈그림 6-3〉 관료의 예산극대화

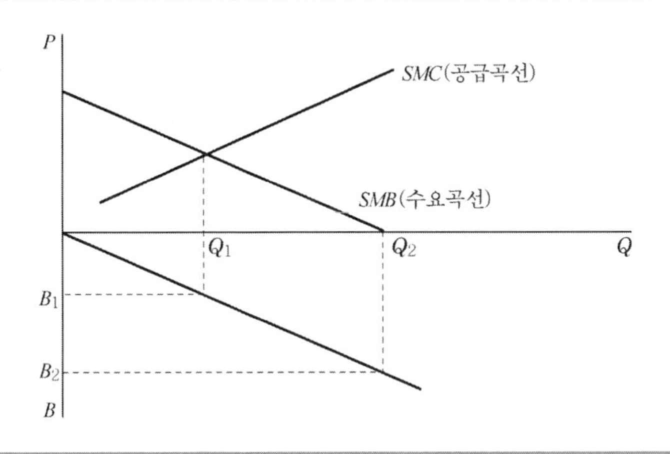

〈그림 6-3〉에서 보면 공공재의 효율적 공급은 사회적 한계편익(SMB)과 사회적 한계비용(SMC)이 일치하는 Q_1일 때이다. 그러나 관료들은 예산을 극대화하기 위하여 SMC를 전혀 고려하지 않으므로 공공재의 공급은 Q_2수준까지 확대되고, 이에 소요되는 예산은 적정예산수준인 B_1보다 많은 B_2에서 결정된다.

관료들이 예산을 극대화하려는 이유는 관료제하에서는 비용을 줄이려는 노력보다는 비용을 정당화시키는 것이 더 큰 보상을 받을 때가 많기 때문이다. 비용

절감은 잘 인식되지 못하고 당연한 것으로 평가되지만 지출은 가시적이어서 주목받기 쉽다는 측면이 있다. 이 외에도 관료들은 새로운 기술이 나타나면 그것의 도입에 드는 비용을 따져보지도 않고 맹목적으로 도입하는 경향이 있다. 또한 관료들은 공공서비스를 공급하는데 있어서 주민이나 의회의원들에 비하여 독점적 정보력을 가지고 있으며 전문성 면에서도 우위에 있다. 그래서 관료의 감독자로서의 의회의원이나 주민들이 이들의 예산극대화 행위를 감독한다는 것은 매우 어려운 측면이 있다. 이러한 이유로 관료는 예산의 결정과정에서 효율성수준보다 높은 수준에서 예산을 극대화하려고 한다(이준구, 1999).

독점적 재정결정모형

예산의 극대화모형과 일맥상통하는 측면이 있으나 이를 조금 더 정교하게 설명한 것이 독점적 재정결정모형이다. 독점적 재정결정모형(monopoly model of fiscal choice)에서는 관료는 그들의 선호에 따라 재정결정을 하고 주민들이 그 결정에 따라오게 한다는 것이다. 그런데 그러한 과정이 가능하게 되려면 관료들이 유권자인 주민보다 더 많은 경험과 정보를 가지고 있고 정치적 독점력을 가지고 있어야 한다.

다음에서는 로머와 로젠달(Tomas Romer & Howard Rosenthal)이 사용한 모델에 의하여 독점적 재정결정 모델을 설명하기로 한다. 그들에 의하면 관료는 예산극대화모형에서와 같이 정부지출의 극대화를 통하여 직위를 유지하려고 한다고 가정한다. 그리고 주민들이 정부가 제안한 선택을 받아들이지 않으면 정부지출은 사전에 결정 해 놓은 낮은 수준(reversion amount)으로 돌아간다고 가정하고 논의를 전개한다.

〈그림 6-4〉에서 볼 때 다수결투표에 의하면 유권자들은 중위투표자이론에서 본 바와 같이 E_2를 선택하게 될 것이다. 그런데 관료들은 정부지출의 극대화를 추구하므로 E_3를 선호하고 이것을 주민들에게 받아들이도록 제안할 것이다. 이때 만약 유권자들이 정부에 의해서 제안된 정부지출 수준을 인정하지 않고 받아들이지 않으면 정부지출수준은 매우 낮은 수준인 E_1의 수준으로 돌아간다는 것을 알고 있다고 하자. 독점관료는 이 수준을 협박의 수단으로 이용하기도 한다.

이렇게 사전에 결정된 정부지출수준을 회귀수준(Reversion amount)이라고 한다.

결과적으로 유권자들의 선택은 E_3 아니면 E_1밖에 없다. 그림에서 볼 때 두 선택은 소비자 잉여의 크기가 같으므로 무차별하다. E_1은 효율적 지출수준인 E_2에 비하여 지출수준이 적기 때문에 소비자잉여가 감소하다. E_3에서도 역시 효율적 지출수준보다 지출이 많기 때문에 소비자잉여가 감소한다. 즉 이 두 가지 정부지출수준은 중위투표자들이 선호하는 지출수준인 E_2(즉, 소비자 잉여가 극대가 되는 점)에 비하여 소비자잉여의 손실이 크다.

주민들로서는 E_1을 받아들여야 하는 것은 정부가 제안한 E_3를 받아들이는 것과 마찬가지로 최악의 결과이다. 이러한 상황에서 정부는 E_3보다 조금 적은 예컨대 (E_{3-a})의 지출 대안을 제안할 수 있다. 그리고 두 대안 즉 E_1안과 (E_{3-a})안에 대해 과반수 투표를 실시한다면 (E_{3-a})의 대안이 선택될 수밖에 없다. 왜냐하면 주민들이 (E_{3-a})안와 E_1을 놓고 선택할 때 (E_{3-a})의 안이 조금이라도 소비자 잉여를 크게 하기 때문이다(a>0). 따라서 결과적으로 보면 관료에 의해 제안되어 선택된 지출 대안이 중위투표자들이 가장 선호하는 지출수준보다 크게 된다.

〈그림 6-4〉 독점적 재정결정모형

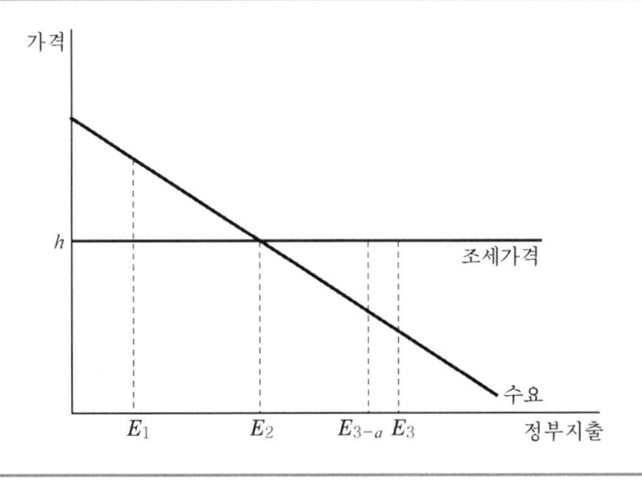

이 모델의 특징 중 하나는 회귀수준(回歸水準)의 존재를 가정하는 것으로서

이것이 매우 중요한 역할을 한다. 만약 단순히 회귀수준을 제로(0)로 놓는다면 유권자들이 정부가 제안한 대안을 승인하지 않을 때 정부서비스공급수준은 제로(0)가 되어 상당한 위협이 된다. 그러므로 유권자들은 정부서비스의 공백 사태를 피하기 위하여 정부 제안을 받아들이지 않을 수 없을 것이다. 그러나 현실적으로는 이 회귀수준은 제로인 경우는 드물 것이고, 대체적으로 전년도 지출수준이나 법령에 의해 정해진 수준이 될 가능성이 크다. 하여튼 이 회귀수준이 적을수록 관료들은 정부지출을 증가시키기 위하여 큰 독점력을 가진다. 그러므로 관료들로서는 이 회귀수준을 얼마로 할 것인가 하는 문제가 매우 중요하다. 만약 관료들이 정부지출수준을 너무 높게 제안하면 유권자들은 그들의 제안을 기각하고 회귀수준을 수용하는 경우가 생길 수 있다. 그렇게 되면 정부는 중위투표자들이 선호하는 수준보다도 오히려 더 낮은 수준의 정부지출을 채택하게 되어 당초의 목적을 달성하지 못할 수 있다.

이 모델의 약점 중 하나는 정치적 경쟁의 부재이다. 즉 이 모델은 하나의 정당일 때 가능하다. 그런 의미에서 독점적 모델이라고 명명한 것으로 이해할 수 있다. 만약 정치적 경쟁이 가능하다고 하자. 이 경우에 현 정당이 지지하는 관료가 회귀수준을 적절히 사용하여 유권자로 하여금 그들이 원하는 것보다 더 큰 지출수준을 수용하도록 하는데 성공했다고 하자. 그러면 다음 선거에서는 상대 후보자가 그보다 낮은 어떤 중간의 정부지출을 표방함으로써 현직의 의원을 선거에서 물리칠 수 있게 될 것이다(R. C. Fisher, 2007).

4. 공공재 수요의 측정과 특성

정부가 공공서비스 수준을 결정하고자 할 때 가장 중요한 것은 주민들의 공공재에 대한 정확한 수요를 측정하는 것이다. 그러나 공공재는 그 특성상 수요가 직접적으로 표출되지 않기 때문에 어려움이 있다. 이 문제에 대하여 좀더 논의해 보자.

소비자선택이론을 적용할 때 개인이 소비하는 재화를 크게 시장의 소비재와 정부서비스로 나눈다면 개인은 일정한 소득으로 그들의 만족을 극대화하기 위하여 시장의 소비재와 정부서비스를 각각 얼마씩 소비하는 것이 바람직한가 하는 선택의 문제에 직면한다. 정부서비스, 즉 정부지출에 대한 수요는 이러한 선택 과정과 관련된 것으로서 조세가격(통상 재산세), 소득, 정부 간 보조금 등에 의존하여 결정된다.

문제는 한 정부는 많은 개인들로 구성되어 있고, 그 중에서 누구를 기준으로 정부 서비스의 수요를 측정할 것인가 하는 점이다. 시장 재화라면 개인들의 수요를 모두 합하면 되지만 정부서비스는 집합적으로 소비되는 특성상 그렇게 측정할 수 없으므로 그 공동체의 대표적인 집단이나 그 집단을 대표하는 특정인의 수요를 측정하는 방식을 채택하게 된다. 그 중에서 대표적인 것으로는 위에서 설명한 바와 같이 투표에 의한 결정 방식과 관료의 일방적 결정에 의한 방식이 있다.

정부지출수준이 다수결투표에 의해서 이루어진다고 하자. 그러면 그 수준은 중위투표자이론에 따라서 중간크기의 지출수준에서 결정될 것이다. 즉 중간 크기를 지지하는 중위투표자의 수요가 그 지역 전체의 수요를 결정하게 된다. 그러므로 중위투표자의 특성을 알면 그 지역의 수요를 측정할 수 있을 것이다. 따라서 공공재에 대한 수요를 이해하기 위해서는 중위투표자를 찾아내는 것이 문제이다.

공공재수요와 소득의 관계

중위투표자를 찾아내는 한 방법으로 생각할 수 있는 것은 그 사회에서 중위소득을 갖는 사람 또는 집단이 중위투표자가 될 수 있는가 하는 점이다. 만약 소득이 낮은 사람은 정부서비스에 대한 수요가 가장 적고, 중간소득을 가진 사람은 중간 정도의 수요를, 그리고 소득이 가장 많은 사람이 가장 큰 수요를 가진다고 가정한다면, 과반수투표제도 하에서 중간소득을 가진 사람이 승리할 것이다. 이때는 정부공공서비스에 대한 수요로 중간소득을 가진 집단의 수요를 측정하면 된다.

그러나 이러한 가설이 항상 설립하는 것은 아니다. 만약 소득이 낮은 사람이 중간 소득을 가진 사람보다 더 많은 정부지출을 선호한다면 결과는 달라진다. 소득이 낮은 사람일수록 조세가격(조세부담)이 낮은 조세체계 하에서 중간소득을 가진 사람보다 더 많은 공공서비스를 요구할 수 있다. 조세부담에 비하여 그들이 받는 편익이 크기 때문이다. 그러면 중간소득계층이 지지하는 공공서비스 수준이 그 사회 전체의 수요를 대표할 수 없게 된다. 이 경우에는 중위소득계층의 공공재수요수준이 최저가 될 수도 있다. 즉 저소득 수준에서 공공재수요가 높다가 소득이 증가함에 따라 공공재 수요가 오히려 감소하다가 어떤 점을 지나서 다시 공공재 수요가 증가하는 경우이다. 이 때는 공공재수요와 소득 간의 관계를 〈그림 6-5〉의 (나)와 같이 U자 형의 곡선으로 그릴 수 있다.

〈그림 6-5〉 공공재 수요와 소득의 관계

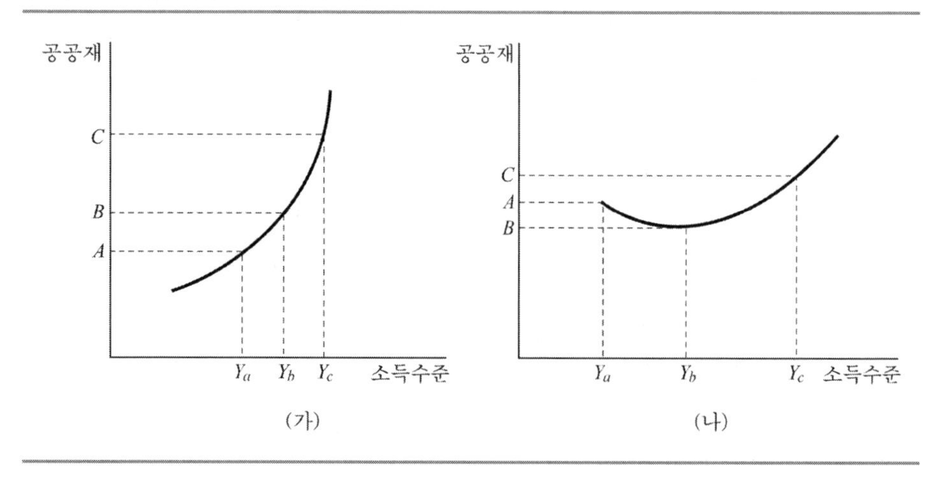

공공서비스의 수요를 측정함에 있어서 다수결투표이론이 통상 이론적 기반이 되지만 그 외에 정부 관료에 의해 지출의 결정이 독단적으로 내려지는 모델을 생각할 수 있다. 이 경우는 정치적 반대 또는 위협이 존재하지 않는 일당 지배의 정당이 존재하는 상황에 적합하다. 이 모델에서는 관료가 일인당 조세 또는 지출규모를 결정하는데, 이때 관료는 주민들의 일인당 소득이나 일인당 조세부담과 같은 그 지역의 특성을 고려하게 된다.

공공재수요의 가격 및 소득 탄력성

정부서비스에 대한 수요는 가격에 대하여 일반적으로 비탄력적이다. 그 중에서도 교육은 다른 종류의 정부서비스보다도 더욱 가격 비탄력적인 성격을 갖는다. 교육서비스에 대한 수요가 가격에 대하여 비탄력적이라는 사실은 정책적으로 중요한 의미를 갖는다. 교육서비스의 가격이 공급비용의 증가 때문에 오른다고 하더라도 주민들이 소비를 크게 줄일 것으로 기대하기 어렵다. 그보다는 소비자들이 교육서비스의 공급에 더 많은 재원이 배분되도록 요구하게 될 것이다.

그리고 정부서비스에 대한 수요는 대체적으로 정상재이다. 즉 소득이 증가하면 수요 역시 증가한다. 정부 서비스의 소득 탄력성은 서비스의 종류에 따라서 다르다. 대체적으로는 소득증가에 비하여 적게 증가한다. 다시 말해서 소득 비탄력적이다. 그러나 사회복지 서비스와 같은 종류의 서비스에 대한 수요는 소득에 대하여 매우 탄력적이다. 지방정부 서비스의 경우 공원이나 레크리에이션과 같은 서비스에 대한 수요 역시 소득에 대하여 매우 탄력적으로 반응하는 특성을 갖는다.

주요개념

과반수투표	관료의 예산극대화	득표극대화모형	만장일치제도
압도적 다수투표제도	독점적 재정결정모형		조세가격
중위투표자이론	최고득표제도	투표의 모순	회귀수준

제 7 장

공공선택이론 II-티브 모형

앞 장에서는 공공선택이 투표에 의해 결정되는 과정을 알아보았다. 이 장에서 다루는 티브(C. Tiebout)의 모델은 공공재정선택의 다른 한 방법에 대한 것으로 지방분권제도정립의 이론적 기초를 이룬다는 점에 특징이 있다. 이 모델에서는 주민들이 지역 간을 자유롭게 이동할 수 있다고 가정할 때 주민들의 공공재에 대한 수요가 잘 표출되지 않음으로 인해서 발생하는 많은 경제적 비효율성의 문제들이 어떻게 해결될 수 있는지를 보여준다. 이와 같이 주민들의 이동에 의해서 재정선택이 결정되는 것을 티브의 발에 의한 투표(voting with one's feet)라고 한다.

1. 티브(Tiebout) 모형의 기본 틀

전통적인 견해에 의하면 공공재는 여러 사람에 의해 동시에 소비되므로 일단 공급되면 소비로부터 누구도 배제될 수 없기 때문에 개인들은 공공재에 대한 진정한 수요를 표출하지 않으려 한다. 다시 말해서 사람들은 일반적으로 공공재에 대한 선호를 실제가치보다 낮게 표출하려는 유인을 갖는다. 그렇게 되면 사람들은 공공재에 대해 적정한 가격을 충분히 지불하지 않고 그로부터 편익만을 취하는 말하자면 무임승차자(free rider)가 된다.

이러한 이유 때문에 사무엘슨(P. Samuelson)은 어떠한 분권화된 가격제도(decentralizing pricing system)도 집합적 소비수준을 최적으로 결정할 수 없다는 견해를 밝힌 바 있다.[1] 그러나 티브와 그 후 그를 추종하는 사람들은 작으면서 다수의 지방정부로 구성된 분권화된 체계는 하나의 가격 체계일 수 있으므로 공공재를 최적으로 배분할 수 있다고 주장하였다. 즉 그들의 견해에 의하면 분권화된 체계에서 주민들이 경쟁관계에 있는 여러 지방정부를 자유롭게 선택하는 방식으로 공공재 공급의 효율성을 최적화시킬 수 있다는 것이다.[2]

티브 모형에 의하면 사람들이 어디에서 살아갈지를 선택할 때 고려하게 되는 중요한 요소는 그 지방 정부가 제공하는 세금과 공공서비스의 일괄 재정프로그램이라고 한다. 이 모형에서는 주민이 그가 부담하는 세금과 그가 소비할 공공서비스의 편익을 동시에 고려하여 지방정부를 자유롭게 선택하는 것을 가능하게 하는 여러 가지 가정을 먼저 설정한다. 그리고 이러한 가정을 충족시키는 분권화된 체계에서 공공재 공급의 효율성을 최적인 상태에 이르게 할 수 있다는 것이다. 이와 같은 티브의 가설이 성립하기 위한 가정을 자세히 설명하면 다음과 같다.

- 주민들은 그들이 원하는 곳으로 자유롭게 이동하는 것이 가능하다. 이 가정은 사람들이 그들에게 가장 적합한 공공서비스를 제공하는 정부를 찾아서 비용을 들이지 않고 이동하는 것을 가능하게하기 위한 것이다. 이것이 가능하기 위해서는 직장의 위치가 주거지선택에 제약을 주지 않으며 소득에 영향을 미치지 않아야 한다.
- 주민들은 모든 지방정부의 조세/서비스 프로그램에 대하여 완전한 정보를 가지고 있다. 이 가정은 불완전정보로 인한 비효율성을 줄이기 위해서 필요하다.
- 다양한 재정프로그램을 가진 지방정부가 다수 존재한다. 이 가정은 주민이 그들의 재정선호에 부합되는 재정프로그램을 선택하는 것을 가능하게 하기 위한 것이다.

1) 사뮤엘슨은 공공재의 경우 비배제성으로 인해 사람들의 수요(MB)를 측정할 수 있는 방법이 마땅히 없기 때문에 적정가격을 책정할 수 없으므로 자원배분에 실패한다고 생각하였다.
2) R. C. Fisher(2007), State & Local Public Finance, ch.4 참조

· 지방정부 간에 공공서비스나 조세의 지역 간 외부성이 발생하지 않는다. 지역 간의 외부성이 작용할 경우에는 지방정부 차원의 한계비용과 사회적 한계비용이 일치하지 않기 때문에 사회 전체적으로 볼 때 효율성의 상실이 발생한다. 이로 인한 사회적 총 잉여의 감소를 막기 위하여 이와 같은 가정이 필요하다.
· 각 정부의 공공재 생산에 있어서 규모에 대한 수익불변이 작용한다. 즉 공공서비스 단위당 비용은 일정하다하는 것이다. 다시 말하면 공공서비스의 공급량이 두 배가 되면 비용 역시 두 배가 되며, 주민의 수가 두 배가 되면 공공서비스 공급도 두 배로 증가하는 공공서비스 공급의 기술을 가정한다. 이는 달리 말하면 규모의 경제의 이점을 배제하고 모든 지방정부가 평균비용이 최소가 되는 최적규모에서 정부를 운영한다고 가정하는 것이다. 규모에 대한 수익불변의 가정은 단 한명으로 구성된 지방정부라도 최소평균비용으로 공공재를 생산할 수 있다는 것을 의미한다. 그렇게 때문에 이 가정이 성립하면 지방정부의 크기는 문제가 되지 않는다.

티브에 의하면 이상과 같은 조건하에서 주민들은 그들의 선호(選好)를 가장 잘 만족시키는 지방정부를 찾아서 이동하는 방식으로 선호를 표출한다. 즉 공공재 생산에서 규모에 대한 수익불변이 나타나고 충분히 많은 지방정부가 존재하며, 주민의 이동에 제약이 없고 지역 간 외부성이 없다면 주민들은 그들의 선호를 정확히 만족시켜 주는 지방정부를 선택하여 이동하는 것이 가능하게 된다. 그리고 이러한 행위는 곧 공공재정선택이며 그 결과는 사회적으로 공공재 배분에 있어서 효율성을 최적화시킨다는 것이다.

이와 같은 방법으로 개인들이 지방정부를 선택하는 경우에 공공재에 대한 개인의 수요, 즉 한계편익은 모두 동일하게 된다. 왜냐하면 동일한 선호를 가진 사람들이 모였기 때문이다. 그러면 모든 사람들에게 동일한 부담을 지울 수 있으므로 무임승차행위는 불가능해진다. 따라서 공공재공급에 있어서도 시장재와 마찬가지로 효율성의 조건을 충족시키는 것이 가능해진다. 그 이유에 대해서 좀 더 설명하면 다음과 같다.

〈그림 7-1〉에서 보면 동일한 선호를 가진 개인의 수요를 모두 합한 것이 그 사회의 한계편익의 크기가 된다. 따라서 바람직한 공공재 공급 규모는 E_i이고, 모든 개인들이 이 수준의 공공재를 소비한다. 그림에서 보듯이 균형에서는 모든 주민의 한계편익의 합계와 공공재 생산의 한계비용이 같다. 이렇게 결정된 공공재 공급 규모는 효율적 공공재 규모가 된다. 이 때 주민들 모두가 한계편익이 같으므로 동일한 크기의 세금(h_i)을 내게 된다. 그렇게 되면 모든 사람의 공공재 이용비용(tax price)이 한계편익을 반영한다. 따라서 이러한 균형은 편익조세 균형(benefit tax equilibrium)이라고 할 수 있다. 즉 티브 모델에서는 공공재 공급에 있어서의 효율성을 최적화시킬 수 있다.[3]

〈그림 7-1〉 공공재 수요

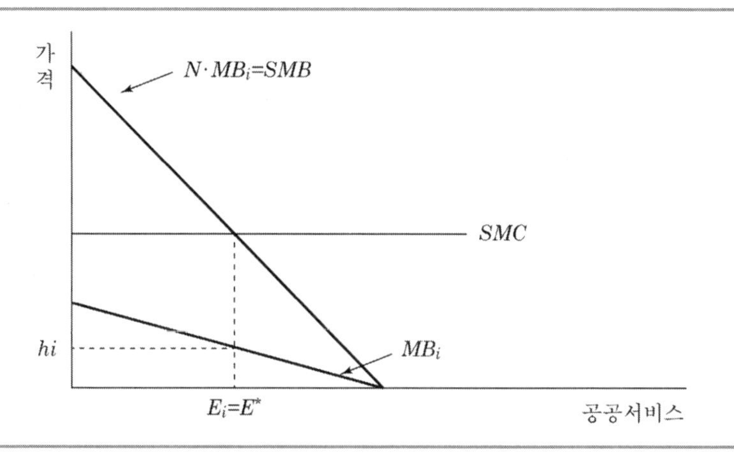

모형의 현실 적합성

그러면 티브의 가정은 현실과 얼마나 부합될 수 있을까? 먼저 티브의 가정 중에서 논란이 되는 것은 세 번째인 다수의 지방정부의 존재이다. 이 가정에 의하면 모든 사람들의 다양한 선호를 만족시키기 위해서는 충분히 많은 정부가 있어야 한다는 것이다. 만약 모든 사람의 선호가 전부 다르다면 사람 수만큼의 정부

3) 주민들의 공공재에 대한 수요가 다를 경우에 SMC=SMB 수준의 공공재를 공급할 때는 MB〉MC(tax price)인 주민이 있을 수 있다(그림 6-1 참조). 이 주민은 무임승차자의 입장에 있게 된다.

가 필요하다. 이 같이 1인으로 정부가 구성된다면 공공재가 시장재화와 다를 바 없을 것이다. 이때는 집합적으로 소비되기 때문에 야기되는 비효율성의 문제, 즉 시장실패는 더 이상 존재하지 않는다. 미국과 같이 큰 나라에서는 한 지역 내에 100개 이상에 이르는 지방자치단체가 존재한다. 이렇게 미국과 같이 다수의 지방정부를 가지고 있는 나라에서는 각 단체마나 개인의 다양한 선호를 만족시킬 수 있는 다양한 종류의 재정프로그램을 표방할 가능성이 높아진다. 따라서 이 경우는 세 번째 가정이 그렇게 무리하지 않다. 그러나 우리나라와 같이 작은 나라에서는 지방 정부의 수가 적기 때문에 세 번째 가정을 현실에 적용하는 데에는 적지 않은 한계가 있다.

둘째, 주거지와 직장간의 이동에 따른 비용을 고려하지 않는다는 가정이다. 현실적으로는 직장과 주거지 간에는 교통비용이 들어가며, 어떤 이유로든 직장으로 이동하는 데 비용이 추가된다. 그러나 이 모델에서는 이러한 비용을 모두 무시한다. 마치 사람들이 자본 소득만으로 살아가며 어디에서 거주하든 상관없이 소득이 발생하는 세계를 상정한다. 이러한 세계는 현실과는 거리가 멀다.

셋째, 규모에 대한 수익불변의 가정이다. 이 가정은 인구규모에 상관없이 1인당 공공재의 생산비용을 일정하게 유지시키기 위한 것이다. 이 가정은 한 사람으로 구성된 지방정부도 1인당 공공재 생산비용은 동일하다는 것이므로 이는 극히 비현실적이다. 실제로는 공공재 생산에 있어서 규모의 경제와 규모의 비경제가 작용하는 것이 일반적이다. 만약 규모의 경제가 작용한다면 모든 단체에서 생산비용을 동일하게 유지시키기 위하여 모두 최적규모의 인구를 유지해야 한다. 그러나 사람들의 선호에 따라 자유로운 이동을 전제로 하는 상황에서 적정 인구규모가 유지된다는 보장이 없다.

넷째, 이 모델에서 가장 문제되는 것은 외부성이 존재하지 않는다고 하는 가정이다. 외부성은 집합적으로 소비되는 데서 나타나는 본래의 속성이다. 지역 간 외부성이 나타날 때 각 지역 단위에서 공공재가 효율적으로 선택되었다고 하더라도 사회전체의 입장에서 볼 경우에 공공서비스규모는 효율적인 규모가 아닐 수 있다.

지역 간 외부효과를 해결하는 방법으로 두 가지를 생각할 수 있다. 그 중 하나는 정부를 지리적이든 인구적인 측면이든 규모를 크게 하는 것이다. 그러면 공공서비스의 편익이나 비용부담을 하는 사람이 동일한 정부의 주민이 되고 만다. 따라서 외부성은 사라진다. 그러나 정부가 너무 커지면 동일한 선호를 가진 사람들만으로 정부를 구성할 수 없다는 데 문제가 있다. 때문에 이 두 요인 간에는 항상 상충관계(trade-off)가 발생한다. 다음은 정부 간 교부금을 사용해서 지방정부로 하여금 사회적으로 효율적인 규모에 부합되도록 공공서비스의 규모를 조정하도록 하는 것이다. 이러한 방법은 정부의 규모를 조정하지 않고도 수행될 수 있다는 장점이 있다. 그러나 티브 모델에서는 이러한 가능성을 배제한다는 점에서 비현실적이다.

이 모델은 이상과 같은 가정의 비현실성이 있지만 주민들이 현실적으로 어느 정도 이동가능하다면 발에 의한 투표에 의해서 지방정부의 선택이 이루어지고 이는 공공재 공급의 효율성을 증가시킬 수 있다는 것을 말해준다. 이런 점에서 이 모델의 유용성이 인정될 수 있다. 비록 가정의 경직성 때문에 이 모델의 현실적응력이 떨어지기는 하지만 그럼에도 불구하고 이 모델이 분권화이론에 던져주는 시사점은 매우 바는 매우 크기 때문에 지방자치론의 이론적 기초로 종종 거론된다.[4]

모형의 안정성

이 모델이 가진 근본적인 문제는 앞에서 논의한 가정들이 모두 충족된다고 하더라도 효율적으로 지방공공재를 공급하는데 실패할 수 있는 가능성이 존재한다는 점이다. 이러한 가능성은 지방공공재의 공급이 편익조세(예를 들면 주민세) 이외에 다른 방법으로 이루어질 때 나타난다. 예를 들면 재산세(財產稅)를 들 수 있다. 재산세는 오늘날 지방정부의 주요한 재원이다.

재산세위주의 조세 구조에서 사람들이 특정 자치 단체를 주거지로 선택할 때 개인들은 그들이 받게 될 공공서비스와 부담할 재산세를 동시에 고려한다고 하

4) 현실적으로는 이사 및 정보비용 때문에 자치단체 간 공공서비스와 조세부담에서의 작은 차이만으로 인하여 주민들이 한 자치 단체에서 다른 단체로 이동하지 않을지 모른다. 그러나 그 차이가 더 커진다면 이동이 일어날 수 있을 것이다. 현실적으로는 한 자치단체의 모든 주민이 공공서비스에 대한 동일한 수요를 갖지 않을 수도 있다. 그렇다고 하더라도 그들은 유사한 수요를 가질 가능성이 크다.

자. 즉 재산세가 그 지방정부의 주요한 수입원이라면 개인들이 공공서비스의 소비에 대하여 지불할 세금의 크기는 개인들이 거주할 주택의 가치에 의하여 결정된다. 다시 말해서 재산세에 의해 공공재공급의 재원이 충당된다면 사람들이 어떤 지방공공서비스를 선택하고 또 어떤 크기의 주택에 살 것인지 하는 선택이 동시에 이루어진다. 이러한 경우 티브의 모형이 과연 안정적으로 작용할 것인지에 대하여 알아보자.

재산세에 의해 재원이 충당될 경우 티브 모형이 갖는 불안정성을 보이기 위하여 〈표 7-1〉과 같은 프로그램을 가진 두 개의 지방정부를 예로 들어 보자. 이 두 단체는 티브 모형에 따라 사람들에 의하여 선택되었다고 가정하자. 즉 사람들은 그들의 선호를 고려하여 향유할 공공서비스와 거주할 주택의 크기를 선택하였다고 하자. 〈표 7-1〉에서 보듯이 A단체를 선택한 사람은 그들이 제공받는 공공서비스에 대하여 300만원을 지불하려고 하고, B단체에 거주하려는 사람은 100만원을 지불하려고 한다. 티브 모델의 기본가정이 충족된다면 두 단체 모두 효율적인 규모의 공공서비스를 제공하고 있으며 따라서 주민들의 불만족은 없어야 한다.

그런데 이 모델이 갖는 문제는 각 단체에 속한 사람 중 누구든지 주거지를 다시 이동함으로써 후생을 증가시킬 수 있는 여지가 있기 때문에 균형이 안정적이지 못하다는 점이다. 다시 말해서 B 지방단체에 거주하는 누군가가 A단체에다 소형 주택(5천만원)을 짓는다면 그는 합당한 조세가격을 치르지 않고 그 단체에서 제공하는 공공서비스를 누릴 수 있게 된다. 즉 A단체는 재산세율이 3%이니까 이 사람은 150만원의 세금(5천만×0.03)을 내고 거의 300만원에 상당하는 공공서비스를 향유할 수 있으므로 이익이다. 이 사람은 원래 300만원의 세금을 내고 300만원에 상당하는 공공서비스를 받으려고 했던 사람이 아니다. 그러나 이 사람은 거주지 이전을 통하여 150만원의 세금을 내고 300만원에 가까운 서비스를 받으므로 이익이라는 것이다. 따라서 이 사람은 거주지를 이전하려 할 것이다. 그런데 이러한 가능성은 A단체에 1억에 미치지 못하는 5천만원에 상당하는 집을 지을 수 있을 때만 허용된다.

〈표 7-1〉 단체별 공공프로그램

A 단체	B 단체
대형주택(1억원) 재산세:300만원 세율: 3%	소형주택(5천만원) 재산세: 100만원 세율: 2%
공공서비스: 300만원	공공서비스:100만원

이상의 예에서 보듯이 티브 모형의 균형이 성립되더라도 재산세와 같은 조세 체계에 의해 재원이 조달되는 경우는 원천적으로 균형의 불안전성을 야기한다. 다시 말해 B에 거주하는 사람들은 대부분 A단체로 이주하려는 동기를 가질 것이다. 누구든지 실제로 거주지를 이동한다면 티브 균형은 더 이상 성립하지 않고 파괴된다. 사람들의 이동이 일어나면 A단체의 공공서비스 규모는 더 이상 효율적 규모가 되지 못한다. 왜냐하면 상이한 공공재 수요를 가진 주민이 들어옴으로써 정부지출 규모에 대한 불만족이 발생하게 된다. 다시 말해서 기존에 거주하던 주민들은 같은 세금을 내면서 1인당 공공서비스지출의 감소를 경험하게 될 것이므로 불만족이 발생한다.[5)]

티브 모형의 균형에서 수요의 동질성 문제는 두 가지 방법으로 유지 및 복원이 가능하다. 첫째는 A단체는 5천만원짜리 주택을 짓지 못하도록 강제하는 것이다. 이와 관련해서는 다음 절에서 자세히 설명한다. 둘째 방법은 A단체에 거주하던 사람들이 그들에게 더 유리한 제3의 단체로 빠져나가는 방법이다. 예컨대 A단체 사람들은 B단체 사람들이 했던 것과 마찬가지로 1억 5천만원의 주택과 500만원 상당의 공공서비스를 제공하는 제3의 단체로 이주할 유인을 가질 것이다. 이 단체로 이주했을 때 부담하는 재산세보다 공공서비스 편익이 크다면 말이다.

티브 모델의 불안전성은 재산세에만 국한 된 것이 아니라 순수한 편익조세[6)] 나 인두세가 아닌 어떤 조세의 경우에도 마찬가지로 나타난다. 예컨대 소득세도 마찬가지이다. 단지 공공서비스에 대한 수요와 과세 대상인 재산(재산세)이나 여가(소득세)에 대한 수요가 모든 주민들에 있어서 동일할 때만 그러한 문제는 야

5) A단체에 10명이 거주한다면 새로운 이주자로 인하여 1인당 공공서비스 지출은 [(300만원×10)+150만원]/11=2,863,636원이 된다.

6) 편익원칙에 의한 과세로서 편익과 조세부담이 같도록 하는 과세를 말한다.

기되지 않는다.[7)]

2. 지구지정제도

위에서 보았듯이 티브 모형의 효율성은 공공서비스의 편익보다도 낮은 가격을 지불하려는 사람이 있을 경우에 이들로 인하여 파괴되고 만다. 재산세의 예에서 보듯이 재산세에 의해서 재원이 충당되는 공공서비스의 경우에는 평균보다 재산가치가 낮은 주택을 가지는 사람들에 의해서 균형이 무너진다. 만약에 한 단체가 균형에 있을 때 다른 단체 사람들이 이 단체로 진입해 들어오는 것을 원천적으로 봉쇄할 수 있다면 모형의 효율성은 그대로 유지될 수 있을 것이다. 이를 위하여 제안될 수 있는 것이 토지용도를 제한하는, 즉 지구지정제도(zoning)이다.

우선 생각할 수 있는 방법은 각 단체에서 원래 주택의 가치보다 더 낮은 가치의 주택을 소유하는 것을 금지하는 방법이다. 위의 예에서 보면 B단체에 속한 사람이 1억 원짜리 집을 짓지 않는 한 A단체에 들어오지 못하게 하는 것이다. 만약 그 사람이 1억 원짜리 집을 A단체에 짓는다면 그는 재산세를 300만원을 내야 한다. 그러면 그는 이사를 할 유인이 사라질 것이다. 그는 원래 A단체의 프로그램보다 B단체의 조세/공공서비스 프로그램을 더 선호했던 사람이기 때문에 A단체로 이동할 이유가 없어진다.

공개적으로 주택 가격에 따라 지구화(地區化)를 정하는 것은 현실적으로 가능하지 않을 수 있다. 그러나 다른 이유를 들어 예컨대 최소주차면적, 도로와의 간격유지, 건축방법 및 재료사용의 지정 등의 방법을 통하여 집을 짓는 비용을 증가시킴으로써 수요를 동질화하는 방법을 생각할 수 있다. 정부만이 아니라 이러한 규제는 민간에 의해서도 가능하다. 예를 들어 부동산개발업자가 같은 가격대의 집으로 구성된 단지를 개발하는 경우이다. 그런 다음에 집을 새로 구입해서 들어 온 사람도 다른 구성원들의 동의 없이는 집을 변경할 수 없도록 하는 제약을 가하는 것이다. 그러면 티브의 균형은 유지될 수 있다.

---

7) 이러한 이유 때문에 지방세로 적합한 조세는 편익조세라고 한다.

지방정부가 지구지정 또는 주택에 대한 여러 가지 규제를 하게 되면 구성원들은 평균보다 낮은 가격의 집을 소유하는 방식으로 공공서비스 비용을 회피할 수 없게 된다. 그 결과 재산세는 편익조세나 사용자 수수료와 같은 기능을 하게 되어 주민들은 공공서비스의 비용을 모두 부담하게 된다. 이러한 경우 용도지구로 지정된 주택에 부과되는 재산세는 그 지역단체가 제공하는 서비스에 대한 가격과 같을 것이다.

지구지정의 문제를 고려해 보기 위하여 위의 예와 같이 두 가지 종류의 주택과 두 가지 종류의 공공서비스만이 공급된다고 가정해 보자. 그러면 지방자치단체의 수는 공공서비스와 주택의 가치에 따라 〈표 7-2〉와 같이 네 가지 형태로 분류될 수 있을 것이다. 그런데 이러한 분류는 용도지구지정법이 작동하면 가능하지만 지구지정이 효과적으로 수행되지 않는다면 단체 간의 칸막이를 유지하기 어렵게 된다. 〈표 7-2〉에 각 셀에는 4개 단체의 재정프로그램(재산세/공공서비스 지출)이 나타나 있다. 이 표에서 보면 IV지구에 사는 사람들은 II지구에다 5천만 원짜리 집을 짓는 것이 가능한 경우 그곳으로 이동함으로써 편익을 증가시킬 수 있다. 마찬가지로 III지구에 사는 사람들은 I지구로 이동함으로써 편익을 증대시킬 수 있다. 왜냐하면 이 사람들은 이동해서 부담하는 재산세보다 정부로부터 받는 서비스의 편익이 더 크기 때문이다. 그러나 이러한 이동은 재정지구지정이 이루어지면 제약을 받게 될 것이다.

그런데 이와 같이 공공서비스와 주택의 수요에 따라 지방정부를 분류하는 것은 형평상의 문제를 발생시킨다. 공공서비스나 주택에 대한 수요는 소득에 비례하기 때문에 위와 같은 분류는 결국에는 소득에 따라 지방정부를 분류하는 것과 다르지 않게 되므로 형평의 문제를 야기한다. 즉 4가지 유형의 단체 중에서 I유형에 가장 잘 사는 사람이 모이고, 다음이 유형 II, III, IV의 순서로 분류되어 잘 사는 사람들은 잘사는 사람끼리 가난한 사람들은 가난한 사람끼리 모여 살게 된다. 지구지정에 따라 초래되는 이와 같은 결과는 자유민주주의 사회에서 사람들이 어디에 살 것인가 하는 자유를 법적으로 제약하는 것과 같으므로 상당한 반대에 부딪칠 수 있다.

〈표 7-2〉 재정 프로그램별 지구화 유형

	공공서비스	
주택	I형 지구: 1억/300만원 (세율: 3%)	II형 지구: 1억/100만원 (세율: 1%)
	III형 지구: 5천만/300만원 (세율: 6%)	IV형 지구: 5천만/100만원 (세율: 2%)

이상에서 보았듯이 티브 균형이 완전히 성립하기 위해서는 공공서비스와 재산 가치에 대하여 각 단체의 구성원들이 동일한 수요를 가져야 한다는 조건이 충족되어야 한다. 그렇게 되자면 많은 수의 지방정부가 필요하다. 그러나 이는 또 다른 문제를 야기한다. 즉 어떤 특정 수준의 공공서비스에 대한 수요를 가진 주민이 너무 적다면 공공서비스 생산에 있어서 규모의 경제를 달성하기 어렵다. 예컨대 한 가계로 구성된 정부를 생각할 수 있는데, 이는 실제로 있을 수 없는 일이기도 하지만 만약 그렇다면 대단히 비효율적이다. 그런데 만약 이 같은 문제를 해소하기 위하여 한 가계로 구성된 정부를 다른 정부로 흡수시키게 되면 그 정부도 역시 균형에서 벗어나 비효율적으로 된다는 데에 문제가 있다. 이에 대한 해결책으로서 동일한 한 정부 안에 효율적으로 공존할 수 있는 두 가지 이상의 혼합된 주택 형태를 허용하는 방법을 생각할 수 있을 것이다(R. C. Fisher, 2007). 이 문제는 재정자본화와 관련되므로 이에 대해서는 다음에서 다시 논의한다.

3. 재정자본화

지구지정에 의해 공공서비스에 대한 수요뿐 아니라 주택 가치에 대한 수요도 동일한 사람들로 자치단체를 구성한다고 하자. 그러면 자치단체의 수가 대단히 많아지게 된다. 이것 역시 또 하나의 문제이다. 그러나 만약 대형 주택 지구 내에 소형 주택을 소유함으로써 누리는 재산세상의 이익이 소형 주택의 가격 상승에 의하여 상쇄된다고 가정하면 공공서비스에 대한 수요가 동일하다는 전제 하에 대형주택과 작은 주택이 같은 지구(정부)내에서 공존할 수 있는 가능성이 있게 된다. 즉 혼합된 주택형태를 허용하는 것이다. 이와 같이 조세의 부담이 재산가치로 전환되는 과정을 통상 조세의 자본화(資本化), 또는 재정의 자본화(tax or fiscal capitalization)현상이라고 한다.

예를 들어 〈표 7-3〉에서 예시한 것과 같이 대형주택만이 있는 I형 지구와 소형 주택만이 있는 IV형 지구의 중간 형태로 별도의 혼합지구를 생각할 수 있다. 이 혼합단체에는 대형과 소형이 절반씩 있다고 하자. 그러면 평균 주택 가격은 7천 5백만원[(1억+5천)/2]이 되고, 이들이 공공서비스 비용으로 300만원을 각각 부담하자면 평균 세율은 4%로 되어야 한다. 그러면 1억 원의 주택에 대해서는 400만원의 재산세를, 그리고 5천만원의 주택은 200만원의 세금을 내게 된다.

이 경우에 기존의 균형은 오래 유지되지 않는다. 왜냐하면 소형 주택을 원하는 사람은 소형 주택만 있는 IV형의 지구에 있는 것보다 혼합지구로 이동하려할 것이기 때문이다. 혼합지구에서는 소형 주택 소유자의 공공서비스편익(300만원)이 세금(200만원)보다 크므로 유리하기 때문이다. 이와 같이 IV형 지구의 사람들이 혼합지구로 이동하게 되면 이 혼합지구 내에는 소형 주택에 대한 수요가 증가하게 되고 이에 따라 가격이 상승할 것이다. 가격은 얼마나 상승할까? 만약 시장이자율이 10%라고 할 때 대략적으로 현재가치법으로 계산하면 세금 부담이 매년 100만원씩 감소(이 예에서 공공서비스지출과 조세부담의 차이)하므로 100만원/0.1=1,000만원정도 상승할 것으로 예상할 수 있다. 즉 세금부담이 100만원 감소하는 혜택을 누리기 위해서 1,000만원을 더 주고 집을 사려고 할 것이고, 그래야 이 단체로 들어오는 것이 허용된다. 이것은 1,000만원을 은행에 예금해 두고 매년 100만원씩 이자를 받아서 세금을 내는 것과 동일한 원리이다.[8)]

한편 혼합지구에서 대형 주택을 선호하는 사람들은 대형 주택만 있는 I형 지구로 이동하는 것이 세금부담을 줄인다. 따라서 혼합지구 내의 대형 주택에 대한 수요는 감소하고 이에 따라 가격은 내려갈 것이다. 이러한 과정을 위에서 재정의 자본화과정이라고 하였는데, 이와 같이 가격이 오르고 내리는 자본화의 과정은 세금 상의 이익 또는 불이익이 주택가격의 변동에 의하여 완전히 상쇄될 때까지 진행된다. 결국은 사람들이 어느 곳에 살던 세금을 포함한 주거비용이 모두 같아

8) 재산세는 집값이 변동하기 이전의 기준시가에 의해서 결정된다고 가정하고 논의하였다.

지게 될 때 이러한 과정은 멈추게 된다.

〈표 7-3〉 재정자본화

I형 지구	혼합형 지구	IV형 지구
대형주택(1억) 재산세:300만원	대형주택(1억) 재산세: 400만원 소형주택(5천만) 재산세: 200만원	소형주택(5천만) 재산세: 100만원
공공서비스: 300만원	공공서비스: 300만원	공공서비스:100만원

이상과 같이 조세부담과 공공서비스의 가치에 대한 지구 간 차이를 반영한 재정자본화의 가능성은 몇 가지 중요한 의미를 가진다. 첫째는 자본화 현상을 전제하면 효율적 균형에 필요한 단체의 수가 상당히 적어진다는 점이다. 즉 모든 공공서비스와 주택 가치의 조합의 수 만큼에 해당하는 지방단체가 필요한 것이 아니다. 혼합형태의 정부가 가능해지면 정부의 수는 상당수 감소할 수 있다. 예컨대 위의 〈표 7-2〉의 III형과 같이 300만원의 공공서비스 지출을 희망하면서 소형주택에 살기를 희망하는 사람들을 위한 별도의 정부가 구성될 필요성이 없다. 또 위에서 I형 지구 형태의 정부도 별도로 필요가 없어진다. 이 두 형태는 모두 혼합형태의 정부로 흡수된다.

둘째, 형평의 문제가 완화된다. 위의 예에서 보듯이 정부는 공공서비스에 대한 수요에 있어서 동질성만 확보하면 된다. 그리고 이렇게 분류된 정부 속에 크기에 상관없이 여러 형태의 주택을 모두 포함시킬 수 있다. 따라서 티브 균형에서 초래된 분배상의 형평의 문제는 상당 부분 완화된다. 다시 말해서 부자와 빈자만으로 구성되는 단체의 문제를 완화시킬 수 있다.

셋째, 자본화가 완전하게 이루어지면 재산세는 편익조세와 같은 역할을 수행한다. 혼합지구인 지방지치단체에서 소형 주택과 대형 주택이 내는 세금이 서로 다른데 어떻게 편익조세의 역할이 가능한가하는 의문이 생길 수 있다. 그러나 각 단체에 주거하는 실질 비용은 세금만이 아니라 주택 가격에 반영된 비용도 포함하여 계산하여야 한다. 예컨대 혼합형 정부에 주거하려는 소형 주택 거주자는 세금으로 200만원을 내는 것 이외에 주택 구입가격의 상승으로 인한 비용도 부담하는 것으로 보아야 한다. 즉 이 사람은 그렇지 않은 경우에 비하여 시장 이자율이 10%라면 1천만 원을 더 주고 집을 샀기 때문에 비용이 발생한다.

그러면 어떤 형태의 자본화 현상이 발생하고 유지될 수 있는가 하는 점이다. 현실적으로 단기적으로는 자본화 현상으로 인하여 모든 재정적 차이가 상쇄할 수 없겠으나 이러한 현상이 일어나는 것은 확실하다. 단기적으로는 정의상 주택이나 토지의 공급의 제한성 때문에 경쟁이 이루어져서 가격이 변동한다. 즉 자본화가 이루어진다. 이 때 자본화가 순조롭게 이루어지기 위해서는 무엇보다도 경쟁이 전제되어야 한다는 점이다. 그러나 경쟁이 제한되면 자본화는 제약을 받는다. 충분히 많은 수의 자치단체들이 존재하지 않는다거나 개인들이 직업이나 다른 요인에 의하여 이동을 제약받는다거나 또는 개인들이 단체들 간의 재정프로그램의 차이에 대하여 충분한 정보를 가지고 있지 못하다면 자본화 과정은 원만하게 이루어지지 않을 수 있다(R. C. Fisher(2007).

이와 달리 장기적 관점에서는 단기와 달리 주택공급이나 또는 자치 단체의 수가 변동되기 때문에 자본화가 가능하지 않을 수 있다. 한 지방자치단체에서 특정 형태의 주택, 예컨대 소형 주택에 대한 수요가 증가하면 장기적으로는 그와 같은 소형 주택이 더 많이 건설될 수 있다. 그렇게 되면 소형 주택의 공급이 늘어나고 가격은 그대로 있거나 떨어져서 자본화 현상이 일어나지 않는다. 또는 소형 주택으로만 구성된 지방정부가 새로 만들어질 수도 있다. 그러나 새로 만들어진 자치단체가 직장으로부터 멀리 떨어져 있거나 통근비용이 과다하다면 새로 건설된 주택이 기존 주택의 완전한 대체재로서의 역할을 하지 못한다. 그러면 지역 간 가격차이가 존재하게 되며 자본화가 가능하다.

4. 티브 모형의 평가

지금까지 두 장에 걸쳐 투표에 의한 선택과 발에 의한 선택에 대하여 알아보았다. 그렇다면 과연 어느 것이 공공선택을 하는데 있어서 현실성이 있는가? 현실적으로는 정보 및 이동비용은 제로가 아니기 때문에 티브 모형이 실제로 성립하기 어려운 측면이 있다. 그리고 균형이 성립하더라도 지역 간 외부성이 나타날 경우에 효율적이지 못할 수 있다. 실제로 재정결정 문제를 놓고 투표를 해보면 대부분 만장일치에 이르지 못한다. 이러한 경험적 사실은 티브 균형의 성립이 얼마나 어려운가를 말해 준다.

그럼에도 불구하고 실제로는 지방정부가 제공하는 공공서비스에서의 차이는 사람들의 주거지 선택에 상당한 영향을 미치는 경향을 보인다. 즉 티브 모형이 어느 정도 현실적으로 적용되고 있다는 얘기이다. 이러한 현상은 대도시에서 두드러지는데 대도시에서는 공공재에 대한 유사한 수요를 가진 사람들이 결집하는 현상이 종종 목격된다. 여러 연구 의하면 도시 사회에서는 공공재 수요에 따라 그룹화의 정도가 상당히 이루어지며, 실제 자치단체의 공공서비스 지출 수준이 티브 균형에서의 바람직한 수준과 유사하다고 한다. 그러나 농촌지방에서는 이러한 현상, 즉 티브의 모델이 잘 작용하지 않는다고 한다. 다시 말해 도시지역에서는 티브 모델의 작동으로 사람들의 공공서비스에 대한 수요 상의 차이가 상당 부분 감소한다는 것이다.

그런데 만약 유사한 공공서비스에 대한 수요를 가진 사람들이 결집한다면 사람들이 원하는 공공서비스 수준에 있어서의 차이가 다양한 대도시일수록 더 많은 자치단체들이 존재해야 한다. 실제로 대도시일수록 자치단체 수가 많다. 이 같은 현상은 티브 가설을 지지한다.

한편 도시의 경우에 자치단체의 인구수가 적을수록 공공서비스에 대한 수요가 동질적인 사람들로 구성될 가능성이 높다. 따라서 주민들의 만족도 역시 높을 가능성이 크다. 자치단체에 대한 주민들의 만족도를 조사한 결과를 보면 상위권에는 인구수가 적은 지치단체가 대부분 올라와 있는 것을 볼 수 있다. 우리나라의 경우에 수도권에서는 과천시가 대표적인 예이다. 이러한 증거 역시 티브의 가설과 일치하는 것이다.

티브 모델의 성립을 위해서는 자치단체 내에 존재하는 공공서비스 수요의 차이를 줄이거나 제거해야 한다. 그러나 이러한 차이가 잘 제거되지 않기 때문에 투표가 필요하게 되고 이를 통하여 의견의 타협(妥協)이 모색된다. 그러므로 투표행위는 티브 모형과 경합적인 공공선택 메커니즘이라기보다는 보완적인 것으로 생각할 수 있다. 실제적으로 주거지 선택은 그 지역의 학교수준에 의하여 크게 영향을 받는다고 한다. 특히 우리나라는 이 요인이 매우 중요하다. 따라서 어떤 지방정부를 선택할 것인가 하는 것은 그 지방 단체의 교육비 지출 총액을 받아들이는 것과 같을 수 있다. 그러나 교육비를 구체적으로 어느 영역, 예컨대 예능이나 영어, 수학 어느 곳에 지출하는지에 따른 단체 간의 차이는 역시 발생할 수 있다(R. C. Fisher, 2007).

결론적으로 말해서 티브 모형은 분권화된 지방정부 구조가 가지는 소비자 후생상의 이점을 설명하는 데 강점을 가지는 모형이다. 그러나 이 모형은 다른 관점 예컨대 생산적인 측면에서 경제적 효율성을 극대화하기 위해서는 중앙집권 역시 필요하다는 점을 고려하고 있지 못하다. 따라서 지방정부의 구조를 결정함에 있어서는 양 측면을 동시에 고려하는 균형 있는 시각이 필요하다.

발에 의한 투표	조세의 자본화	지구지정제도(zoning)
티브 모형	편익조세	

제3부

정부의 예산과 공공사업

제 8 장

정부예산

정부는 국가의 안위 및 치안의 유지, 그리고 국민의 삶의 질을 향상시키기 위하여 경제성장을 유도하고 한편으로 형평의 증진을 도모하는 것을 목표로 각종 사업을 수행한다. 정부의 이런 활동은 예산 속에 반영되어 나타난다. 그런 의미에서 예산이란 정부의 활동내용을 숫자로 표현한 견적서, 또는 청사진(blue print)에 해당한다. 즉 예산은 일정 기간 동안 국가가 어떠한 정책이나 목적을 위해 얼마나 지출하고 필요한 재원을 어떻게 조달할 것인가를 회계적인 절차에 입각하여 표시한 것이다. 그러므로 정부가 어떤 공공서비스를 공급하며, 또 어떤 경제적 사업을 수행하는지 알아보기 위해서는 예산에 대한 이해가 선행되어야 한다.

1. 예산편성제도

예산이란 정부가 한 회계연도에 담당해야 할 기능과 역할을 수행하는데 필요한 재원을 조달하고 사용하기 위한 계획이다. 예산은 더 간단히 말하면 정부 살림의 숫자적 개관이며, 회계적인 표현이다.

예산제도는 시대별로 강조점이 달라지면서 발달되어 왔다. 다시 말해서 예산의 기능이 과거의 통제중심에서 성과중심으로, 그리고 오늘날에는 계획기능을 포함하는 단계로 발전되고 있다.

예산의 계획기능을 감안하면 오늘날 예산이란 정부가 계획한 목표를 성취하기 위하여 여러 프로그램을 시행하는데 필요한 자금을 조달하고 지출하는 계획서라고 말할 수 있다. 예산을 이상과 같이 정의할 때 재정활동은 예산과정을 통하여 이루어진다는 것을 알 수 있다. 다음에서는 시대별로 강조점이 달라져 온 예산제도에 대하여 간단히 알아본다.

품목별 예산제도

품목별 예산제도(line-item budgeting system)는 가장 전통적인 예산 편성방식으로 각 기관의 부서별로 필요한 경비를 지출 품목별로 추계하여 편성하는 예산방식이다. 이 제도는 1906년 미국 뉴욕시를 중심으로 도입되었다. 당시에는 공무원의 재정지출에 낭비와 부정이 심하였으므로 이를 막기 위한 통제 수단으로서 새로운 예산제도의 개혁이 필요하였다. 이와 같은 시대적 필요에 따라 도입된 것이 바로 품목별예산제도이다. 지금은 이 제도가 낡은 예산제도로 인식되고 있으나 당시에는 예산제도개혁의 산물이었다(강태혁, 2010).

품목별 예산제도에서는 점증주의 방식이 주로 적용된다. 점증주의(漸增主義)란 지난해의 예산에 일정비율을 가감하여 당해 연도의 예산을 편성하는 방식이다. 즉 내년도 예산=금년도예산$(1+m)$과 같이 편성한다. 이때 증가비율인 m은 원칙적으로 해당 부서의 서비스제공에 대한 국민의 수요를 반영해야 한다. 그러나 이 비율이 부서 간의 파워게임에 의하여 이루어지는 경우나 또는 관행적으로 정해지는 경우에는 재원배분 상의 비효율이 발생하게 된다. 이 점이 이 제도의 단점으로 자주 거론된다(이준구, 1999).

품목별 예산제도란 명칭은 예산을 지출대상(품목)별로 분류하여 편성한다는 점에서 붙여진 것이다. 여기서 지출대상(품목)이란 인건비, 물건비, 교통비, 광고홍보비, 소모품비, 통신비 등의 투입(Input)요소를 지칭한다. 이와 같이 예산액을 지출 대상별로 한계를 명확히 정하여 배정하게 되면 관료의 권한과 재량을 제한하고 통제할 수 있다. 즉 품목별 예산제도는 회계 책임과 예산통제를 용이하게 할 수 있다는 장점을 가진다. 그러므로 예산의 집행결과에 대한 의회, 감사기관,

중앙예산기관 등의 통제가 용이하다는 장점이 있다.

반면에 이 제도는 지출대상별로 분류하여 편성하였기 때문에 정부가 추진하는 사업과 그 목적을 파악하기 어렵다. 즉 이 제도에는 예산이 추구하는 정책목적, 예산집행부서의 기능이나 사업내용 등에 대한 정보가 나타나지 않는다. 때문에 예산의 성과에 대한 평가가 어렵다는 단점이 있다. 또한 이 제도는 지출용도별로 지출상한선이 설정되어 통제되기 때문에 행정 여건의 변화에 따른 시의적절한 예산집행 등 신축적인 재정운영을 할 수 없다는 단점이 있다(윤성식, 2003). 그러나 이 제도는 이상과 같은 많은 한계점이 있음에도 불구하고 투입재원의 통제수단으로서 여전히 가장 광범위하게 활용되고 있다(이준구, 1999, 강태혁, 2010).

성과주의예산제도

성과주의예산제도는 미국정부에서 1949년 후버위원회의 건의에 따라 도입되었다. 후버 위원회는 제2차 세계대전과 6·25전쟁이 끝난 뒤 연방정부의 부서를 감축하고 효율성을 높이는 방법을 모색하기 위해 등장된 것이다. 이 위원회에서는 연방정부의 모든 예산개념은 기능, 사업, 활동에 의하여 분류되어야 함을 건의한 바 있는데, 이러한 취지를 반영하여 설계된 것이 성과주의예산제도이다.

성과주의예산제도(Performance Budgeting System)에서는 사업의 성과를 중심으로 예산을 편성한다. 이 제도는 기본적으로 정부가 어떤 것에 재원을 사용하느냐보다는 무엇을 위하여 재원을 사용하느냐에 초점을 맞춘다. 다시 말해서 투입요소(input)를 중심으로 예산을 편성하던 품목별 예산제도와 달리 이 제도는 사업이 달성하고자 하는 산출물(output)에 대한 정보를 기초로 예산을 편성한다. 즉 품목별 예산제도에서는 정부가 무엇을 구매하는지 그 지출대상을 명확히 알 수 있는 장점이 있지만 그것이 왜 필요한지는 알 수 없었다는 반성에 기초하여 성과주의 예산제도는 경비의 품목보다는 정부사업의 성과에 맞추어 예산을 편성하는 제도이다.[9)]

성과주의예산제도(成果主義豫算制度)는 품목별 예산제도에 비해 사업의 성과

9) 성과주의예산에서는 투입보다 성과를 중시한다. 예로, 거리청소사업의 경우에 투입중심의 예산제도에서는 청소부인건비, 차량구입비 등이 예산대로 집행되었는가에 초점을 두나 성과주의예산에서는 거리의 청결 상태, 청소면적 등을 평가한다는 데에 초점이 있다.

를 중시하는, 성과지향적인 예산제도라는 점에서 진일보한 제도라고 할 수 있다. 다시 말해서 이 제도는 정부가 추진하는 정책의 사업 단위를 중심으로 예산을 편성하며 그 집행결과를 토대로 하여 성과를 평가한다(강태혁, 2010).

이 제도가 품목별 예산제도와 다른 특징은 사업별로 업무단위의 원가와 양을 계산하고 이를 기초로 하여 예산을 편성한다는 점이다. 〈표 8-1〉은 한 지방정부의 지역경제과에서 편성한 성과주의예산이다. 이 지방정부는 정책 사업으로 지역경제 활성화를 설정하고 지역경제안정화를 성과목표로 제시하였으며, 이를 달성하기 위한 하나의 단위 사업으로 재래시장활성화를 선정하였다. 그리고 이를 성취하기 위하여 업무 단위로 상인조직과 시장정비를 선정하였으며 각각을 12회, 10회씩 추진하기로 하였다. 이때 1회당 원가를 30만원과 350만원 씩 계상하여 배정하였다. 우리는 이 예산에서 해당부서가 무엇을 위하여 어떤 방식으로 재원을 사용하는지를 구체적으로 알 수 있다. 이러한 점은 품목별예산제도와 비교할 때 상당히 진전된 것이다. 그러나 이 예산제도의 편성에서는 재래시장활성화 사업에 대하여 선정된 단위 업무인 상인조직이나 재래시장정비의 시행 횟수, 그리고 1회당 원가를 산정하여야 하는데, 이것이 기술적으로 어려우며 또한 상당한 자의성이 개입될 수 있다는 단점이 있다.

일반적으로 말해서 이상과 같이 성과주의예산제도에서는 업무의 량, 단위당 원가의 산정으로 계량화를 가능하게 하므로 관리의 효율성과 능률성을 높일 수 있다는 장점이 있다. 이 같은 장점을 정리해서 말하면 다음과 같다.

첫째, 예산이 기능, 사업, 활동별로 분류됨에 따라 해당 기관의 업무파악이 용이하다. 둘째, 예산편성과정을 통하여 당해 연도 정책입안과 사업계획의 수립을 구체화하는데 효과가 있다. 셋째, 예산이 업무측정단위별 원가와 물량으로 표시되기 때문에 단위사업별 예산집행결과에 대한 성과를 분명히 할 수 있다. 넷째, 단위사업별 평가결과를 다음 연도 예산편시에 반영함으로써 재정운영의 효율성을 기할 수 있다는 점 등이다.

그러나 성과주의 예산제도는 행정업무상 업무단위의 선정이 곤란하다는 점과 성과지표로서의 업무단위가 실질적으로는 중간산출물인 경우가 많아 제대로 파악하기 어렵다는 한계가 있다. 예컨대 국방, 외교부문의 예산과 같이 최종산출물이 비정형적인 경우에 업무측정단위를 설정하고 단위 원가를 계산하는 것이 매우 곤란할 것이다(강태혁, 2010).

〈표 8-1〉 2010년 ○○시 세출예산(발췌 재구성)

(단위: 천원)

부서 · 정책사업 · 단위사업 · 세부사업 · 목	예산액
지역경제과	5,077,309
정책사업:지역경제활성화	102,296
성과목표:지역경제안정	102,296
성과지표: 상인조직률(%)	20(%)
시장정비율(%)	80(%)
단위사업: 재래시장활성화	38,600
상인조직육성비 300원×12회	3,600
정비사업비 3,500원×10회	35,000

우리나라에서는 정부 부문의 효율성과 투명성을 제고하기 위해 2000년부터 16개 기관을 시범대상으로 선정해 성과주의예산제도를 부분적으로 도입하여 실험한 후, 2003년도에 성과관리제도(performance management system)를 본격적으로 시행하게 되었다. 그 후에 2008년부터는 지방정부까지 사업예산제도가 전면적으로 시행되었다.[1]

계획예산제도

계획예산제도(PPBS: planing programing budgeting system)는 1961년 미 국방성에 채용되면서 소개되었다. 이 제도는 종래의 예산도가 갖는 통제 및 관리기능과 달리 계획기능(計劃機能)을 강조한다. 이 제도는 예산을 배분할 때 중 · 장기적 계획(planning)과 이의 실행계획(programming)을 수립하고 이에 의거해서 단기적인 예산편성(budgeting)을 한다. 다시 말해서 이 제도는 중 · 장기 계획에 의해 수립된 정책방향에 따라 이를 달성하기 위한 프로그램을 설계하고 이에 맞

1) 사업예산제도의 도입에 따라 세출예산과목이 종전의 장, 관, 항, 세항, 목에서 분야-부문-정책사업-단위사업-세부사업-목으로 변경되었다.

추어 예산을 편성하는 방식이다.

그러므로 이 제도는 기획과 예산을 연계시켰다는 점에 특징이 있다. 즉 이와 같은 예산분류체계는 특정 정책목적을 달성하기 위해 추진되는 각종 프로그램, 프로젝트, 활동들과 이들에 소요되는 예산지출규모가 체계적으로 정리되어 제시된다.

이 제도상에서 계획(Planning)이란 조직의 장기 목표를 설정하고 이를 달성하기 위한 대안을 선택하는 단계로 중·장기기본계획에 해당한다. 그리고 프로그래밍(Programming)이란 설정된 중장기계획의 목표를 달성하기 위하여 구체적인 사업 및 활동을 선택하는 정책수립 단계로 실행계획를 말한다. 그리고 예산편성(budgeting)이란 선정된 프로그램의 각 년도에 필요한 자금을 배분하는 단계를 말한다. 달리 말하면 PPBS에서 planning은 '무엇을 할 것인가'를 결정하는 것이고, programming이란 '어떻게 할 것인가'를 결정하는 것이며, 예산편성(budgeting)이란 자금을 어디에 얼마나 배분할 것인가를 결정하는 것이다. 그리므로 PPBS란 중·장기적인 기본 계획(plan)과 이의 실행을 위한 정책사업(programs), 단위사업(projects)을 단기의 예산편성(budgeting)을 통하여 유기적으로 통합시키는 예산편성방식이다.

예를 들어, 정부는 지금 실업률이 너무 높아서 이를 낮추어야 하는 과제에 직면했다고 하자. 이에 대하여 담당부서는 5년간 실업률을 절반으로 낮춘다는 장기목표를 수립하고 각 산업별로 일자리 창출의 목표치 및 방안을 제시하는 장기계획을 수립한다. 그리고 이와 같은 장기목표를 달성하기 위하여 각 부문에서 첫해에는 일자리를 2만개, 2년째에는 3만개 등과 같은 목표치를 달성하기 위한 구체적인 사업 및 활동을 선정하는 실행계획을 세운다. 그리고 이 같은 실행계획에 따라 각각의 사업 및 활동에 필요한 예산을 배정하는 절차를 따른다.

PPBS의 구체적인 예로 중소기업청소관의 세출예산을 보자. 정부예산의 분류체계는 통상 정부기능을 16분야, 68부문으로 나눈다.[2] 중소기업청의 세출예산은 16개 분야 가운데 산업·중소기업 및 에너지 분야에 포함된다. 이 분야는 산업금

2) 16개 분야(장)는 기능별 분류로서 일반공공행정, 공공질서 및 안전, 통일외교, 국방, 교육, 문화 및 관광, 환경, 사회복지, 보건, 농림수산, 산업·중소기업 및 에너지, 교통 및 물류, 통신, 국토 및 지역개발, 과학기술, 예비비 등으로 구성된다.

융지원, 산업기술지원, 무역 및 투자유치, 산업진흥·고도화, 산업 · 중소기업일반 등의 5개 부문으로 다시 세분류되어 있다. (표 8-2)는 이 가운데 산업진흥 · 고도화 부문에 해당하는 계획예산구조를 간추린 것이다. 부문에 해당하는 산업진흥·고도화는 중소기업청의 장기 목표 가운데 하나이다. 이를 실현하기 위하여 중소기업정책지원, 중소기업협력지원, 중소기업인력지원, 소상공인·재래시장지원 등과 같은 정책 사업들이 선택되었고, 이들 정책사업 가운데 소상공인·전통시장지원 사업을 실행하기 위하여 전통시장 및 중소유통물류기반조성 등과 같은 단위사업들이 선정되었다. 이 예에서 보듯이 해단부처가 장기목표의 실현을 위하여 정책사업을 선정하고 이를 달성하기 위하여 구체적인 단위사업들을 선택하게 되는데 이러한 단계를 실행계획(programming)이라고 한다. 예산편성이란 이와 같이 수립된 실행계획에 대하여 자금을 배분하는 행위이다.

〈표 8-2〉 중소기업청 계획세출예산(예시)

<table>
<tr><th>회계구분</th><th colspan="4">예산과목</th><th>예산액</th></tr>
<tr><td rowspan="4">지역발전특별회계</td><td rowspan="4">-분야-
산업·중소기업및에너지</td><td colspan="3"></td><td>85,000,000</td></tr>
<tr><td rowspan="3">-부문-
산업진흥·고도화</td><td colspan="2"></td><td>15,000,000</td></tr>
<tr><td rowspan="2">-프로그램-
소상공인·전통시장지원</td><td></td><td>7,000,000</td></tr>
<tr><td>-단위사업-
전통시장및중소유통물류기반조성(지특)</td><td>2,000,000</td></tr>
</table>

지료: 중소기업청, 2017년 세출예산 참조

이상에서 지적한 PPBS의 장점을 요약하면 다음과 같다. 첫째, 이 제도는 계획과 예산을 연계한다는 점이다. 그러므로 정부가 예산지출을 통하여 달성하고자 하는 궁극적인 정책목표가 무엇인지를 분명히 알 수 있다. 둘째, 중 · 장기계획을 토대로 정책사업과 단위사업을 개발 · 추진할 수 있다. 따라서 기존의 단기성과 중심으로 운영되는 단 년도 예산의 한계를 보완할 수 있다. 셋째, 정부의 예산이 기능별로 정책목적에 따라 분류되기 때문에 사업의 중복이나 필요사업의 누락을 방지할 수 있다는 점이다.

이에 반해 PPBS의 단점으로는 첫째, 부서에서 예산을 편성할 때 정부 정책사업의 목적 달성을 위한 적절한 대안을 도출하기가 어렵다. 공공정책수단이라는 것은 하나의 정책목적이 아니라 다양한 정책목적과 관련되기 때문이다. 둘째, 예산 편성에 많은 인력과 시간이 소요되기 때문에 현실적으로 적용하는 데에 어려움이 있다. 이 제도에서는 각종 프로그램이나 단위사업에 대한 경제성 분석을 전제로 하고 있다. 그러나 이를 위해서는 우수한 정보처리능력을 가진 인력, 전산 시스템, 시간 등이 필요한데 현실적으로 이러한 요구사항은 충족되기 어렵다.

요약해서 말하면 PPBS제도가 성과주의 예산과 다른 점은 성과주의예산이 최종산출물(outputs)에 초점을 맞춘다면 PPBS에서는 궁극적인 결과(outcomes)에 초점을 둔다는 점이다. 즉 성과주의예산제도에서는 단위사업에 대한 성과로서 투입에 대한 산출의 효율성(efficiency)을 중시하는데 반해 PPBS에서는 궁극적인 목적의 달성, 즉 효과성(effectiveness)에 초점을 맞춘다는 점에서 두 제도는 다르다(강태혁, 2010).

• 중기재정계획

위에서 설명한 계획예산제도(Planning Programming Budgeting System: PPBS)와 연계되어 우리나라 예산제도에 도입된 것이 이른바 중기재정계획이다. 우리나라는 1982년에 중기재정계획(mid-term financial planning)제도를 도입하였다. 중기재정계획이란 단 년도 예산편성방식을 탈피하여 3-5년의 중기에 걸친 재정운영정책을 수립한 후 이를 기초로 하여 재정배분방향을 설정함으로써 한정된 재원을 효율적으로 사용하기 위한 제도이다.

현재의 중기재정계획은 2006년 재정되고 2007년도부터 시행된 국가재정법에 근거하고 있다.[3] 동법 제7조는 재정운영의 효율화와 건전화를 위해 매년 당해 회계연도부터 5개회계년도 예산의 기간에 대하여 재정운영계획을 수립하도록 하고 있다.

지방정부도 1982년부터 1986년까지의 기간에 지방중기재정계획을 수립한 바 있으나 내용 면에서 만족할만한 것은 아니었다. 그 후 현재의 중기기방재정 계획에

3) 당시에 중기재정계획(中期財政計劃)을 도입한 이유 중 하나는 당시의 예산과 경제사회발전 5개년계획과의 괴리를 극복하기 위한 것이었다.

대한 규정은 1991년에 개정된 지방재정법의 정신에 기초하고 있다. 지방재정법 제16조의 주요 내용을 보면, 첫째, 지방자치단체의 장은 계획성 있는 재정운영을 위하여 중기지방재정계획을 수립하여 의회에 보고해야 하며, 둘째, 지방재정계획은 국가계획 및 지역계획과 연계되어야 한다는 것이다. 그리고 이렇게 설계된 중기지방재정계획을 기초로 지방정부는 예산을 편성하도록 규정하고 있다. 그러나 중기재정계획이 실제 예산에 반영되는 비율은 그렇게 높지 못한 실정이다.

우리나라의 중기재정계획은 향후 재정의 계획적·합리적 운용을 위한 방향제시의 성격을 지닌다. 5년을 단위로 하는 연동계획체제로 운영되며[4], 1차 년도는 예산 편성년도, 2차 년도는 예산집행년도, 그리고 3-5차 년도는 발전계획으로서의 역할을 한다(김신복, 1999, 전상경, 2007).

요약하면 중기재정계획은 수년에 걸쳐서 정부사업의 연계성을 강화하여 국가자원의 효율적인 동적 배분을 달성하기 위한 제도이다. 정부가 예산을 1년을 단위로 편성할 경우에는 중·장기적 정책 사업을 추진하는 데 있어서 어려움을 겪을 수 있다. 따라서 통제목적이 주가 되는 단 년도 예산제도의 한계를 보완하기 위하여 중·장기에 걸친 재정운영계획을 수립하고 이에 따른 재정동원 및 재정배분방향을 계획하는 것은 예산편성의 합리성을 제고시키는 데 기여할 수 있는 측면이 있다(권형신 외 2001).

• 사업예산제도와 정책설계

전통적 예산제도에서는 정부정책과 예산의 편성 간에 연계성이 부족하였다. 그러나 성과주의예산제도와 PPBS 예산제도가 소개된 이후에 이를 반영하여 실시하게 된 사업예산제도에서는 정부정책의 설계와 예산편성 간에 연계성이 크게 강화되게 되었다. 이러한 정책과 예산 간의 연계성을 예시해 보면 다음과 같다.

사업예산제도 상에서 정부정책의 목표는 주로 부문에 구현되어 있거나 이와 연계되어 나타난다. 예를 들어, 농촌 활성화란 정책 목표는[5] 농림축산식품부의

---

4) 연동계획(rolling plan)이란 중기계획의 집행과정에서 경제사정이 변함에 따라 매년 계획내용을 수정·보완하며 계획기간을 1년씩 늦추어 가면서 동일한 연한의 계획을 유지해 나가는 제도이다.

5) 예로서 농림축산식품부의 농정목표 가운데 '누구나 살고 싶어 하는 복지농산어촌조성' 등을 들 수 있다.

농촌분야 가운데 농촌지역개발부문과 관련된다. 농림축산식품부의 정책목표에는 이것을 포함하여 통상적으로 3-4개 정도의 정책목표가 포함된다. 그리고 각각에 대하여 예산이 배정된다.

'농촌 활성화'란 정책목표에 초점을 맞추어 말하면 이를 추진하기 위하여 소관부서인 농림부는 복수의 정책 사업을 선정한다. 예컨대 일반농산어촌개발사업, 경관보전 직불제사업, 농촌자원복합화지원 사업, 농촌다음복원사업 등이 선정될 수 있다. 이때 한 부처의 정책 사업으로 선정되었다는 것은 중요한 의미를 가진다. 예산체계에서 정책 사업까지는 입법과목(종래의 장,관,항에 해당)으로 입법부의 의결을 거친 것이기 때문에 해당 부처는 이를 변동 없이 추진해야 한다. 예산규모로 볼 때도 각각의 정책 사업에는 수백억에서 수천억에 이르는 예산이 배정된다.

다음 단계로는 각각의 정책사업의 추진을 위하여 해당부서는 여러 개의 단위사업을 마련한다. 예컨대 농촌다음정책 사업의 경우에 농업유산정책 사업이 하나의 단위사업으로 포함될 수 있다. 일반농산어촌개발사업의 경우에는 농촌중심지 활성화라는 단위사업이 선정될 수 있을 것이다. 그리고 이들 각각의 단위사업에 대하여 예산이 배분된다.

단위사업이 선정되면 각 단위사업의 추진을 위하여 해당 부서는 복수의 세부단위사업을 마련하여 추진하게 된다. 예를 들어 하나의 단위사업인 농업유산사업의 경우에 이의 추진을 위하여 농업유산의 발굴, 등재, 모니터링 등의 세부단위 사업들이 선정될 수 있을 것이며 이들 각각에 대하여 예산이 배분된다.

영기준예산제도

영기기준예산제도는 미국에서 1960년대에 사기업과 지방정부에서 부분적으로 사용되다가 미국의 카터 행정부 당시에 연방정부 예산편성에 도입한 바 있다(이준구, 1999) 영기준예산제도(ZBB: zero-based budgeting system)란 예산을 편성할 때 기존의 사업내용과 관계없이 각 부서의 활동을 제로 수준에 놓고 처음부터 다시 검토하여 예산을 편성하는 방식이다. 각 부서는 자신의 활동을 영 기준에서 시작하여 시행하고자 하는 각 사업마다 발생하는 비용과 편익을 계산하고 편익이 비용보다 크다는 사실을 입증해야 한다. 만약 그렇지 않으면 그 부서의 존재이유가 없게 되는 것이다.

영기준예산제도(零基準豫算制度)는 매년 영 기준으로 돌아가 사업을 재검토한다는 점에서 점증주의 방식에 비해 합리적인 제도라고 할 수 있다. 즉 이 제도는 점증주의와 같이 안이한 방법에 의한 예산 편성을 지양하고 경제적 합리성을 근거로 모든 사업을 원점에서 새롭게 생각해 본다는 점에 특징이 있다.

이 제도는 예산의 편성에 있어서 실무관계자를 관여시키는 상향식 의사결정방식을 취한다. 이러한 과정에서 모든 수준의 관료들이 자신의 업무를 개선하고 경제성을 추구하고자 하는 유인을 갖게 된다. 즉 PPBS 제도가 중앙집권적 하향식 예산제도라면 ZBB는 분권적 상향식 예산제도로서 예산편성과정에서 말단 관료의 정보를 활용할 수 있다. 또한 이 제도는 관료들이 예산을 요구할 때 그에 대한 합리적 근거를 제시해야 한다는 점에서 관료들로 하여금 각자의 사무에 대하여 책임감을 갖게 할 수 있다는 장점이 있다(이준구, 1999).

이상과 같은 ZBB의 장점을 정리하면 다음과 같다(강태혁, 2010). 첫째, 답습주의에 의한 관성적인 예산편성을 지양하고 모든 예산사업에 대한 투자의 타당성과 우선순위를 재검토하여 예산을 편성함으로써 재정운영의 효율성을 높일 수 있다. 둘째, 예산편성이 상향식으로 경제성 분석에 입각하여 편성되므로 집행기관들의 수용성(compliance)을 높일 수 있다. 셋째, 이 제도는 새로운 예산분류체계를 요구하지 않기 때문에 다양한 예산분류제도와 조화를 이룰 수 있다.

그러나 이 제도의 시행에는 너무 많은 비용과 시간이 든다는 점 때문에 적용상에 어려움이 있는 반면에 실익은 크지 않다는 문제점을 가지고 있다. 정부의 사업은 거의 매년 반복적으로 진행되는 것이 대부분이므로 사업 환경에 변화가 없는 한 매년 모든 사업의 타당성을 검증할 필요성이 없기 때문이다. 또한 이 제도는 투자의 우선순위를 정하는 것을 장점으로 하고 있으나 그 같은 작업이 그렇게 쉽지 않다는 문제를 가지고 있다. 정부사업은 복합적인 목적을 가지고 있으며 어떤 것은 정성적인 것이기 때문에 민간사업처럼 경제성분석을 적용하기가 쉽지 않기 때문이다(강태혁, 2010). 우리나라는 예산 편성에 있어서 기본 방침에서는 이 제도의 취지를 따르고 있다, 그러나 실제적으로는 이 제도는 극히 제한적으로만 적용되고 있는 실정이다.

2. 예산의 성립과 원칙

중앙정부의 예산은 국회의 의결을 거쳐서 성립하게 된다. 지방정부예산 역시 지방의회의 의결을 거쳐서 성립한다. 일본의 경우도 우리와 같이 예산이 국회의 의결로 성립한다. 그러나 미국, 영국, 프랑스, 독일 등의 경우에는 예산이 법률로서 성립한다. 즉 이들 국가에서는 국회에서 심의된 예산안을 법률안으로 작성하여 통과시킴으로서 그 효력이 발생하는데 이를 예산법률주의라고 한다. 그러나 의결 형식이나 법률 형식 모두 국회의 심의·의결을 거친다는 점에서 우리와 실질적인 차이는 크지 않다.

예산의 편성과 운영에서는 지켜야 할 원칙들이 있다. 이 원칙은 예산의 방만한 운영을 방지하려는 목적과 자원배분을 둘러 싸고 일어나는 이해당사자들 간의 경쟁을 규제하려는 데에 목적이 있다. 예산에 대하여 알기 위해서는 이들에 대한 이해가 선행되어야 한다.

예산안의 구분

중앙정부예산이든 지방정부예산이든 마찬가지로 예산의 성립 형식에 따라 본예산, 수정예산, 추가경정예산, 준예산으로 구분할 수 있다.

본예산(main budget)은 의회의 의결을 얻어 확정 · 성립되는데 통상 예산이라고 하면 본예산을 지칭한다. 본예산은 일반회계, 특별회계 및 기금 등 정부의 재정활동 전체를 포괄하여 매 회계연도마다 편성된다.

수정예산(revised budget)은 정부가 예산안을 의회에 제출한 후 의결이 확정되기 이전에 예산안의 일부를 변경하는 예산을 말한다. 정부는 예산안을 다음 회계연도 90일전까지 국회에 제출하도록 되어 있는데, 정부예산안이 심의 · 의결 도중에 예산 내용의 변경이 필요할 때 일부를 수정하여 상정되게 되는데 이때의 예산안을 수정예산이라고 한다.

수정예산은 두 가지 방식으로 이루어진다. 첫째는 정부가 예산안을 수정해서 국회에 제출하는 것이다. 이때는 정부가 예산안을 의회에 제출한 후 부득이한 사유가 발생하여 그 내용의 일부를 수정하고자 할 때이다. 둘째는 의회에서 예산안을 심의하는 과정에서 의회가 정부가 제출한 예산안을 수정하여 의결하는 경우이다. 이런 수정의결은 예산결산특별위원회의 심의·의결 또는 본회의의 심의·의결과정에서 이루어질 수 있다. 단 정부가 제출한 예산에 대하여 증액하고자 할 때는 미리 정부의 증액동의를 거쳐야 한다.

추가경정예산(supplementary budget)은 본예산이 의회에서 의결된 이후에 새로운 사정으로 인하여 소요경비의 과부족이 생길 때 본예산에 추가 또는 변경을 가하여 편성한 예산이다. 중앙정부든 지방정부든 각 정부는 거의 매년 추가경정예산을 편성하고 있으며 이는 다른 나라에서도 비슷한 실정이다. 추가경정예산은 의회에 의해 예산이 확정된 이후에 생긴 사유로 인하여 예산을 증감하거나 또는 변경시킨다는 점에서 수정예산과 다르다.

추가경정예산을 편성하는 사유는 첫째는 세입부족의 경우이다. 당초 예상과 달리 경기침체가 심할 경우 실제세입이 세입예산에 미치지 못할 수 있다. 예컨대 1997년과 같이 예상하지 못했던 외환위기, 또는 2008년도와 같은 세계적인 금융위기가 발생하는 경우에 의외로 세입이 감소할 수 있다. 또한 예상하지 못했던 천재지변 등으로 세출이 증가할 때 세입이 부족하면 추가경정예산의 편성이 필요하다. 그러나 실제세입이 경기호전으로 세입예산을 초과하는 경우는 굳이 추가경정예산을 편성할 필요는 없다. 초과세입은 사후적으로 결산 상 세계잉여금으로 처리되어 다음 회계연도의 세입으로 사용될 수 있기 때문이다. 둘째는 예정에 없던 신규 사업을 새로 추진하거나 기존의 사업을 확대 추진하는 경우이다. 예산집행과정에서 추가지출의 필요성이 발생할 때에는 예산의 이용, 이체, 전용 등의 방법과 예비비를 활용하는 방법이 있다. 이용, 이체, 전용은 집행 중인 예산의 범위 내에서 예산의 용도를 변경하는 것이고 예비비는 예측할 수 없는 지출에 충당하기 위한 목적으로 예산에 미리 반영해 놓은 것이다. 이 두 가지 방식은 지출규모가 크지 않아서 예산범위 안에서 수용 가능한 것이라면 추가경정예산은 지출규모가 커서 세입의 범위를 초과하는 경우에 편성하는 것이다(강태혁, 2010).

준예산(準豫算)은 예산이 법정기한 내에 의회의 의결을 받지 못할 경우에 대비한 제도이다. 새로운 회계연도가 개시될 때까지 예산안이 의회에서 통과하지 못할 경우 정부는 의회에서 예산안이 의결·확정될 때까지 정부의 정상적인 업무의 유지를 위하여 최소한의 지출을 할 수 있도록 하고 있는데, 이를 준예산제도(provisional budget)라고 한다. 즉, 정부는 법률에 의해 설치된 기관 또는 시설의 유지·운영과 법률상 지출 의무를 이행 할 수 있으며, 이외에도 이미 예산으로 승인된 사업을 계속하기 위한 경비를 전년도 예산에 준하여 집행할 수 있다.[6] 그러나 이 기한까지 예산안이 통과되지 못하였다고 바로 준예산이 편성되는 것이 아니라, 회계연도 개시일(1월 1일)까지 예산안이 의결되지 못할 경우에 편성하는 것이다.

준예산제도와 성격 면에서 유사한 제도로 잠정예산제도가 있다. 준예산제도는 본예산이 회계연도 개시 일까지 성립되지 않으면 별도의 절차 없이 전년도의 예산에 준하여 집행이 가능하다면 이 제도는 일정한 기간 동안 운용될 예산안에 대하여 의회의 의결을 거쳐야 한다는 점에서 차이가 있다. 우리나라는 준예산제도를 채택하고 있지만 미국, 영국, 일본 등은 잠정예산제도를 채택하고 있다.

예산의 원칙

예산의 원칙은 예산 운영에서 지켜야 할 규칙을 말한다. 이는 다른 한편으로는 예산 배분을 둘러싸고 전개되는 이해집단 간의 투쟁을 규제하기 위한 장치라는 의미도 갖는다(손희준 외, 2001). 다음에서는 예산의 편성 및 운영 시에 지켜야 할 원칙 중에서 중요한 것 몇 가지만 골라서 설명한다. 이러한 원칙은 중앙정부뿐 아니라 지방정부의 예산운용에서도 마찬가지로 적용된다.

(1) 회계연도 독립의 원칙

예산은 회계연도(會計年度)를 기준으로 하여 연도별로 편성된다. 회계연도

6) 국가예산의 경우는 중앙정부가 제출한 예산안을 국회가 회계연도 개시 30일전까지 의결해야 한다. 지방예산의 경우는 광역의회는 예산안을 회계연도개시 15일전까지, 기초의회는 10일전까지 의결해야 한다. 한편, 광역자치단체장은 회계연도개시 50일전까지, 그리고 기초자치단체장은 회계연도개시 40일전까지, 예산안을 지방의회에 제출해야 하고, 그러면 광역의회는 예산안을 회계연도개시 15일전까지, 기초의회는 10일전까지 의결해야 한다.

(fiscal year)란 정부의 세입·세출예산을 1년 단위로 구분 정리하기 위하여 인위적으로 설정한 기간이다. 우리나라의 회계연도는 1월 1일부터 12월 31일까지이다. 회계연도의 개시 시기는 나라마다 다르다. 독일, 프랑스, 이태리, 스페인 등은 우리와 같은 1월이고 영국, 일본, 캐나다, 뉴질랜드 등은 4월, 그리고 미국은 10월부터 새로운 회계연도가 시작된다.

회계연도 독립의 원칙이란 매 회계연도의 경비는 당해연도의 세입으로 충당해야 한다는 원칙이다. 따라서 매 회계연도의 예산은 다음 연도에 사용할 수 없다. 그러나 예산운영의 신축성을 유지하기 위하여 이월예산(계속비, 명시이월비, 사고이월비 등), 채무부담행위, 세계잉여금의 익년도 세입에의 이입 등의 예외를 두고 있다.

(2) 예산총계주의

예산총계주의는 한 회계연도의 모든 수입을 세입(歲入)으로 하고 모든 지출을 세출(歲出)로 한다는 원칙이다. 즉 한 회계연도의 모든 수입과 지출을 하나의 세입·세출예산에 반영하는 것을 예산총계주의원칙(principle of gross accounting), 또는 완전성의 원칙(principle of comprehensiveness)이라고 한다. 예산총계주의에서는 예산순계주의와 달리 수입과 지출의 상계를 허용하지 않는다. 조세수입을 세입예산에 반영하는 경우에 징세비용을 공제하고 순 수입만을 계상하는 것이 아니라 일체의 조세수입을 모두 계상한다(강태혁, 2010). 그러나 세입·세출예산 이외로 처리할 수 있도록 수입대체경비, 국가의 현물출자 등의 예외를 인정하고 있다.[7]

7) 정부의 모든 수입은 지정된 수납기관에 납부되어야 하며 직접 사용할 수 없다는 원칙을 특히 수입금 직접사용 금지의 원칙이라고 한다. 이에 대한 예외로서 수입대체경비는 그 수입이 확보되는 범위 내에서 직접 지출할 수 있다. 수입대체경비는 국립대학 입시경비와 같이 국가가 특별한 서비스를 제공하는 대가로 징수되는 수수료, 입장료 등 수입이 예산상 정한 수입을 초과할 경우 해당 공공서비스와 직접 관련된 경비에 대하여 예산상의 금액 이상으로 초과하여 지출할 수 있도록 하는 것이다(국가재정법 제53조 1항). 이와 유사한 성격의 경비로 수입금 마련지출경비가 있다. 수입금마련지출경비는 특정 사업을 수행하기 위해서 수입 증가를 유발하는 경비에 비용을 지출토록 하는 것이다. 국립의료원특별회계의 진료비 등 특별회계에서만 인정하고 있는 제도이다.

(3) 예산의 목적 외 사용금지의 원칙

각 단체의 장은 세출예산이 정한 목적 이외에 경비를 사용할 수 없고, 각 기관간이나 세출예산이 정한 과목 상호간에 융통하여 사용할 수 없음을 의미한다. 이에 대한 예외로는 예산의 이용(移用), 전용(轉用), 이체(移替)를 들 수 있다. 예산의 이용(移用)이란 예산에서 정한 분야(장), 부문(관), 정책사업(항)의 입법과목 사이에 상호 융통하는 것이다. 이는 원칙적으로 금지되어 있다. 예산의 이체(移替)란 정부조직 등에 관한 법령의 제정, 개정, 또는 폐지로 인하여 그 직무와 권한에 변동이 있을 때에는 그에 따라 예산을 이동하는 것을 말한다. 그리고 전용(轉用)이란 행정과목인 단위사업(세항), 세부사업(세세항, 목)간에 융통하는 것을 말한다.

(4) 예산의 투명성 및 공정성의 원칙

예산은 당해 회계연도 개시이전에 의회의 의결을 거쳐야 한다. 이런 공개성의 원칙은 국민의 알권리를 보호하고, 집행부의 독주를 방지하며 재정 민주주의를 구현하기 위한 것으로 사전의결원칙이라고 한다. 이 원칙의 예외로는 회계연도 개시 전까지 예산안이 의결되지 못할 경우 편성하는 준예산제도를 들 수 있다.

그리고 예산의 내용은 주민들에게 알기 쉬운 방식으로 공개되어야 한다. 오늘날 모든 정부는 실제로 온 라인 상으로 예산을 공개하고 있다. 한편 예산의 편성시에는 예산 집행의 결과로 어느 한쪽 성에 대한 차별이 나타나지 않게 해야 한다. 이러한 원칙을 성인지적 예산의 원칙이라고 한다. 즉 성인지적 예산(gender cognitive budgeting)은 양성평등의 이념을 추구하는 예산의 원칙으로, 정부가 제공하는 공공서비스는 성별 수요구조에 맞게 공정하게 이루어져야 한다는 것이다.

(5) 건전재정운영 및 재정운영성과제고의 원칙

각급 정부의 재정은 재정건전성을 위지하기 위하여 매년 재정수지의 균형을 맞추도록 권장되고 있다. 그러나 기능적 재정이란 측면에서 균형재정이 항상 바람직하다는 보장은 없다는 것이 케인즈의 이후에 정착된 사고이다. 케인즈 이후 기능적 재정의 역할이 강조된 영향으로 오늘날 대부분의 국가는 재정적자를 보이고 있다. 재정적자의 누적은 곧 국가채무인데, 통상적으로 이것의 GDP에 대한 비율로 국가 간의 재정건전성을 비교한다.

한편 국가재정법(제16조 제3호)에서는 정부는 재정을 운용함에 있어서 재정지출의 성과를 제고하여야 한다고 규정하고 있다. 이는 다시 말하면 정부는 재정운용에 있어서 효율성과 효과성을 추구해야 한다는 것이다. 효율성(efficiency)이란 투입(inputs)에 비하여 산출(outputs)이 얼마나 달성되었는가를 의미하여, 효과성(effectiveness)이란 재정활동으로 인하여 초래된 사회적 영향의 정도를 말한다. 즉 효과성이란 정부가 재정사업을 통하여 궁극적으로 추구하는 사회적 변화를 말한다. 이러한 사회변화를 정책결과(outcomes)로서 추구하는 예산제도가 위에서 설명한 바 있는 계획예산제도이다.

3. 예산의 체계

재정의 체계는 예산과 기금으로 크게 나누어지고, 예산은 다시 일반회계와 특별회계로 나누어진다. 어떤 경우는 예산이라고 하면 일반회계의 예산만을 지칭하기도 한다. 다음에서는 일반회계, 특별회계, 그리고 기금을 간략히 비교하여 설명한다.

일반회계

중앙정부의 일반회계(general accounting budget)는 주로 조세수입을 재원으로 하며 국방, 외교, 행정, 경제개발, 교육 등 국가의 일반적 기능을 수행하는데 필요한 세출을 담고 있다. 즉 일반회계는 국가예산의 근간이 되는 것으로서 일반회계의 규모, 세입 구성내역, 세출 우선순위 등은 재정운영 방향의 지표가 된다.

지방정부의 일반회계예산도 중앙정부의 그것과 다르지 않다. 즉 지방정부 일반회계예산은 지역주민의 공공복리의 증진을 위하여 운영하는 것으로, 통상 지방자치단체 예산이라고 하면 이를 가리킨다. 일반회계예산은 지방세, 세외수입, 지방교부세, 보조금 등을 수입으로 하며, 지방정부의 일반적 기능을 수행하기 위한 기본적 지출에 사용된다.

중앙정부든 지방정부든 일반회계에 의한 사업은 주로 비배제성, 비경합성의 성질을 가진 순수공공서비스의 제공에 지출되므로 공공성이 강하다는 점에서 특별회계와 구별된다.

특별회계

일반회계와 별도로 특별회계를 설치할 때는 다음의 세 가지 경우로 엄격히 제한하고 있다. 첫째, 국가에서 특정한 사업을 운영할 때, 둘째, 특정한 자금을 보유하여 운영할 때, 셋째, 기타 특정한 세입으로 특정한 세출에 충당함으로써 일반의 세입·세출과 구분하여 경리할 필요가 있을 때이다. 그리고 설치사유가 발생하더라도 특별회계설치를 위해서는 법률에 근거하도록 하고 있다. 모든 수입과 지출은 예산의 총계주의 원칙에 따라 창구를 일원화하는 것이 바람직하기 때문에 특별회계설치를 엄격히 제한하기 위한 것이다.

특별회계예산(special accounting budget)은 사업적 성격이 강하거나 사업적 성격이 중시되는 사업이 대부분이다. 그러므로 이 회계에 의하여 공급되는 공공서비스는 준공공재나 시장재화와 유사하므로, 사업의 성과에 대한 평가가 가능하기 때문에 기업회계를 적용할 수 있는 특징이 있다.

중앙정부의 특별회계에는 철도·통신·조달 등 특정사업을 운영하는 기업특별회계와 특정자금을 운영하는 재정융자특별회계, 그리고 특정세입으로 특정세출에 충당하기 위하여 설치된 농어촌구조개선 특별회계, 교통시설 특별회계, 환경개선 특별회계 등이 있다.

지방정부의 특별회계도 중앙정부와 유사하다. 즉, 지방재정법(제5조 제1항)에 의하면, 특별회계는 공공기업이나 특정한 목적의 사업을 운영할 때, 특별한 자금을 보유하여 운영할 때, 기타 특정한 세입을 특정한 세출로 충당함으로써 일반적인 세입 세출과 구분하여 계상할 필요가 있을 때에 한하여 법률 또는 조례로서 설치할 수 있도록 규정하고 있다. 따라서 지방정부의 특별회계는 각 단체별로 차이가 있을 수 있다.

이와 같이 특별회계는 특정사업을 안정적으로 추진할 수 있다는 장점이 있다. 반면, 특정 세입을 특정 지출에 국한하여 사용해야 하므로 '재정의 칸막이 현상'

에 따른 재정의 경직성을 심화시키며, 회계간의 내부거래 증가로 인해 재정활동의 투명성을 저해한다는 비판을 받는다.

기 금

정부의 재정활동은 주로 일반회계와 특별회계로 구성된 예산에 의해 이루어지고 있다. 그러나 특정한 분야의 사업에 대하여 지속적이고 안정적인 자금지원이 필요하거나 사업추진에 있어서 탄력적인 집행이 필요한 경우에는 예산과 별도로 개별 법률에 근거하여 기금(基金)이 설치 · 운영되고 있다.

기금은 특정한 사업을 추진하기 위한 자금이라는 측면에서 정부의 일반적인 세출에 충당하기 위하여 설치하는 일반회계와 구분된다. 그러나 기금은 사실상 특별회계와의 유사성이 더 크다.

기금이 일반회계나 특별회계와의 차별성은 예산의 일반적인 제약에서 벗어나 목적 사업을 탄력적으로 운영할 수 있다는 점이다. 중앙정부의 예를 들면 각종 연금사업, 보험사업 등의 경우에 법령상 지급사유가 발생하면 당연히 소요경비가 지출되어야 하지만 지출 소요변동을 정확히 추정하기에 어려울 때가 있다. 이와 같은 사업이 예산으로 운영된다면 예산에 적용되는 일반적인 제약 때문에 사업목적을 효과적으로 달성하기가 어려울 수 있다. 이처럼 기금은 복잡하고 급변하는 현실에서 국가의 특수한 정책목적을 실현하기 위하여 예산원칙의 일반적인 제약으로부터 벗어나 좀 더 탄력적으로 운용할 수 있도록 세입 · 세출예산에 의하지 않고 특정사업을 위해 보유 · 운용하는 특정자금이라고 할 수 있다.

지방정부 역시 행정목적을 달성하기 위한 경우나 공익상 필요한 경우에는 재산을 보유하거나 특정한 자금을 운용하기 위한 기금을 조례에 의해 설치할 수 있다(지방자치법 제142조). 그러나 기금의 수와 규모가 급격히 증가하고 방만하게 운영됨에 따라서 정부는 2006년부터 지방자치단체기금관리기본법을 제정하여 기금의 관리와 운영을 통제하고 있다.

요약하면 기금을 예산과 별도로 편성하는 근본적인 이유는 예산의 운용에서 오는 각종 제약을 완화하고 정부의 재량적인 기금운용을 가능하게 하여 재정활동의 효율성을 높이려는 데 있다. 정부의 입장에서는 후자의 장점 때문에 예산보다는 기금을 선호하는 경향이 있다. 따라서 기금이 지나치게 남발되어 재정운영에 있어 혼란상이 빚어지고 있는 실정이다.

〈표 8-3〉 일반회계, 특별회계, 기금의 비교

	일반회계	특별회계	기금
설치 사유	· 국가의 일반적인 세출 충당	· 특정 사업 운영 · 특정 자금 운용 · 특정 세입으로 특정 세출 충당	· 특정 목적을 위해 특정 자금을 운용
재원 조달 및 운용 형태	· 조세수입과 무상급부 원칙	· 목적세 수입 등 특정사업이나 자금 운용	· 출연금, 부담금 등 기금 고유사업 수행
집행 절차	· 합법성	· 합법성	· 상대적으로 자율성과 탄력성 보장
설치법조항	· 국가재정법 제4조	· 국가재정법 제4조	· 국가재정법 제5조

자료: 기획재정부, 재정시스템동향, 2014.

4. 예산안의 구성

예산안의 체제는 예산총칙, 세입·세출예산, 계속비, 명시이월비와 국고채무부담행위 등 크게 5개 부문으로 구성된다. 1961년 이전에는 예산총칙, 세입·세출예산, 국고채무부담행위의 3개 부문으로 구성되었으나, 그 이후에 예산회계법(1961)재정을 통하여 계속비가 추가되었고, 1973년 예산회계법의 개정으로 명시이월비가 추가되어 5개 부문으로 되었다. 종전의 예산회계법과 기금관리기본법을 통합하여 2006년에 개정하고 2007년도부터 시행되는 국가재정법에서도 이 체제는 동일하게 유지되고 있다.

예산총칙

예산총칙에는 5개 부문에 대한 총괄적 규정과 더불어 '국채 또는 차입금의 한도액', '재정증권의 발행과 일시차입금의 최고액', 그리고 '기타 예산 집행에 관하여 필요한 사항' 등을 규정하고 있다. 다시 말해서 예산총칙은 당해 회계연도 예산의 총론적인 부분으로, 전체 세입 · 세출예산의 종합적인 개관과 집행과정에서 지켜야 할 내용들을 제시하고 있다.

세입 · 세출예산

세입 · 세출예산은 예산 내용 중 가장 주축이 되는 부분이다. 여기에는 그 회계연도의 모든 수입과 지출의 예정액(豫定額)이 구체적으로 표시된다. 즉 여기에는 정부의 주요 정책이나 사업 계획에 소요되는 경비내역이 들어있다. 세입세출예산과 관련하여 주의하여야 할 점은 세입예산은 단순한 견적서라는 의미만 갖지만, 세출예산은 견적임과 동시에 지출의 한도와 내용을 정하는 법적 구속력을 갖는다는 점이다.

세입예산은 중앙정부나 지방정부 모두 예산총계주의 원칙에 따라 모든 세입은 통합하여 편성되며, 크게 조세수입과 세외수입으로 분류된다. 그리고 조세수입은 보통세와 목적세로 구성된다. 세외수입은 조세 이외의 수입을 말하는데 공채 발행 수입, 정부보유주식 매각수입, 벌과금, 수수료, 전년도 이월금 등으로 구성된다. 중앙정부는 조세수입이 대부분을 차지하지만 지방정부는 상대적으로 세외수입의 비중이 큰 편이다.

세입예산은 소관별로 구분한 후 회계별로 구분하고 수입의 성질에 따라 다시 관, 항, 목으로 분류한다. 수입예산은 성격이 간단하기 때문에 이 같이 과목별 분류가 간단하다.

〈표 8-4 〉 세입예산 과목 구조(예시)

관	항	목
01 내국세	11 소득세	111 신고분 112 원천분

세출예산 역시 소관별로 구분한 후 회계별로 구분한다. 그리고 분야, 부문, 정책사업(프로그램), 단위사업, 세부사업으로 구분하는 기능별 분류와 경비성질을 중심으로 한 목별 분류로 구분된다. 이와 같은 세출예산의 분류는 사업예산제도

의 도입에 따른 것이다.

사업예산제도는 중앙정부의 경우는 2003년부터, 지방정부는 2008년부터 전면적으로 도입하게 되었다.[8] 사업예산제도에서는 중앙정부의 경우에 세출예산이 기능에 따라 16분야 68부문으로 개편되었다. 중앙정부세출예산의 16개 분야는 일반공공행정, 공공질서 및 안전, 통일·외교, 국방, 교육, 문화 및 관광, 환경, 사회복지, 보건, 농림수산, 산업·중소기업 및 에너지, 교통 및 물류, 통신, 국토 및 지역개발, 과학기술, 예비비이다. 그리고 이들 분야의 하류분류로 68개 부문이 분류되어 있다.

지방정부의 경우는 종전의 5장 16관에서 13분야 51부문으로 개편되었다. 지방정부 기능별 세출예산의 13개 분야는 중앙정부의 그것 중에서 국가고유분야인 통일·외교, 국방, 통신 등을 제외한 것이다. 그리고 이들 13개 분야의 하류분류로 51개 부문이 분류되어 있다. 51개 부문에는 중앙정부의 부문분류 중에서 국가고유부문인 국정운영, 정부자원관리, 법원 및 헌재, 법무 및 검찰, 해경, 공적 연금, 건강보험 등이 제외된다.

사업예산제도에서는 세출예산을 분야-부문으로 구분한 후에 조직을 중심으로 사업을 구조화한다. 사업은 정책사업-단위사업-세부사업으로 구분되어 편성된다. 정책 사업은 부서의 일차적 사업단위로서 부서의 성과목표를 고려하여 설정하며 하위분류인 단위사업의 설정근거가 된다. 그러므로 정책 사업은 일관성을 가진 다수의 단위사업의 묶음이다. 단위사업은 정책 사업을 세분한 다수의 실행사업단위로서 정책 사업을 수행하기 위한 활동근거이다.[9] 세부사업은 단위사업을 수행하기 위한 가장 하위의 사업의 활동단위이다.

정부예산의 기능별 분류(functional classification)는 정부가 수행하는 기능을 중심으로 분류한 것이다. 이 분류는 정부의 활동 영역별 예산 배분 현황을 보여

---

8) 사업예산제도는 성과주의예산제도 정신을 따라 도입된 예산편성방식이다. 기존에는 세출예산의 과목구조가 장, 관, 항, 세항, 세세항, 목, 세목으로 분류되었으나 이것이 사업예산제도에서는 분야, 부문, 정책사업, 단위사업, 세부사업, 편성목으로 변경되었다(기재부,예산편성지침,2008).

9) 정책사업은 다른 회계(일반회계 뿐 아니라 특별회계)의 단위사업을 포함할 수 있다. 하지만 단위사업은 동일회계 또는 기금으로만 구성된다. 예를 들어 주민기초생활보장이라는 정책사업은 일반회계의 저소득층기초생활보장 단위사업과 의료보호기금특별회계의 저소득층의료지원단위사업을 포함할 수 있다.

주는 예산분류로서, 정부의 사업계획 및 예산정책의 수립을 용이하게 할 뿐 아니라 의회의 예산심의에 도움을 주는 분류이다.[10]

정부예산은 이상과 같이 기능별로 분류되며, 또한 경비의 성질을 중심으로 인건비, 물건비, 이전지출 등 23개 목별로 구분되어 관리된다.

〈표 8-5〉 세출예산기능별분류 과목구분(예)

분야	부문	정책사업	단위사업	세부사업
교육				
	유아 및 초중등교육			
		인적자원운용		
			정규직운용	ㅇ정규직 인건비 등
			비정규직운용	ㅇ계약제교원 인건비 등
			교원역량강화	ㅇ교원 연수경비 등

주: 지방자치단체 교육비특별회계 세출예산과목 구분 사례임

10) 정부 예산은 경제적 성질에 따라 분류할 수 있다. 경제적 분류(economic character classification)는 정부예산이 경제에 미치는 영향을 분석·평가하기 위하여 예산을 경제적 성격에 의하여 분류한 것이다. 경제적 분류는 일반적으로 경상예산(기본적 경비, 경상적 경비), 사업예산(보조사업·자체사업), 채무상환, 예비비 등의 4개 부문으로 구분하여 분류한다.

〈표 8-6〉 중앙정부 세출예산 기능별 분류

분 야	부 문
일반공공행정	입법및선거관리, 국정운영, 지방행정·재정지원, 재정·금융, 정부자원관리, 일반행정
공공질서 및 안전	법원및헌재, 법무및검찰, 경찰, 해경, 재난방재·민방위
통일·외교	통일, 외교·통상
국방	병력운영, 전력유지, 방위력개선, 병무행정
교육	유아및초중등교육, 고등교육, 평생·직업교육
문화및관광	문화예술, 관광, 체육, 문화재, 문화및관광일반
환경보호	상하수도·수질, 폐기물, 대기,자연, 해양환경, 환경일반
사회복지	기초생활보장, 취약계층지원, 공적연금, 보육·가족및여성, 노인·청소년, 노동, 보훈, 주택, 사회복지일반
보건	보건의료, 건강보험, 식품의약안전
농림해양수산	농업·농촌, 임업·산촌, 해양수산·어촌, 식품업
산업·중소기업및에너지	산업금융지원, 산업기술지원, 무역및투자지원, 상업진흥·고도화, 에너지및자원개발, 산업·중소기업일반
교통및물류	도로, 도시철도, 해운·항만, 항공·공항, 대중교통·물류기타
통신	방송통신, 우정
국토 및 지역개발	수자원, 지역및도시, 산업단지
과학기술	기술개발, 과학기술연구지원, 과학기술일반
예비비	예비비

주: 지방정부세출예산분류는 중앙정부의 세출예산에서 국가고유의 업무를 제외함. 국가고유업무는 분야 가운데 통일외교, 국방, 통신 등이며, 부문에서는 앞의 3개분야 이외에 국정운영, 장부자원관리, 법원및헌재, 법무및검찰, 공적연금, 건강보험 등이다 (2012년도 세출결산, 기획재정부,통계자료를 기초로 작성함).

계속비, 명시이월비, 국고채무부담행위

국가재정법 제3조에 규정된 회계연도 독립의 원칙에 따르면 예산은 당해 연도에 모두 지출되는 것이 원칙이다. 그러나 이 원칙에 따르면 완공에 2년 이상이 소요되는 사업의 경우에는 매 회계연도마다 반복적인 예산편성과정을 거쳐 예산액이 결정되어야 사업을 재개할 수 있기 때문에 연속성 있는 사업의 추진이 어렵다. 계속비는 이러한 문제를 방지하기 위한 제도로서 회계연도 독립의 원칙의 예외에 해당한다. 즉 계속비(繼續費)란 완성에 수년의 기간을 필요로 하는 대형 공사나 연구개발 등과 같이 수년간에 걸친 지출 계획을 작성하여야 할 필요가 있을 때 책정한다. 계속비는 이러한 사업에 대하여 소요경비 총액과 매년의 지출

규모(연부액)를 미리 정하여 의회의 의결을 얻고, 그 범위 안에서 수년에 걸쳐 지출할 수 있다(국가재정법 제23조 1항). 계속비는 대체적으로 회계연도를 포함하여 5년 이내로 하고 있으며 필요한 경우에는 국회의 의결을 거쳐서 연장하는 것이 허용된다. 일단 계속비 대상사업으로 결정되면 당초 계획된 연부액이 연차적으로 예산에 반영되기 때문에 매년도 예산편성에서 사업비 확보를 위한 별도의 노력을 할 필요가 없다. 그러나 계속비 대상사업이 확대되는 경우에 재정지출의 경직성이 심화된다는 문제가 있다. 또한 투자사업의 경우에 사후에 계획단계에서 사전에 예측할 수 없는 사태가 발생하게 되면 이에 탄력적으로 대응하기 어렵다는 문제가 있다.

명시이월비는 세출예산 중 경비의 성격상 당해 회계연도 내에 지출하지 못할 것이 분명히 예측될 때, 그 취지를 세입·세출예산에 미리 명시하여 의회의 승인을 얻어 다음연도에 이월하여 사용할 수 있는 경비이다. 원래 예산의 이월이란 세출예산을 당해 연도에 집행하지 못할 경우에 다음 회계연도로 넘겨서 집행하는 제도로서 회계연도 독립의 원칙에 예외에 해당한다. 예산이 이월되지 못하게 강제할 경우에는 회계연도 내 무리한 예산집행으로 재정의 비효율을 초래할 수 있기 때문에 이러한 문제를 방지하기 위한 제도이다. 이때 이월되는 예산이 다음 회계연도 예산에 포함되는 것은 아니다. 다만 다음 년도에 집행될 뿐이다. 예산의 이월에는 명시이월비 이외에도 사고이월비 등 여러 가지가 있다. 예산의 이월제도가 계속비제도와 다른 점은 계속비는 수년에 걸쳐서 지출이 허용되지만 이월제도는 다음 회계연도의 집행만을 허용하고 있다.

정부는 원칙적으로 예산에 반영하지 않고서 국가에 채무를 지우는 계약·발주 등의 행위를 할 수 없다. 그러나 정부의 조달물자 중에는 철도차량이나 대형선박과 같이 계약이 이루어지더라도 상당한 제조기간이 필요하여 실제로 물자의 납품은 같은 해에 이루지지 못하는 경우가 있다. 이 때에 해당 물자구입에 소요되는 사업비를 모두 같은 회계연도의 예산에 반영하게 되면 회계연도 말까지 집행이 완료되지 못하여 예산의 이월이 불가피해진다. 이런 경우에 계약 등 사업 착수에 필요한 경비만 예산에 반영하고 나머지 경비는 '국가에 채무를 부담지우는 행위'로서 국회의 동의를 받도록 한다. 이것을 국고채무부담행위제도라고 한다

(강태혁, 2010). 다시 말해서 국고채무부담행위는 정부의 재정 사업・공사 등에 대한 발주 계약 체결은 당해 연도에 할 필요가 있으나 지출은 다음 연도 이후에 행해지는 경우에 활용된다. 국고채무부담행위 금액은 당해 세입・세출예산액에는 포함되지 않고 그 상환액이 실제납품이 이루어지는 다음 연도 이후의 세출예산에 포함되게 된다.

5. 예산의 과정

예산은 3개년을 주기로 반복적으로 이루어진다. 해당연도의 예산은 1년 전에 편성되고 국회에 제출되어 심의가 이루어진다. 해당연도에 집행된 예산은 다음 해에 의회의 결산 승인으로 수명을 다한다. 따라서 특정연도를 기준으로 보면 해당 년도의 예산집행과 함께 다음연도의 예산편성, 전년도의 결산이 동시에 이루어지게 된다. 예를 들어 2014 회계연도의 경우 2014년도 예산집행과 함께 다음연도인 2015년도 예산편성, 전년도인 2013년도 결산 작업이 동시에 이루어진다.

우리나라의 경우 예산편성권은 행정부에 있고, 의회는 행정부로부터 제출된 예산안을 심의・확정하고, 예산집행 결과를 결산하는 권한을 갖는다. 다음에서는 국가예산과 지방예산이 편성되는 과정에 대하여 간략히 알아본다.

국가예산

• 예산의 편성

국가의 예산편성이 이루어지는 단계를 간략히 소개하면 다음과 같다.[11] 기획재정부장관은 전년도 12월말까지 다음연도 국가재정운영계획 수립을 위한 지침을 각 중앙관서로 통보한다. 각 중앙관서의 장은 이 지침을 토대로 당해 연도를 포함한 5개년의 재정소요를 감안하여 주요사업에 대한 중기사업계획서를 1월말까지 기획재정부로 제출한다.

그러면 기획재정부에서는 각 사업의 타당성을 검토한 다음에 각 부처별 지출

11) 기획재정부(2013), 재정시스템동향, 참조.

한도와 예산안편성지침을 마련하여 4월 31일까지 각 부처에 전달한다.[12] 예산안 편성지침은 각 중앙관서가 예산을 요구하는 준거가 되기도 하고 재정당국으로서는 예산편성의 기본 틀이 된다.

각 중앙관서는 예산안편성지침을 받으면 지방자치단체 등 재정지원을 받는 기관으로부터 예산요구를 받아서 예산요구서를 작성하여 6월 30일까지 기획재정부에 제출한다.

다음 단계로 기획재정부는 각 부처로부터의 예산요구서를 수집해서 분야별 예산안을 작성한다. 기획재정부의 예산안 편성은 통상 2단계로 이루어진다. 1단계는 베이스 라인을 설정하는 단계이고, 다음 2단계는 총 지출규모의 범위 내에서 주요한 국가 정책사업의 우선순위를 정하여 전략적 재원배분 방안을 모색하는 단계이다. 이렇게 작성된 예산안은 장·차관 협의, 시·도지사 협의, 당정협의, 재정정책자문회의 등과 같은 절차를 거침으로써 각계각층의 의견을 반영하고 투명성을 높인다.[13] 이상과 같은 절차를 거친 예산안은 국무회의의 의결과 대통령의 승인을 얻어 회계연도 개시 90일 전인 10월 2일까지 국회에 제출된다.

다음으로 국회는 예산결산특별위원회(예결위)를 구성하여 예산과 관련한 대정부 질의를 행하게 된다. 또한 예산의 계수 조정을 위해서 예결위원 중 10명 내외로 예산안조정소위를 구성하는데, 여기에서는 사업별 예산 조정이 이루어진다. 예산안조정소위에서 조정된 예산안은 예결위 전체회의에 상정되어 의결되고 본회의에서 확정된다. 국회는 정부가 제출한 예산안을 회계연도 개시 30일 전, 즉 12월 2일까지 의결해야 한다.

---

12) 예산안편성지침은 다음 해의 국내외 경제전망, 재정 운용여건, 예산편성방향, 경비별 예산 편성 및 요구 지침, 예산 요구시 제출서류 및 작성양식 등이 들어 있다.

13) 특히 시·도지사 협의회는 지방자치단체의 의견을 수렴하는 통로로서 1998년에 처음 도입되었다. 중앙정부로서는 적자재정 여건 등 중앙정부의 재정 상황, 예산편성 방향과 내용을 설명하는 기회가 되고 각 지방자치단체로서는 해당 지방자치단체의 재정 여건을 설명하고 중앙정부에 지원을 요구한 사업들을 재차 설명할 수 있는 기회가 된다.

〈표 8-7〉 예산안 편성절차

기 간	사 항	비 고
전년도 12월 말까지	국가재정운용계획 수립지침 통보	
1월 31일까지	중기사업계획서 제출 (각부처→기획재정부)	총사업비 500억원 이상인 사업에 대하여는 별도의 타당성 심사
4월 30일까지	다음년도 부처별 지출한도 및 예산안 편성지침 시달 (기획재정부→각부처)	예산안편성의 기본방향 및 주요비목의 단위·단가
5월 ~ 6월	예산집행실태 점검 (기획재정부) 예산요구서 작성 (각부처)	
6월 30일까지	예산요구서 제출 (각부처→기획재정부)	
7월 ~ 9월	분야별 요구수준 분석 및 심의방향 마련 예산안 작성 (예산심의회 운영)	소관부처의 의견수렴 시·도지사 협의 당정협의 (정당설명회) 대통령보고 예산자문회의
9월 말	국무회의 심의 및 예산안 확정	
10월 2일까지	국회제출	

자료: 기획제정부, 재정시스템동향, 2013

• 예산의 집행

예산이 확정되면 회계연도 개시 전에 분기별 예산배정 계획과 자금 배정 계획이 국무회의 심의와 대통령 승인을 받아서 확정된다. 정부는 1월 말까지 세출예산집행지침을 작성 · 시달하여 구체적인 경비별 집행 원칙과 기준을 제시한다.

예산집행과 관련하여 제기되는 의문 중 하나는 국회에서 의결한 규모를 초과하는 세입 · 세출예산의 법적 성격에 관한 것이다. 세입예산은 세입을 확정한 것이라기보다는 추계의 성격을 갖고 있으며, 또 조세의 경우는 국회에서 별도 의결한 개별 세법에 따라 징수되므로 국가채무와 연관되지 않는 한 예산에 계상된 규모 이상의 세입이 발생하더라도 추가경정예산을 편성할 필요는 없다.

반면 세출예산은 항별로 사용 가능한 상한 금액을 국회에서 의결한 것이므로 원칙적으로 이를 위배할 수 없다. 그러나 재정여건 변화에 따른 신축적인 집행을 위해서 이체, 이용, 전용과 같은 예외를 인정하고 있다.

• 결 산

결산은 예산의 사용내역을 사후 심의하는 것이다. 그러므로 결산 심의는 지출 행위에 대한 법적 제한이라기보다는 정치적 책임을 묻는 성격이 강하다. 국회의 결산 승인은 지출에 대한 정부의 책임을 해제시키는 의미를 갖게 된다. 각 중앙관서의 장은 결산을 위하여 예산집행이 끝난 후 세입·세출 결산보고서, 계속비 결산보고서, 국가의 채무에 관한 계산서를 작성하여 다음연도 2월 말까지 기획재정부 장관에게 제출한다.

기획재정부 장관은 세입·세출 결산을 집계한 후 국무회의의 심의를 거쳐 대통령의 승인을 얻은 후 4월 10일까지 감사원에 제출하고, 감사원은 세입·세출 결산서를 검사하여 그 결과를 5월 20일까지 기획재정부 장관에게 송부한다. 그러면 정부는 감사원의 검사를 거친 세입·세출 결산서 및 예비비[14] 승인의 건을 5월 31일까지 국회에 제출하도록 되어 있다.

지방예산

• 예산편성

지방예산도 기본적으로는 국가예산과 마찬가지 예산과정을 거친다. 즉 지방예산은 편성, 집행, 결산이 마무리되는 데 3년이라는 시간이 걸린다. 예산편성이란 지방자치단체가 계획한 목표를 달성하기 위하여 수행하야 할 사업의 우선순위를 정하여 이들에 필요한 재원을 배분하는 과정이다.

지방예산편성에서 주의해야 할 점은 첫째로 주민의 기본적 수요를 잘 반영해야 한다. 이를 위하여 예산 편성에서 주민참여예산제도[15]를 적극 활용하는 것이 필요하다. 둘째는 지역경제의 지속적 발전을 위한 성장잠재력을 확충하는 데 역점을 두어여 한다. 예를 들면 기업 활동에 유리하도록 지역의 기반시설 확충을 위한 투자 지출을 예산에 반영하는 것이다. 셋째는 균형재정의 유지를 견지하여

14) 예비비는 과거에는 일반회계의 경우 세출예산의 1% 이상을 계상하도록 하였으나 현재는 이러한 제한은 폐지되었고 상당하다고 인정되는 금액을 계상할 수 있도록 하였다.

15) 지방재정법 제39조를 보면 지방예산편성과정에 주민이 참여할 수 있는 사항을 규정하였다. 즉, 주요사업에 대한 공청회 또는 간담회, 주요 사업에 대한 서면 또는 인터넷 설문조사, 사업공모, 또는 필요한 경우 조례의 제정 등의 방법으로 주민참여의 방법을 열어 두었다.

야 한다. 지방 단체장은 득표 극대화를 위하여 재정지출에는 매력을 느끼지만 지역 주민의 부담으로 돌아가는 수입의 증대를 위한 노력에는 소극적인 경향이 있다. 이에 따라 재정적자가 발생하고, 이를 지방채를 발행하여 보전하려는 유인을 갖는다. 지방정부도 가계와 마찬가지로 부채가 많으면 파산의 위험이 있으므로 이에 대한 경계가 필요하다. 넷째는 국가정책과의 연계를 염두에 두어야 한다는 점이다.

예산편성의 책임자는 물론 자치단체장이다. 편성절차를 보면 행정안전부 장관은 먼저 각 지방자치단체에 예산편성기준을 시달하며, 자방자치단체의 장은 이것을 기준으로 해서 기획(관리)실장으로 하여금 예산편성방침을 작성하게 하여 각 실, 과 및 사업소에 통보하도록 한다. 그러면 각 담당부서는 예산요구서를 작성하여 예산담당부서에 제출하고 예산담당부서는 이를 바탕으로 예산안을 마련한 후 자치단체장의 결제를 받아서 지방의회에 제출한다.[16]

• 예산의 집행

지방정부예산은 국가예산과 마찬가지로 정해진 바에 따라 수입과 지출의 집행이 이루어진다. 예산의 집행은 단순한 지출행위를 넘어서 지방채의 발행, 일시차입, 세출예산의 이용, 전용, 그리고 계약의 체결 등을 포함한다.

예산 집행의 첫 절차는 예산의 배정이다. 예산이 성립되면 각 실·과장은 세입·세출예산 월별집행계획서 및 월별지출계획서를 작성하여 예산주관부서에 제출한다. 그러면 예산주관부서는 월별·분기별 자금배정계획서를 작성하여 장의 결제를 얻은 후 각 실·과에 통보한다. 그러면 각 부서에는 예산을 집행하게 된다. 예산집행에 있어서는 중앙정부예산과 마찬가지로 신축성을 두기 위하여 예산의 이용(移用)제도와 전용(轉用)제도, 그리고 이체(移替)제도를 두고 있다. 이들의 내용은 중앙정부의 그것과 유사하다.

• 예산의 결산

지방예산의 결산(決算)은 지방정부가 집행한 예산을 사후적으로 평가하는 절차로서 주민들에 대한 재정보고에 해당한다. 정부는 예산을 집행한 다음 그 결산

16) 시도는 회계연도 개시 50일전(11. 11), 시·군·자치구는 40일전(11. 21)까지 제출해야 한다.

서를 작성하여 지방의회에 제출하고 사후 심사를 받는다. 그러므로 의회에 의한 결산제도는 지방의회의 지방자치단체의 장에 대한 재정 감독 수단으로서의 기능이 있다. 하지만 결산과정에서 위법 또는 부당한 지출이 발견되었더라도 그 자체를 무효로 하거나 취소하는 효과를 기대할 수 없다. 다만 위법하고 부당한 사실이 발견되면 지방자치단체의 장에게 정치적 또는 도의적 책임을 물을 수밖에 없다. 그러나 결산에서 지적된 사항들은 다음해의 지방재정계획을 수립하는데 참고자료로 사용된다는 점에서 보면 일부 통제기능을 갖는다.

품목별 예산제도 국고채무행위 명시이월비 성과주의예산제도
성인지적 예산 영기준예산제도 이용(移用) 이체(移替)
자본예산제도 전용 점증주의 준예산제도
특별회계 프로그램예산제도 회계연도

제 9 장

정부서비스의 공급

이 장은 정부에서 제공하는 공공서비스의 생산과 비용에 대하여 알아본다. 정부서비스의 생산은 기업에 의해 생산되는 시장재화와 약간의 다른 측면이 있다. 즉 정부가 제공하는 공공서비스는 대부분 무형의 서비스라는 점에서 차이가 있다. 또한 기업의 생산물은 시장이 존재하지만 공공재의 경우는 시장이 형성되지 않는다는 점에서 차이를 찾을 수 있다.

이상과 같은 특성에 때문에 정부서비스의 산출물은 측정이 쉽지 않다. 그러므로 이를 측정하는 방식에 대하여 먼저 논의되어야 한다. 정부서비스의 산출물은 정부의 지출규모, 공공자본량, 최종편익 등으로 측정하는 방식을 생각할 수 있다. 그러나 이들 지표 중 어떤 방식이 적절한 것인가에 대해서는 논란의 여지가 있다. 전통적으로 공공서비스의 공급을 측정하는 지표로는 정부지출규모가 흔히 사용된다. 정부지출규모는 다름 아닌 공공재생산비용이다. 그러나 이 같은 방식은 편의에 의한 것이며 이론적 타당성이 있는 것은 아니다.

1. 정부서비스의 생산

정부의 재정행위를 이해하기 위해서는 공공재를 생산하여 공급하는 데에 들어가는 공급비용과 그 비용의 변동요인들을 이해하는 것이 매우 중요하다. 그러자면 먼저 정부에 의해 공급되는 공공서비스를 어떻게 측정할 것인가 하는 문제를 해결해야 하는데, 이것이 쉽지 않다는 데에 어려움이 있다. 예를 들어 교육서비스의 산출물을 측정할 때 학생 1인당 지출비용으로 할 것인지, 졸업생 수로 측정할 것인지 아니면 학생들의 학업성취도와 같은 척도로 측정할 것인지 하는 것이 문제가 된다. 이와 같이 공공서비스를 측정하는 척도가 다르다면 공공서비스의 공급을 증가시키기 위한 정부의 대책도 당연히 달라져야 한다. 왜냐하면 생산비용을 결정하는 요인들이 다르기 때문이다.[1)]

정부서비스의 측정

정부가 주민들이 바라는 공공서비스를 제공하기 위해서는 먼저 공공서비스의 생산에 들어가는 투입요소인 노동, 자본, 원료 등을 구입하고 이들을 결합하여 공공자본(public facilities, directly produced output)를 마련하게 된다. 공공자본(公共資本)이란 예컨대 치안이라는 최종 공공서비스를 생산하기 위해 필요한 순찰차라든가 또는 교육서비스를 제공하기 위한 교실 등을 지칭한다. 다시 말해서 공공자본이란 공공시설물을 말한다. 공공자본의 생산은 다음과 같은 생산함수의 형태로 표현될 수 있다.

$$Q = F(L, K, M)$$

Q: 공공자본, L: 노동, K: 자본, M: 기타 투입물

위의 식에서는 공공자본을 일반적인 생산함수로 나타내었지만, 공공자본생산에서 유의해야 할 점은 일정한 량의 공공자본을 생산하기 위한 생산요소의 결합방법 즉 생산기술이 하나만 있는 것이 아니라 여러 가지 방법이 있다는 점이다. 즉 동일한 양의 공공자본을 생산하는데 있어서도 자본집약적인 방법이 있을 수 있고 노동집약적인 방법이 있을 수 있다. 따라서 어떤 방법을 택하느냐에 따라 생산비용이 달라진다.

공공자본을 생산하는 비용은 생산기술이 주어졌을 때 투입요소의 양과 요소가격 등에 의해서 결정된다. 이 경우 공공자본의 생산비용은 해당 서비스에 대한

1) R. C. Fisher, State & Local Public Finance(2007), ch. 7, 8 참조.

정부지출의 크기로 측정하면 된다.

그런데 공공자본 그 자체가 바로 주민들이 바라는 서비스를 나타내는 것은 아니다. 주민들은 공공자본 그 자체보다는 그로부터 초래되는 결과에 더 관심이 있다. 예를 들어 주민들은 학교나 학급 수, 교사의 수보다는 학생들이 얻는 지식이나 기능과 같은 교육의 최종 결과물(outcomes)에 궁극적인 관심을 갖는다. 물론 이러한 서비스의 결과물, 즉 공공편익인 공공서비스의 최종산출물은 공공자본의 크기에 의존하지만 그 외에도 그 지역의 지역적 특성, 인구적인 특성 등에 의해서도 영향을 받는다. 예컨대 교육서비스의 산출물(지식, 기능)은 학급 수, 교사 수, 교재 등에 의존하지만 그 지역의 학생 수, 그 지역의 학생들의 특성 등에 의해서도 영향을 받는다. 또한 교육서비스 산출물은 사적인 소비활동에 의해서도 영향을 받는다. 예를 들어 학생들이 공교육에 도움이 되는 사교육을 받을 경우에 같은 공공교육서비스를 제공하더라도 그렇지 않은 경우에 비하여 교육 산출물을 증가시킬 수 있다. 반면에 공공서비스에 부담을 주는 사적인 소비활동은 서비스 산출물을 감소시킬 수 있다. 예컨대 음주와 음주운전은 치안이라고 하는 공공서비스의 산출물을 감소시킨다.

요약하면 정부가 제공하는 공공서비스에 대하여 주민들이 느끼는 최종산출물로서의 공공편익(final result for consumer)은 공공자본과 구분되어야 한다. 주민들이 향유하는 최종서비스로서의 공공편익은 먼저 공공자본을 생산하고 여기에다 다른 투입요소들을 추가하고 결합하여 얻는 산출물이다. 그러므로 다음과 같이 표현할 수 있다.

$$G = g(Q, X, N, E)$$

G: 최종서비스(공공편익), Q: 공공자본, X: 사적재

N: 인구, E: 환경

이상의 논의에서 짐작할 수 있듯이 정부서비스의 산출물은 세 가지 방법으로 측정할 수 있다. 첫째는 공공서비스의 공급을 이에 대한 정부의 지출액으로 측정하는 방법이다. 이것은 생산과정에서 정부에 의해 사용된 투입물의 가치를 측정하는 방식이라고 할 수 있다. 예컨대 소방서비스의 경우 소방서, 트럭, 소화기 등

의 구입 및 각종 운영에 대한 지출로 측정하는 것이다. 둘째는 정부에 의해서 제공된 공공자본의 크기에 의해서 측정하는 방법이다. 소방서비스의 경우 일정한 면적 당 소화전의 수, 소방서의 수 등으로 측정하는 방식이다. 셋째는 정부서비스를 최종 서비스의 결과물인 공공편익을 측정하는 방법이다. 이런 방법은 주민들이 직접 느끼는 서비스 소비 수준을 의미한다. 소방서비스의 경우 화재진압 회수, 화재 건당 피해액 등으로 측정하는 방식이다.

정부지출과 공공편익

정부지출은 공공서비스의 수준을 측정하는 전통적인 지표이다. 그러나 이것이 공공편익을 측정하는 적절한 지표인가 하는 점에 대해서는 논란이 있다.

정부에 의해 공급되는 공공자본은 정부지출수준과 밀접한 연관을 가지지만 정확히 일치하는 것은 아니다. 정부지출은 공공자본의 생산비용을 말하므로 그 크기는 공공자본을 생산하는 데 투입된 투입요소의 량과 가격에 의존한다. 따라서 요소가격이 오르면 동일한 공공자본을 제공하기 위해 더 많은 지출을 필요로 한다. 그러므로 지역마다 투입요소가격이 다른 경우 같은 크기의 정부지출을 하더라도 공공자본의 공급량은 달라질 수 있다. 예컨대 한 지역의 인건비가 다른 지역에 비하여 낮다면 같은 지출을 가지고 더 많은 주민 1인당 공공자본을 제공할 수 있다.

이러한 이유 때문에 정부지출의 크기만을 가지고 지역 간 또는 시점 간 정부 공공서비스의 산출량을 비교하는 데에는 한계가 있다. 시간에 걸쳐서 투입요소 가격이 상승하면 같은 공공자본을 제공하기 위하여 투입 요소를 절약하는 새로운 기술이 도입되지 않은 한 더 많은 지출을 필요로 한다. 특히 정부가 구입하는 투입요소 중에서 노동이외에 토지가 상당한 비중을 차지하는데 토지가격이 지역별로 다름에 따라 같은 정부지출이라도 공공자본의 공급량에 큰 차이가 있을 수 있다.

또한 주민이 누리는 특정 공공서비스의 편익도 공공자본의 공급량과 반드시 비례하지 않는다. 실제 동일한 공공자본을 제공하는 두 정부의 주민들 간에도 서로 다른 공공편익을 누릴 수 있다. 위에서 언급한 바 있지만 일정한 공공자본으로부터 초래되는 주민들의 공공편익은 공공자본이외의 다른 요인, 즉 사적 소비, 지역의 환경적 또는 인구적인 특성에 의해 영향을 받는다. 예를 들어 동일한 학급 당 학생 수를 가지고 있는 두 지역이라도 공교육에 긍정적인 영향을 주는 사설학원이 잘 갖추어져 있는 지역에서는 학생들의 학업성취도가 높을 수 있다. 즉 같은 공공자본으로 사적 소비가 많은 지역의 정부가 더 많은 공공편익을 생산하여 제공할 수 있다. 이와 같은 경우 두 지역의 교육평등화를 위해서는 사적소비, 즉 사설학원이 부족한 지역에 더 많은 교육 공공자본을 제공해야 한다.

또 다른 예로서 동일한 소방서를 갖춘 두 지역이라도 한 지역은 목조로 지어진 오래된 한옥이 주를 이루고 있고 다른 지역은 벽돌로 지어진 양옥이 주를 이루고 있다고 하자. 그러면 벽돌로 지어진 지역은 같은 공공자본으로 더 높은 소방편익을 제공할 수 있다. 이 때 한옥이 주가 되는 지방정부는 소방시설을 보다 밀도 높게 해야지만 다른 지역과 같은 수준의 소방편익을 제공할 수 있게 된다. 이러한 예는 환경적 요인이 공공자본과 공공편익에 영향을 미치는 경우이다.

요약하면 정부지출이 정부서비스생산으로부터 초래되는 주민의 최종 편익을 측정하는 적절한 척도가 되지 못하는 이유는 다음과 같은 요인들 때문이다. 즉 생산기술, 투입요소가격, 지역의 환경적 요인, 사적소비패턴에 있어서 지역 간의 차이 등이 존재하면 이로 인하여 정부지출수준이 바로 주민의 공공편익과 정확히 일치할 수 없게 된다. 예컨대 요소가격이 오르면 같은 수준의 편익을 제공하기 위하여 더 많은 정부지출이 필요하다. 또 환경적 요인이 부정적으로 변하면 같은 수준의 편익을 제공하기 위하여 더 많은 지출이 요구된다. 이때는 정부지출이 증가하여도 주민이 느끼는 최종 편익은 감소할 수 있다. 반대로 정부지출이 감소하여도 요소가격이 하락하거나 환경이 개선될 때, 또는 주민들이 공적 서비스 대신 사적 소비로 대체하는 상황에서는 주민의 편익은 증가할 수 있다. 그러므로 정부지출을 정부 간 비교의 목적으로 사용할 때는 이러한 요인들을 충분히 고려하여야 한다.

정부지출(政府支出)이 갖는 이러한 한계 때문에 정책입안자들은 정부 프로그램의 성과를 측정하는 비교지표로서 정부지출 대신에 최종편익을 사용하려고 한다. 예로서 전통적인 계선식의 품목별 예산 편성으로부터 성과주의 예산편성으로의 이동을 들 수 있다. 앞 장에서 설명했듯이 전통적인 예산편성은 특정 프로그램에 대한 지출을 단순히 측정하였다면 이에 반해 성과주의 예산 편성에서는 이로부터 벗어나 정부지출의 효과에 직접 초점을 맞추었다. 최종성과에 초점을 맞추게 되면 정부는 자원을 보다 잘 배분할 수 있는 동기를 갖게 된다. 즉 정부는 각 사업에 대한 지출보다 그 효과에 집중하게 되어 예산편성과정에서의 효율성을 증대시킬 수 있다.

정부지출과 인건비

정부가 제공하는 공공서비스의 산출량을 측정할 때 가장 보편적으로 사용하는 지표가 정부지출이다. 이처럼 정부지출을 척도로 사용할 때 비용으로서의 정부지출 중 가장 중요한 항목이 노동비용, 즉 인건비이다. 그런데 노동비용은 정부 계층이나 시대별로 다르므로 비교 목적으로 사용할 때는 이 점에 유의하여야 한다.

일반적으로 정부지출 중 노동비용의 비중은 중앙정부보다는 지방정부에서 높게 나타난다. 그 이유는 정부에 의해 제공되는 서비스의 차이 때문인데, 지방정부가 주민이나 지역의 기업에 제공하는 서비스의 성격을 보면 중앙정부보다 더 많은 노동을 필요로 하는 것을 알 수 있다. 이 때문에 지방정부의 경우 중앙정부보다 노동비용의 비중이 높게 나타나는 것이다.

한편 중앙정부의 지출예산을 보면 상당히 많은 부분을 국민의 소득보전, 의료지원 등 사회보장을 위한 이전지출로 사용한다. 또한 지방정부에 교부금으로 지출하는 자금의 비중도 점차 증가하고 있는 실정이다. 다시 말해서 중앙정부가 직접적으로 생산하는 서비스 품목이 적은 데 비해 예산의 많은 부분을 이전지출 형태로 사용하기 때문에 인건비의 비중이 낮을 수밖에 없는 것이다. 이에 비해서 지방정부의 지출은 대부분 직접 공공서비스를 생산하는 데 사용하므로 지방정부의 인건비 비중이 높을 수밖에 없다.

한편 시대에 따른 정부지출의 구성변화를 보면 과거에 비하여 오늘날 정부지출 중 노동비용이 차지하는 비중이 감소하고 있다. 그 이유는 정부의 활동에 초래된 변화 때문이라고 할 수 있다. 그 중 하나의 변화는 앞에서 지적하였듯이 과거에 비하여 오늘날은 정부가 서비스를 직접 생산하기보다 이전지출의 비중을 늘리고 있다는 점을 들 수 있다. 이러한 이전지출에 대한 의존도의 증가는 노동 비용 비중의 감소로 나타난다. 또 하나는 오늘날은 과거에 비하여 정부 서비스 생산이 노동을 절약하고 자본을 많이 쓰는 자본집약형으로 변화되고 있다는 점이다. 예를 들면 거리를 청소하는데 인력을 줄이고 청소차를 사용한다던가 하는 것이다. 이러한 요인들이 정부지출 중에서 노동비용 즉 인건비를 줄이는데 기여하게 되었다.

2. 정부서비스의 생산비용

일반적으로 생산성의 증가 없이 요소가격이 상승하면 공급비용은 증가한다. 그러나 요소가격의 상승과 생산성이 같은 비율로 상승한다면 공급비용은 증가하지 않는다. 위에서 살펴본 바와 같이 특히 지방공공재의 공급에 있어서 노동비용이 중요한 비중을 차지한다. 그러므로 공공재의 공급비용을 파악하자면 임금의 변화와 생산성의 변화에 모두 주목할 필요가 있다. 또한 지방정부에 의한 공공재 생산은 별개의 것이 아니라 경제의 나머지 부분과 밀접하게 연관되어 있다. 즉 경제 전반에 걸쳐서 노동에 대한 수요와 공급에 있어서의 변화가 초래되면 지방공공재의 공급비용에도 상당한 변화가 초래된다.

다음에서는 보몰(W. Baumol)의 가설에 따라서 두 부문 간의 생산성 차이와 비용의 관계를 이용하여 공공재의 생산성과 비용의 관계를 설명하기로 한다. 그의 이론에 의하면 경제를 공공재 생산부문과 나머지 사적재화 즉 시장재화를 생산하는 산업생산부문으로 나눈다. 두 부문 중에서 산업생산 부문은 생산성의 개선이 빨리 일어나고 그에 따라 임금이 증가한다고 가정한다. 산업생산부문의 이러한 생산성 증가는 주로 노동을 자본으로 대체함으로써 일어난다. 이 부문의 특성상 자본과 노동의 대체 가능성은 매우 높다. 따라서 산업생산부문에서는 노동수요의 가격(임금)탄력성은 매우 높다. 즉 임금이 오르면 노동이 자본으로 빠르게 대체되고 이에 따라 생산성 증가가 빠르게 나타난다. 그러나 이에 반해 공공재 생산부문은 주로 노동집약적으로 생산이 이루어진다. 그리고 이 부문의 특성상 노동과 자본의 대체가능성이 매우 낮으므로 이 부문에서 노동수요의 가격 탄력성은 매우 낮다고 할 수 있다. 때문에 이 부문에서의 생산성 증가는 잘 일어나지 않는다.

〈그림 9-1〉 생산성과 임금

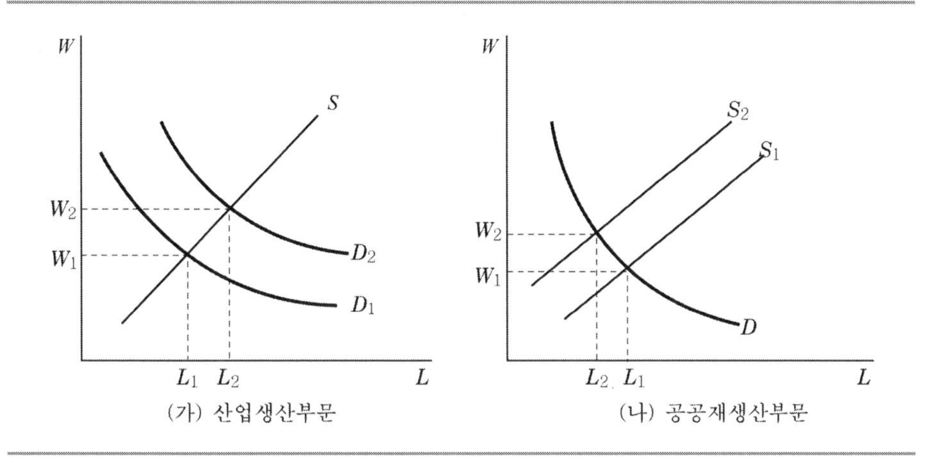

〈그림 9-1〉 (가)에서 보면 산업생산부문의 노동생산성 증가는 노동의 수요곡선을 D_1에서 D_2로 우상향 이동시킨다. 왜냐하면 생산성 증가란 각 노동 수준에서 노동자들이 더 많이 생산한다는 것이므로 노동의 한계생산물가치(VMP)의 크기를 나타내는 수요곡선이 상향 이동한다. 따라서 임금은 W_1에서 W_2로 증가한다. 생산성이 증가하면 노동조합은 임금을 인상하도록 압력을 가할 것이기 때문이다.

한편 산업생산부문에서의 임금 인상으로 이 부문 노동자의 소득이 공공부문에 비하여 높게 되면 공공부문에 종사하던 노동자들이 산업생산부문으로 이동하려 한다. 이점이 이 이론의 해심이다. 그렇게 되면 공공재생산부문의 노동공급곡선이 S_1에서 S_2로 좌측으로 이동한다. 따라서 공공재 생산부문의 고용은 줄어들게 되고 이에 따라 임금도 W_1에서 W_2로 역시 상승하게 된다.

공공재 부문에서 임금이 상승하는 이유는 이 부문에서 고용을 어느 수준으로 일정하게 유지하기 위해서는 임금을 어느 정도 올려주어야 하기 때문이다. 실제로 경기가 활황일 때는 기업들의 인력 수요가 크게 증가한다. 기업부문에서 임금이 크게 상승하면 우수한 인력이 기업부문으로 집중되는 현상을 목격할 수 있다. 그렇게 되면 공공부문에서 인력의 기근 현상이 나타난다. 이 때는 공공부문으로의 지원자가 줄어들게 되므로 공직에서 우수한 인재를 구하기 어려워지기 때문에 우수한 인재를 구하기 위해서는 임금을 인상해야 한다.

다시 말하면 산업생산부문에서 생산성 개선이 이루어지면 이 부문의 임금수준을 올리는 것은 물론이고 생산성 향상이 이루어지지 않은 나머지 부문 예컨대 공공부문에서의 임금인상을 유발하게 된다. 따라서 공공부문의 지출을 증가시키는 결과를 가져온다.

이상과 같은 보몰의 가설에서는 생산성 증가와 임금의 상승의 효과가 부문 별로 다르게 나타난다. 산업생산부문에서는 노동자들의 임금이 증가하는 동시에 더 많은 생산이 이루어지므로 단위당 생산비용은 증가하지 않는다. 그러나 공공부문에서는 이와 달리 자체적인 생산성 증가가 이루어진 것이 아니라 여타 부문에서의 변화에 의해 임금상승이 강요되었다. 즉 생산성의 증가가 수반된 것이 아니다. 그러므로 공공부문의 단위 당 생산비용은 올라가게 된다. 즉 여타 부분에서의 생산성 향상으로 인하여 공공부문의 서비스 생산비용이 덩달아 증가하게 되어 생산비용이 상승한다는 것이다.

그런데 공공서비스 생산에 있어서 단위 당 생산비용의 상승이 총지출을 증가시키는지 그렇지 않은지에 대한 해답은 실제로 공공서비스에 대한 수요의 가격 탄력성에 달려 있다. 공공서비스에 대한 수요가 만약 가격에 대하여 탄력적이라면 가격 상승보다 수요의 감소가 크기 때문에 단위 당 생산비용의 증가에도 불구하고 총지출은 감소할 수 있다. 그러나 일반적으로 공공서비스에 대한 수요의 가격 탄력성은 비탄력적이므로 그와 반대의 결과가 나타난다. 즉 가격의 상승 폭에 비하여 수요의 감소가 적기 때문에 총지출은 증가한다. 따라서 보몰의 가설이 말하는 바는 경제의 여타 부문에서 생산성 향상이 있으면 이는 정부에 의해서 공급되는 서비스에 대한 지출을 증가시키게 된다는 것이다. 이러한 논리적 귀결은 실제로 소득이 증가함에 따라서 소득에서 정부지출이 차지하는 비중이 높아지는 경험적 사실과 일치하는 것이다.

3. 정부서비스의 가격결정

정부가 직접 생산하여 공급하는 공공재에는 국방과 같은 순수공공재와 그 외에 주로 공기업에 의해서 공급되는 사적재화에 가까운 준공공재에 이르기까지 스펙트럼을 이루는 다양한 종류가 있다. 순수공공재를 비배제성과 비경합성의 성질을 가진 재화라고 정의한데 반하여 준공공재란 비배제성이나 비경합성 중 어느 하나라도 완전하게 성립하지 않는 공공재를 말한다. 순수공공재의 공급비용은 주로 조세의 징수에 의하여 조달한다. 이에 반해 교육, 전기, 수돗물 등과 같은 준 공공재의 공급비용은 사적재화와 유사하게 사용료를 걷어서 충당한다. 다음에서는 순수공공재의 공급 원리와 준공공재의 공급 원리를 구분하게 설명한다.

순수공공재의 가격결정

일반적으로 모든 재화 및 서비스의 효율적 공급을 위한 기본원리는 사회적 한계비용과 사회적 한계편익을 일치시키는 것이다. 이것이 효율성의 기본정리이다. 공공재의 경우도 원칙적으로 이러한 원리에서 예외는 아니다. 다만 순수공공재의 경우에는 개인들이 이를 동시에 소비하기 때문에 모든 개인들의 한계편익을 합계한 사회적 한계편익이 사회적 한계비용과 일치할 때 공공재 공급의 효율성 조건이 충족된다. 예를 들어 3명으로 구성된 사회를 생각해 보자. 세 사람의 공공재에 대한 수요(한계편익)가 〈그림 9-2〉와 같이 서로 다를 때 사회적 한계편익은 세 사람의 수요곡선을 수직으로 합하여 나타낸다.[2] 그 이유는 시장재화와 달리 공공재는 일단 공급되면 세 사람이 동시에 소비하기 때문이다. 이 점에 대해서는 이미 제6장에서 언급한 바 있다.

이 그림에서 공공재를 국방서비스라고 생각하자. 그러면 A는 가장 작은 수요를, B는 중간정도의 수요를, C는 가장 큰 수요를 각각 갖는다. 개인들의 수요함수는 각각의 조세가격에서 수요하고자 하는 량을 나타내는데, 그림의 아래에 있

2) 시장재의 경우는 시장의 수요함수는 개별수요함수를 수평으로 합하여 구한다는 점에서 공공재의 경우와 다르다.

는 3개의 수요곡선은 개인의 수요곡선을 나타내며, 가장 위에 있는 수요곡선은 이들을 수직으로 합한 사회적 수요 곡선이다. 즉 사회적 수요곡선의 높이인 사회적 총 편익은 3명의 편익을 수직으로 합한 것과 같다. 그러면 이 그림에서 해당 공공재의 효율적인 생산량은 Q^*이다. 이 수준에서 사회적 한계비용이 개별적인 한계편익의 합계인 사회적 한계편익과 같기 때문이다. 이와 같은 원리를 사무엘슨 법칙(Samuelson rule)이라고 부른다.

〈그림 9-2〉 순수공공재의 가격결정

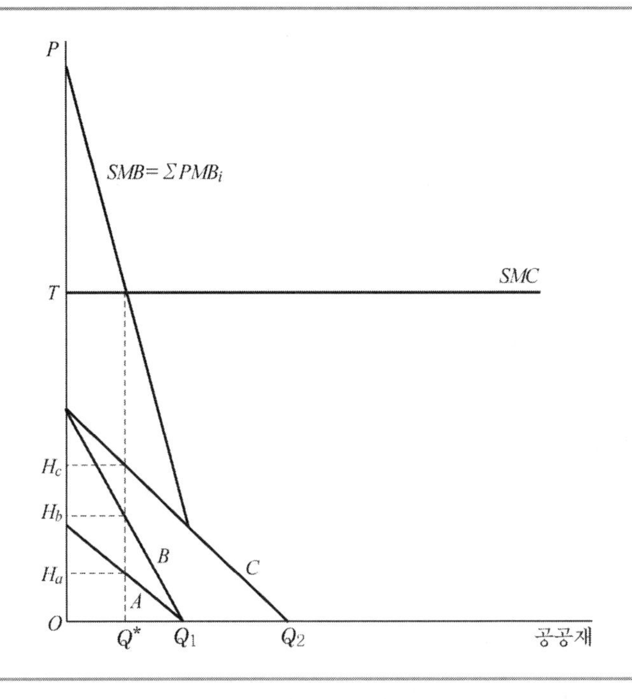

그림에서 보면 공공재의 효율적 생산량이 Q^*에서 결정될 때 A, B, C 세 사람의 한계편익은 각각 H_a, H_b, H_c로 나타낼 수 있는데, 이들은 크기가 서로 다르다. 이러한 경우에 정부는 Q^*를 공급하는 데 들어간 비용을 세 사람의 한계편익의 크기에 비례하여 분담시키는 방식을 생각할 수 있다. 즉 총 조세(T)를 A, B, C 각자에게 H_a, H_b, H_c로 나누어 부과할 수 있다($H_a + H_b + H_c = T$). 그렇게 되면 각자의 조세 부담률은 사회적 한계편익에 대한 각자의 한계편익의 비율과 같게 된다. 즉 조세부담률을 t라고 할 경우 각자의 조세부담률은 다음과 같다.

$$t_a = H_a / T,\ t_b = H_b / T,\ t_c = H_c / T$$
$$(t_a + t_b + t_c = 1,\ H_a + H_b + H_c = T)$$

이렇게 산정된 조세부담률은 시장가격과 같은 성격을 갖는다. 그리고 이것은 달리 말하면 정부의 지출이 증가할 때 개인이 부담해야 할 조세의 크기를 결정한다. 예컨대 국방서비스를 공급하는 경우 조세부담률인 t_a, t_b, t_c가 각각 0.2, 0.3, 0.5이라고 할 때, 국방서비스의 공급비용이 100억 원 증가한다면, A는 20억, B는 30억, 그리고 C는 50억 원을 추가로 부담한다는 것이다. 이와 같이 각자의 공공재공급에 대한 조세부담이 한계편익의 크기와 같아야 한다는 원리를 제창자의 이름을 따라 린달의 균형(Lindahl's Equilibrium)이라고 한다.

린달의 균형에서와 같이 한계비용이 한계편익을 반영한다고 하면 공공재는 효율적으로 수급될 수 있을 것이다. 그러나 실제에서는 그렇게 하는 것이 쉬운 일이 아니다. 그 이유는 한계편익을 측정할 수 있어야 하는데 실제로는 불가능하기 때문이다. 공공재의 비배제적인 특성 상 개인들은 그들의 진정한 수요를 나타내려하지 않기 때문이다. 즉 개인들이 조세를 부담하지 않는다고 해서 국방과 같은 순수 공공재의 이용으로부터 배제시킬 수 없다는 무임승차의 문제가 발생하기 때문이다. 하여튼 린달 균형은 조세를 편익에 의한 사용료의 한 형태로 생각함으로써 공공재 공급에 있어 효율성의 가능성을 보여주고 있다는 점에서 중요한 의미가 있다(R. C. Fisher, 2007). 그러나 실제로 순수공공재의 공급에 대한 비용으로 부과되는 조세는 린달의 균형에서와 같이 편익과세의 원칙을 따라서 결정되는 것은 아니다. 조세의 부과 시에는 린달의 균형과 같은 효율성의 기준 못지않게 형평성을 고려하여 부과해야 하기 때문이다.

준공공재의 가격결정

이상에서 본 바와 같이 순수공공재의 공급에 대한 비용부담은 주로 조세부과라는 방식으로 이루어진다. 일반적으로 공공재공급 비용의 조달은 조세를 부과하여 조달하는 방식과 서비스를 직접 소비하는 주민에게 사용료를 부과시키는 방식으로 나눌 수 있다. 전자인 조세부과 방식은 조세부담과 사용한 서비스 사이에 직접적인 연관이 없다. 반면에 다음에서 설명할 공공서비스에 대한 비용으로서의 사용료 예컨대 수돗물 사용료, 공립학교 수업료, 공영주차료, 지하철요금, 공원입장료 등과 같은 준공공재의 경우는 사용료와 편익 간에 밀접한 관련이 있다. 이때의 사용료는 시장재의 경우에서 보듯이 시장가격과 같은 구실을 한다.

• 사용료의 결정원리

이론적으로는 사용자 부담금(user charge)은 편익조세에 해당한다. 그러므로 위에서 설명한 린달의 균형이 이에 적용된다. 즉 개인의 부담금은 공공서비스 사용에 대한 편익과 같다는 것이다. 경제적 효율성의 기본원리는 한계편익과 한계비용을 일치시키는 것이다. 따라서 어떤 공공서비스를 사용하거나 이용하여 편익을 얻는 주민에게 부과되는 부담금은 한계편익과 같도록 해야 한다.

사용료(使用料) 즉 사용자 부담금의 결정원리는 다음과 같이 설명될 수 있다. 만약 어떤 공공서비스가 무료로 공급된다고 해보자. 그러면 소비자들은 그 서비스를 효율적인 규모보다도 더 많이 수요할 것이다. 그러면 자원이 낭비되므로 사회적 후생의 손실이 발생한다. 그러나 적절한 사용료를 부과하게 되면 소비자들이 소비를 결정할 때 진정한 비용의식을 갖게 된다. 적절한 비용의 부담은 사회적으로 효율적인 자원이용에 대한 유인이 될 수 있는 것이다.

예를 들어 지방정부가 공원을 하나 건설하려 하는데 어느 규모로 할 것인지를 결정해야 한다고 하자. 공원의 건설은 이곳에 입장하는 소비자에게 직접적인 편익을 제공한다고 하자. 〈그림 9-3〉에서 이런 직접적인 편익을 받는 집단의 수요곡선을 d_1라고 표시하자. 한편 이 공원의 건설은 이곳을 이용하는 사람이외의 모든 주민들에게 일반적인 편익을 제공하는데 이를 나타내는 수요곡선을 d_2라고 하자. 사회 전체에 돌아가는 일반적인 편익이란 공원에 입장하지 않더라도 지역의 공기를 정화한다거나 하는데서 오는 간접적인 편익을 말한다. 그러면 결과적으로 공원의 건설에서 오는 사회적 편익의 합계는 d_1과 d_2를 합한 사회적 수요곡선 D가 된다. 이 공원의 건설에 소요되는 한계비용을 MC하고 하면 이 공원의 효율적인 공급규모는 효율성의 원리에 따라 $D = \sum MB_i = MC$의 수준에서 결정된다. 즉 그림에서 보면 Q^*가 공원의 최적 공급규모이다. 이때 한계비용(MC)은 공원의 직접 사용자집단과 일반인 사이에 나누어지는데, 그 크기는 각각의 한계편익에 따라 직접 이용자집단에게는 사용료의 형태로 MB_a의 크기를 부과하고, 일반인들에게는 세금의 형태로 MB_s의 크기만큼을 부과하면 된다.

〈그림 9-3〉 사용료의 결정

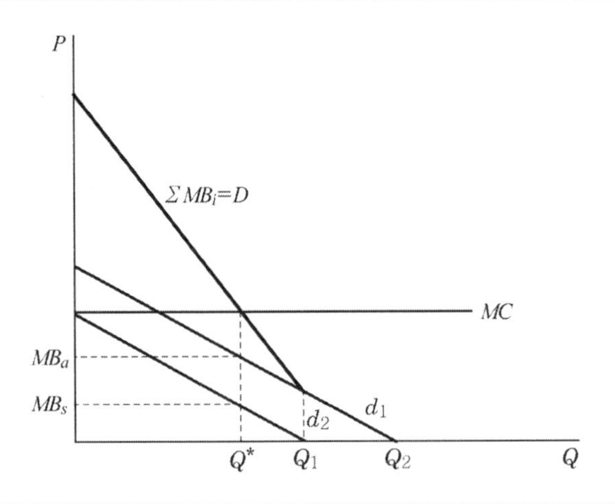

만약 이 〈그림 9-3〉에서 입장비용이 제로(0)라면 공원이용객의 공원에 대한 수요는 Q_2만큼이 될 것이다. 그러나 이 서비스규모가 최적규모인 Q^*를 초과할 때는 사회 전체에 돌아가는 편익보다 비용이 더 크므로 효율적이지 못하다. 이와 같이 공공서비스를 공급함에 있어서 적절한 가격을 책정하지 못할 때에는 한계비용과 총 한계편익 간에 차이가 발생하고 이 크기는 효율성 상실의 정도를 의미한다고 볼 수 있다.

• 비용의 적정배분

준공공재의 공급에 들어가는 비용의 배분문제에 대하여 좀 더 구체적으로 알아보자. 공원과 같은 공공시설을 건설하는 데에는 고정비용이 들어가고 이를 유지 운영하기 위해서 가변비용 즉 운영비용이 들어간다. 이런 고정비용과 운영비용을 사용자들에게 어떻게 배분하는 것이 바람직한 것인지에 대한 논의가 필요하다. 먼저 고정비용의 배분문제에 대하여 알아본 후 운영비의 배분문제를 논의하기로 한다.

위에서 살펴보았듯이 공공시설을 건설하는 고정비용(즉, 자본비용)은 그 시설물이 존재한다는 사실로 인하여 이익을 보는 모든 사회구성원들에게 고르게 분담되어야 하는 것이 효율성의 원칙에 합당하다. 그런데 사람들 중에는 시설물을 직접 이용하는 사람도 있고 그렇지 않은 사람도 있을 수 있다. 전자에게는 당연히 비용을 부담시켜야 한다는데 이론이 없다. 그러나 후자에게도 비용 중의 일정부분을 부담시켜야 하는가? 그렇다. 왜냐하면 공원에 입장하지 않는 사람이라도 공원의 건설로 인하여 공기가 정화된다거나 하여 일부의 편익을 누릴 수 있는 것이다. 도로의 건설도 마찬가지다. 운전을 하지 않는 사람의 경우도 도로가 새로 건설되면 각종 물자의 수송이 편리해져서 간접적인 이익을 볼 수 있게 된다. 따라서 그 지역에 사는 사람이면 모두 비용을 나누어 부담해야 한다.

한 개인이 어떤 공공시설물을 현재 직접 이용하지 않더라도 그것이 그 지역에 존재한다는 사실로부터 편익을 누릴 수 있는 이유를 구체적으로 들면 같다. 첫째는 공공시설의 존재 자체가 미래에 이용할 수 있는 선택의 가능성을 준다는 점이다. 개인이 현재는 사용하지 않지만 미래에 언젠가는 생각이 바뀌어 이용할 수도 있다. 개인적 여건이나 취향이 변하여 수요가 변하면 이용할 수 있는 여지가 있다는 것은 처음부터 선택의 여지가 없는 것과는 전적으로 다르다. 공원의 경우를 보자. 현재는 직장 생활로 바빠서 공원을 이용하지 않지만 나이가 들어 은퇴하면 공원을 이용할 가능성이 높아진다.

둘째는 공공시설물은 외부효과(spillover effect)를 갖는다는 점이다. 개인이 공공시설물을 직접 이용하지 않는다고 하더라도 그 시설물로부터 발생하는 외부경제효과의 이점을 볼 수 있다. 위에서 예로 든 공원에 저수지가 있다면 근처에 있는 낚시점은 큰 혜택을 볼 수 있다. 또 공원이 관광지로서의 기능을 한다면 외부지역에서 자금이 유입되어 그 지역 주민의 소득에 영향을 미칠 수 있다. 그 외에도 공원의 건설로 환경이 개선되어 사람들의 유입을 촉진한다면 그 지역의 임금이 하락하게 되고 그로 인한 이익이 발생할 수도 있다.

이와 같이 주민들이 공공시설물을 직접 이용하지 않더라도 그로부터 편익을 얻는다고 하면 그 시설물의 구축에 필요한 경비를 공동으로 부담해야 하는 것이 경제적 원리에 합당하다. 이러한 부담은 시설물의 사용량과 무관하게 개인 또는 가계에 대하여 일률적으로 부과된다. 즉, 이 같은 성격의 비용은 사용료가 아니라 일반 조세 수입으로 충당된다.

이상에서는 공공시설물의 건축에 따른 고정비용의 부담문제에 대하여 살펴보았다. 다음에서는 공공시설물이 공급된 이후의 운영에 들어가는 비용의 부담 문제를 살펴보기로 한다. 효율성의 원리에 의하면 한계편익과 한계비용이 같아야 한다. 여기에서 한계비용이란 공원의 경우에 주민을 한 사람 추가로 입장시키는데 따른 비용이다.

이 효율성의 원리에 의하면 운영비는 한계편익에 기초해서 부과되어야 한다. 만약 한계편익을 초과해서 부과한다면 이용자가 없을 것이다. 모든 한계운영비가 한계편익을 초과하는 경우는 $MB = MC$가 되는 수준까지 공공서비스의 공급을 줄여야 한다. 그러나 교육과 같이 공공서비스의 소비가 외부효과를 초래하는 경우는 이를 감안해야 한다.

만약에 충분한 수요가 있다고 가정할 때 공원 입장의 한계운영비를 계산했더니 1천원으로 일정한데 외부효과가 없다고 하면 입장료는 1천원으로 정하면 된다. 그러나 만약 한계운영비가 하나도 들지 않는다면 입장료는 부과할 필요가 없게 된다. 고정비용이 들어가는데 이용료를 부담시키지 않는다는 것이 이해가 되지 않을 수 있다. 운영비가 들지 않는다는 것은 비현실적인 예이지만 만약 그렇다고 하면 나머지 고정비용은 일반조세의 형태로 부과한다는 것을 의미한다. 효율성의 관점에서 보면 고정비용은 일반조세수입으로 조달하고 운영비는 이용료로 부과하는 것이 바람직하다.

한편 운영비 외에 공공서비스의 공급에는 혼잡비용(congestion costs)이 발생할 수 있다. 즉 공공서비스의 이용이 증가하면 다른 이용자들에게 추가적인 비용을 발생시키는데 이를 혼잡비용이라고 한다. 공원에 입장객이 어느 수준 이상으로 늘어나면 다른 사람의 쾌적한 이용에 방해가 되거나 기다려야 하는 번거로움이 발생한다. 이와 같은 경우에 정부로서는 추가적인 비용이 들어가지 않는다면 운영비를 더 걷을 필요는 없다. 그러나 보통 정부는 이때 요금을 부과하는데, 이를 통하여 자원의 이용을 절약할 수 있다. 예를 들어 혼잡의 문제가 발생하지 않을 때에는 공원의 입장료가 1,000원이었는데, 입장객이 많아지자 혼잡의 문제가 발생하고 이 때 정부가 입장료를 1,500원으로 500원을 인상하였다고 하자. 이 때 공원에 대한 수요가 가격 비탄력적이라면 정부의 수입이 증가하게 된다. 한편 자원배분의 관점에서 보면 입장료가 인상되어 사람들의 공원에 대한 수요가 감소하기 때문에 정부로서는 공원을 추가로 건설하지 않아도 되므로 자원이 절약된다.

〈그림 9-4〉 혼잡비용과 사용자 요금의 결정

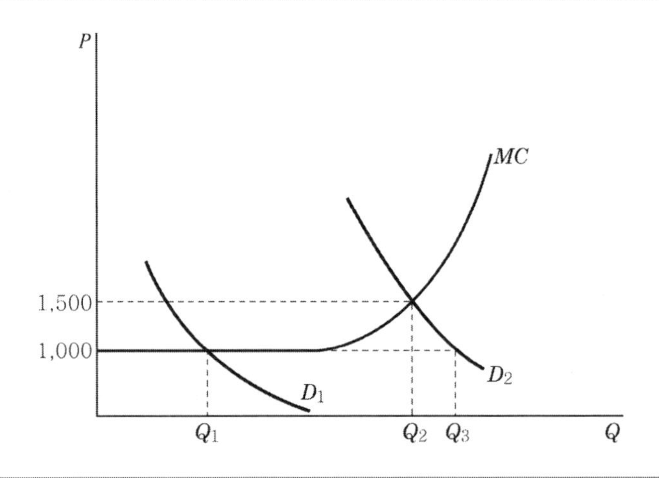

〈그림 9-4〉에서 혼잡비용(混雜費用)과 사용자 요금의 결정과정을 설명해 보자. 여기에서 운영비는 1,000원으로 일정하다고 가정하였다. 즉 혼잡비용이 없다면 한계비용은 1,000이다. 그러나 이용자가 늘어남에 따라 혼잡비용이 점차 증가한다고 가정하면 한계비용은 어느 시점부터 증가할 것이다. 그림에서 한계비용은 이러한 성질을 반영하여 일정시점이후에 상향하도록 그린 것이다.

만약 공원에 대한 수요가 평일에는 D_1으로 적다고 하자. 그러면 혼잡비용이 없으므로 사용자 요금은 1,000으로 결정되고 Q_1만큼의 서비스가 이용된다. 문제가 간단하다. 그러나 주말에는 공원에 대한 수요가 D_2처럼 증가한다고 하자. 그러면 주말에는 한계비용과 한계편익이 일치하도록 입장료를 1,500으로 부과하는 것이 경제적 효율성의 원리에 합당하다. 이 때에 공원의 이용자들이 혼잡비용을 포함한 비용을 계속 부담하려 한다면 이는 공원에 대한 추가 수요가 있다는 것을 의미한다. 그렇다면 이는 공원이 부족하다는 것을 의미하므로 정부는 혼잡의 문제를 줄이기 위하여 주말 이용객에게 부담시킨 이용료 수입으로 새로운 공원을 건설하는데 사용할 수 있다.

요약하면 사용자 부담금은 세 부분으로 구성된다. 즉 자본비용, 운영비용, 그리고 혼잡비용이다. 자본비용은 공공시설의 건설 및 설비에 들어가는 비용으로서 생산자 입장에서 보면 고정비용에 해당한다고 할 수 있는데 이 부분은 모든 구성원에게 조세의 형태로 부담시킨다. 운영비용은 주민들이 공공설비를 이용하는데 따른 비용이며, 혼잡비용은 공공설비의 이용과정에서 다른 사람에게 미치는 비용이다. 이 두 비용은 가변비용에 해당하는 것으로 이용자에게 이용료의 형태로 직접 부담시키는 것이 바람직하다. 이 때의 가격결정은 효율성의 원리인 $MB = MC$의 원리에 따른다.

• 자연독점의 가격책정

준공공재 중에는 정부에서 직접 생산하여 공급하는 것이 아니라 공기업을 설립하고 이를 통하여 공급하는 경우가 있다. 공기업에 의한 준공공재 생산에는 대부분 자연독점 현상이 지배적이다. 자연독점에 대한 성격에 대해서는 이미 언급한 바 있지만 다음에서는 자연독점의 경우 가격이 어떻게 책정되는지에 대하여 좀 더 구체적으로 설명하기로 한다.

자연독점산업에서의 사용료, 즉 가격을 책정하는 방법에는 다음과 같은 것들을 생각할 수 있다. 첫째는 가격을 한계비용과 같게 놓는 것이다. 즉 한계비용가격책정(marginal cost pricing)방식이다. 〈그림 9-5〉에서 P_1이 이 때의 가격이다. 이 방법은 경제적 효율성이라는 측면에서는 바람직하지만 가격이 평균비용보다 낮게 되어 이 시설을 운영하는 주체인 공기업에 손실이 발생한다. 이 경우 정부는 손실부분을 일반조세수입으로 보전하여 주는 방법을 생각할 수 있다. 이 방법은 모든 사람이 고정비용의 일부를 부담하는 한편 사용자는 동시에 가변비용인 운영비를 부담한다는 점에서 타당성을 갖는다. 하지만 운영손실을 조세를 걷어서 충당할 때 조세징수에 의해서 초래되는 효율성손실은 별도의 문제로서 피할 수 없다.

둘째는 평균비용가격책정(average cost pricing)방식이다. 즉 가격을 평균비용과 같게 놓은 방법으로 〈그림 9-5〉에서 볼 때 P_2의 가격책정을 말한다. 이때는 총수입과 총비용이 일치하여 수입으로 모든 비용을 충당할 수 있어서 한계비용 가격책정(marginal cost pricing)에서 발생하는 손실의 문제는 제거된다. 그러나 또 다른 문제로 손실은 발생하지 않으나 가격이 한계비용보다 높기 때문에 공공설비가 효율적인 수준보다 적게 이용된다는 점에 고민이 있다.

〈그림 9-5〉 자연독점과 가격책정

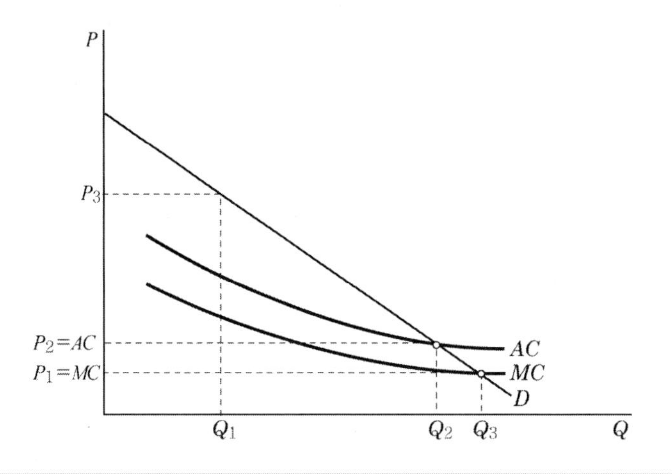

셋째는 이상의 두 가지 방법의 절충안으로서 이중가격책정(price discrimination), 즉 가격을 차별하는 방법을 생각해 볼 수 있다. 이중가격제도란 예컨대 선호의 강도가 높은 그룹에 대해서는 높은 가격을 부과하고 나머지 그룹에 대해서는 한계비용에 의해서 가격을 책정하는 방식이다. 〈그림 9-5〉에서 이를 보면 Q_1까지 구입하고자 하는 사람들에게는 P_3의 가격을 부과하고 나머지에 대해서는 P_1의 가격을 부과하는 것이다. 그러면 동일한 공공서비스에 대하여 이중가격이 형성된다. 이 정책은 최종 단위의 산출물에 대한 사용료, 즉 가격이 한계비용과 일치하기 때문에 총 소비가 효율적인 수준에서 결정된다. 또한 가격차별에 의하여 들어오는 수입이 단일가격($P_1 = MC$)을 책정했을 때보다 많기 때문에 이것으로 운영비 손실의 전부 또는 일부를 보전할 수 있다는 이점이 있다.

이와 같이 이중가격제도에서는 단일가격이 적용되는 경우에 비하여 높은 가격을 부담하는 소비자들의 소비자잉여 중 상당부분이 운영주체의 수입으로 전환된다. 이 때 높은 가격, 즉 P_3를 어느 수준에서 정하는가에 따라 운영에 따른 손실을 전부 또는 일부를 보전할 수 있게 된다. 공공서비스의 초기 공급량에 대하여 부과하는 높은 가격, 즉 그림에서 P_3는 공공시설에 대한 접근 비용(access cost)인 기본비용으로서 이로부터 초래된 수입은 자본비용(또는 고정비용)을 커버하도록 설계할 수 있다. 그러면 낮은 가격, 즉 P_1은 한계가변비용에 해당하므로 이는 운영비를 커버하는 이용료로서의 성격을 갖는다.

이러한 이중가격제도(二重價格制度)의 적용사례는 우리의 일상생활에서 쉽게 발견할 수 있다. 수도요금이나 전기요금을 보면 기본요금이 있고 기본사용량을 초과하는 부분에 대해서 일정한 요금이 추가된다. 이 때에 기본요금은 고정비용을 커버하는 비용에 해당하며 공공서비스를 이용하자면 지불해야 하는 접근 요금이다. 다른 예로서 연극이나 영화와 같은 공연시설에 입장할 때 연간이용권을 구매한 사람에게는 입장할 때 다른 사람에 비하여 매우 낮은 입장료만 부과하는 방식도 있다. 또 놀이시설을 이용할 때 입장료만 내면 다른 시설은 무제한 이용을 허가하는 방식도 이에 해당한다.

공공요금의 경제적 성격

이상에서 보듯이 정부의 공공서비스 제공에 대하여 그 부담을 조세징수로 할 수도 있고 아니면 사용자 부담금을 부과하여 할 수도 있다. 이들 각각은 장단점이 있을 수 있다. 일반적으로 사용자 이용료를 부과할 때는 서비스로부터 편익을 얻는 대상자를 분명히 확인할 수 있는 경우이다. 특히 편익의 대상자가 그 지역 내의 주민이 아닌 경우에는 이용자에 대하여 비용을 부담시키는 방법으로 사용료를 부과하는 것이 타당하고 정당성을 갖는다.

그러나 사용자 부담금은 분배의 공평성이라는 측면에서 반대에 부딪친다. 즉 사용자 부담금 제도는 소득이 낮은 사람에게 불리하다는 것이다. 일반조세는 능력 원칙에 따라 부과되지만 사용료의 부과는 편익원칙에 따르는 데서 나오는 문제이다. 자동차나 주택과 같이 시장원리에 따라 가격이 정해지는 시장재화는 돈 있는 사람에게 유리하다. 돈이 없는 사람은 사용에서 배제된다. 그러면 교육과 같은 공공서비스의 경우도 돈이 없는 사람은 이용에서 배제되어야 하는가 하는 공평성의 문제가 제기된다. 교육의 경우는 이런 공평성의 문제가 특히 심각하게 나타나는 예이다. 초·중등교육을 의무교육으로 하는 이유가 바로 여기에 있다. 교육은 소득분배에 영향을 크게 미치므로 소득을 재분배하는 기능을 가진다는 점에서 다른 사적재화와 달이 취급되어야 할 필요가 있다(R. Fisher, 2007).

그러나 모든 공공서비스가 이와 같은 재분배적인 기능을 갖는 것은 아니다. 예를 들어 공공 골프장을 무료로 개방하는 정책이 가난한 사람의 입장에서 볼 때 바람직 것인가? 골프장은 가난한 사람보다 소득이 높은 사람들이 더 많이 이용하는데 이 시설을 무료로 이용하게 한다면 그 혜택이 오히려 고소득자집단에게로 돌아갈 수 있다. 예를 들며 한 때 서울시에서 난지도에 골프장을 건설하고 이곳을 무료로 개방하는 문제를 놓고 논란이 일어난 적이 있다. 당시에 반대하는 단체의 주장은 이 같은 정책이 대다수 서민들에게 무슨 혜택을 주느냐 하는 것이었다. 분배적 측면에서 보면 타당성이 있는 주장이다. 소득이 높은 사람들이 이용하는 시설에 대해서는 사용자 부담금을 부과하고 이로부터 얻은 수입으로 소득이 낮은 사람들에게 보조를 하는 것이 오히려 소득분배라는 측면에서 바람직할 수 있다.

사용자 부담금이 갖는 또 다른 문제점은 부담금을 징수하는 행정비용이 너무 커서 비효율성이 초래되는 경우이다. 징수에 따른 행정비용이나 순응비용이 지나치게 커서 사용자부담금의 고유한 이점을 모두 상쇄한다면 굳이 이를 시행할 필요성이 사라진다. 예를 들어 통행이 별로 없는 한적한 도로에 통행료로 부과한 수입액이 요금수납원의 월급에도 미치지 못한다면 그러한 사용자 부담금은 불필요한 것이다.

공공자본(公共資本)	노동의 한계생산물가치	린달의 균형
보몰의 가설	사무엘슨 법칙	사용자 부담금
이중가격제도(二重價格制度)	접근비용	평균비용가격책정
한계비용가격책	혼잡비용(congestioncost)	

제 10 장

공공사업의 투자분석

정책담당자(공무원)가 어떤 사업을 추진하기 위해서는 일반적으로 법률안의 마련과 예산의 뒷받침이라는 두 가지 절차를 거쳐야 한다. 이러한 절차는 중앙정부나 지방정부에서 모두 동일하다. 중앙정부를 예로 들면 사업의 시행을 위한 법률안은 정부입법이나 의원입법으로 제안된다. 정부입법의 경우는 입법예고→부처간 협의→법제처→차관회의→국무회의→대통령→국회의 순서로 절차를 거쳐야 한다. 반면에 의원입법의 경우는 위의 과정이 생략되지만 정책담당자는 국회의원으로 하여금 법률안이 제안되도록 하기 위하여 보이지 않는 노력을 하게 된다.[1] 이렇게 사업 시행을 위한 법률안이 국회를 통과하면 그 다음으로 담당자는 예산안을 만들어 기획재정부에 제출하고 예산과정을 겪게 된다.

지방정부의 경우도 사업을 추진함에 있어서 그 절차가 중앙정부와 기본적으로 같다. 즉 정부입법과 의원입법에 의해 법률안이 먼저 마련되면 이를 재정적으로 지원하기 위한 예산안이 마련된다. 그리고 이렇게 마련된 정부사업은 시행에 앞서서 투사심사를 거치게 된다. 이런 과정은 사업의 시행착오를 줄이고 예산의 효율적 집행을 위한 경제성 분석이다.[2]

1) 정부입법은 공청회, 부처간 협의 등을 거쳐야 하지만 의원입법은 10이상 국회의원의 발의를 통해 해당 국회에서 의결하면 바로 효력을 가지므로 시간이 크게 단축된다.

2) 기획재정정부(2004), 재정교실, 참조

1. 공공사업의 시행 절차

정부에서 시행한 대표적인 공공사업의 예로 경부고속철도나 새만금 방조제 건설사업 등을 들 수 있다. 근자에는 4대강 사업에 대하여 경제적 타당성조사가 필요한 지에 대하여 논란이 된 바 있다.

정부재원, 즉 예산은 무한한 것이 아니라 희소하므로 우선순위를 정하여 효율적으로 집행되어야 한다. 정부는 공공사업은 부족한 제한된 예산 속에서 편성 추진되는 것이므로 부족한 예산을 효율적으로 사용하기 위해 공공사업의 선정방법 및 시행 절차를 규정하고 있다.

먼저 정부가 수행 하는 여러 가지 사업은 실행에 앞서 예비타당성조사를 하도록 규정함으로서 사전에 경제성 검토를 하는 장치를 두고 있다. 국가재정법 제38조에 의하면 지획재정부장관은 대통령령이 정하는 대규모사업에 대한 예산을 편성하기 위하여 미리 예비타당성조사를 실시하고, 그 결과를 국회에 제출하도록 되어 있다. 대통령령이 정하는 대규모 사업이란 총사업비가 500억 원 이상이고 국가의 재정지원이 300억 원 이상인 사업을 말한다. 또한 기획재정부장관은 국회가 그 의결로 요구하는 사업에 대해서는 예비타당성조사를 실시하여야 한다.

예비타당성조사제도는 2000년 예산편성부터 대형 사업에 대하여 도입하였다. 예비타당성조사는 다시 말하면 효율적인 재원배분과 대형투자사업의 차질 없는 추진을 위하여 사업추진 이전에 행하는 경제적·기술적 타당성 검토이다. 사업추진 단계는 예비타당성조사→타당성조사→설계→보상→착공의 순으로 진행된다. 그리고 이에 따른 예산요구와 편성도 단계별로 순차적으로 반영되도록 하고 있다. 예비타당성조사는 본격적인 타당성조사 및 기본설계 이전에 타사업과의 투자 우선순위, 적정투자시기, 재원조달방안 등의 경제적 타당성을 중립적인 입장에서 집중적으로 검토하여 타당성이 입증된 사업에 한하여 본격적으로 사업을 추진하기 위한 제도이다.

대형투자사업의 추진에 있어서 면밀한 사전검토를 실시하는 이유는 첫째 수요가 없거나 경제성이 낮은 사업의 무리한 추진을 방지하고, 둘째 예기치 않은 사업비 증액과 잦은 사업계획 변경으로 인한 재정운영의 불확실성을 차단하고, 셋째 중도에 사업을 취소하는 것을 방지하며, 넷째 경제적 · 기술적 측면에서는 타당성이 있다 하더라도 전반적인 재정운용이라는 정책적인 측면에서 문제가 되는 경우에 이를 방지하기 위한 것이다.

따라서 예비타당성조사는 본격적인 타당성조사 이전에 국민경제적인 차원에서 사업의 추진 여부를 판단하는 데에 그 기본적인 취지가 있다. 이를 위해서 해당 사업과 구체적인 이해관계가 없는 제3의 기관으로 하여금 객관적이고 중립적인 조사를 실시하도록 하고 있다.

예비타당성조사의 대상은 총사업비가 500억 원 이상인 사업으로서 건설공사가 포함된 대규모 사업에 대해 실시되고 있으며 도로 · 철도 · 항만 등 대형 토목사업뿐만 아니라 지역개발 및 관광지 개발사업 등에 대해서도 조사를 시행하고 있다. 그리고 지방정부 사업에 대해서도 국고지원(300억 원 이상)이 전제되는 한 예비타당성조사를 실시한다(기획재정부, 2004).

한편, 정부는 총사업비 관리제도(국가재정법 제50조)를 두고 있는데 이 제도는 정부예산의 낭비를 막기 위하여 사업이 시작된 이후 예산이 올바르게 사용되도록 관리하는 제도이다. 이 제도는 국고지원으로 시행되는 대규모투자사업의 총사업비를 사업 추진단계별로 합리적으로 조정하고 관리함으로써 재정지출의 생산성을 제고하고 시설공사의 품질을 확보하는 데 목적이 있다. 현재 총사업비관리는 국가 직접시행사업, 국가대행사업, 국고보조사업 및 국고보조를 받는 민간기관의 사업 중 사업기간이 2년 이상으로 총사업비가 토목사업은 500억 원 이상, 건축 사업은 200억 원 이상인 사업을 대상으로 하고 있다(기획재정부, 2004).

지방정부도 투융자사업에 대한 예산을 편성하고자 하는 경우에는 대통령령이 정하는 바에 의하여 그 사업의 필요성 및 사업계획의 타당성 등에 대한 심사를 하여야 한다고 규정하고 있다. 지방재정법 시행령(제41조)를 보면 시 · 도의 경우는 총사업비가 40억 원 이상의 신규 투 · 융자사업, 총사업비 10억 원 이상의 신규 사업으로 외국차관 도입사업 또는 해외투자사업과 다른 시 · 도와 공동으로 투·융자하는 사업을 심사하도록 하였다. 단, 공연 · 축제 등 행사성 사업은 5억 이상을 심사하도록 규정하였다. 그리고 시·군 및 자치구의 경우는 총사업비 20억 원 이상의 신규 투·융자사업, 총사업비 5억 원 이상의 신규 투·융자사업으로 외국차관 도입사업 또는 해외투자사업과 다른 시·군 및 자치구와 공동으로 투·융자하는 사업의 경우에 심사를 하도록 하였다. 단 공연·축제 등 행사성 사업에 대해서는 3억 원 이상으로 규정을 강화하였다.

그리고 지방정부는 신규 투·융자사업으로 소요사업비가 500억 원이 넘는 대규모 사업의 경우는 이상과 같은 심사를 하기 전에 전문기관에 의뢰하여 타당성조사를 받도록 하였으나, 국가재정법에 따른 예비타당성조사를 거친 사업에 대해서는 지방자치단체의 타당성조사를 생략할 수 있도록 하였다.

2. 비용편익분석

이상과 같은 투자심사에서는 경제성 분석이 주를 이루는데, 경제성분석에는 사업 추진에 따른 비용과 편익의 정확한 추정을 바탕으로 편익비용비율(Benefit-Cost Ratio), 순편익극대화(Net Present Benefit), 내부수익률(Internal Rate of Return) 등을 산정하고 이를 바탕으로 타당성 여부를 검증한다. 다음에서는 이러한 분석 방법에 대해서 자세히 설명한다.[3)]

순편익극대화법

정부사업은 들어가는 비용과 수익이 서로 다른 시점에서 발생하는 것이 일반적이다. 만약 비용과 수익이 한 해에 모두 발생하고 그친다면 문제는 간단하다. 비용과 수익을 비교해서 수익이 비용보다 크면 사업을 시행하는 것이 타당할 것이다. 그러나 비용은 대체로 초기에 발생하지만 수익은 먼 훗날에 발생하는 것이 일반적이다. 이러한 프로파일을 갖는 사업의 경제성을 판단할 때는 소요되는 총비용과 총수익만을 단순 비교하여 평가하면 잘못된 결과에 이를 수 있다. 다시 말해서 정부에서 시행하고자 하는 사업의 비용과 편익이 현재부터 장래에 걸쳐

3) 김홍배(1997), 비용편익분석, 참조.

발생한다고 할 때 문제가 되는 것은 서로 다른 시점의 미래에 발생하는 비용과 편익을 액면 그대로 비교할 수 없다는 것이다. 현재와 미래에는 화폐가치가 달라지기 때문이다. 따라서 미래에 발생하는 수익이나 비용은 현재가치로 전환하는 과정이 필요하다.

미래의 수익을 현재가치로 평가해야 하는 이유는 사람들은 현재를 미래보다 중시하는 데에 있다. 다시 말해서 현재의 100원과 일년 후의 100원은 같지 않다. 현재의 100원은 이자율이 10%일 때 내년에는 110원이 되므로 현재의 100원은 내년의 110원과 등가(等價)가 된다. 이를 바꾸어 말하면 내년의 110은 현재가치로 100원에 해당하는 것이 되므로 다음과 같은 등식이 성립한다.

$$100 = \frac{110}{1+0.1}$$

이와 같이 미래의 수익이나 비용을 현재가치로 평가하여 나타내는 방법을 현재가치법이라고 한다. 일반적으로 현재부터 영구적으로 B원의 편익과 C원의 비용이 일정하게 발생할 때 이것을 현재가치(present value)로 전환하는 방법은 다음과 같다. 이 식은 은행에서 복리로 이자를 계산하는 방법의 역순과 같은 것이다.

$$NPB = B - C + \frac{B-C}{1+r} + \frac{B-C}{(1+r)^2} + \frac{B-C}{(1+r)^3} + \cdots$$

(NPB: 순현재편익, r: 할인율(이자율), B: 수익, C: 비용)

순편익극대화(net present benefit: NPB)기법은 어떤 사업의 타당성을 평가함에 있어서 미래의 비용과 편익을 위와 같이 현재가치로 환산하여 구한 순편익에 의하여 평가하는 방법이다. 각 사업마다 순편익 즉 순 현재가치를 계산하여 이 값이 플러스이면 일단 이 사업은 채택가능성이 있는 사업으로 평가할 수 있다. 그러나 순편익이 플러스라고 해서 모두 채택되는 것은 아니다. 순편익이 플러스인 여러 사업 계획이 있을 때에는 이들을 놓고 우선순위를 정하게 된다.

다시 말해서 사업계획의 채택여부는 그것이 가져다주는 순편익이 0보다 클 경우 실행에 옮길 가치가 있다. 그 다음 단계는 여러 대안들을 비교하여 순편익이 큰 순서대로 채택하면 된다. 예산의 제약이 없다면 순편익이 0보다 큰 사업은 모두 채택하는 것이 바람직하겠지만 예산의 제약이 있을 때는 순편익이 0보다 크더라도 우선순위에서 밀리면 채택되지 않을 수도 있다.

그런데 순편익극대화법에서는 적용되는 할인율에 따라 순편익의 크기가 달라진다. 즉 낮은 할인율이 적용되면 순편익은 커지고 높은 할인율이 적용되면 순편익은 작아진다. 때문에 어떤 할인율을 적용하느냐에 따라서 해당 사업이 선택될 수도 있고 그렇지 않을 수 있으므로 적정 할인율의 선택이 매우 중요하다.

이상에서 본 바와 같이 순편익극대화기법은 서로 다른 시점에 발생하는 다양한 항목의 편익과 비용을 현재가치로 환산하여 순편익을 구함으로서 정책의 타당성을 평가하는 방법이다. 즉 현재 시점으로 전환된 편익이 비용보다 크면 제시된 대안은 정책으로 의미가 있고 그렇지 않으면 그 대안은 정책으로 의미가 없으므로 기각된다.

순편익극대화기법이 구체적으로 어떻게 이루어지는지 다음과 같은 사업의 예를 들어보자. 〈표 10-1〉에서 할인율이 연 10%라고 가정하고 제시된 사업이 정책으로 선택되어야 하는지 아니면 기각되어야 하는지를 결정하는 과정에 대하여 알아보자. 이 표의 자료를 가지고 총편익과 총비용을 구하면 다음과 같다.

$$TPB = \frac{0}{(1+0.1)^0} + \frac{0}{(1+0.1)^1} + \frac{15}{(1+0.1)^2} + \frac{30}{(1+0.1)^3} = 34.94$$

$$TPC = \frac{20}{(1+0.1)^0} + \frac{10}{(1+0.1)^1} + \frac{2}{(1+0.1)^2} + \frac{1}{(1+0.1)^3} = 31.50$$

이상과 같이 계산된 사업의 총편익이 총비용보다 커서 순편익은 3.44원이다. 즉 순편익이 제로(0)보다 크다. 그러므로 위의 대안은 정책으로 선택되는 것이 바람직하다. 이와 같이 정책 대안이 하나인 경우는 타당성 평가가 단순하다.

〈표 10-1〉 연도별 비용과 편익

구분 \ 연도	0	1	2	3
편익	0	0	15	30
비용	20	10	2	1

이와 달리 여러 사업의 대안(代案)들이 제시된 경우에도 절차가 조금 복잡해지기는 하지만 기본적인 원리는 위와 동일하다. 여러 사업대안의 경우는 위와 마찬가지로 각 대안별 편익과 비용을 현재가치로 전환하여 순편익을 계산한다. 여기까지는 동일하다. 그러나 이 경우는 한 단계 더 나아가 계산된 값을 가지고 여러 대안들의 우선순위를 결정하면 된다.

〈표 10-2〉 대안별/년도별 비용과 편익

구분 \ 연도	0	1	2	3
대안 1	-20	10	8	14
대안 2	-40	5	30	2
대안 3	-30	0	0	45

〈표 10-3〉 대안별 우선순위

구분	*PB*	*PC*	*NPB*	우선순위
대안 1	26.22	20	6.22	1
대안 2	30.84	40	-9.16	3
대안 3	33.81	30	3.81	2

〈표 10-2〉에는 3가지 대안이 제시되어 있다. 이 표에서 -는 비용을 +는 편익을 가리킨다. 이 표에서 제시된 자료를 가지고 각 대안들의 비용과 편익을 현재가치로 전환한 다음 대안들의 우선순위를 결정하면 된다. 이 때 할인율을 10%라고 가정하면 각 대안 별 비용과 편익의 현재가치 계산결과는 〈표 10-3〉과 같다. 이 표에서 보면 대안 1은 순편익이 가장 큰 가장 우수한 대안정책으로 가장 우선하여 채택되어야 하며, 대안 2는 선택되지 않은 것이 바람직하다.

그런데 이상과 같은 결과는 위에서 할인율이 변하면 달라질 수 있다는 것이다. 즉 할인율이 변할 때 장래에 발생하는 수익의 현재가치가 변하기 때문에 우선순위가 변하며 선택되는 대안도 달라질 수 있다.

한편 다음과 같은 예를 들어보자. 한 대안은 많은 편익을 제공하지만 편익의 대부분이 장기적으로 발생하며, 다른 한 대안의 편익은 적게 나타나지만 그 편익이 현재에 가까운 단기에 나타난다고 하자. 이런 경우 어느 대안이 정책적으로 선택되는가 하는 것이다. 결론적으로 말해서 이 때는 할인율에 따라서 대안의 선택이 달라질 수 있다. 높은 할인율을 적용할 때는 장기적으로 발생하는 정책의 편익이 크다고 하여도 그 편익의 현재가치는 작아지기 때문에 우선순위가 바뀔 수 있다. 이런 경우는 분석자가 적용할 할인율의 범위에 따라 대안들의 우선순위를 구분해서 제시해야 한다. 다음과 같은 구체적인 예에서 우선순위를 정하는 방법에 대하여 알아보자.

〈표 10-4〉 대안별/ 연도별 편익과 비용

구분 \ 연도	0	1	2
대안 1	-100	0	260
대안 2	-100	220	0

〈표 10-4〉에서 만약 할인율을 5%로 가정하면 위의 두 대안의 순편익은 다음 식에서 할인율(r) 값에 0.05를 대입하여 계산하면 된다. 계산 결과를 보면 대안 1이 대안 2보다 순편익이 높다. 그러므로 대안 1이 정책으로 선택되어야 한다.

$$NPB_1 = -100 + \frac{260}{(1+r)^2} = 135.83$$

$$NPB_2 = -100 + \frac{220}{(1+r)} = 109.52 \quad (r = 0.05)$$

그런데 이번에는 할인율이 5%에서 20%로 변경되었다고 하자. 이 때는 두 대안의 순편익이 위의 식에다 0.2를 대입하여 구해진다. 계산 결과는 대안 1의 순편익이 80.56이고, 대안 2의 순편익이 83.33으로 대안 2의 순편익이 크게 계산되어 우선순위가 역전되었다. 즉 할인율이 20%의 경우는 5%일 때와 반대로 대안 2가 선택된다.

이렇게 할인율(割引率)에 따라 대안의 선택이 변하기 때문에 분석자는 할인율에 따른 대안 선택의 범위를 제시해야 한다. 이를 위해서는 우선 두 대안의 순편익(NPB)을 동일하게 만드는 할인율부터 찾아야 한다. 이러한 할인율은 두 대안의 순 편익을 같게 놓음으로써 찾을 수 있다($NPB_1 = NPB_2$). 위의 예에서 이런 방법으로 두 대안의 순편익을 동일하게 만드는 할인율을 구하면 0.18이 된다. 〈그림 10-1〉에는 이렇게 할인율의 범위에 따라 대안들의 우선순위가 달라져야 하는 것을 보이고 있다. 이 그림을 정리하여 나타낸 것이 〈표 10-5〉이다(김홍배, 1997).

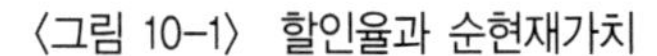
〈그림 10-1〉 할인율과 순현재가치

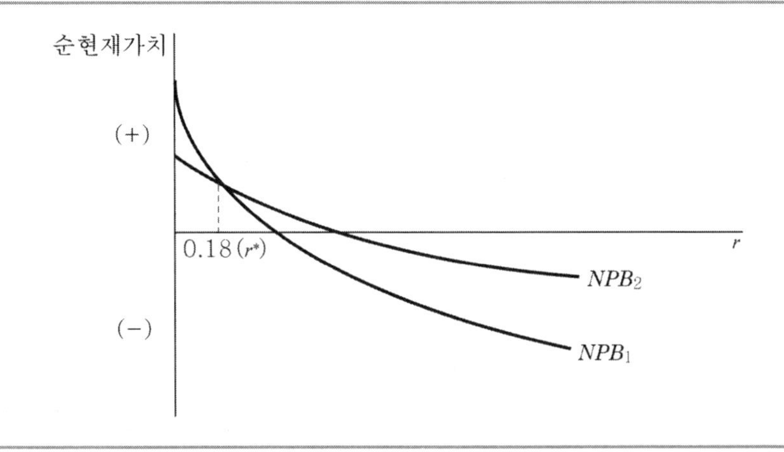

〈표 10-5〉 할인율의 범위에 따른 대안의 선택

할인율(r)의 범위	우선순위
$r < r^*$	대안 1> 대안 2
$r = r^*$	대안 1=대안 2
$r > r^*$	대안 1< 대안 2

편익비용비율기법

편익비용비율(benefit/cost ratio)기법은 사업의 추진에 소요되는 비용과 사업으로부터 예상되는 편익의 흐름을 순편익극대화법과 같이 현재가치로 환산한 다음, 총 편익을 총비용으로 나눈 값을 말한다. 이렇게 계산된 어떤 사업의 B/C의 값이 1보다 크면 경제성이 있다는 것이므로 해당 사업을 추진하고, 1보다 작으면 추진하지 말아야 한다. 여러 개의 대안 가운데 하나를 선택하는 경우에는 B/C가 가장 높은 사업을 선택하면 된다.

$$편익비용비율 = \frac{B}{C}$$

(B: 총편익의 현재가치, C: 총비용의 현재가치)

B/C기법에서 정책 대안이 하나인 경우에는 분석자의 선택규칙이 매우 간단하다. 분석자는 대안의 B/C가 1보다 크면 선택하면 되기 때문이다. 예를 들어 어느 정책 대안 A의 편익과 비용의 현재가치가 〈표 10-6〉과 같이 각각 1,500억과 1,000억으로 주어졌다고 가정하자. 그리고 이에 따라 B/C와 NPB를 계산했더니 B/C는 1.5, NPB는 500억이었다고 하자. 그러면 분석자는 이 정책의 선택을 제안할 수 있다.

그러나 이때 분석자는 제시된 대안이 정책적으로 집행되었을 때 그 영향이 무엇인지를 구체적으로 제시하여야 한다. 즉 이 정책이 편익을 발생시키면 그 규모와 의미는 무엇인지 분명히 하는 것이 필요하다. 이 예에서 정책 대안 A는 투입되는 비용의 1.5배에 해당하는 편익을 사회에 제공하며, 이렇게 증가된 사회후생을 화폐가치로 환산하면 500억 원이라는 것이다. 이런 대안은 유용한 정책이므로 선택되는 것이 바람직하다고 제안할 수 있다.

〈표 10-6〉 대안 A의 편익비용비율과 순편익

대안	편익(B)	비용(C)	B/C	NB
A	1,500억	1,000억	1.5	500억

이상에서는 하나의 대안이 제시된 경우지만 어떤 정책의 목표를 달성하기 위하여 여러 대안이 복수로 제시되는 경우가 허다하고 이 때에는 선택규칙이 다소 복잡해진다. 왜냐하면 여러 대안이 제시되었을 때 분석자는 각각의 대안에 대하여 비용의 효율성이나 순편익의 정도를 계산하여 우선순위를 결정해야 하기 때문이다. 다음 〈표 10-7〉은 4개의 대안에 대하여 편익과 비용의 현재가치가 주어졌다고 가정하고 이에 따라 B/C와 NPB를 계산한 것이다.

〈표 10-7〉 대안별 편익비용비율과 순편익

구분	*PB*	*PC*	*B/C*	*NPB*
대안 1	140	100	1.40	40
대안 2	190	180	1.06	10
대안 3	160	140	1.14	20
대안 4	150	120	1.25	30

이 표에서 계산된 대안별 B/C과 NPB의 결과를 바탕으로 대안들의 우선순위를 결정하면 다음과 같다. 즉 B/C에 의한 순위는 대안 1 〉 대안 4 〉 대안 3 〉 대안 2의 순서이고, NPB에 의한 순위 역시 대안 1 〉 대안 4〉 대안 3〉 대안 2의 순서로서 동일하다. 이렇게 두 방법에서 일관성 있는 결과를 보여주면 분석자의 선택은 간단하다. 편익비용비율이나 순편익의 기준에서 보면 모두 대안 1이 가장 높은 비용 효율성과 가장 많은 순편익을 제공한다. 그러므로 대안 1이 가장 먼저 선택되어야 하고 그 다음으로 대안 4, 그리고 대안 2가 가장 나중에 선택되어야 한다. 그러나 실제로는 이러한 일관성 있는 우선순위 결정은 일반적인 경우라기 보다는 오히려 특별한 경우에 해당한다.

또 다른 예를 들어보자. 4개의 대안이 있고 각 대안별 편익과 비용의 현재가치를 계산했더니 〈표 10-8〉의 2번째와 3번째 열과 같다고 가정하다. 그리고 이러한 가정에 따라 대안별 B/C와 NPB를 계산한 것이 4번째와 5번째 열이다.

〈표 10-8〉 대안별 편익비용비율과 순편익

구분	*PB*	*PC*	*B/C*	*NPB*
대안 1	320	240	1.33	80
대안 2	240	175	1.37	65
대안 3	140	100	1.40	40
대안 4	260	187	1.39	73

이 표의 결과를 바탕으로 대안들의 우선순위를 결정하면 다음과 같다. B/C기법에 의한 순위는 대안 3〉 대안 4 〉 대안 2 〉 대안 1이며, NPB기법에 의한 대안별 순위는 대안 1〉 대안 4〉 대안 2 〉 대안 3의 순서로 두 방법의 결과가 다르

다. 다시 말해서 *B*/*C*기법에 의한 순위에서는 대안 3이 가장 우선적으로 선택되어야 할 정책대안으로, 그리고 대안 1이 우선순위에서 가장 낮은 것으로 나타났다. 그러나 이와 달리 *NPB*기법을 기준으로 한 우선순위는 *B*/*C*기법과는 정반대로 나타났다. 즉 대안 1이 가장 우선적으로 선택되어야 할 대안으로 그리고 대안 3이 우선순위에서 가장 낮은 것으로 나타났다.

이상과 같은 결과를 가지고 우리는 다음과 같이 말할 수 있다. 대안 3은 비용의 효율성 측면에서는 가장 우수한 정책대안이지만 그것이 정책적으로 집행되었을 때에 사회에 제공하는 편익의 규모는 가장 낮다. 반면에 대안 1은 비용의 효율성이 가장 낮으나 사회에 제공하는 순편익의 규모는 가장 크다. 이러한 모순이 나타날 때는 분석자가 정책대안의 선택에 있어서 혼동에 빠질 수 있다. 이때는 결론적으로 말하면 분석자는 *B*/*C*방법보다는 *NPB*방법에 의하여 정책의 우선순위(優先順位)를 정하는 것이 바람직하다. 사회에 돌아오는 순편익의 크기가 비용의 효율성보다 중요하기 때문이다. 즉 대안들 중에서 최적의 대안을 선택하기 위한 수단은 *B*/*C*기법보다는 *NPB*에 의한 방법이 더 적절하다는 것이다(김홍배, 1997).

이외에도 *B*/*C*방식의 문제점은 편익과 비용을 어떻게 정의하느냐에 따라 결과가 달라진다는 점이다. 예를 들어 2억을 들여서 댐을 건설하는 경우를 보자. 댐의 설치로 인해 홍수방지, 관광효과 등으로 인해 4억의 편익이 예상되고, 수질오염으로 인해 1억의 피해가 예상된다고 하자. 이러한 경우에 수질오염으로 인한 피해액 1억을 비용으로 보면 *B*/*C*는 1.33이 된다. 그러나 수질오염피해액 1억을 마이너스 편익으로 보면 그 값은 1.5가 된다. 이와 같이 편익과 비용을 처리하는 회계방식에 따라 그 값이 달라지기 때문에 일관성을 유지하는데 어려움이 있다. 반면에 *NPB*방식에서는 수질오염피해액을 비용으로 간주하든 아니면 마이너스 편익으로 간주하든 순편익은 항상 동일하게 1억으로 계산된다(이준구, 1999).

내부수익률법

어떤 사업을 수행할 때 그 투자로부터 예상되는 수익률을 간단히 나타낸 개념을 경제적 내부수익률(economic internal rate of return: eirr)이라고 한다. 예를 들어, 정부가 어떤 사업에 투자를 하면 매년 B_t의 편익과 C_t의 비용이 들어간다고 하자. 이 때 사업자는 비용과 편익의 현재가치를 구하고 이를 비교하여 수익률을 구할 수 있다. 이때 비용은 기회비용(機會費用)의 개념으로 파악한다. 내부수익률이란 비용과 수익의 현재가치를 일치시키는 할인율을 말한다. 즉 다음의 식과 같이 편익과 비용의 흐름의 현재가치를 같다고 놓고 미지수 λ값을 구할 수 있는데, 이 값을 내부수익률, 또는 투자의 한계효율이라고 한다.

$$\sum_t \frac{B_t}{(1+\lambda)^t} = \sum_t \frac{C_t}{(1+\lambda)^t}, \quad \lambda: \text{내부수익률}$$

예들 들어, 투자의 한계효율이 0.1이라면 사업 시행자가 1억 원을 투자할 때 매년 이로부터 1천만 원의 편익을 올린다는 의미이다. 사업자는 내부수익률을 계산하여 투자의 한계효율이 큰 것부터 높은 우선순위를 배정하며 순서대로 투자에 옮기면 된다. 그리고 사업자는 투자를 결정할 때 이렇게 구한 내부수익률과 자금의 동원비용(기업의 경우 통상 이자율)을 비교하게 된다. 자금조달비용은 사업자가 자금을 조달하는데 들어간 비용이므로 내부수익률이 이것보다 크면 채택가능성이 있는 사업으로 선정된다.

그러나 이 방법을 사용할 경우 잘못된 판단을 하게 될 소지가 있다. 특히 투자계획의 크기가 다른 여러 사업의 우선순위를 정할 때 문제가 발생한다. 예를 들어 투자사업의 규모가 작기 때문에 총 편익은 작지만 투자액 대비 편익의 비율이 높아서 내부수익률이 높을 수 있다. 이와 달리 투자규모가 큰 사업의 경우에는 총 편익은 매우 크지만 투자액 대비 편익의 비율이 낮아서 내부수익률이 낮을 수 있는 것이다. 이 때 내부수익률에 의해서 우선순위를 정하게 되면 사회적으로 큰 편익을 가져오는 사업이 채택되지 않을 수 있는 문제가 발생한다. 다시 말서 순편익기법과 내부수익률에 의하여 정한 우순순위가 다를 수 있다. 이 경우는 분석자가 어느 방법에 따라 사업의 채택을 결정할 것인가를 판단해야 하는데, 이 같은 모순이 발생했을 때에는 내부수익률에 의한 것보다는 순편익극대화(NPB)기법에 의한 방법이 보다 적절한 것으로 평가되고 있다. 물론 이 때는 사업자의 예산제약을 동시에 감안해야 한다.

이상에서는 경제적 내부수익률을 설명하였다. 그런데 이와 비슷한 개념으로 재무적 내부수익률(financial internal rate of return: firr)이라는 개념이 있다. 재무적 할인율이란 투자에서 발생하는 수입의 현재가치를 투자에 소요된 현금의 현재가치와 일치하도록 하는 할인율을 말한다. 경제적 내부수익률이 기회비용에 의해서 비용을 측정하는데 비해 재무적 내부수익률은 명시적 비용만을 포함한다는 점에서 차이가 있다.

내부수익률을 계산하는 예를 하나 들어 보자. 어느 두 대안의 편익과 비용의 흐름을 측정한 결과가 〈표 10-9〉와 같다면 각 대안의 내부수익률을 위의 식에 따라 계산될 수 있다. 이렇게 계산한 결과는 대안 1이 0.53이고, 대안 2가 0.33이다.

〈표 10-9〉 대안별 편익과 비용

연 도	0	1
대안 1	-20	30
대안 2	-30	40

일반적으로 공공투자정책은 초기에는 비용이 크게 발생하고 편익은 장기적으로 발생하는 특징이 있다. 내부수익률이란 비용의 현재가치를 장차 발생되는 편익의 현재가치와 동일하게 만드는 일종의 할인율이라는 의미를 가지므로 따라서 내부수익률은 바로 비용의 연평균수익률로 해석할 수 있다. 그러므로 정책대안의 평가에서 내부수익률이 높으면 높을수록 그 대안은 우수한 것으로 평가를 받는다. 위의 예에서는 대안 1이 대안 2보다 내부수익률이 높으므로 우수한 대안이다.

내부수익률에 의한 대안별 경제성 평가는 대안들의 내부수익률과 정해진 할인율(기업의 경우 이자율)을 비교하여 이루어진다. 즉 대안의 내부수익률이 정해진 할인율보다 높으면 비용의 수익률이 자금조달비용보다 높다는 것을 의미하므로 그 대안은 실질적으로 가치를 증가시키는 정책대안으로 볼 수 있다. 위의 예에서 만약 공공투자에 적용되는 할인율이 0.1이라면 두 대안 모두 선택이 가능한 정책대안이다. 그러나 물론 대안 1이 대안 2에 비하여 더욱 가치를 증가시키는 정책대안이다.

그런데 내부수익률(內部收益率)은 대안들의 평가와 우선순위를 평가하는 유용한 수단이기는 하지만 중요한 결점이 있다. 다시 말해서 내부수익율의 값이 하나가 아니라 다수로 구해지는데 그 중에서 어느 것을 선택해야 하는가 하는 문제에 직면한다. 이를 설명하기 위하여 〈표 10-10〉에서 내부수익률을 다시 구해 보자.

〈표 10-10〉 대안 A의 편익과 비용의 흐름

연 도	0	1	2
대안 A	-100	440	-400

이 표의 데이터에 따라 대안 A의 내부수익률을 구하면 $\lambda1=0.28$, $\lambda2=2.12$가 된다. 여기서 분석자는 두 개 중 하나를 선택해야 한다. 내부수익률은 비용의 연평균 수익률을 의미하므로, 이점을 감안할 때 둘 중에서 $\lambda1=0.28$이 더 현실적이다. 왜냐하면 $\lambda2=2.12$는 현실적으로 볼 때 너무 높은 수익률이기 때문이다. 따라서 이러한 경우에는 분석자는 $\lambda1$을 선택하면 된다.

이상에서 볼 수 있듯이 내부수익률의 가장 큰 결함 중 하나는 평가기간이 증가함에 따라 내부수익률의 개수가 많아진다는 점이다. 즉, n기간 동안의 효과가 측정되는 경우 계산되는 내부수익률은 n개가 된다. 그리고 계산된 n개의 내부수익률 중 정책 대안의 효과를 가장 적절하게 나타내는 것으로 어느 것이 선택되어야 하는지에 대한 이론적인 설명이 불가능하다. 내부수익률법과 순편익기법을 비교해 볼 때 사용범위는 비슷하나 내부수익률기법보다는 순편익극대화기법이 이용하기에 용이하며 또한 앞서 언급했듯이 두 기법 간에 모순이 있을 때에는 내부수익률보다는 순편익기법에 의해 우선순위를 정하는 것이 바람직하다.

3. 할인율의 선택

공공사업의 올바른 평가를 위해서는 적절한 할인율을 선택하는 것이 무엇보다도 중요하다. 할인율이란 위에서 말했듯이 미래가치를 현재가치로 전환하는데 사용되는 전환비율을 말하는데, 할인율의 차이가 평가결과에 중대한 영향을 줄 수 있기 때문에 중요한 의미를 갖는다.

기업이 투자를 할 경우에 적용하는 할인율은 그 사업에 소요되는 자금을 조달하는 데 들어가는 기회비용을 고려하게 되므로 일반적으로 시중 이자율을 적용한다. 하지만 공공사업은 여러 가지 정책목표를 동시에 추구하기 때문에 민간에서 적용하는 이자율을 할인율로 그대로 적용할 수 없다.[4]

정부투자사업을 위한 재원의 동원은 민간 투자를 줄이는 구축효과를 갖는다. 예컨대 민간투자수익률이 20%일 때 정부가 정부투자사업을 위한 기금을 조달하기 위하여 조세부과로 민간투자기금 1,000억을 동원하였다면 민간부문의 수익 감소분은 200억이다. 이 경우 정부투자사업의 기회비용은 민간부문의 수익감소분인 200억으로 계산된다. 이 때 적용된 기회비용 20%는 세전이냐 또는 세후냐에 상관이 없다. 왜냐하면 민간 투자수익은 전부가 기업에 속하던 또는 세금으로 일부가 정부로 들어가던 사회전체로 보아서 그 기금이 산출한 생산물에는 변함이 없기 때문이다.

그런데 실제 정부투자사업의 기금은 민간투자자금 이외에 소비자금으로부터 동원될 수도 있다. 이 경우에는 적용되는 할인율이 어떻게 되는가? 오늘 소비의 기회비용은 내일에 줄어든 저축을 말한다. 만약 저축에 대한 수익률을 20%라고 하면 오늘 소비의 기회비용은 20%가 될 것이다. 그러나 이러한 저축의 수익에 대하여 50%의 세금이 부과된다면 소비의 기회비용은 10%로 줄어든다.[5] 즉 투자나 소비로부터 동원된 기금의 기회비용이 달라진다. 따라서 공공사업의 할인율을 결정할 때는 이러한 점을 면밀히 감안하여 결정해야 한다. 예를 들어 정부투자기금의 1/3이 민간투자기금으로부터 동원되고 나머지 2/3가 소비로부터 동원되었다면 민간투자기금에 대해서는 세전 수익률 20%, 그리고 소비에 대해서는 10%를 적용하여 가중평균으로 계산한 값을 할인율로 선택할 수 있다.

일반적으로 사회적 할인율은 민간부문에서 적용하는 할인율보다 더 낮은 데 그 이유는 다음과 같다. 첫째로 공공사업의 경우에는 미래세대에 미칠 영향까지 감안해 평가되어야 한다는 점이다. 기업 즉 민간부문은 현재를 주로 고려하지만

4) H. S. Rosen & T. Gayer(2008), Public Finance, ch. 8, 참조.
5) 저축에 의한 수익의 50%가 세금으로 정부로 들어오기 때문이다.

정부는 현재 세대뿐 아니라 다가 올 미래세대의 복지에 대하여 더욱 관심을 가져야 한다. 사회적 관점에서 보면 민간부문은 미래에 대한 대비가 부족하다. 즉 미래수익에 대하여 지나치게 높은 할인율을 적용하여 미래가치를 저평가하는 경향이 있다. 예를 들어 국가의 먼 장래를 생각할 때 사회적 관점에서 통일에 대비한 현재시점의 투자가 매우 중요하다. 그러나 개인들은 대체적으로 근시안적이고 이기적이기 때문에 통일을 위해서 현재의 소득을 포기하는 데 인색하다. 이 경우 정부가 여론에 집착한 나머지 통일에 대한 투자를 줄인다면 국가의 장래는 어둡게 된다. 올바른 정부라면 이러한 장기투자 사업에 대해서 작은 할인율을 적용하여 채택가능성을 높이는 것이 바람직하다.

둘째는 공공사업은 온정주의(paternalism)에 입각하여 추진되어야 한다는 점이다. 개인들은 각자의 미래를 위한 대비를 충분히 하지 못할 수 있다. 그러므로 정부는 개인들이 현재의 소비를 줄이고 미래를 위한 저축을 더 하도록 강요하는 것이 필요하다. 그러면 개인들은 현재에는 다소 불만이 있더라도 나중에는 정부에 감사할 것이다. 예컨대 정부가 연금 사업을 통하여 개인들로 하여금 강제적으로 저축하도록 하는 것이다. 하지만 이러한 온정주의(溫情主義)는 정부의 가치관을 개인들에게 강요한다는 점에서 가치판단의 문제를 초래할 수 있다.

셋째는 공공사업은 외부경제효과를 창출한다는 점이다. 사회적 입장에서는 외부경제성이 높은 사업은 많이 시행될수록 바람직하다. 그러나 개별 기업의 입장에서는 외부경제에 대하여 충분한 보상이 뒤따르지 않으면 사회적으로 필요한 만큼 투자하려 하지 않는다. 즉 시장실패가 발생한다. 예를 들면 한 기업이 R&D 투자를 하게 되면 이는 다른 기업들에게 이익이 되는 지식 또는 기술을 발전시킨다. 이 경우 투자는 외부경제 즉 정의 외부효과를 창출한 것이다. 그러나 이러한 유익한 투자는 민간 차원에서는 사회적으로 바람직한 수준보다 적게 수행된다. 정의 외부효과에 대한 보상이 없기 때문이다. 이러한 시장실패를 시정하는 역할을 하는 것이 정부의 존재 이유이다. 다시 말해 정부는 시장보다 낮은 할인율을 적용하여 외부경제를 창출하는 투자사업의 채택가능성을 높일 수 있다. 그런데 중요한 문제는 이러한 외부효과를 어떻게 측정하느냐 하는 것이고, 또 한계외부편익의 크기를 측정하였다고 하더라도 이에 해당하는 만큼의 투자가 정확히 촉진되도록 하는 것이 쉽지 않다는 한계가 있다.

요약하면 공공사업의 비용은 주로 초기에 발생하지만 편익은 먼 장래에 발생하는 것이 보통이므로 낮은 할인율을 적용하면 공공사업이 긍정적인 평가를 받을 가능성이 커지게 되어 채택가능성이 높아진다. 이렇게 낮은 할인율을 적용하여 공공사업의 채택가능성을 높이는 이유는 시장에 맡겨둘 때는 사회적으로 필요한 만큼의 투자가 수행되지 않기 때문이다(이준구, 1999).

실제로 정부사업의 비용편익분석에서 적용되는 할인율은 하나가 아니라 비교를 위하여 복수로 사용한다. 할인율의 상한으로는 대체로 시장의 민간 투자수익률을 사용한다. 이 수익률은 세전수익률로서 민간투자기금에 대한 기회비용이라는 의미를 갖는다. 또한 정부사업의 기금이 민간소비의 희생으로 동원되었다는 의미에서 소비의 기회비용인 세후투자수익률을 하나의 기준으로 사용한다. 또는 세전 세후 수익률의 가중 평균을 계산하여 사용한다. 이외에도 낮은 할인율부터 단계적으로 할인율을 적용하여 비용편익분석의 결과를 제시하기도 한다. 우리나라의 경우 실제적으로 공공투자에 적용하는 할인율은 국채이자율, 정부금융기관의 장기이자율, 민간투자수익률, 시장이자율의 가중평균치, 전 산업의 평균수익률 등을 고려하여 결정한다(권형신 외, 2001).

4. 비용과 편익의 측정

민간 기업이 사업을 수행할 때는 이윤이라는 뚜렷한 목표가 있지만 정부가 사업을 수행할 때는 그와 달리 국민들의 후생의 증진, 고용의 증진, 소득재분배, 경제자립의 제고, 산업발전의 기반제공, 환경보전과 같은 다양한 목표를 고려해야 한다.

공익성의 고려

공공사업에서의 비용과 편익의 측정은 기업의 투자분석과 차이가 있다. 즉 공공사업에서는 공익성을 고려해야 한다. 비용편익분석에서는 공익성을 화폐단위로 측정하여야 한다. 그런데 이 작업이 단순하지 않다는 데에 어려움이 있다.

민간 기업의 투자분석에서는 편익은 수입이고 비용은 투입요소에 대한 지출로서 둘 다 시장가격에 의해서 측정된다. 그러나 정부 사업에서의 편익과 비용의 측정은 이보다 훨씬 복잡하다. 왜냐하면 시장가격이 사회적 편익과 비용을 그대로 반영하지 않기 때문이다. 예를 들어 고속철도를 건설한다고 하자. 이런 사업은 각종 편익 이외에 부차적으로 환경을 파괴시키는 결과를 초래할 수 있다. 민간 기업에 의해 이 사업이 수행되는 경우는 비용 속에 환경에 대한 피해를 포함시키지 않지만 공공사업에서는 이러한 외부효과를 포함하는 사회적 비용을 고려해야 한다. 이런 차이가 민간과 공공사업이 다른 점이다.

정부가 수행하는 사업의 경제성평가는 기업과 달리 이상에서 지적한 다양한 목표를 염두에 두고 비용과 편익을 모두 측정해야 하기 때문에 어려움이 있다. 즉 공공사업의 효율적인 수행을 위해서는 기대될 수 있는 모든 편익과 비용을 정확하게 측정하는 것이 무엇보다 중요하다. 특히 정부사업의 경우에는 편익이나 비용을 금전적으로 측정할 수 없는 것들이 많이 있어서 어려움이 있다. 예컨대 앞서의 예와 같이 고속철도의 건설에 따른 환경파괴를 금전적으로 평가하는 것은 쉽지 않을 수 있다. 또 어떤 사업으로 인해 사람의 생명이나 수명에 영향을 주는 경우에 이를 금전적으로 평가하여 측정하는 것은 매우 어려운 일이다.

시장가격과 잠재가격

정부사업의 비용을 정확하게 측정하기 위해서는 기회비용(opportunity cost)의 개념을 사용한다. 경제적 비용, 즉 기회비용이란 명시적인 비용 이외에 암묵적인 비용까지도 포함하는 개념이다. 예를 들어, 정부가 10억을 투자하여 공단을 건설하였을 때의 기회비용은 10억의 명시적 비용에다가 그 지역에 관광지를 조성하였다면 얻을 수 있는 수입이 5억이라고 가정하면 이를 더한 15억이 된다.[6] 이 문

6) 우리가 일상적으로 사용하는 비용의 개념은 경제적 비용보다는 회계학적 비용에 가깝다. 회계학적 비용이란 기업이 시장에서 노동, 자본, 토지 등을 구입하고 지불하는 비용을 말하는데 이러한 비용을 명시적 비용(explicit cost)이라고도 한다. 경제적 비용이란 회계학적 비용 이외에 암묵적인 비용까지도 포함한다. 암묵적 비용(implicit cost)이란 자기의 노동이나 자본을 다른 용도로 사용할 때 얻을 수 있는 수입을 말한다.

경제적 비용 = 회계학적 비용(명시적 비용) + 암묵적 비용

제는 다음에서 좀 더 자세히 설명하기로 한다.

비용과 편익을 측정하는 데 있어서 가장 기본이 되는 것은 무엇보다도 시장가격이다. 외부성이 존재하지 않는다면 경쟁시장에서 결정되는 재화의 가격은 사회적 한계비용과 사회적 한계편익을 반영하기 때문이다. 정부사업에 소요되는 투입요소를 시장에서 거래되는 생산물로 사용한다면 이때는 시장가격으로 비용을 측정하면 된다.

그런데 문제는 시장이 완전하지 않을 때 시장가격이 사회적 한계비용이나 편익을 반영하지 못한다는 데에 있다. 즉 시장이 독점되어 있거나 외부성이 존재하면 시장가격이 사회적 비용과 사회적 편익을 제대로 반영하지 못한다. 이 경우에 시장가격을 대체할 측정수단이 있는가 하면 그렇지 못하기 때문에 어려움이 있다. 시장가격은 이런 문제점에도 불구하고 아주 적은 비용으로 많은 정보를 제공해 주기 때문에 시장의 불완전성이 특별히 문제가 되지 않는 한 공공사업의 비용과 편익을 측정하는데 중요한 기준으로 사용된다.

시장이 불완전할 때는 시장가격이 사회적 한계비용을 반영하지 못하므로 그에 대한 대안으로 잠재가격(shadow price)을 사용한다. 잠재가격(潛在價格)이란 상품의 진정한 기회비용을 추정한 비용으로 사실 주관적인 평가라고 할 수 있다. 이러한 잠재가격은 정부의 개입에 경제가 어떻게 반응하느냐에 달려있다. 예를 들어 공공사업이 독점기업의 생산물인 시멘트를 투입요소로 사용한다고 하자. 시멘트가 독점산업일 때는 그 가격이 한계생산비용보다 높다. 이 때 정책 분석자는 투입요소의 가격을 독점가격으로 평가할 것인지, 아니면 한계생산비용으로 평가할 것인지 선택해야 한다. 독점가격은 소비자가 지불하는 가격이므로 이는 소비의 기회비용인 반면에 한계비용은 시멘트 생산에 이용되는 자원의 한계가치, 즉 자원의 기회비용을 의미한다. 이에 대한 해답은 정부의 시멘트 구입에 따라 시장에 미친 영향에 달려있다. 즉 독점기업이 정부구매량 만큼 정확히 더 생산한다면 사회적 기회비용은 추가적 생산에 따른 자원의 가치, 즉 한계생산비용이다. 그러나 생산이 더 이루어지지 않는다면 정부사업에서 시멘트 사용의 기회비용은 민간소비자의 희생으로부터 나오기 때문에 수요가격으로 평가한 비용으로 측정해야 한다. 또는 이 둘을 가중 평균한 값으로 잠재가격을 결정할 수도 있을 것이다.

또한 정부투자사업은 고용에도 영향을 줄 수 있다. 이러한 영향도 마찬가지로 잠재가격에 반영해야 한다. 공공사업에서의 고용이 민간부문의 고용을 줄인다면 노동자의 사회적 기회비용은 민간부문의 임금으로 측정할 수 있다. 이는 그 노동자가 생산했던 산출물의 가치를 반영하기 때문이다. 그러나 공공사업에서 비자발적 실업자를 고용했을 때는 문제가 훨씬 더 복잡해진다. 즉 비자발적 실업을 고용하면 경제 전체로 생산을 줄이지 않는다. 그렇게 되면 정부사업에서 지급하는 임금의 기회비용을 계산하기 곤란해진다. 이 때의 고용의 기회비용은 단지 감소한 여가에 불과하기 때문이다. 즉 비자발적 실업이 존재하는 경우에는 공공사업에서의 고용의 기회비용이 매우 낮다. 그러나 비자발적 실업이 항상 존재하는 것이 아니라 경기가 좋아지면 언젠가는 다시 고용이 살아날 수 있다. 때문에 장기적으로 보면 공공부문에서의 고용이 민간부문에서의 생산에 영향을 줄 수 있다. 그러므로 이런 고용에 대한 전망을 모두 포함하여 비용을 고려하면 공공사업에서의 고용의 기회비용은 경제의 침체기가 아닌 정상적인 상태에서의 임금으로 평가할 수 있을 것이다.

이상에서는 주로 비용의 측정에 대하여 알아보았다. 그러나 공공사업은 편익에도 영향을 미친다. 공공사업은 민간사업에 비하여 규모가 크게 진행되고 이는 시장가격에 영향을 미친다. 그리고 이는 또한 사회 전체의 편익에 영향을 미치게 된다. 예를 들어 대규모의 관개사업은 한계생산비에 영향을 미치어 농산물가격을 떨어뜨린다. 이때 이 사업으로 늘어난 농산물의 가치를 원래의 가격으로 평가해야 하는가, 아니면 떨어진 이후의 가격으로 평가해야 하는가 하는 것이 문제될 수 있다. 농산물 가격이 떨어지면 소비자잉여는 증가한다. 소비자 잉여는 소비자가 지불하고자 하는 가격에서 실제로 지불한 가격의 차이이므로 소비자 수요곡선이 그대로라고 가정하면 관개사업으로 시장가격이 하락하였으므로 소비자 잉여는 당연히 증가할 것이다. 이러한 소비자 잉여의 증가는 측정이 가능하다면 공공사업의 편익으로서 계산되어야 한다(H. S. Rosen & T. Gayer, 2008).

기타 고려사항

• 시간가치의 평가

일반적으로 이상에서 언급한 바와 같이 비용과 편익을 측정하는 데 있어서 시장가격이 가장 좋은 기준이 된다. 그러나 경우에 따라서는 해당 재화가 시장에서 명시적으로 거래되지 않아서 시장가격이 형성되지 않는 것들이 있다. 예컨대 시간이나 사람의 생명과 같은 것이다. 새로운 고속도로를 건설한다고 하자. 이로 인하여 사람들의 통행시간이 1시간 단축되었다면 이는 편익에 포함되어야 할 것이다. 현대를 사는 사람들에게 시간은 돈이기 때문이다. 하지만 이 시간을 어떻게 돈으로 평가해서 편익으로 계산하느냐 하는 것이 문제이다.

경제학에서 시간을 평가하는 방법으로 흔히 쓰이는 방식이 여가와 소득간의 선택의 이론이다. 이 이론에 의하면 현재 일하고 있는 사람은 여가 즉 시간의 주관적 가치를 1시간 더 일할 때 벌 수 있는 소득과 동일시한다. 그러므로 고속도로 건설로 1시간을 절약한 사람의 시간 가치는 그 사람의 시간 당 세후 임금으로 평가할 수 있을 것이다. 그러나 비자발적 실업에 처해 있는 사람의 시간의 기회비용은 이보다 훨씬 낮게 평가될 수 있을 것이다.

한 연구에서 보면 교통수단간의 요금의 차이로 시간의 가치를 평가하기도 한다. 예컨대 통근에 기차를 타면 1시간이 걸리고 버스를 타면 2시간이 걸린다고 하자. 그러면 1시간의 가치는 기차요금과 버스요금의 차이로 평가할 수 있다는 것이다. 다시 말해 이 같이 교통수단 간의 요금차이는 사람들이 시간의 절약을 위해 기꺼이 지불하고자 하는 금액으로 보기 때문이다.

• 생명가치의 평가

시간과 마찬가지로 사람의 생명에 대한 평가 또한 논란의 여지가 많은 분야이다. 사람의 생명은 도덕적으로나 종교적으로 보면 무한한 가치를 가진다. 그런데 만약 어떤 공공사업의 수행에서 생명의 손실이 예상된다고 할 때 그 가치를 무한대로 평가하여 비용에 포함시킨다면 공공사업의 편익이 대단히 크더라도 실행이 불가능할 수 있다. 사람의 생명이 아닌 생물의 생명도 마찬가지이다. 예를 들어 고속철도를 건설하기 위해서 터널을 뚫어야 하는데 그곳에 서식하는 도롱뇽의 생명이 위협받는다고 하자. 이 경우 도롱뇽의 보전가치를 얼마로 평가해야 하느냐 하는 것이 비용편익분석에서 문제될 수 있다.

현실적으로는 인간의 생명을 평가할 때는 다음과 같은 방식이 사용된다. 첫째는 생명의 가치를 평생에 걸친 소득의 현재가치로 평가하는 방식이다. 어떤 사람이 사업의 실행과정에서 사망한다면 사회에 대한 비용은 그 사람의 생산해 낼 수 있었던 기대된 생산물의 현재가치라는 것이다. 이러한 방식은 보험이나 법정에서 인사사고에 대한 보상의 문제를 협의할 때 주로 사용된다. 그러나 이러한 방식을 그대로 받아들이면 일할 능력이 없는 노인이나 폐질자의 경우는 사망 시에 사회적 비용으로 처리되지 않아야 하느냐 하는 문제를 야기한다.

두 번째 방식은 사망의 확률을 고려하는 방식이다. 공공사업은 일반적으로 100% 확률로 개인의 사망을 예상하지 않는다. 단지 사망할 가능성이 존재할 뿐이다. 사람들은 100% 사망할 가능성이 있다면 어떤 일도 수행되지 못할 수 있다. 그러나 개인의 입장에서 생명에 대한 가치를 무한대로 생각하더라도 사망의 가능성이 100%가 아니라 어느 정도에 그친다면 그러한 일을 일정한 보상, 즉 대가를 받고 받아들일 수 있을 것이다. 예컨대 경차를 구입하면 중형차에 비하여 사고 시에 사망확률을 높인다. 그러나 사람들은 가격 차이에 따른 보상을 받고 경차를 구입한다. 다른 예로서 직업의 차이를 들 수 있다. 동일한 스펙을 가진 사람이 어떤 사람은 국내에서 근무하기를 원하지만 어떤 사람은 위험이 훨씬 높은 해외근무를 원한다. 물론 해외근무를 원하는 사람의 보수는 생명에 대한 위험을 보상하는 수준으로 높아야 한다. 이 예에서와 같이 두 사람의 임금 차이는 사망확률에 대하여 부여한 가치의 추정치로서 간주할 수 있다. 그러나 이러한 접근방식에도 논란의 여지는 많다. 다시 말해서 특정 공공사업의 수행에서 어떤 특정인의 생명이 확실하게 위험에 처하게 된다면 이러한 접근 방식은 적용되기 어렵다.

무형가치의 평가

비용편익분석에서 비용 또는 편익을 평가하는데 있어 난관에 부딪치는 문제로 무형의 가치나 분배적 가치의 평가 문제를 추가로 들 수 있다. 예컨대 환경의 보전이나 애국심의 고취와 같은 무형의 가치를 화폐가치로 평가한다는 것은 어려운 일이다. 인공위성을 발사한다고 할 때 국민들이 갖는 애국심, 국가적 위신이

고양된다고 하면 이러한 가치를 어떻게 화폐적 가치로 환산하느냐가 문제될 수 있다.

또한 공공사업에서 발생한 편익과 비용이 누구에게 돌아가느냐 하는, 분배의 문제가 제기될 수 있다. 일반적으로는 공공사업의 순편익이 정(+)이면 득실이 누구에게 돌아가든지 간에 수행되는 것이 바람직하다고 받아들여질 수 있다. 이는 득을 보는 사람이 손해를 보는 사람에게 보상을 해주고도 남는 것이 있으므로 사회 전체적으로 보면 순편익의 증가가 발생하기 때문이다. 즉 파레도 개선이 있기 때문이다.[7] 달리 말하면 어떤 사람들에게 비용을 발생시키더라도 다른 사람들에게 더 많은 이익을 준다면 그러한 사업은 허용될 수 있다는 논리이다. 이러한 논리의 배경에는 정부가 적절한 소득이전정책을 사용하여 바람직한 분배가 이루어지도록 분배 상태를 시정한다는 가정이 깔려 있다.

예를 들어 일반 조세수입으로 재원이 마련된 공공사업이 특정지역에 집중된다고 하자. 그러면 그 지역 주민의 소득이 다른 지역에 비하여 증가한다. 이 때는 지역 간 소득불균형 문제가 제기될 수 있다. 이 같은 분배문제를 공공사업의 비용편익분석에 화폐가치로 환산하여 계산해 넣는다는 것이 불가능할 수 있다.

만약 정책결정자가 공공사업에서 특정 집단의 이익을 특별히 고려한다고 하자. 그리하여 비용편익분석에서 이러한 고려사항을 편익 및 비용의 계산에 넣은 방법을 고려해 볼 수 있을 것이다. 즉 특정집단에 돌아가는 편익에 가중치를 부여하는 방식이다. 예컨대 가난한 집단에 돌아가는 편익은 다른 집단의 편익에 2배의 가중치를 부여하는 것이다. 이때 얼마의 가중치를 부여할 것인가는 가치판단의 문제로서 분석자의 일이기보다는 정책결정자가 해야 할 일이다. 결과적으로 비용편익분석에서 이 같은 분배상의 고려는 사업선택의 우선순위에 영향을 미치게 된다(H. S. Rosen & T. Gayer, 2008).

---

7) 이러한 원리를 힉스-칼도기준(Hicks-kaldor criterion), 또는 보상의 원리라고 한다.

5. 민간의 공공사업 참여

공공투자의 효율성을 높이기 위하여 공공사업에 민간 기업을 참여시키는 방법을 생각할 수 있다. 실제로 이러한 참여는 각국에서 증가하고 있는 실정이다. 영국에서는 민간 기업이 교도소를 건설해 관리하고 있다.[8] 민간회사는 정부와의 계약에 의하여 일정 기간 동안 시설의 건설 및 유지보수뿐만 아니라 재소자들의 수감, 호송, 직업 훈련 등 통상 정부의 일이라고 알려진 업무들까지 담당하고 있다.

영국의 경우 1800년대 민간회사들이 증기기관을 이용한 철도건설을 주도하였고, 1,000개 이상의 유료도로가 민간회사에 의해 운영되었다. 미국 역시 19세기 중반 1,400여개의 민간 유료도로가 운영되어 그 숫자가 공공도로보다 오히려 많았다. 1980년대 들어 많은 나라에서 민간 사업자가 사회기반시설의 공급에 참여하는 민간 투자 사업을 시행하고 있다. 이 예에서 보듯이 민간 기업은 시장이 만들어지고 적정한 이윤을 얻을 수 있는 기회만 주어지면 정부 부문에도 참여가 가능하다.

우리도 이미 민간사업자들이 신공항 고속도로, 천안~논산 간 고속도로 등과 같은 사회기반시설을 건설하여 운영하고 있으며 여러 건의 도시철도를 계획하여 건설하고 있다. 이외에도 박물관, 복지관 등의 영역에도 민간기업의 참여가 예상된다. 이런 민간의 공공부문 참여 현상은 정부 재정운용의 유연성을 높이는 데 기여한다. 그리고 민간의 창의적인 아이디어를 도입함으로써 세금을 좀 더 값어치 있게 쓸 수 있도록 하는 데 기여한다.

그러면 민간부문의 참여가 어떻게 세금을 절약할 수 있을까? 첫째, 민간 투자 사업은 설계-건설-자금조달-운영을 하나의 회사가 담당하기 때문에 사업자는 시설물의 기획에서 해체 단계까지를 포괄하는 프로젝트의 전 기간 동안 발생하는 비용을 최소화할 유인을 갖는다. 경쟁에 직면한 사업자가 유지관리비용을 큰

---

8) 우리나라도 2011년 현재에 민간교도소가 문을 열 것으로 예정되어 있다.

폭으로 절감할 수 있다면 초기 투자비용이 다소 높더라도 좋은 품질로 시설물을 건설할 유인을 갖게 되는 것이다.

둘째, 이용도가 낮은 사업에 대한 무분별한 투자를 방지하여 한정된 재원을 효율적으로 배분하는 효과를 갖는다. 시설 이용자들로부터 투자비를 회수하여야 하는 민간사업자는 이용자가 많아 수익성이 높은 사업에 우선 투자할 유인을 갖는다. 우리의 과거 정부사업 중에서 일부 자방공항들은 현재시점에서 볼 때 과잉투자의 대표적인 예로서 회자되고 있다. 이들 공항은 투자비용에 비해 이용객이 적어서 적자가 누적되고 있는 실정이다. 이와 같은 사회기반시설 투자행태에서 보듯이 공공부문은 사업의 수익성보다는 정치성에 보다 중점을 두고 사업을 추진하는 경우가 흔히 있다. 이러한 문제점은 민간 기업이 건설에서부터 운영에까지 관여하도록 허용함으로써 극복될 수 있다.

셋째, 정부는 미래에 발생할 수 있는 위험의 일부분을 사업자에게 분담시킬 수 있다. 민간사업자는 정부와 계약에 의하여 결정된 공기와 사업비에 맞춰 시설물을 완공하여야 할 책임을 갖는다. 따라서 민간투자사업의 경우 정부가 시행할 때 흔히 발생하는 공기지연이나 사업비 증액의 위험이 실현되는 사례는 이례적이다. 대신 정부는 불가항력적인 위험이나 지나친 환율 변동 등의 위험을 일정 부분 부담함으로써 사업이 안정적으로 이루어질 수 있도록 지원하면 된다. 또한, 정부는 시설물의 서비스의 질이 계약 내용에 미치지 못할 경우 민간 사업자에 대한 벌칙으로 계약에 따라 정부지급금을 삭감하여 지급함으로써 서비스의 질을 확보할 수 있다.

공공성이 높은 서비스라고 해서 그것을 반드시 정부가 공급하여야 한다는 것을 의미하지는 않는다. 민간부문이 성장하고 새로운 금융기법이 도입됨에 따라 적절한 유인 구조 하에서 민간 사업자 간 경쟁이 발생할 수 있는 조건이 형성될 수 있다면 굳이 정부가 사회기반시설 공급에 직접 나서야 할 필요는 없다.

6. 정부투자사업의 심사

정부투자사업은 효율성을 보장하기 위하여 투자심사의 단계를 거친다. 다음에서는 한 지방자치단체의 도로 사업을 예로 들어서 투자심사방법을 알아본다(권형신 외, 2001). 투자심사의 첫 단계는 우선 투자심사기준을 선정한다. 이 예에서는 경제적 내부수익률(eirr), 재무적 내부수익률(firr), 주민수혜도, 사업요구도, 재원확보율의 다섯 가지 기준을 선정한다. 내부수익률에 대해서는 앞서 비용편익분석에서 설명한 방식으로 계산한다. 주민수혜도의 지표로는 여러 가지를 사용할 수 있지만 여기에서는 총인구에 대한 수혜인구의 비로 나타낸다. 그리고 사업요구도 역시 다양한 방법을 생각할 수 있지만 여기에서는 전체 시의 도로율의 평균에 대한 해당 시의 도로율로 나타내기로 한다. 또한 재원확보율은 자체재원 충당능력을 나타내는 것이므로 총사업비에 대한 순지방비의 비율로 나타내기로 한다.

다음 단계로는 각 평가기준의 평가척도를 정하는 작업이다. 평가척도는 전국적인 평균치에 입각하여 상, 중, 하의 3단계로 구분하기로 한다. 이상과 같은 과정을 요약하여 표로 나타낸 것이 〈표 10-11〉이다. 이 표에서 점수 란에는 해당 단체의 평가기준을 계산한 후 평가척도에 따라 점수를 부여한 것이다. 다시 말해 경제적 내부수익률을 계산한 결과가 15%였다면 평가척도의 중간단계로서 2점이 부여되는 것이다. 다른 평가기준 역시 같은 방법을 적용하여 점수를 계산해 낼 수 있는데 그 결과는 〈표 10-12〉의 2번째 열과 같다.

〈표 10-11〉 사업의 평가기준 및 평가척도(예)

평가기준	평가척도 및 점수부여			
	3점	2점	1점	점수(s)
eirr	20% 이상	10-20%	10% 이하	2
firr	20% 이상	10-20%	10% 이하	2
주민수혜도	50% 이상	20-50%	20% 이하	1
사업요구도	0.7 이하	0.7-1.0	1.0 이하	2
재원확보율	60% 이상	30-60%	30% 이하	3

다음 단계는 평가기준에 가중치를 부여하는 것이다. 평가기준 간에는 서로 중요도에서 차이가 있기 때문이다. 가중치를 부여하기 위한 방법에는 여러 가지가 있지만 이 예에서는 가장 단순한 방법으로, 예컨대 평가위원들에게 총 10점을 주고 각 평가기준의 중요도에 따라 점수를 나누어 부여하는 방식을 취할 수 있다. 그리고 그렇게 구한 가중치를 표준화[9]하여 나타낸 것이 〈표 10-12〉의 4번째 열이다.

이상과 같은 단계를 거치면 다음으로 평가기준의 점수와 가중치를 곱하여 사업의 총점수를 구할 수 있는데, 이 예에서는 총 점수가 1.9로 계산되었다. 이 점수는 다른 사업과의 투자순위를 결정하는데 기준이 된다. 물론 다른 대안이 되는 사업들 역시 위와 같은 방식으로 총 점수를 구하고 나서 그 중에서 가장 큰 점수를 얻는 사업부터 높은 우선순위를 부여하는 순서를 따른다.

〈표 10-12〉 사업의 총점수 산정(예)

평가기준	점수(s)	가중치	표준가중치 (w)	총점수 ($s \times w$)
계	10	10	1	1.9
eirr	2	3	0.3	0.6
firr	2	1	0.1	0.2
사업요구도	1	3	0.3	0.3
주민수혜도	2	1	0.1	0.2
재원확보율	3	2	0.2	0.6

9) 합계를 1로 환산한 것을 말한다.

주요개념

내부수익률	순편익극대화기법	현재가치
예비타당성조사	온정주의(paternalism)	의원입법
잠재가격	재무적 내부수익률	총사업비관리제도
편익비용비율(benefit/cost)	할인율	

제4부

정부 수입

제 11 장

조세론

조세란 국가가 필요로 하는 경비를 조달하기 위하여 민간으로부터 강제적으로 조달하는 수입이다. 즉 개인의 조세납부에 대해 직접적인 반대급부가 주어지지 않으며, 조세납부에 있어서 강제성이 뒤따른다는 특징이 있다. 오늘날 정부 수입의 대부분은 조세수입으로 충당되고 있으므로 조세제도를 이해하는 것은 정부의 재정을 이해하는 데 있어서 매우 중요하다. 이 장에서는 먼저 조세의 기본개념과 원리를 이해한 다음 조세부과의 경제적 효과를 알아본다.

1. 조세의 기초개념

과세주체와 과세객체

과세주체는 조세(租稅)를 부과할 수 있는 법적인 권한을 가지고 있는 정부를 말한다. 즉 국세의 과세주체는 중앙정부이며, 지방세의 과세주체는 시, 도, 군과 같은 지방정부이다. 정부는 과세권을 행사할 수 있으며, 또한 징세권과 세수보유권도 행사한다.

과세객체란 조세가 부과되는 대상으로서 개인의 소득, 재산, 자본 및 소비지출 행위 등을 말한다. 소득세의 과세객체는 소득이며, 재산세의 경우는 재산, 소비세의 경우는 개인의 소비행위를 통해 소비하는 물건이거나 소비행위이다. 예를 들어 주세, 개별소비세는 특정한 물건의 소비에 대하여 부과하는 세이며, 경마장 등의 입장세는 소비행위를 과세객체로 하여 부과하는 세이다.

납세자와 조세부담자

납세자란 조세를 납부하는 경제주체인 자연인 또는 법인을 말하며 납세의무자라고 한다. 조세부담자 또는 줄여서 담세자(擔稅者)는 조세를 실질적으로 부담하는 자연인 또는 법인으로 납세자와 같을 수도 있지만 대부분의 경우 다르다. 소득세, 법인세, 재산세와 같은 직접세는 대체로 납세자와 조세부담자가 일치하지만 부가가치세, 주세 등 대부분의 간접세는 양자가 각기 다르다. 납세자와 조세부담자가 다르다는 것은 조세를 부과하면 그 실제적인 부담이 납세의무자로부터 다른 경제주체로 전가한다는 것을 의미한다.

세원과 과표

세원(tax source)이란 조세가 지급되는 원천을 말한다. 세원은 일반적으로 개인의 소득, 재산 등에 해당한다. 개인의 소득은 근로소득이 일반적이지만 재산과 자본의 운영에서 나오는 재산소득이나 자본이득과 같은 형태의 소득도 있다. 즉, 근로소득세, 재산세, 이자소득세, 각종소비세 등은 궁극적으로는 개인의 소득이나 재산에서 납부된다. 기업 역시 영업의 결과로 인해 발생한 이윤에 대하여 법인세를 납부하는데, 이 경우에 법인세의 세원은 기업의 소득인 이윤이다.

과표(課標)라고 흔히 말하는 과세표준(tax base)은 조세부과에 있어 세율이 적용되는 과세객체를 말한다. 과세표준은 조세에 따라 물건, 금액, 수량, 무게 등으로 표현된다. 예를 들어 소득세의 경우에 과세표준은 기초공제, 특별공제 등 소득을 벌기 위하여 들어간 각종 경비를 공제한 후의 남은 소득을 말한다. 즉 모든 소득이 바로 소득세의 과세표준이 되는 것이 아니라는 점에서 세원과 다른 개념이다. 과세표준과 세율이 결정되면 세액은 과세표준에 세율을 곱하여 구할 수 있다.

세율과 최적세율

세율이란 과세표준에 대한 세액의 비율을 말한다. 과세표준과 세율이 결정되면 세액은 과세표준에 세율을 곱하여 다음과 같이 구할 수 있다.

$$T = X \cdot t$$

$$\rightarrow t = \frac{T}{X}$$

(T: 세액, X: 과세표준, t: 세율)

세액은 세율에 과표를 곱한 것이기 때문에 과표가 일정할 경우에 세율이 올라가면 증가한다. 그러나 과표는 항상 변동하므로 세율이 올라간다고 해서 세액이 반드시 증가하는 것은 아니다. 이론적으로는 세액을 최대로 하는 최적세율이 있다. 만약 세율이 100%가 된다면 세액수입은 당연히 제로(0)이다. 왜냐하면 정부가 소득을 100% 거두어 가면 아무도 투자나 근로를 하지 않을 것이기 때문이다.

1981년에 취임한 미국의 레이건 대통령은 감세정책을 주요한 경제정책으로 제시하였는데, 그 이론적 배경은 세금의 역할을 강조한 공급중시 경제학이었다. 당시에 미국의 세율은 매우 높아서 적정수준을 넘었기 때문에 세율을 낮추는 것이 오히려 투자와 근로의욕을 증대시켜 세수증대에 기여할 것이라는 논리이었다. 〈그림 11-1〉에서 보면 세율이 0이면 세입도 0이다. 그리고 세율이 100%이면 세입 역시 마찬가지로 0이다. 그러므로 이 그림에서 보듯이 세금수입이 극대가 되는 적정세율을 넘어선 수준에서는 세율을 인하하는 것이 오히려 세금수입을 증대시킬 수 있다. 세율인하로 경제주체의 소비 및 투자를 촉진시키는 한편 정부의 수입을 증대시킬 수 있는 것이다. 이것이 감세정책의 핵심적 논리이었다. 이 곡선을 제안자의 이름을 따서 흔히 레퍼곡선(Laffer's curve)이라고 부른다.

〈그림 11-1〉 레퍼곡선

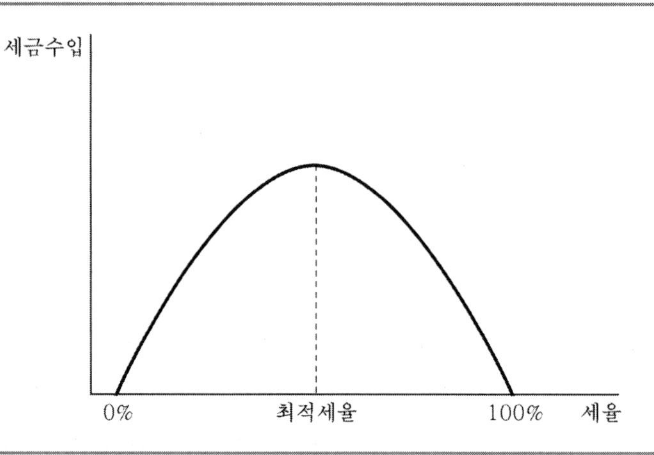

정액세와 정률세

세액이 과세표준에 상관없이 일정한 금액으로 정해지는 세를 정액세라고 하고, 세율이 과세표준의 일정비율로 정해지는 세를 정률세라고 한다. 정률세에서 세율(tax rate)이란 세법에 정해진 조세부담의 크기를 결정하는 척도로 과세표준에 대한 세액의 비율을 말한다.

〈그림 11-2〉에서 보듯이 세율에는 비례세율, 누진세율, 역진세율 등의 세 가지 유형이 있다. 비례세율이란 과세표준의 크기에 상관없이 언제나 일정한 세율을 유지하는 경우이다. 누진세율은 과세표준의 증가에 따라서 세율이 증가하는 경우인데, 그 정도에 따라 체감, 체증, 선형의 누진세율이 있다. 역진세율은 반대로 과세표준의 증가에 따라 세율이 감소하는 경우로 이 역시 체증, 선형, 체감의 형태로 구분할 수 있다.

비례세율은 주로 소비세, 판매세, 부가가치세 등 간접세에 적용된다. 반면에 누진세율은 개인소득세, 재산세 등에 대표적으로 적용된다. 역진세의 대표적인 형태로 정액세를 들 수 있다. 위에서 언급했듯이 세율과 무관하게 일정한 세액을 납부하는 세를 정액세라고 하는데, 이 세는 총 조세부담액을 납세자수로 나누어 일정한 세액을 부과하는 인두세(head tax)가 대표적인 예이다. 현행 지방세 중에서 주민세는 정액세로서 역진과세에 해당하고, 취득세와 등록면허세는 비례세이며, 소득세, 재산세 등은 누진세에 해당한다.

〈그림 11-2〉 세율의 종류

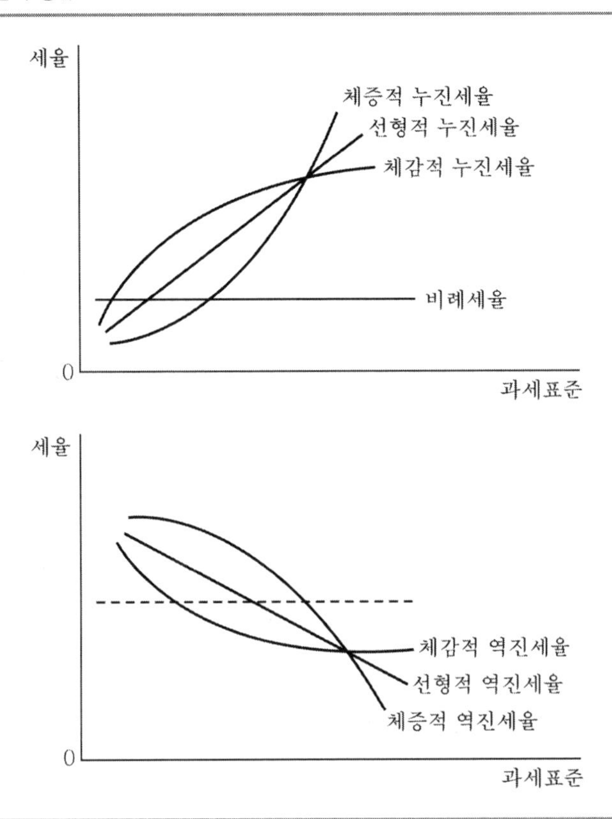

이상과 같은 비례세, 누진세, 역진세는 〈표 11-1〉의 예를 통하여 그 차이를 분명히 설명할 수 있다. 이 표를 보면 비례세는 과표에 따라 세액이 같은 것이 아니라 세율이 같다는 것이다. 과표에 상관없이 세액이 같은 세는 정액세이며, 정액세는 비례세가 아니라 역진세에 속한다. 그리고 과표의 증가에 따라 세액이 증가한다고 하여 누진세가 아니다. 세액이 증가하더라도 세율이 감소하면 역진세이다. 누진세란 과표의 증가에 따라 당연히 세액이 증가하지만 그 정도가 매우 커서 세율이 증가할 때를 말한다.

〈표 11-1〉 세율의 종류(예시)

소득	비례세		역진세		누진세	
	세액	세율	세액	세율	세액	세율
50	12.5	25(%)	15	30(%)	10	20(%)
100	25	25	25	25	25	25
200	50	25	40	20	60	30

직접세와 간접세

조세를 성격에 따라 직접세와 간접세로 구분하여 사용할 때가 있다. 그러나 그 구분이 항상 분명한 것은 아니다. 일반적으로 세금을 납부할 의무가 있는 납세의무자와 세금을 최종적으로 부담할 조세부담자가 일치하지 않는 조세를 간접세라고 하고, 이와 달리 납세의무자와 조세부담자가 일치하는 조세를 직접세(直接稅)라고 한다.

한편, 현대적인 분류 방식에 의하면 소득획득에 기준을 두고 부과하는 조세를 직접세라고 하고 소득지출에 기준을 두고 부과하는 조세를 간접세라고 하기도 한다. 즉 세원인 소득 및 재산을 직접 포착하여 부과하는 소득세, 법인세, 재산세 등을 직접세라고 하고, 소득 및 재산에서 획득된 소득의 지출, 혹은 소득 및 재산의 이전 사실을 포착하여 부과하는 소비세, 유통세 등을 간접세라고 한다. 우리나라의 국세 중 부가가치세, 개별소비세, 주세, 인지세, 전화세, 증권거래세 등이 간접세에 속하며, 개인소득세, 법인세, 증여세 등은 직접세에 속한다.

종가세와 종량세

과세되는 물건의 가격을 기준으로 부과하는 세를 종가세(ad valorem tax)라고 하고, 과세물건의 산출단위를 기준으로 부과하는 세를 종량세(unit tax)라고 한다. 종가세는 가격을 기준으로 과표가 결정되므로 가격상승과 함께 세액도 증가한다. 이에 반해 종량세는 재화의 수량, 크기, 무게에 따라 과세되므로 가격이 상승하더라도 세액은 증가하지 않는다.

인플레이션이 심할 때는 종가세의 경우에 많은 세수를 확보할 수 있다는 이점이 있다. 인플레이션 하에서는 모든 재화의 가격이 비례적으로 오르기 때문에 상대가격의 변동을 유발하지 않는다는 점에서 종가세는 자원배분에 영향을 미치지 않는다. 그러나 종량세는 조세가 부과되는 특정재화의 상대가격을 인상시키는 효과를 가지기 때문에 상대가격 체계에 영향을 미쳐 초과부담을 발생시킨다. 즉 자원배분의 효율성 면에서는 종가세가 종량세보다 우월하다. 우리나라의 부가가치세, 개별소비세, 주세 등은 종가세이며, 담배소비세와 관세의 일부만이 종량세이다.

보통세와 목적세

보통세(ordinary tax)와 목적세(earmarked tax)는 조세수입의 용도 지정을 기준으로 한 분류이다. 즉 보통세는 용도가 정해지지 아니하고 일반적인 경비에 충당하기 위하여 징수하는 세이다. 이와 달리 목적세는 충당하여야 할 경비를 특별히 정하고 그 경비의 지출에 의하여 직접 이익을 받는 자에게 부담을 요구하는 세이다. 국세의 목적세에는 교통세, 교육세, 농어촌특별세 등이 있고 지방세의 경우에는 지방교육세, 지역자원시설세의 목적세가 있다. 그이외의 세는 모두 보통세이다.

2. 조세부담의 귀착

법적인 조세부담자는 조세법상으로 조세를 납부하는 자연인이나 법인을 말한다. 그러나 이런 개념은 형식적인 것으로 회계사들이 하는 일이고 실질적으로 조세부담을 누가 지는지를 알아보는 것이 경제학자들이 하는 일이다. 이렇게 실제로 누가 경제적으로 조세부담을 지는가를 알아보는 것을 조세의 경제적 귀착(economic incidence)이라고 한다.

조세의 실제부담자가 법적인 납세자와 다른 이유는 조세부담이 다른 사람에게로 전가(shifting)되는 현상이 나타나기 때문이다. 납세자가 법적으로 지는 조세부담액의 일부를 다른 사람에게 전가시킨다면 납세자의 소득은 예상했던 것보다 적게 감소하게 된다.

조세부담의 전가(轉嫁)는 법적인 납세의무자가 다른 사람에게 그 부담을 강제로 떠넘기는 것을 의미하는 것이 아니라 경제주체 간에 맺어지는 경제적 관계의 특성에 의해 시장에서 저절로 일어나는 현상이다. 그러므로 경제적 관계의 성격이 허용되지 않는 한 아무리 부담을 다른 사람에게 떠넘기려 해도 그렇게 되지 않는다. 어떤 상품을 판매하는 기업에 대하여 조세를 부과하였다고 하자. 조세가 부과되면 그로 인하여 해당 상품을 생산하는 기업의 생산비용이 증가하기 때문에 소비자판매가격을 인상시킬 수 있다. 그러면 높아진 가격을 주고 상품을 사야 하는 소비자가 실질적으로 조세의 일부를 부담하는 결과가 초래될 수 있다. 이와 같이 조세부담이 기업으로부터 소비자에게 전가되는 것을 조세의 전가라고 한다. 특히 이 경우는 상품이 생산되어 소비되는 거래의 순서로 보아서 앞으로 향하여 전가가 일어났다는 의미에서 조세의 전전(前轉, forward shifting)이라고 한다.

한편, 조세가 부과되면 기업은 비용을 줄이기 위하여 노동자의 임금을 줄이는 형태로 반응을 보일 수 있다. 그 결과로 근로자가 받는 임금이 하락하게 된다면 근로자 역시 조세의 부담을 부분적으로 나누어지는 셈이다. 이 경우에는 조세부담이 기업으로부터 노동자에게로 전가되었으므로 조세의 후전(後轉, backward shifting)이라고 한다. 즉 조세의 전전인지 후전인지는 기업에 의해 생산요소가 상품으로 변화하여 소비자에 이르는 과정을 하나의 흐름으로 보고 이를 기준으로 하여 판단하면 된다.

물품세의 귀착

조세의 전가 현상을 설명하기 위하여 먼저 물품세(commodity tax)를 예로 들어보자. 물품세란 상품의 거래에 대하여 부과되는 세라는 의미로 사용하는데 구체적인 예로서는 판매세(sales tax), 부가가치세(value added tax), 개별소비세(excise tax) 등을 들 수 있다. 다음에서 설명할 물품세는 먼저 상품의 판매에 대하여 부과하는 단위세로서 단위당으로 일정한 금액이 부과되는 종량세로서의 판매세를 가정하기로 한다. 그리고 물품세의 법적인 납세의무자는 상품의 공급자, 즉 생산자라고 가정하자. 그런 다음 이렇게 부과된 물품세가 최종적으로 누구에게 귀착되는지를 알아보기로 하자.

예를 들어, 사과 1개당 당 100원씩의 물품세가 부과된다고 하자. 이 경우 사과를 공급하는 사람은 사과 가격에 100원을 더 얹어서 받으려 할 것이다. 이는 〈그림 11-3〉에서 공급곡선이 100원에 해당되는 것만큼 위로 올라갔다는 것을 의미한다.

이 그림에서 보면 물품세가 부과되기 전에는 사과의 시장가격이 500원이었다. 그런데 물품세 100원이 부과된 후에는 세금을 포함한 사과의 시장가격은 600원이 아니라 560원으로 상승하였다. 왜 그런가? 그 이유에 대하여 설명하는 것이 전가이론이다. 이 예에서 소비자가 부담하는 가격은 560원이다. 생산자는 단위당 560원을 받은 후 여기에서 세금으로 100원씩을 떼어서 당국에 납부해야 한다. 그리고 나머지 460원을 수입으로 가져간다. 즉 생산자 수취가격은 460원이다.

〈그림 11-3〉 물품세 부담의 귀착

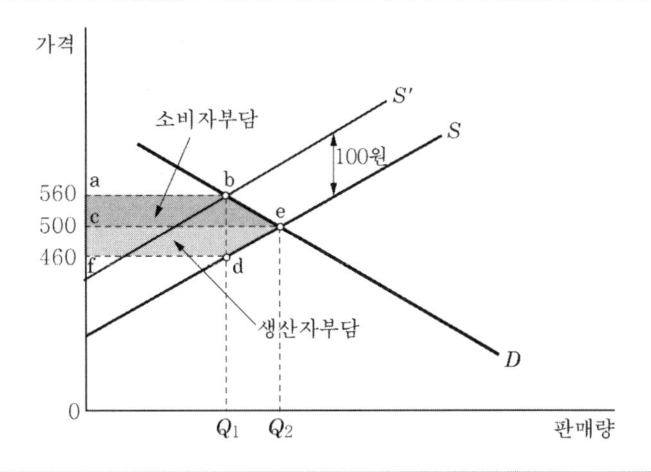

이러한 물품세의 부과로 인하여 소비자에게 귀착되는 부담은 소비자잉여의 감소로서 측정될 수 있다. 이 그림에서 보면 소비자 잉여의 감소는 사각형 abec의 넓이에 해당한다. 한편 생산자에게 귀착되는 부담은 생산자잉여의 감소로 측정할 수 있는데, 그림에서 보면 사각형 cedf의 크기에 해당한다. 이 때 정부가 받게 되는 조세액은 사각형 abdf의 크기이다.

이상에서 알 수 있듯이 조세가 생산자에게 부과되면 실질적인 부담의 일부는 소비자에게로 전가된다는 사실이다. 즉 소비자는 조세부과 이전보다 한 단위의 구입에 대하여 60원을 더 지불하였다.

그러면 다음의 의문은 누가 물품세의 부담을 더 많이 지게 되는가 하는 것이다. 이는 수요곡선과 공급곡선의 모양, 즉 수요와 공급의 가격탄력성에 따라 달라진다. 공급곡선이 매우 가격 탄력적인 경우에는 세 부담의 많은 부분이 소비자에게로 전가된다. 반면에 수요의 가격 탄력성이 높으면 세 부담은 소비자에게 적게 돌아가는 반면 생산자인 공급자에게 많이 돌아가게 된다.

〈그림 11-4〉 소비자 탄력적, 생산자 비탄력적

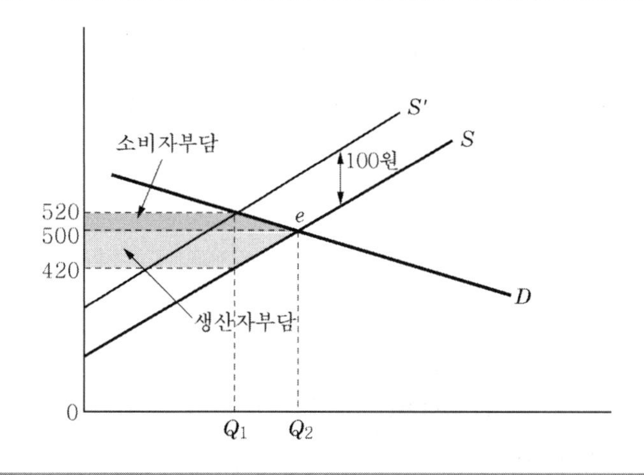

〈그림 11-4〉에서는 수요곡선이 공급곡선에 비하여 보다 가격 탄력적이다. 이 그림에서 보면 100원의 물품세의 부과는 소비자에게 20원을 전가시키고 생산자에게 80원을 전가시켰다. 즉 물품세가 생산자에게 부과되더라도 공급측면에서 가격 비탄력적인 생산자에게 더 많은 조세 부담이 돌아갔다.

이상에서는 물품세의 법적인 납세의무자가 공급자인 경우를 예로 들어 설명하였다. 하지만 거꾸로 납세의무자를 소비자로 하여도 마찬가지의 결과가 나타나게 된다. 즉 누가 법적인 납세의무자인가에 상관없이 실질적인 조세의 귀착은 시장에서의 생산자와 소비자가 갖는 협상력에 따라 결정된다는 것이다. 시장에서의 협상력을 반영하여 나타낸 것이 바로 수요와 공급의 가격탄력성이기 때문이다.

종가세의 귀착

이상에서는 거래 단위당 정액으로 부과되는 물품세에 대하여 알아보았다. 이와 달리 종가세란 가격에 대하여 일정한 비율로 부과되는 세를 말한다. 예를 들어 부가가치세는 거래되는 상품에 대하여 10%의 세율을 부과하므로 이세는 종가세에 해당한다. 재산세 역시 제산가치의 일정 비율로 과세된다면 종가세의 일종이다.

〈그림 11-5〉 종가세의 귀착

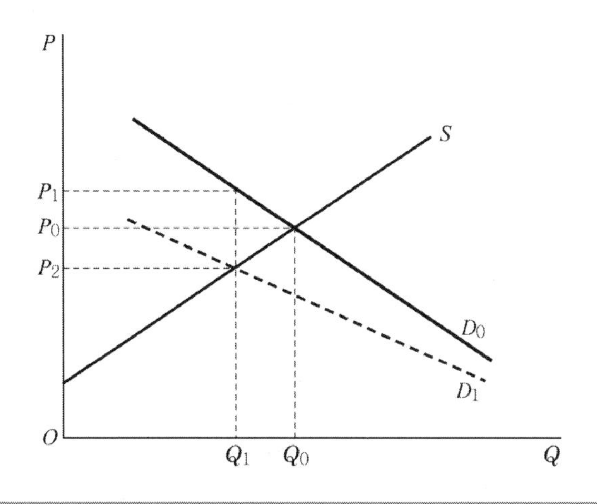

다음에서는 종가세의 귀착을 수요공급곡선을 이용하여 알아본다. 종가세가 부과되면 그 재화를 공급하는 사람이 직면하는 수요곡선을 하향시킨다. 예를 들어 사과거래에 대하여 종가세가 소비자에게 10%로 부과된다고 가정하자. 종가세의 부과 이전에는 소비자가 1,000원에 100개를 구입하고자 하였다면 종가세의 부과 이후에는 부담이 증가하였으므로 구입량을 줄이려고 한다. 그러므로 수요곡선이 좌측 아래로 이동한다. 이와 달리 종가세가 생산자에게 부과된다고 해도 결과는 같다. 종가세의 부과이전에 생산자는 100개를 판매하고 1,000원을 받을 수 있었는데 종가세의 부과이후에는 100개를 판다면 이제는 900원밖에 수취하지 못하게 된다. 그러므로 생산자가 직면하는 수요곡선은 이전의 수요곡선보다 100원에 해당하는 만큼 아래로 이동한다. 그런데 가격이 1,000원일 때의 10%는 100이지만 가격이 1,500원일 때의 10%는 150원이므로 수요곡선의 높은 곳에서 더 큰 폭으로 하향 이동하는 모습을 한다. 〈그림 11-5〉는 이러한 성격을 반영하여 그린 것이다.

이상과 같이 종가세의 부과는 〈그림 11- 5〉에서 수요곡선을 D_0에서 D_1으로 이동시킨다. 따라서 새로운 균형에서의 거래량은 Q_1이고 소비자가 지불하는 가격은 P_1이며, 생산자가 수취하는 가격은 P_2이다. 이 그림에서 보듯이 종가세의 법적인 부담이 누구에게 지워지든 조세의 경제적 귀착은 수요와 공급의 탄력성에 의하여 나누어진다. 이러한 과정은 단위세인 물품세가 부과되었을 때와 전적으로 동일하다. 이러한 결과는 재산세의 경우에도 똑 같이 적용된다. 재산세가 종가세로 부과되는 경우에 법적인 부담을 집주인에게 지우더라도 그 부담은 세입자에게 위와 동일한 과정을 통하여 전가될 수 있는 것이다.

• 연금부담금의 효과

봉급생활자는 매월 보수에 따라 일정비율의 연금 보험료를 부담한다. 이러한 부담금은 종가세의 일례에 해당한다고 할 수 있다. 법적으로는 연금 보험료의 절반은 본인이 부담하고 나머지 절반은 사업주가 부담하도록 되어있다. 그러나 이러한 법적인 보험료의 분할에 상관없이 경제적인 귀착은 위에서 설명한 조세의 전가와 같은 원리로 설명될 수 있다. 즉 노동공급과 노동수요의 탄력성의 크기에 따라서 경제적 부담이 귀착된다.

다음에서는 위와 같은 논리에 따라 연금부담금의 경제적 귀착을 설명하기로 한다. 〈그림 11-6〉에서 노동 공급곡선은 완전 비탄력적이라고 가정한다. 실제로 노동공급은 단기에서는 비탄력적인 특성을 갖는다. 다음에서 연금부담금은 종가세(ad valorem tax)의 형태로 부과된다고 가정하자. 즉 임금이 높으면 그에 비례해서 더 많은 연금부담금을 납부한다고 가정하면 노동수요곡선은 D_{L_0}에서 D_{L_1}으로 하향 이동할 것이다. 기업으로서는 연금부담으로 실질적인 임금이 높아지면 노동에 대한 수요를 줄일 것이기 때문이다.

연금부담금의 부과이전에는 임금이 W_0이지만, 연금부과금의 부과이후에는 노동자가 받는 임금은 W_1으로 하락한다. 그러나 사업주가 지불하는 임금은 W_0로 그대로 이다. W_0와 W_1의 차이(wedge)는 당연히 연금부담금이다. 이 예에서 보면 법적으로는 연금부담금이 사업주와 노동자에게 쪽같이 양분되도록 되어있을지라도 실제로 전체의 부담을 노동자가 진다는 것을 알 수 있다. 이러한 결과는 노동공급곡선이 완전 가격 비탄력적이라는 가정 때문인데, 노동공급의 탄력성이 증가하게 되면 당연히 부담도 양자에게 그 정도에 따라 나누어지게 된다(H. S. Rosen & T. Gayer, 2008).

〈그림 11-6〉 연금부담금의 귀착-공급이 가격 비탄력적인 경우

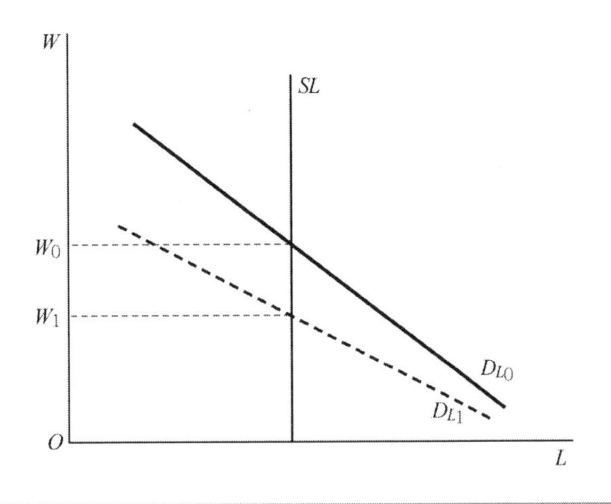

• 자본과세와 이윤과세의 효과

이상에서 설명한 조세귀착의 원리를 이용하면 자본소득에 대한 과세의 효과도 동일하게 수요와 공급의 원리를 이용하여 설명할 수 있다. 자본을 공급하는 사람들은 자본의 가격 즉 이자율이 올라가면 저축을 늘리므로 자본의 공급곡선은 상향하는 모습을 한다. 그리고 자본을 필요로 하는 사람 역시 이자율이 떨어지면 수요를 늘리므로 자본의 수요곡선은 하향하는 모습을 하는 것이 통상적이다. 그러므로 자본에 대한 과세 즉 이자 소득세는 법적으로 누구에게 과세되던지 간에 그 경제적 귀착은 수요와 공급곡선의 탄력성의 크기에 달려있다.

그런데 지금은 세계화로 인하여 자본의 국제간 이동이 과거에 비하여 더욱 용이하게 되었다. 국내에서 자본소득에 대하여 고율의 과세를 한다면 자본은 다른 나라로 빠져나가는 것이 과거에 비하여 용이하게 되었다. 세계화로 인하여 이제

는 과거에 비하여 자본의 공급곡선이 탄력적으로 변하게 되었다는 것이다. 이는 다시 말하면 세계화로 인하여 국내의 자본에 대한 과세가 과거에 비하여 자본의 수요자인 이용자에게로 부담이 더 크게 전가될 수 있다는 가능성을 보여주는 것이다. 따라서 세계화의 진전 이후에는 만약 정책입안자가 자본가에게 무거운 부담을 지우려고 자본이득에 대하여 누진과세를 부과하는 정책을 사용한다면 원래의 의도를 거두기 어려울 수도 있다.

다음으로 기업의 이윤에 대한 과세의 경제적 귀착문제에 대하여 알아보자. 기업의 이윤에 대한 과세는 이론적으로는 전가되지 않는다. 즉 기업의 이윤에 대한 과세는 기업 오너의 부담으로 귀착된다고 보는 것이 전통적인 견해이다. 이와 관련하여 먼저 단기의 완전경쟁시장에 속한 기업을 생각해 보자. 경쟁기업으로서는 이윤에 대한 과세가 있기 이전에 이윤극대화를 위하여 한계비용과 한계수입을 일치시키는 수준에서 생산량을 결정할 것이다. 정부가 이때 발생하는 초과이윤에 대하여 과세를 한다고 해도 기업의 한계비용과 한계수입에는 영향을 주지 않을 것이다. 기업으로서는 한계비용과 한계수입을 일치시키는 이윤극대화 원리에 따라 생산했을 때 초과이윤이 없으면 세금을 내지 않으면 되고 초과이윤이 있으면 그것에 비례해서 세금을 내면 된다. 기업이 이윤을 극대화하는 행동을 세금이 무서워서 회피할 이유가 없는 것이다. 즉 기업으로서는 세금 때문에 산출량을 변동시킬 유인이 없다. 산출량이 변하지 않기 때문에 소비자지불가격 역시 변동하지 않아서 소비자 후생 역시 변함이 없다. 따라서 이윤에 대한 조세는 기업이 전적으로 부담한다.

한편 장기에서 경쟁기업의 경우는 초과이윤이 경쟁으로 인하여 모두 소멸되므로 이윤에 대한 과세가 제로(0)이다. 독점의 경우는 장기에도 초과이윤이 있으므로 위와 같은 원리에 의해서 이윤에 대한 세는 기업오너의 부담으로 된다. 즉 기업은 세금이 부과되기 이전에 이윤극대화행동을 하므로 이윤에 대한 과세는 전가되지 않는다.

그러나 실제적으로는 이윤에 대한 과세의 전가는 초과이윤을 어떻게 계산하느냐에 따라서 달라진다. 이윤은 기업이 제공한 자본에 대한 수익을 의미하므로 초과이윤을 계산하기 위해서는 기업이 제공한 자본량에 기본 수익률을 초과하는 초과수익률을 곱하여 계산하여야 하지만 이 때 자본량을 어떻게 측정하느냐 하는 것이 자의적이기 때문에 이런 계산이 용이하지 않다는 문제가 있다. 또한 수익률이 높다는 것이 위험한 사업에 대한 보상이라고 하면 이에 대한 과세가 합당한가 하는 의문이 제기될 수 있다(H. S. Rosen & T. Gayer, 2008).

조세귀착과 소득분배

조세의 부과는 소득분배에 영향을 미친다. 조세는 어떤 형태로 부과되느냐에 따라 사람들의 소득에 미치는 영향이 각기 달라진다. 먼저 소득이 발생하는 원천에 대하여 과세하는 예를 들어보자. 조세가 자본소득에 중과되도록 부과된다면 자본소득은 부유한 계층의 소득에서 차지하는 비중이 높으므로 당연히 상위 소득계층에 불리하게 작용할 것이다. 이와 반대로 조세가 근로 소득에 중과된다면 근로소득계층인 중하위소득계층에 불리하게 작용할 것이다. 이렇게 정부의 동일한 조세수입이라도 이것이 소득의 어떤 원천에 대한 부과이냐에 따라 분배적 효과는 달라진다.

이와 달리 조세는 소득의 사용 즉 소비에 대하여도 부과할 수 있다. 이 경우 역시 분배적 효과가 여러 경로로 다르게 나타난다. 만약 소비에 대해 물품세의 형태로 조세가 부과되고 사과의 가격이 상승한다고 해보자. 그러면 사과를 소비하는 사람들이 전보다 적게 소비하게 될 것이고 따라서 소비자후생이 저하될 것이다. 한편 사과에 대한 조세의 부과로 인하여 사과 가격이 상승하여 사과에 대한 수요가 감소한다면 사과농장의 노동자들의 소득이 역시 감소하게 된다. 이와 같이 소비에 대하여 부과한 조세도 소득분배에 영향을 미치며 그 영향도 소득의 원천에 따라서 제각각이다.

또한 사과를 심는 과수원은 부유한 사람들의 소유이고, 사과소비는 주로 가난한 사람들이 한다고 가정해 보자. 이 경우에 사과의 소비에 대하여 과세하면 소득의 지출이라는 측면에서 보면 조세부과가 가난한 사람의 부담으로 돌아간다. 그러나 소득발생의 원천이라는 측면에서 보면 사과에 대한 수요의 감소로 인하여 과수원을 소유한 부유한 계층의 소득을 줄이는 소득이전효과를 갖는다. 이 때 조세의 분배적 효과는 정부가 이렇게 걷은 조세수입을 어디에 사용하느냐에 따라 달라진다. 위의 예에서 조세수입을 저소득층을 위한 지출로 사용한다면 물론 조세의 재분배적 효과가 커질 것이다.

통상적으로 조세수입은 특정한 목적을 가진 지출에 사용되지 않는다. 어떤 특정한 조세의 부담이 누구에게 돌아가느냐 하는 것을 규명하기 위해서는 정부 예산이 일정하다고 가정하고 다른 조세로 이를 대체했을 때 효과가 어떻게 달라지는 지를 비교하는 방식을 생각할 수 있다. 이러한 방식을 차등적 조세 귀착(differential tax incidence)이라고 한다. 이 때 비교 대상이 되는 조세로 중립세(lump sum tax)가 흔히 사용된다. 중립세(中立稅)란 조세부과가 경제적 행위를 변화시키지 않는 조세, 또는 달리 말하면 조세부담이 경제행위에 의존하지 않는 조세를 말한다. 예컨대 사과 소비에 대한 물품세의 조세부담을 동일한 조세수입을 초래하는 인두세의 부과와 비교함으로써 분배적 효과를 추론할 수 있을 것이다. 인두세란 모든 사람에게 1인당 일정액의 조세를 부과하는 세이므로 중립세에 가장 근접한 예이다(H. S. Rosen & T. Gayer, 2008). 중립세는 시장에 대하여 중립이므로 초과부담을 발생시키지 않아서 효율성을 저해하지 않는다는 것이지 이세가 소득 분배적 측면에서 바람직한 세라는 의미는 아니다. 단지 어떤 세가 중립세와 비교했을 때 분배적 효과가 더 큰지 아닌지를 판단하는 기준으로 사용된다는 것이다.

3. 조세의 조건

일반적 조건

일반적으로 어떤 조세가 좋은 조세인가에 대하여는 A, Smith, A, Wagner, W. Gerloff, R. Musgrave 등 많은 학자들에 의해 다양한 견해들이 제시된 바 있다. 이들의 주장을 종합해 보면 조세가 갖추어야 할 몇 가지 공통적인 조건을 도출할 수 있는데, 다음에서는 이런 조세의 일반적 조건에 대하여 설명하기로 한다.

첫째로 조세부담의 공평성이다. 바람직한 조세가 되기 위해서는 모든 국민이 각자의 사정에 비추어 보아서 부담이 공평하게 이루어져야 하다는 조건이다. 공평한 조세는 개인의 능력과 개인이 국가로부터 받는 혜택이라는 측면을 고려하여 골고루 부담되어야 한다는 원칙이다.

둘째는 자원배분에 있어서 효율적인 조세가 좋은 조세이다. 조세가 부과되면 시장의 가격체계를 교란시켜서 효율을 저하시킬 수 있다. 따라서 시장의 가격체계에 대하여 중립적인 조세를 바람직한 조세라고 한다.

셋째는 행정적 편의성의 원칙이다. 아무리 공평하고 효율적인 조세라고 하더라도 조세를 징수하는 데 너무나 많은 비용이 소용된다거나 또 행정적으로 복잡하다면 조세로서 채택될 수 없다. 단순한 조세제도는 비용을 절감한다는 측면뿐만 아니라 납세자들의 자발적인 협조를 얻을 수 있다는 측면에서 중요하다.

넷째는 경제정책의 목적에 부합하는 조세이다. 오늘날 조세는 재정정책의 한 수단으로 사용되고 있다. 특히 조세의 이러한 기능이 경기변동에 따라 자동적으로 이루어질 수 있다면 더욱 바람직하다. 예를 들어 경기가 하강할 때 조세가 적게 걷히고 경기가 과열일 때 많이 걷힌다면 이러한 조세제도는 경기를 조절하는 기능을 갖게 된다. 즉 경기에 대하여 신축적인 조세가 바람직한 조세이다.

다섯째는 충분성의 원칙이다. 조세의 가장 기본적인 기능은 정부가 공급하는 서비스의 생산에 소요되는 재원을 확보하는 데 있다. 국민들의 소득이 증가하면 그에 따라 국민들의 행정에 대한 각종 수요도 증가하므로 정부의 세출도 증가하게 된다. 바람직한 조세는 이 같은 행정수요의 증가에 탄력적으로 반응하여 수입이 늘어나야 한다. 일반적으로 조세탄력성이 큰 조세가 이 원칙에 부합한다.[10)]

지방세의 조건

지방세의 경우도 이상과 같은 조세의 일반적 원칙이 적용된다. 그러나 그 이외에 몇 가지 조건을 추가시킬 수 있다(권형신 외, 2001, 우명동, 2001). 다음에서는 지방세의 조건에 대하여 좀 더 구체적으로 설명하기로 한다. 지방세는 일반적

---

10) 조세 탄력성에는 여러 가지 개념을 생각할 수 있다.

$$\text{조세의 소득탄력성} = \frac{\text{세입증가율}}{\text{소득증가율}},\ \text{조세의 과표탄력성} = \frac{\text{세입증가율}}{\text{과표증가율}},$$

$$\text{조세의 세율탄력성} = \frac{\text{세입증가율}}{\text{세율증가율}}$$

으로 국세보다 징수비용이나 순응비용이 높은 것이 일반적이다. 지방세의 근간을 이루는 부동산관련 세목(稅目)들은 자산 가치를 객관적으로 평가하는 것이 쉽지 않기 때문이다. 또, 부동산관련세목은 평가기준이 통일되어 있지 않으므로 조세행정상의 자의성이 많고 복잡하다는 특성이 있다. 이러한 지방세행정상의 특수성 이외에도 지방세는 조세수입의 측면, 주민부담의 측면, 그리고 주민자치의 측면에서 국세와 다른 다음과 같은 특징을 갖는다.

• **조세수입측면**

지방세도 앞 절에서 설명한 조세의 일반적 원칙이 그대로 적용된다. 그러나 국세와 달리 지방세는 조세수입 면에서 볼 때 세수의 안정성, 세수의 지역적 보편성, 조세객체의 지역적 정착성이 확보되는 것이 바람직하다.

지방세는 국세와 달리 경제적 변동에 지나치게 민감하지 않아야 한다. 경기가 위축될 때 지방세 수입이 지나치게 감소하면 지방정부의 재정운영에 있어서 안정성이 떨어지기 때문이다. 그러므로 지방세로는 과세기반이 경기와 밀접한 관련을 가지지 않으면서 안정적으로 세수입을 확보할 수 있는 세목이 바람직하다. 다시 말해서 지방정부는 주민의 생활과 밀접한 생활정부이기 때문에 상하수도, 보건, 위생, 지역교통 등 지방정부가 제공하는 공공서비스는 중앙정부가 제공하는 공공서비스에 비해 상대적으로 일상적이고 경상적인 성격을 가진다. 그러한 서비스를 제공하기 위한 주요한 수입원인 지방세수입은 안정적으로 확보되는 것이 필요하다. 그러므로 국세의 세목에는 정부의 정책의지에 따라 수입의 증감이 용이한 신장성이 크고 신축성이 큰 세목을 배분하지만, 지방세목에는 안정성이 높은 세목을 배분하는 것이 좋다.

다음으로 조세수입의 지역적 보편성이란 지방세의 과세대상이 특정 지역에만 있는 것이 아니라 각 지방정부에 고루 분포되는 것이 바람직하다는 것이다. 이는 과세대상이 편재(偏在)되어 있을 경우에는 지역 간 재정수입의 불균형이 초래될 수 있기 때문인데, 그러한 과세대상은 지방세보다는 국세에 적합하다. 예를 들어, 토지 및 건물 등 재산은 지역에 고루 분포되어 있으나 기업은 특정지역에 분포되어 있다. 그러므로 토지 및 건물에 부과하는 재산세는 법인기업에 부과하는 법인세에 비하여 지방세로 적합하다.

다음으로 조세객체의 지역적 정착성의 문제이다. 이는 조세객체가 어느 하나의 지역에 정착되어 있어야 한다는 것이다. 만약 과세 대상이 하나의 지방정부를 벗어나 자유롭게 이동하는 것이 가능하면 그런 과세대상은 기술적으로 지방세의 과세대상이 되기 어렵다. 예를 들어 한 지역에서 법인세를 특별히 과도하게 부과하는 경우 그 지역의 기업들은 법인세가 없거나 낮은 지역으로 이동할 수 있는 것이다. 그러므로 법인세는 지방세보다는 국세로 배분하는 것이 합당하다.

• 주민부담의 측면

조세부과에 있어서는 납세자의 능력에 따라 부과해야 한다는 능력원칙과 정부가 제공하는 편익의 크기에 따라 과세해야 한다는 편익원칙이 대립된다. 지방세의 경우 능력원칙에 따라 지나치게 누진적 구조를 갖게 되면 그 지역에 사는 주민들이 다른 지역으로 이동하려고 하기 때문에 세원의 기반을 상실하기 쉽다. 즉 소득재분배를 위한 누진세적 성격을 갖는 세목은 지역의 재정기반을 취약하게 만든다는 점에서 지방세로 적합하지 않다. 지방정부의 경우는 관할지역이 협소하고, 또 공공서비스의 편익이 지역 내로 집중되기 때문에 편익원칙에 부합되는 세목이 지방세로서 바람직하다.

이러한 견해에 따르면 전국적으로 편익이 미치는 서비스의 재원조달을 위해서는 국세가 사용되고, 지역적 서비스의 재원조달을 위해서는 지역에서 부과되는 지방세가 바람직하다는 것이다. 예를 들어 특정 지방정부는 관할지역 내에서 발생한 주민소득에 대하여 과세함으로써 소득창출과정에 투입된, 해당 지방정부에 의해 제공된 공공서비스의 비용을 모두 회수할 수 있게 된다. 즉 지방세는 편익원칙에 더 큰 비중을 두어야 한다는 것이다.

주민부담의 원칙에서 편익원칙이외에 부담분임원칙(負擔分任原則)을 들 수 있다. 이는 지방자치의 가본 이념에 부합하기 위해서는 지방자치단체의 행정에 소요되는 경비를 고르게 나누어 부담해야 한다는 원칙이다. 구체적인 예로는 주민세를 들 수 있다. 주민세는 세율을 낮게 설정하는 방식으로 주민의 부담을 크게 하지 않으면서 모든 주민들에게 과세의무를 지우는 것이다.

• 지방자치의 측면

이 원칙은 실질적인 지방자치가 이루어지기 위해서는 지방자치단체에 과세자주권이 주어져야 한다는 것이다. 그래야 지방자치의 물질적 기반이 확립되어 실질적인 지방자치가 달성된다는 것이다. 지방세의 세목이나 세율의 결정과정에는 중앙정부의 영향이 크다. 이런 현실은 지방자치단체의 자주성을 저해하는 요인이다. 그러므로 이를 반영하여 지방자치의 과세권을 강화하는 제도로서 법정외세제도, 탄력세율제도, 임의세 제도 등을 두고 있는 것이다.

법정외세제도란 조세법률주의의 예외로서 지방자치단체가 조례로서 설치 운영하는 조세를 말한다. 이러한 제도를 활용함으로써 특정 지역의 고유한 재정수요를 해당 지역단위에서 스스로 해결할 수 있게 할 뿐 아니라 특정 지역에 편재되어 있는 특수재원을 지방세원으로 수용할 수 있다.

임의세(선택세)제도란 조세법률주의에서 벗어나지 않으면서도 지방정부에 과세의 자율성을 부여하기 위하여 고안된 제도이다. 이 제도는 지방정부가 선택할 가능성이 있는 몇몇 유형의 조세를 미리 법률로 정해 놓고, 그들 중에서 각 지방정부가 자기지역의 특성에 맞는 특정 조세종목을 조례로 선택해서 운영할 수 있게 하는 제도이다. 예를 들면 수자원, 지하자원과 같은 부존자원으로부터 부가된 가치라던가, 공해를 유발하는 경제행위에 부과하는 소비세 등은 지역적 특성이 강하기 때문에 해당 지방지방자치단체가 부과할 수 있는 세목으로 미리 정해 둘 필요가 있다.

탄력세율(彈力稅率)이란 법에서 일정한 범위의 세율 폭을 정해 놓고, 그 범위 내에서 각 지방자치단체가 자기 지역의 사정을 감안하여 특정세율을 가감할 수 있도록 하는 제도이다. 이 제도는 법률에서는 세율의 상하한 선만 정해 놓고 각 지방정부가 지역의 특수성에 따라 세율을 탄력적으로 운용함으로써 지방재정의 자주성을 살리는 데 기여할 수 있다(우명동, 2001). 탄력세율의 대표적인 예로서는 지방세 중 재산세를 들 수 있다.

4. 조세부담의 공평성

이상에서는 바람직한 조세가 되기 위한 여러 가지 조건에 대하여 설명하였다. 일반적 조세의 조건 중에서 조세는 모든 납세자간에 공평하게 부담되어야 한다는 공평성의 원칙은 좋은 조세가 되기 위하여 갖추어야 할 특별히 중요한 조건이다. 다음에서는 먼저 조세부담의 공평성에 대하여 논의한다. 그런데 공평의 기준이 무엇이냐에 따라 두 가지 접근법이 있다. 하나는 납세자의 능력에 따른 공평성이고, 다른 하나는 납세자가 정부로부터 받는 편익의 크기에 따른 공평성의 기준이다. 전자에 따른 과세를 능력의 원칙이라고 하고, 후자를 편익의 원칙이라고 한다.

능력의 원칙

능력의 원칙(ability to pay principle)이란 납세자의 여러 측면 중에서 특별히 경제적 능력에 따라 조세가 부담되어야 한다는 원칙이다. 경제적 능력에 따른 공평한 조세부담은 수평적인 측면과 수직적인 측면에서 살펴볼 수 있다.

수평적인 공평성(horizontal equity)이란 똑 같은 능력의 소유자는 모두 같은 대우를 받아야 한다는 것이다. 이와 달리 수직적 공평성(vertical equity)이란 경제적 능력이 다른 사람은 서로 다르게 과세하는 것이 공평하다는 원칙이다. 이와 같은 수평적 또는 수직적 공평성은 누진적인 세율구조를 마련하는 이론적 기초이기도 하다.

그런데 이 원칙을 적용하는 데 있어서 현실적으로 사람의 경제적 능력을 판단할 수 있는 기준이 매우 모호하다는 데에 어려움이 있다. 예를 들어 월급이 똑같은 두 사람을 동일한 능력의 소유자로 볼 수 있는가 하는 점이다. 비록 두 사람이 직장에서 받는 월급은 같지만 한 사람은 재산이 많고 한 사람은 재산이 없을 수도 있다. 또 한 사람은 딸린 자식이 많을 수도 있다. 이러한 경우에 소득의 측면만을 보고 똑같이 과세를 한다면 과연 공평한 것인가에 대해 이의를 제기할 수 있을 것이다.

실제적으로는 납세자의 경제적 능력에 대한 판단은 여러 측면에서 접근하고 있다. 오늘날 가장 일반적으로 경제적 능력을 측정하기 위하여 사용하는 기준은 소득이다. 거의 모든 나라에서 소득세가 조세제도의 근간을 이루고 있다는 사실이 이를 입증해 준다. 그러나 소득만을 기준으로 경제적 능력을 평가할 때도 역시 문제는 있다. 한 예로, 일할 수 있는 능력이 동일한 두 사람이 있고 이 중에서 한 사람은 일하기보다는 여가를 더 즐기기 때문에 소득이 적은 반면에 다른 사람은 여가를 포기하고 열심히 일하였기 때문에 소득이 더 높다고 하자. 이 경우에 더 열심히 일하였기 때문에 소득이 높다는 이유로 이 사람에게 더 높은 조세를 부과하는 것이 과연 공평한가 하는 점이다. 만약 그렇다면 결과적으로 열심히 일하는 사람에게 무거운 조세부담을 지운다는 것이므로 이런 조세제도는 사람들로 하여금 열심히 일할 의욕을 감퇴시킬 것이다.

한편, 소득을 과세표준으로 할 때 실현된 소득을 기준으로 하느냐 아니면 발생한 모든 소득을 기준으로 하느냐 하는 것도 문제가 된다. 현행의 소득세제도는 거의 실현된 소득에 대해서만 과세를 하는 실현주의의 원칙을 따르고 있다. 엄밀하게 말하면 비록 실현되지 않은 소득이라도 일단 발생하면 그 자체가 경제적 능력에 해당하는 만큼 과세의 대상이 되어야 공평하다. 예를 들어 주식을 샀는데 주식가격이 오르면 그 차이만큼 자본이득이 발생하였으므로 소득세를 납부하는 것이 정당하지만 실현주의에 의하면 주식을 처분할 때까지는 소득이 실현되지 않았으므로 조세를 부과하지 않는다. 이러한 미실현소득에 대해서 조세를 부과하는 것이 이론적으로는 타당할지 모르나 현실적으로는 여러 가지 어려움에 직면하기 때문에 실제로 채택하는 경우는 예외적이다.

이상과 같이 경제적 능력을 소득으로 측정할 때 여기에도 역시 공평의 측면에서 문제가 있다. 그러므로 오늘날 대부분의 정부는 소득 이외에 소비수준이나 재산수준과 같은 다른 기준을 병행하여 과세의 대상으로 하고 있다. 우리나라의 부가가치세, 개별소비세와 같은 간접세는 소비세의 일종이며, 재산세, 증여세 등은 재산이나 재산의 이전에 대하여 부과하는 조세이다. 즉 소득 이외에 재산, 소비수준 등이 사람들의 능력의 척도로 사용되고 있다.

능력의 원칙에 의한 조세구조는 소득의 재분배라는 재정의 기본적인 기능을 추구하는데 적합하다. 이런 방식의 조세는 대부분 누진적인 세율구조를 가지고 있기 때문이다. 누진적인 조세구조에서는 능력이 클수록 조세부담이 증가하고 능력이 적을수록 조세부담이 줄어들므로 각자가 정부 서비스로부터 받는 혜택에 큰 차이가 없다고 가정하면 이를 통하여 소득의 분배를 개선하는 효과를 가질 수 있다. 그러나 이 접근법은 정부로부터의 혜택과 조세부담을 직접 연결시키지 않고 있기 때문에 조세납부에 있어서 납세자의 자발적인 협조를 받을 수 없다는 단점이 있다.

현행 국세 중에서 직접세인 소득세는 대표적인 능력의 원칙에 입각한 조세로서 누진적인 세율구조를 가지고 있다. 그러나 법인세는 직접세이긴 하지만 세율이 단일세율로 되어 있어서 능력의 원칙에 충실한 조세로 보기 어렵다. 현재 지방세 중에서는 재산세가 능력과세에 해당하지만 세율의 누진정도가 미약해서 소득분배의 개선에 기여하는 정도는 적은 편이다.

• 동등희생의 원칙

밀(J. S. Mill)은 공평한 과세의 원칙으로 동등희생의 원칙을 제시한 바 있다. 이 원칙에 따르면 모든 납세자는 조세부담으로 인하여 감수해야 하는 희생이 동일하여야 한다는 것이다. 이 원칙을 반영한 조세제도는 누진적인 성격을 갖게 된다. 즉 이 원칙은 누진세를 옹호한다.

동등희생(同等犧牲)이란 여러 가지로 해석할 수 있지만 여기에서는 조세부담에 따른 희생의 크기가 동일하게 된다는 의미로 사용하기로 한다. 예를 들어 어느 나라에서는 교통위반에 따른 범칙금을 그 사람의 하루치 수입으로 부과한다고 한다. 교통위반자의 일당 수입이 10만원이면 10만원의 범칙금을 부과하고, 100만원이면 100만원에 해당하는 범칙금을 부과한다는 것이다. 이러한 부과 방식은 소득 수준을 고려하여 위반에 따른 고통, 즉 희생의 정도를 같게 하려는 의도이다.

동등희생의 원칙은 화폐의 한계효용이 체감한다는 가정할 때 효용이론으로 설명이 가능하다. 동등희생이란 조세납부로 인해 희생된 효용의 절대량이 모든 사람에게 동일하게 되는 것으로 정의하자. 〈그림 11-7〉에서 볼 때 a는 가난한 사람이고 b는 상대적으로 부유한 사람이다. 이 두 사람에게 조세부과로 인하여 동일한 크기의 한계 효용의 희생을 요구하도록 과세하기 위해서는 면적 A와 면적 B가 같아지도록 과세를 해야 한다. 그러자면 가난한 a에 비하여 부자인 b에게 더 많은 조세를 부과해야 한다. 소득의 한계효용이 체감하기 때문에 부자인 b는 a에게 비하여 동일한 금액의 조세납부에 따라 희생되는 한계효용의 크기가 작기 때문이다. 그러므로 이 원칙에 따른 과세는 누진과세제도를 옹호하는 논리로 평가될 수 있다.

〈그림 11-7〉 동등희생의 원칙

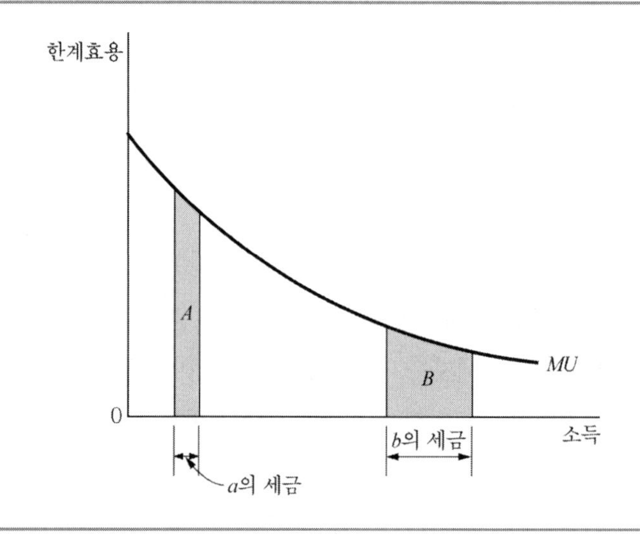

편익의 원칙

능력의 원칙과 대립되는 편익의 원칙(benefit principle)이란 납세자가 정부로부터 받은 편익에 비례하여 납세를 해야 한다는 원칙이다. 이 원칙은 시장의 가격원리와 별로 다를 바 없다. 우리가 시장에서 물건을 살 때 그로부터 나오는 편익에 상응하는 가격을 지불하듯이 정부에서 공급하는 서비스로부터 받는 편익에 대한 대가로서 조세를 납부해야 한다는 원리이다. 이 원칙에 의한 조세는 납세자가 왜 조세를 내야 하는지를 분명히 알려 주기 때문에 납세자의 자발적인 협조를 이끌어 낼 수 있다는 장점이 있다. 즉 납세를 당연한 의무로 여기게 된다는 장점이 있다.

그러나 현실적으로 이 원칙에 따를 경우에 납세자가 받은 편익을 어떻게 객관적으로 측정할 것인가 하는 문제가 있다. 예를 들어 정부가 제공하는 국방의 혜택은 사람에 따라 느끼는 정도가 모두 다르고 이를 객관적으로 측정한다는 것은 매우 어려운 일이다. 만약 방위세를 부과하기 위하여 사람들에게 국방서비스로부터 받는 편익을 화폐가치로 환산해서 말하라고 하면 대부분의 사람들은 실제로 받은 혜택보다 줄여서 얘기할 것이 빤한 일이다. 즉 공공재의 경우는 무임승차의 문제가 발생한다. 이러한 문제 때문에 대부분의 조세는 편익의 원칙보다는 능력의 원칙에 따라서 부과되는 것이다. 편익의 원칙이 명백하게 적용될 수 있는 정부서비스는 주로 사용자부담금의 성격을 갖는 조세이다.

국세 중에서 편익조세에 해당하는 것으로는 인지세, 전화세, 증권거래세, 주세 등과 같은 간접세가 있다. 지방세 중에는 등록면허세, 레저세 등이 이러한 성격을 갖는 조세이다. 이외에 정부의 조세외의 수입에 해당하는 것으로 수도 사용료, 전기료, 국철이나 지하철 요금, 공원의 입장료, 각종 수수료 등이 편익과세의 원칙에 입각한 것들이다.

5. 조세부담의 효율성

이상에서는 조세의 조건으로 공평성에 대하여 살펴보았다. 조세는 공평성 이외에 효율성 측면을 만족시켜야 한다. 이 조건은 공평성과 더불어 좋은 조세가 되기 위한 가장 중요한 조건이다. 정부로서는 어떤 조세가 경제적 효율성을 지나치게 떨어뜨린다면 아무리 공평성 측면에서 바람직하더라도 이를 받아들이기 어려울 것이다. 이 절에서는 조세의 두 번째 조건인 효율성 측면에 대하여 살펴보기로 한다.

조세의 부과는 대부분 경제주체들의 행동을 변화시킴으로써 경제적 효율성에 영향을 준다. 조세의 이 같은 경제적 효과를 설명하기 위하여 초과부담(超過負擔)이라는 개념을 사용한다. 대부분의 조세가 초과부담을 일으키지만 그 중에서 다음에서는 물품세와 소득세를 대표적인 예로 들어서 설명한다.

초과부담의 정의

조세의 부과가 자원배분에 어떻게 영향을 미치는지는 중세에 있었던 영국의 창문세(window tax)에서 엿볼 수 있다. 17세기 말의 영국에서는 부유한 사람들이 창문이 많이 달린 사치스러운 집에서 살았다. 그래서 정부는 창문의 수에 따라 세금을 부과하는 창문세를 제정하였다. 그러자 사람들은 집을 지을 때 창문을 극도로 줄이는 반응을 보였다. 즉 조세의 부과가 사람들의 의사결정을 교란시키는 작용을 한 것이다. 결과적으로 영국에서는 모든 집들의 창문이 기형적인 형태로 바뀌게 되었고, 또 창문에 사용되는 유리 산업을 위축시키는 결과를 초래하게 되었다(이준구, 1999).

또 다른 예로 영국의 자동차산업을 들 수 있다. 영국은 산업혁명의 발상지이지만 영국에서 자동차산업은 크게 발전하지 못하였다. 여러 가지 이유가 있겠지만[11] 당시 기득권층이 이용하던 마차에 비하여 자동차에 무거운 도로세를 부과하였던 것이 그 이유 중의 하나라고 한다. 결과적으로 영국은 산업혁명의 종주국이지만 지나친 규제 또는 과도한 조세부과로 인하여 자동차산업의 발전을 이루지 못하였다.

이상의 예에서 보듯이 조세의 부과는 일반적으로 자원배분의 효율성을 떨어뜨리는 결과를 가져오는데 이는 상대가격구조에 영향을 주어 시장에서의 의사결정과정을 교란하기 때문이다. 이러한 과정을 통하여 발생하는 조세부과로 인한 효율성의 상실을 초과부담(excess burden)이라고 한다.

다시 말해서 조세가 부과되면 납세자들이 실제로 지게 되는 부담은 세금으로 납부한 것보다 커지게 된다. 이와 같은 결과가 초래되는 것은 조세가 민간부문의 의사결정을 교란시키고, 이는 시장의 효율성을 떨어뜨리기 때문이다. 즉 세금부과는 시장의 효율성을 저하시켜 납세자의 추가적인 부담을 발생시키는데 이를

11) 자동차산업이 발달하지 못한 이유로 '붉은 깃발법(red flag act)이라는 불합리한 규제를 들 수 있다. 865년부터 30년 동안 시행된 붉은 깃발법은 자동차 산업의 경쟁력보다는 대다수 마차 이용자의 인기에 영합하는 빗나간 규제이었다. 이법은 자동차의 최고속도를 시내는 4km, 기타는 7km로 터무니없이 제한하고, 자동차를 운행할 때는 55m 전방에 붉은 깃발을 든 사람이 선도하도록 의무화하였다.

초과부담이라고 한다. 더 간단히 말해서 초과부담(超過負擔)이란 납세자들이 납부하는 세금보다도 실제의 부담은 더 커지는 데 그 차이를 말한다.

초과부담 = 실제의 조세부담액 - 조세 납부(징수)액

예를 들어 정부에서 10억 원의 조세를 부과시키면 경제주체들이 실제로 부담하는 소득의 감소분은 10억이 아니라 그 이상인 12억이 될 수 있다. 이 중에서 2억을 초과부담이라고 한다. 이 같은 초과부담은 조세가 시장을 교란시켜 효율성을 떨어뜨린 결과에 의해 나타난 것으로서 이를 다른 말로 자중손실(deadweight loss), 또는 후생의 손실(welfare loss)이라고도 한다.[12)]

• 수요 · 공급에 의한 설명

거의 대부분의 조세는 정도의 차이는 있지만 초과부담을 일으킨다. 초과부담을 이론적으로 설명하자면 복잡한 경제이론을 필요로 하므로 먼저 물품세의 경우를 예로 들어 수요곡선과 공급곡선을 이용하여 초과부담이 일어나는 이유를 알아보기로 한다.

앞 절에서 든 예와 같이 사과 1개에 100원의 물품세가 사과의 공급자에게 부과되었다고 하자. 물품세가 부과된 후에는 사과의 공급자들로서는 세금만큼 가격을 높이려고 할 것이므로 새로운 공급곡선은 〈그림 11-8〉에서 보듯이 위쪽으로 이동한다. 이 그림을 보면 물품세의 부과로 사과의 가격은 500원에서 560원으로 상승하고 소비량은 Q_2에서 Q_1으로 감소한 것을 볼 수 있다. 이와 같은 변화로 인해 소비자가 사과의 소비에서 얻는 소비자 잉여는 사각형 abec의 면적만큼 감소하였고, 생산자 잉여도 역시 사각형 cedf의 면적만큼 감소하였다. 그런데 이 중에서 삼각형 bed의 면적을 뺀 직사각형 abdf의 면적에 해당하는 부분은 조세수입으로 정부로 들어갔다. 이 부분은 자원이 소비자와 생산자로부터 정부로 이전된 것일 뿐 사회에서 사라진 것은 아니다. 즉 이 부분은 소비자와 생산자의 잉여의 손실을 의미하지만 사회 전체의 관점에서 보았을 때는 정부로 이전된 것이므로 사회적 손실은 아니다. 그러나 삼각형 bed의 부분은 소비자와 생산자 잉여의

12) 예로 정부가 물품세로 10억을 부과했더니 생산이 감소하여 소비자와 생산자의 추가적 손실이 2억이 발생한 경우이다.

감소 중 일부로서, 이 부분은 정부로 들어가지도 않고 사회에서 완전히 사라져버렸다. 그러므로 이 부분을 조세부과로 인한 사회적 순손실(net social welfare loss)이라고 부른다.

〈그림 11-8〉 물품세의 초과부담

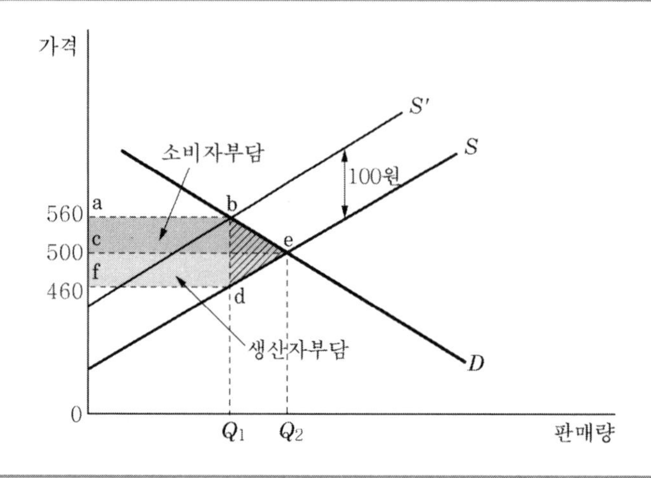

다시 말하면 물품세의 부과로 인해 초래된 사회적 순손실로 볼 수 있는 부분은 소비자잉여의 상실과 생산자잉여의 상실을 합한 면적(abedf의 면적) 중에서 정부의 수입(직사각형 abdf의 면적)을 빼고 남은 삼각형 bed의 면적이다. 이 부분이 바로 초과부담으로서 조세부과에 따른 사회적 후생의 손실을 나타낸다.

오늘날 거의 대부분의 조세는 초과 부담을 발생시키는 것으로 알려져 있다. 그런데 이론적으로는 민간부문의 경제행위에 교란을 일으키지 않는 조세를 정의할 수 있는데 이를 중립세(lump-sum tax)라고 한다. 조세가 부과될 때 사람들이 경제행위를 변화시키는 것은 조세부담을 회피하기 위한 의도 때문인데, 그 과정에서 효율성이 상실된다. 그런데 만약 사람들이 어떻게 하더라도 조세부담을 회피할 수 없다는 것을 알게 되면 사람들은 종전의 행위를 변화시키려 하지 않을 것이다. 이러한 세를 중립세라고 한다.

위의 예에서 보듯이 사과에 물품세를 부과하면 사과의 상대가격이 상승하게 되어 소비자들은 전에 비해 사과의 소비를 줄이는 반응을 보인다. 즉 경제행위를 변화시킨다. 그러므로 물품세는 중립세가 될 수 없다. 현실에서 완벽한 중립세의 성격을 갖는 조세의 예를 찾는 것은 거의 불가능하다. 그 중에서 비교적 가장 가까운 예로 모든 사람에게 일률적으로 부과되는 정액세인 인두세를 들 수 있다. 우리의 지방세 중에서 주민세가 이러한 성격에 가까운 조세이다. 이 같은 인두세가 부과되는 경우 사람들은 한 시점에서는 경제행위를 변화시킴으로써 이 세의 부담을 다른 경제주체에게 전가시킬 수 없다. 즉 모든 부담을 스스로 져야 한다. 그렇기 때문에 인두세는 중립세의 성격을 갖는다고 할 수 있다. 그러나 장기적으로 볼 때 인두세의 부과로 인하여 사람들이 자녀의 수를 선택하는 데 영향을 받는다면 이 조세도 중립적이지 못하게 된다.

• 무차별곡선에 의한 설명

초과부담은 소비자이론에서처럼 무차별곡선과 가격곡선을 이용하여 설명할 수도 있다. 이를 위하여 다음에서는 한 소비자가 M원을 가지고 두 재화 X, Y를 소비한다고 가정하고 이들 각각의 가격을 P_x, P_y라고 하자. 그러면 소비자는 〈그림 11-9〉에서 소비자의 효용이 극대화되는 E_1점에 대응하는 X_1, Y_1을 소비하고 그 때 가격선의 기울기 즉 상대가격은 P_x/P_y이다.

이제 정부가 X재에 대하여 t의 세율로 세금을 부과한다고 하자. 그러면 X재의 가격은 $(1+t)P_x$로 변한다. 이 같은 세금의 부과는 가격의 상승을 의미하므로 이 소비자의 예산제약선 즉, 가격곡선을 X축의 안쪽으로 회전시킨다. 즉 가격곡선은 AC에서 AD로 이동한다. 그리고 이에 따라 상대가격도 $(1+t)P_x/P_y$로 변한다.

그런데 X재의 소비에 대하여 부과한 세금의 크기를 Y재로 나타내면 가격선 AC와 AD의 수직거리에 해당한다. 이러한 사실을 보이기 위하여 X축 위의 X_0점을 생각해 보자. 이 소비자가 세금이 부과되기 이전에는 주어진 소득으로 X_0를 소비하면 Y재는 Y_3만큼을 소비할 수 있었다. 그러나 세금부과이후에는 Y재를 Y_2밖에 소비할 수 없게 된다. 즉 세금부과로 인하여 Y재의 소비가 $Y_3 - Y_2$만큼 감소하였다. 세금부과로 인한 Y재 소비의 감소분인 $Y_3 - Y_2$를 금액으로 나타내자면 여기에 Y재의 가격인 P_y로 곱하면 된다. 만약 Y재의 가격 P_y를 1이라고 가정하면 세금은 그대로 $Y_3 - Y_2$의 크기가 된다. 즉 세금은 두 가격선의 수직거리인 BE_2에 해당된다.

〈그림 11-9〉 조세의 초과부담

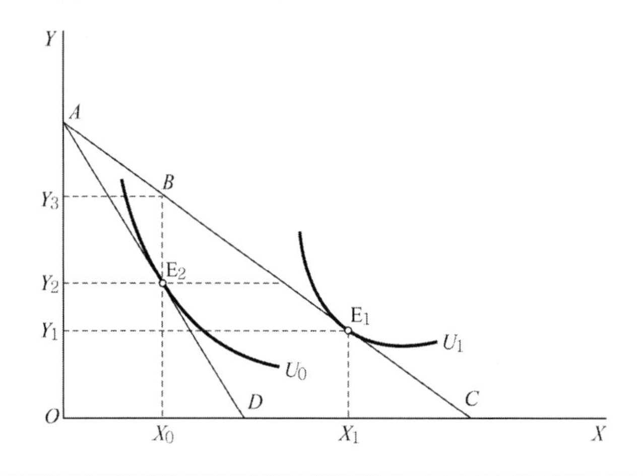

세금부과 이후에 이 소비자의 새로운 균형은 무차별곡선 U_0상의 E_2에서 성립한다. 이 점에서 소비자는 X_0, Y_2를 각각 소비하고 있으며 세금은 위에서 말한 바와 같이 BE_2에 해당한다. 그런데 이 소비자는 세금부과이전에 비하여 후생수준이 감소하였다. 이것이 달라진 점이다. 새로운 소비자 균형점인 E_2가 무차별곡선 U_1보다 낮은 U_0위에 있다. 이는 세금의 부과로 인하여 소비자가 더 낮은 후생수준을 나타내는 무차별곡선인 U_0상에서 균형을 이루게 된다는 것을 의미한다.

그런데 중요한 것은 X재에 대한 조세의 부과는 정부의 세금수입, 그림에서 BE_2를 조달하는 데 필요한 것 이상으로 더 큰 효용의 손실을 초래한다는 점이다. 달리 말하면 그림에서 볼 때 소비자에게 더 적은 효용의 손실을 초래하면서 BE_2의 수입을 조달하는 방법이 있다는 것이다 이렇게 가장 효율적인 조세수입의 조달방법에 비하여 필요 이상으로 효용의 손실을 초래하는 부분을 초과부담(excess burden)이라고 한다.

초과부담의 문제를 분명히 규명하기 위하여 이 소비자가 무차별곡선 U_1에서 U_0로 이동하는데 따른 효용손실의 크기를 이와 동등한 소득 즉 돈으로 평가하는 방법이 필요하다. 이러한 방식을 동등변화(equivalent variation)이라고 한다. 이것은 이 소비자가 U_1에서 U_0로 이동함으로서 감소하는 효용수준과 동일한 효용수준의 감소를 가져오는 데 필요한 소득의 감소분이라는 의미를 갖는다. 다시 말하면 조세의 부과로 인한 효용의 감소와 같은 크기의 효용을 감소시키는 소득의 감소를 동등변화라고 한다.

〈그림 11-10〉 초과부담의 효과

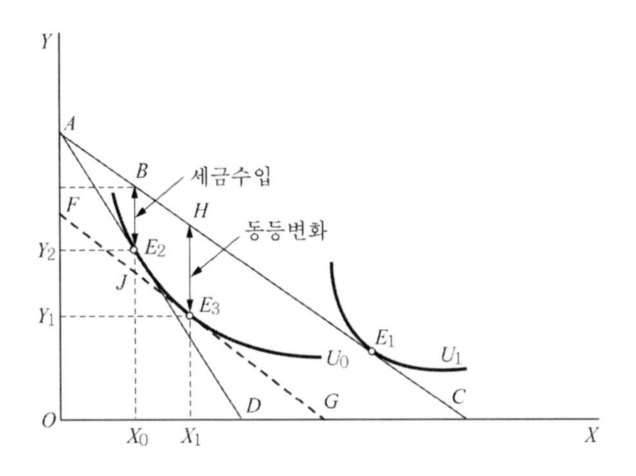

〈그림 11-10〉에서 이러한 동등변화를 나타내기 위해서는 원래의 가격선인 AC를 평행하게 안쪽으로 이동시켜 무차별곡선 U_0와 접하도록 그린다. 〈그림 11-10〉에서 가격선 FG는 가격선 AC에 평행하고 무차별곡선 U_0에 접하도록 그린 것이다. 이 때 가격선 AC와 가격선 FG의 수직거리인 HE_3를 동등변화라고 한다. 다시 말하면 무차별곡선 U_1에 해당하는 효용수준에서 무차별곡선 U_0의 효용수준으로 낮추는 데 필요한 소득의 박탈 수준을 Y재로 나타내면 HE_3의 크기라는 것이다. 이 소비자의 입장에서는 HE_3의 소득을 잃는 것과 X재의 구입에 대하여 세금을 내는 것 사이에 효용 상에 있어서 차이가 없다. 즉 두 선택 사이에 무차별하다는 것이다.

그런데 문제는 이 그림에서 볼 때 소득의 동등변화인 HE_3가 세금수입인 BE_2를 초과한다는 사실이다. 두 가격선간의 거리인 HE_3와 BE_2를 비교해 보면 HE_3가 E_2J의 크기만큼 더 크다. 이러한 사실은 X재에 대한 과세로 인하여 소비자가 입는 손실이 정부에 납부하는 조세액보다도 더 크다는 것을 말한다. 그림에서 볼 때 E_2J에 해당하는 크기가 바로 그 차이인데 이것이 초과부담에 해당한다(H. S. Rosen & T. Gayer, 2008).

중립세

대부분의 조세는 이상과 같은 초과부담을 일으킨다. 위에서 언급한 바 있지만 이론적으로는 초과부담을 일으키지 않는 세를 정의할 수 있는데, 이러한 세를 중립세(lump sum tax)라고 하였다. 먼저 중립세의 성격에 대하여 좀 더 설명하기로 한다. 중립세는 경제주체의 행위에 영향을 주지 않으며 재화의 상대가격을 변화시키지 않으므로 시장을 교란시키지 않는 세를 말한다. 예컨대 정부가 사람들에게 인두세로 직접 100만원을 부과하면 해외로 이주하거나 아니면 사망하기 이전에는 이를 회피할 방법이 없다. 또 100만원의 세금을 냈다고 해서 그들이 소비하는 X재와 Y재의 상대가격에 영향을 줄 이유도 없다. 다만 소비자의 예산, 즉 소득이 줄어들 뿐이다. 그러므로 위의 〈그림 11-10〉에서 중립세가 부과된 이후에는 가격선이 평행하게 안쪽으로 이동한 것으로 나타낼 수 있다. 상대가격이 그대로 이고 소득만 감소하였기 때문이다. 이는 X재에만 세금이 부과되었을 때 가격선이 X축의 안쪽으로 회전하는 것과 다른 것이다.

이제 좀 더 구체적으로 중립세와 X재에 대한 물품세의 부과가 어떻게 다른지 비교해 보기로 한다. 물품세와 중립세를 비교하기 위하여 X재에 대한 물품세 과세이후의 소비자 효용수준과 동일한 효용수준을 유지해 주는 중립세의 크기는 얼마인가를 알아보는 것이 필요하다. 그리고 X재에 대한 물품세부과로 인한 조세수입과 중립세부과로 인한 조세수입을 비교해 보면 어떤 조세가 초과부담을 얼마나 초래하는지 판단할 수 있을 것이다.

〈그림 11-10〉에서 X재에 대한 물품세 부과로 인한 소비자 효용수준과 동일하도록 중립세를 부과한다면 새로운 가격선은 무차별곡선 U_0에 접하면서 평행하게 안쪽으로 이동한다. 즉 새로운 가격선은 FG가 된다. 그리고 중립세부과로 인한 조세수입은 두 가격선의 차이에 해당하므로 그림에서 HE_3의 크기이다. 이 HE_3의 조세수입은 위에서 언급한 바와 같이 동등변화에 해당한다. 즉 중립세 부과의

경우는 조세수입과 동동변화가 일치하고 따라서 초과부담이 발생하지 않는다. 이러한 결과는 위에서 X재에 대한 물품세과세의 경우에 조세수입과 동등변화가 일치하지 않았던 것과는 다른 것이다.

동일한 조세수입을 목적으로 조세를 부과한다면 중립세의 경우가 다른 조세에 비하여 사회적 효용수준을 적게 감소시킨다. 중립세가 다른 세에 비하여 효율성의 측면에서 우월한 것은 초과부담을 일으키지 않기 때문이다. 다시 말하면 중립세는 상대가격에 영향을 미치지 않기 때문에 시장을 교란시키지 않으므로 초과부담을 발생시키지 않는다는 점에서 효율적이다.

이상과 같이 특정 재화에 대한 물품세의 부과가 시장을 교란시켜 초과부담을 초래한다는 점은 후생경제학의 정리로 설명이 가능하다. 후생경제학의 제1정리 즉 효율적 자원배분을 위한 파레토 효율성의 필요조건은 교환에 있어서 두 재화의 한계대체율과 생산에 있어서 두 재화의 한계전환율이 일치해야 한다는 것이다. 그런데 X재에 대하여 t율로 물품세가 부과되면 소비자가 직면하는 X재의 가격은 $(1+t)P_x$가 된다. 이때 〈그림 11-10〉에서 보면 균형점 E_2에서 다음이 성립한다.

$$MRS_{xy} = \frac{(1+t)P_x}{P_y}$$

한편 생산자들은 두 재화의 한계전환율을 그들이 수취하는 가격의 비율과 일치시킨다. 그런데 X재의 소비자는 $(1+t)P_x$를 지불한다고 해도 생산자는 P_x를 수취한다. 나머지는 정부의 수입으로 들어간 것이다. 따라서 이윤 극대화 기업에게는 다음이 성립한다.

$$MRT_{xy} = \frac{P_x}{P_y}$$

이상에서 보듯이 MRS_{xy}가 MRT_{xy}와 일치하지 못하고 MRS_{xy}가 MRT_{xy}를 초과하므로 자원의 효율적인 배분을 위한 필요조건이 성립하지 못하게 된다. 이 때문에 초과부담이 발생하는 것이다. 그러나 중립세의 경우는 상대가격에 영향을 미치지 않으므로 생산자와 소비자가 직면하는 가격이 동일하게 되므로 효율적 배분을 위한 필요조건이 만족된다. 즉 초과부담이 발생하지 않는다.

중립세가 효율적인 조세라면 그 다음 의문은 그러면 왜 현실적으로 중립세를 부과하지 않느냐 하는 것이다. 중립세는 이론적으로는 매우 매력적이기는 하지만 현실적으로 적용하는 데에는 많은 문제점이 있기 때문이다. 중립세의 대표적인 예로서 인두세를 생각해 보자. 현재 1인당 조세부담액이 500만원이라고 할 때 정부가 조세를 인두세로만 1인당 500만원씩을 부과한다고 해보자. 그러면 아마도 공평이라는 측면에서 많은 문제가 발생할 것이다. 부자보다도 가난한 사람이 더 큰 조세부담을 느낄 것이기 때문이다. 영국의 대처 정부에서는 실제로 이러한 중립세를 도입한 바 있는데, 형평상의 문제로 인해 국민들의 반발에 직면하게 되었고 결과적으로 자리에서 물러나는 계기가 되었다. 영국은 지방정부의 수입의 대부분이 재산세수입이었다. 그녀는 이러한 재산세를 인두세로 대체하였다. 즉 해당 지방정부의 재정수요의 크기에 따라 인두세를 부과하였던 것이다. 실제로는 이러한 인두세의 부담은 사람들이 어느 지역에 거주하느냐 하는 선택에 따라 달라질 수 있다. 다시 말해 이런 조세부과는 경제행위에 영향을 주므로 엄격한 의미에서 보면 중립세가 아니다. 그러나 한 지역의 인두세가 개인의 수입과 재산에 따라 변동하지 않는다는 점에서는 중립세적 성격을 갖는다. 하여튼 이렇게 도입된 인두세는 많은 논란과 혼란을 일으키게 되었다.

인두세가 공평을 저해하는 조세라면 이러한 문제를 해결하기 위하여 사람들의 소득수준에 따라서 세금을 달리 부과하는 방법을 생각할 수 있다. 예를 들어 소득이 연간 5천만 원을 넘는 사람에게는 연간 200만원을 부과하고 그 이하인 사람에게는 50만원을 부과하는 방식을 도입할 수 있을 것이다. 이 경우에 발생하는 문제는 직장을 새로 잡는 사람들이 그들의 세금부담이 소득에 따라 결정된다는 사실을 금방 알아차리고 그들의 경제행위를 변경시킬 수 있는 가능성이 있다는 점이다. 예를 들어 과세기준의 경계에 해당하는 소득을 버는 사람(예컨대 5천만원)은 과세를 피하기 위하여 일을 적게 하는 경제적 행위를 할 수 있다. 그래서 소득으로 4,900만원을 번다면 세후 소득이 그렇지 않은 경우보다 증가할 수 있다. 또는 세금 부담을 의식한 사람들은 저축을 늘리는 등의 행동을 통해서 경제적 의사결정을 변경시킬 수 있는 것이다. 다시 말해서 사람들이 그들이 벌어들이는 소득을 통제할 수 있다면 소득에 기초한 과세는 더 이상 중립세가 될 수 없다.

결과적으로는 공평한 중립세를 설계하기 위해서는 소득을 창출해 내는 사람들의 잠재력을 나타내는 특성을 찾아내서 이에 기초하여 과세해야 하지만 과세 당국이 이러한 것을 파악한다는 것이 현실적으로 불가능하다. 따라서 중립세는 이론적으로는 효율성의 기준은 되지만 정책적인 면에서 보면 선택 가능한 조세가 아니라는 한계가 있다(H. S. Rosen & T. Gayer, 2008).

소득세의 초과부담

소득과세는 특정한 조건, 즉 두 재화만 소비한다는 가정과 같은 상황에서는 중립세적 성격이 있지만 일반적인 환경 하에서는 중립세가 되지 못한다. 위의 〈그림 11-10〉을 다시 보면 소득에 대한 과세는 중립세와 마찬가지로 가격선을 원점을 향하여 평행 이동시킨다. 즉 두 조세 모두 상대가격을 변화시키지 않는다는 점에서는 동일하다. 사실 소득이 변하지 않고 고정이라고 가정하면 소득세는 중립세와 마찬가지이다. 그러나 소득세가 부과될 때 사람들의 선택이 달라져서 소득에 영향을 미치게 된다면 소득세는 일반적으로 중립세가 될 수 없다.

소득세가 중립세가 아니라는 증명은 후생경제학의 원리에 의해서 설명할 수 있다. 한 소비자가 두 재화인 X, Y재와 여가(leisure)라는 세 가지 상품을 소비한다고 가정해 보자. 생산측면에서 보면 여가는 두 재화의 생산요소라는 성격을 갖는다. 즉 소비자는 여가를 포기하고 일을 더하면 X재와 Y재를 더 소비할 수 있다. 따라서 여가 시간을 X재와 Y재로 전환하는 비율을 각각 MRT_{Lx}와 MRT_{Ly}라고 나타낼 때 이들은 경쟁시장에서 각각 두 재화의 가격의 비율과 일치해야 한다. 즉 $MRT_{Lx} = w/P_x$, $MRT_{Ly} = w/P_y$이다.

한편 효용을 극대화하는 소비자는 두 재화간의 한계대체율(MRS_{xy})을 두 재화의 가격비율과 일치시키듯이, 여가와 재화간의 한계대체율(MRS_{Lx}, MRS_{Ly})을 여가의 가격(임금률)과 각 재화의 가격의 비율과 일치시킬 것이다. 즉 $MRS_{Lx} = w/P_x$, $MRS_{Ly} = w/P_y$이다. 따라서 효율적 자원배분을 위한 파레토 필요조건은 다음과 같이 나타낼 수 있다.

$$MRS_{Lx} = MRT_{Lx}$$
$$MRS_{Ly} = MRT_{Ly}$$
$$MRS_{xy} = MRT_{xy}$$

이제 X재와 Y재에 같은 비율로 과세되는 것과 동일한 효과를 갖는 비례세인 소득세를 부과한다고 가정해보자. 이런 소득세는 두 재화의 상대가격에 영향을 주지 않으므로 위의 세 번째 식인 $MRS_{xy} = MRT_{xy}$에는 영향을 주지 않는다. 소비자는 X, Y재에 대하여 전과 동일한 상대가격에 직면할 것이기 때문이다.

그러나 첫 번째 식은 성립하지 않는다. 생산측면에서 보면 사업주는 w의 임금을 주지만 여가를 제공하는 소비자는 t의 세율로 소득세가 부과될 때 $(1\text{-}t)w$의 임금을 받는다. 생산자는 이윤극대화를 위하여 $MRT_{Lx} = w/P_x$가 되도록 하지만 소비자는 효용극대화를 위하여 $MRS_{Lx} = (1-t)w/P_x$가 되도록 할 것이다. 즉 생산자는 과세전의 지불임금에 기초하여 의사결정을 하지만, 소비자는 과세후의 임금에 기초하여 의사결정을 한다. 따라서 $MRS_{Lx} \neq MRT_{Lx}$로 된다. 마찬가지 이유로 두 번째 식 역시 $MRS_{Ly} \neq MRT_{Ly}$가 되어 파레토 효율성의 조건이 충족되지 못한다. 중립세가 되기 위해서는 위의 세 가지 조건을 모두 충족시켜야 하므로 소득세는 초과부담을 발생시키고 따라서 중립세가 되지 못한다.

소득세가 초과부담을 발생시킨다는 사실은 수요와 공급 곡선을 이용하여서도 설명할 수 있다. 다음에서는 근로소득, 즉 노동수입인 임금에 대한 과세가 어떻게 초과부담을 발생시키는지 알아보자. 〈그림 11-11〉에서 가로축에서는 노동시간을 세로축에는 임금을 나타내었다. 이 그림에서 노동공급곡선은 우상향하는 모습을 하며, 이것의 높이가 의미하는 바는 노동자가 추가로 더 일하기 위하여 받아야 할 최소한의 임금수준을 의미한다. 소비자 잉여를 정의하였던 방식을 그대로 적용하여 이 노동자의 잉여를 생각해 보자. 이 그림에서 보면 노동자의 잉여는 노동공급곡선과 시장임금과의 차이에 해당하는 면적이다. 노동공급곡선은 최소한 받아야 할 임금수준인데 반하여 시장임금은 실제로 받는 임금이므로 이 차이가 바로 노동자의 잉여에 해당하는 것이다. 〈그림 11-11〉에서 보면 시장임금이 w일 때 노동자 잉여는 삼각형 acf의 면적에 해당한다.

〈그림 11-11〉 소득세의 초과부담

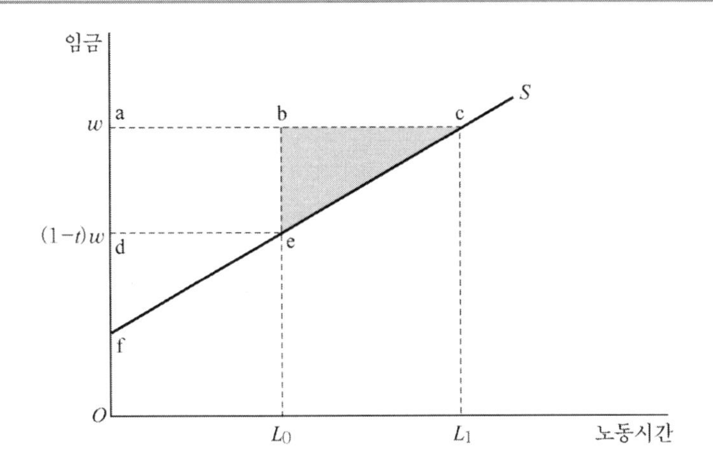

이제 t의 비율로 임금소득에 대해 소득세가 부과된다고 하자. 그러면 과세후의 임금은 $(1-t)w$가 된다. 노동공급곡선이 S일 때 노동공급량은 과세전의 L_1에서 L_0로 감소한다. 그러면 이 노동자의 과세후의 잉여는 삼각형 def로 감소한다. 그런데 원래 이 노동자의 잉여 중에서 사각형 abed의 면적은 정부수입으로 들어갔으므로 사회 전체적으로 보면 없어진 것이 아니다. 즉 이 부분은 효율성의 상실이 아니다. 효율성의 상실은 그 외에 나머지 부분인 삼각형 bce의 면적뿐이다. 이 면적은 노동자 잉여의 감소분으로서 사회에서 완전히 사라져버렸다. 즉 이 부분이 소득세의 초과부담이다.

과세표준	조세귀착	누진세율	능력의 원칙
담세자(擔稅者)	동동희생(同等犧牲)의 원칙		레퍼곡선(Laffer' curve)
부담분임의 원칙	인두세(head tax)	자중손실	전가(shifting)
중립세	초과부담	탄력세율	편익의 원칙

제 12 장

조세제도의 설계

이 장에서는 앞 장에서 논의한 조세의 일반적인 조건에 부합하는 조세제도의 설계에 대하여 알아본다. 좋은 조세제도는 효율성과 공평성의 조건을 만족시켜야 하지만 이 두 기준사이에는 상충관계가 존재하기 때문에 조세제도를 선택하는데 있어서 현실적인 어려움이 있다. 효율성을 지나치게 추구하다보면 분배의 악화로 인하여 사회적 불안이 야기되고 공평성을 지나치게 강조하면 세원을 잠식하는 결과를 초래하다. 따라서 현실적으로 바람직한 조세제도의 설계를 위해서는 이 양자 간에 적절한 절충점을 찾아 내는 것이다.

또한 아무리 효율적이고 공평한 조세라도 징세비용이 너무 많이 든다면 실제로 채택될 가능성이 낮다. 그러므로 현실적으로 바람직한 조세제도의 설계는 이러한 조건들을 모두 고려하여 절충점을 찾는 작업이라고 할 수 있다.

1. 최적 물품과세

좋은 조세의 조건으로 고려해야 할 가장 중요한 기준이 효율성과 공평성이라고 할 수 있다. 아무리 효율적이라도 공평의 측면에서 바람직하지 못하다면 좋은 조세로 받아들일 수 없을 것이며, 그 반대도 마찬가지이다. 그런데 문제는 효율적인 동시에 공평한 조세는 존재하지 않으며 두 조건사이에는 어느 정도 상충관계가 존재한다는 점이다. 따라서 현실에서 조세제도를 설계할 때는 두 조건 사이의 어느 선에선가 타협점을 찾아야 한다.[1)]

먼저 조세의 바람직한 조건을 밝히기 위하여 물품세(物品稅)의 경우를 예로 들어 설명하기로 한다. 물품세(commodity tax)의 구체적인 예로는 여러 가지가 있지만 일단은 재화의 판매에 대하여 일정비율로 과세되는 판매세로 생각하자. 물품세의 최적 조건을 밝히기 위해서는 효율성과 공평성의 양 측면을 모두 고려하여야 하는데, 먼저 효율성의 조건부터 논의하기로 하자. 효율성이란 앞에서 언급했듯이 초과부담을 최소화하는 것을 의미한다.

먼저, 한 대표적인 소비자가 X, Y의 두 재화와 여가라는 세 개의 상품을 소비하고, 각각의 가격을 P_x, P_y, w라고 가정하자. 그리고 이 사람의 연간 가용시간(time endowment)은 잠자고 먹고 하는 시간을 빼고 최대로 T라고 하자. 그러면 노동시간은 여가시간을 뺀 나머지인 $T-L$이 된다. 그러면 이 사람의 소득은 $w(T-L)$이 된다. 이 사람이 모든 소득을 두 재화 X, Y에 모두 사용한다고 가정하면 예산제약식은 다음과 같이 쓸 수 있다.

$$w(T-L)=P_xX+P_yY$$
$$\Rightarrow wT=P_xX+P_yY+wL$$

위의 둘째 식 왼쪽은 가용시간의 가치로서, 이 사람이 쉬지 않고 일한다면 벌 수 있는 총소득을 의미한다. 이제 X, Y, L에 대하여 같은 세율(t)로 세금을 부과한다고 가정해보자. 그러면 각 재화의 가격은 X재는 P_x에서 $(1+t)P_x$로, Y재는 P_y에서 $(1+t)_yP_y$로 여가는 w에서 $(1+t)w$로 각각 인상될 것이다. 그러므로 과세후의 예산제약식은 다음과 같이 변한다.

$$wT=(1+t)P_xX+(1+t)P_yY+(1+t)wL$$
$$\Rightarrow \frac{1}{1+t}wT=P_xX+P_yY+wL$$

위의 식을 보면 다음과 같은 사실을 알 수 있다. 여가를 포함하여 모든 상품에

1) H. S. Rosen & T. Gayer(2008), Public Finance, ch. 16, 참조.

동일한 세율을 부과하면 가용시간(time endowment)의 가치를 wT에서 $1/(1+t)\cdot wT$의 크기로 줄인다. 예컨대 위의 예에서 세 상품에 $t=0.25$의 세율로 과세하면 이 사람의 가용시간의 가치는 20% 감소한다.[2] 그런데 위의 식에서 보듯이 이러한 과세는 세 상품의 상대가격에는 영향을 주지 않았다. 그러므로 여가를 포함한 모든 상품에 동일한 비례세를 부과하는 것은 초과부담을 발생시키지 않는다. 즉 중립세와 같은 효과를 갖는다.

이 문제에 대하여 직관적으로 생각해 보자. 일정한 소득을 가진 사람이 여가를 제외한 모든 일반재화의 과세에 직면한다면 어떻게 되겠는가? 이러한 과세는 소득세 즉 임금에 대한 과세와 같으므로 사람들은 여가의 기회비용이 상대적으로 감소하였다고 인식하여 여가를 더 즐기는 대신 노동공급을 줄일 것이다. 이에 따라 소득이 감소하고 이는 초과부담을 일으킨다. 즉 일반재화에 대해서만 과세하면 노동시장에 교란을 일으킬 수 있고 이는 초과부담을 발생시킨다. 하지만 일반재화뿐 아니라 여가에도 동일하게 과세하면 사람들은 여가를 더 소비하려는 유인이 사라지므로 노동시장에 교란을 주지 않는다. 따라서 초과부담이 발생하지 않는다. 그러나 문제는 이와 같이 가용시간에 대한 과세가 바람직하더라도 현실적으로 여가에 대하여 과세하는 것이 불가능한 측면이 있다. 그러므로 현실적으로는 X, Y재와 같은 재화에 대해서만 과세를 하게 되고, 따라서 초과부담이 불가피하게 발생하게 된다. 그렇다면 이 때 초과부담을 가능하면 적게 하기 위하여 X, Y재에 대하여 어떻게 과세해야 하는가가 문제이다.

이상에서 보았듯이 여가(餘暇)에 대해서도 과세하는 것이 최선이지만 현실적으로 이것이 어려울 때는 이에 대한 대안으로 여가와 보완관계에 있는 재화에 대하여 과세하는 것이 효율성을 높인다는 주장이 있다. 이를 콜렛-헤이그 규칙(Corlett-Hague Rule)이라고 한다. 예를 들어 골프클럽에 중과세하면 여가에 대하여 과세하는 것과 같은 효과를 가져와 여가를 적게 소비하게 된다. 이는 초과부담을 줄이는 데 기여할 것이다.

---

2) 시간에 대한 과세는 앞 절에서 소득세의 초과부담을 논의할 때와 다른 것이다. 앞 절에서의 소득세는 X, Y의 두 재화에 대하여 동일한 비례세를 부과하는 것과 같다. 이 때는 두 재화와 여가간의 상대가격 변화에 의하여 사람들의 선택에 영향을 주어 소득제약에 영향을 미친다. 그러나 여기서는 여가를 포함하여 모든 재화에 비례세를 부과하였으므로 상대가격에 영향을 주지 않는다.

램지의 규칙

이상의 논의에서는 여가를 포함한 모든 상품에 대해 동일한 세율로 과세를 할 때 초과부담을 발생시키지 않는다는 것이었다. 그러나 여가에 대하여 과세하는 것이 어렵기 때문에 현실적으로는 일반 재화에 대해서만 과세를 하게 된다. 그렇다면 일반 재화에 대한 물품세의 부과와 관련하여 초과부담을 가능하면 줄이면서 목표한 조세수입을 달성하자면 어떻게 해야 하나? 이에 대한 대답은 결론적으로 각 재화로부터의 추가적인 수입에 대한 한계초과부담을 동일하게 한다는 것이다. 만약 그렇지 않다면 한계초과부담이 작은 재화에 대한 세율을 올리는 대신 한계초과부담이 큰 재화에 대한 세율을 내림으로써 총 초과부담을 낮추는 것이 가능하기 때문이다.

램지(F. Ramsey)는 각 재화에 대하여 한계조세수입에 대한 한계초과부담을 균등하게 하기 위해서는 과세로 인해 발생하는 각 재화의 수요량의 감소가 동일한 비율로 일어나도록 세율을 부과해야 한다는 사실을 밝혀 내었다. 이 말은 다시 말하면 모든 상품에 동일한 세율을 부과하지 않아도 된다는 것이다. 이러한 원리를 그의 이름을 따서 램지 규칙(Ramsey rule)이라고 한다. 이 규칙은 각 재화가 상호 독립적이든 아니면 대체 또는 보완관계에 있든지 간에 항상 성립한다.

그러면 왜 이와 같이 효율적인 과세가 가격에서의 균등한 비례적 변화를 요구하는 것이 아니라 수요량에서의 균등한 변화를 요구하는가 하는 점에 대하여 의문을 가질 수 있다. 이는 초과부담이라는 것이 수량에서의 왜곡 때문에 나타나는 현상이기 때문이라는 점에서 그 해답을 얻을 수 있다. 즉 초과부담을 극소화하기 위해서는 수량에서 모든 변화가 같은 비율로 일어나야 한다는 것이다.

램지규칙은 수요의 탄력성과의 관계에서 설명하는 것이 유용하다. X, Y재에 대한 과세의 예를 다시 들어 보자. 먼저, X재에 대한 수요(보상)의 가격탄력성을 E_x라고 하자. 그리고 X재에 대하여 t의 세율이 부과된다고 하자. 이때 세율 t가 종가세로 부과된다면 X재의 가격은 세율과 같은 비율로 증가하게 된다. 그러면 $t \cdot E_x$는 가격의 변화율과 가격이 1%올랐을 때 수요량의 변화율(%)을 곱한 것이 된다. 이것은 다시 말하면 조세에 의해서 유발된 X재에 대한 수요의 감소율을 의미한다. 이 같은 논리는 Y재에 대해서도 똑 같이 설명될 수 있다. 이제 초과부담을 최소화하기 위하여 램지 규칙을 적용하면 다음과 같다.

$$t_x \cdot E_x = t_y \cdot E_y \Rightarrow \frac{t_x}{t_y} = \frac{E_y}{E_x}$$

위의 식을 보면 초과부담을 최소화하기 위해서는 세율은 탄력성과 역으로 설계되어야 한다는 것이다. 이러한 원리를 역탄력성 원칙(inverse elasticity rule)이라고 한다. 즉 이 원리는 E_y가 E_x에 비하여 높을수록 t_y는 t_x에 비하여 낮아야 한다는 원칙이다. 여기에서 알 수 있는 것은 세율이 모두 동일하게 부과되어야 효율성이 보장되는 것이 아니라는 점이다.

공평성의 고려

램지의 규칙 즉, 역탄력성의 규칙을 직관적으로 설명하면 효율적인 조세란 의사결정을 가능하면 교란시키지 않는 세라는 것이다. 과세 시에 수요의 탄력성이 클수록 교란의 가능성이 크기 때문에 낮은 세율을 적용해야 한다는 원리이다. 다시 말하면 상대적으로 비탄력적인 재화에 대하여 높은 세율을 부과하는 것이 효율성의 측면에서 바람직하다는 말이다. 그런데 이러한 원리는 물론 상식적으로 보면 납득하기 어려운 측면이 있다. 즉 공정성의 측면에서 보면 대단히 불합리한 원칙이다.

탄력성이 낮은 재화란 쌀과 같이 생필품이 대부분인데 이러한 재화는 주로 저소득층의 소비 비중이 상대적으로 높으므로 이에 대하여 높은 세율을 적용한다는 것은 정책적으로나 현실적으로 바람직하지 않다. 극단적인 예로서 당뇨병치료제인 인슐린이 비탄력적이라고 해서 이에 대하여 중과세하는 조세제도를 사람들은 바라지 않을 것이다.

다시 말해서 조세제도를 평가하는 데 있어서 위에서 설명한 램지의 규칙에 부합되는 효율성만을 기준으로 생각할 수 없다. 오히려 공평성이 더 중요한 기준이 될 수 있는 것이다. 특히 조세제도는 수직적 공평성을 추구해야 한다. 수직적 공평성(vertical equity)이란 위에서 언급한 바 있듯이 서로 다른 지불능력을 가진 사람들에게는 서로 다르게 조세부담을 배분해야 한다는 것이다. 이러한 측면을 고려하면 램지 규칙은 수정되어야 한다. 예컨대 가난한 사람이 부자들보다 쌀 소비에 더 많은 소득을 사용하고, 부자들은 고급승용차에 더 많은 소득을 사용한다고 하자. 또한 사회후생함수는 부자보다 가난한 사람의 효용에 더 높은 가중치를 둔다고 가정하자. 이런 조건 하에서 고급승용차보다 쌀에 대한 수요의 가격탄력성이 비탄력적이라고 하더라도 최적과세를 위해서는 쌀보다는 고급승용차에 더 높은 세율을 부과해야 한다. 그러면 부유한 계층으로부터 가난한 계층으로 소득이 재분배되는 효과가 있을 것이다. 물론 이 때 고급승용차에 대한 높은 세율의 부과는 상대적으로 더 커다란 초과부담을 초래한다. 이 때 사회는 보다 공평한 소득분배를 위해서 높은 초과부담이라는 비용을 감수해야 한다.

일반적으로 사회가 램지의 규칙으로부터 얼마나 벗어나는 조세제도를 채택하느냐 하는 것은 두 가지 고려에 달려있다. 첫째는 그 사회가 공평성에 대해서 얼마나 고려할 것인가이다. 만약 그 사회가 효율성만 고려한다면 램지규칙을 그대로 따르면 된다. 즉 가난한 사람과 부자를 고려하지 않고 과세하면 된다. 둘째는 가난한 사람들과 부자들의 소비패턴이 얼마나 다른가 하는 점이다. 가난한 사람이나 부자나 동일한 비율로 모든 재화를 소비한다면 각 재화에 대하여 다른 세율을 부과할 필요가 없고, 또 그렇게 한다고 해서 분배적 목표가 달성되지 않는다.

2. 최적 소득과세

다음 장에서 자세히 설명하겠지만 정부가 개인의 소득에 기초해서 조세부담을 지우는 것을 개인 소득세라고 한다. 소득세는 누진적인 구조를 하고 있는데 이 때문에 논란의 여지가 많은 조세이다. 누진성과 관련하여 먼저 이것을 측정할 때 평균세율을 기준으로 하느냐 그렇지 않으면 한계세율을 기준으로 하느냐 하는 것이 문제가 될 수 있다. 때문에 누진성을 말할 때는 이에 대한 구분을 명확히 해 주어야 한다. 그리고 최적소득과세 역시 효율성과 공평성의 측면을 동시에 고려해야 한다. 지나친 누진과세는 세원을 파괴하므로 공평성이라는 가치 역시 추구할 수 없게 되고 만다. 그러므로 효율성과 공평성 간의 상충관계 속에서 어느 선에 선가 절충점을 찾는 것이 중요하다.

소득세는 공평(公平)의 실현이라는 측면에서 가장 적합한 세목이다. 소득세는 현실적으로 세율의 누진성이 가장 강한 세목이기 때문이다. 누진적 세율구조는 수직적 공평성(vertical equity)을 실현한다는 측면에서 옹호된다. 누진성의 정도가 크면 공평성의 실현이라는 측면에는 기여하지만 다른 한편으로 효율성을 저해할 수 있다. 그래서 그 정도를 얼마로 하는 것이 합당한가에 대해서는 일치된 합의를 도출하기 어렵다. 현실적으로는 어느 선에선가 타협을 모색할 수밖에 없다.

극단적인 누진적 세율구조를 옹호하는 모델로 에지워드(Edgeworth)의 모델을 들 수 있다. 다음에서는 그의 최적소득과세 모델에 대하여 먼저 설명하기로 한다. 그의 기본 가설은 첫째는 필요조세수입의 제약 아래 사회의 목표는 개인들의 효용의 합을 극대화한다고 가정한다. 즉 개인의 효용을 U_i, 사회후생을 W라고 할 때 조세제도는 다음을 극대화해야 한다.

$$W = U_1 + U_2 + U_3 + \dots U_n$$

둘째로 그는 개인들은 오직 소득에만 의존하는 동일한 효용함수를 갖고, 이 효용함수에는 한계효용체감의 원리가 작용한다고 가정한다. 즉 소득이 증가하면 효용수준이 증가하지만 그 정도는 줄어든다는 것이다.

셋째로 그는 총소득은 고정되어 있다고 가정한다.

이상과 같은 가정 아래 사회후생을 극대화하기 위한 조건은 각 사람들의 소득의 한계효용을 동일하게 하는 것이다. 이는 일반적인 한계효용균등의 원리와 다르지 않다. 위의 가정과 같이 사람들의 효용함수가 동일하다면 소득이 같을 때는 한계효용이 같아야 한다. 따라서 이러한 원리가 조세정책에 주는 의미는 분명하다. 즉 조세는 세후 소득이 가능한 동일하도록 과세되어야 한다는 것이다. 그러자면 과세로 먼저 부자의 소득을 덜어내야 한다. 왜냐하면 부자는 과세로 인하여 상실되는 한계효용이 가난한 사람보다 작기 때문이다.

따라서 에지워드 모델은 극단적인 누진적 조세구조를 옹호한다. 즉 소득이 완전한 공평의 수준에 도달될 때까지 상위소득자로부터 소득이 덜어져서 평준화되도록 과세되어야 한다는 것이다. 그러자면 상위 소득 계층에 대한 한계소득세율은 100%가 되어 한다. 그러나 이러한 결론은 에지워드의 강한 가정에서 귀결되는 것으로 가정을 하나씩 완화해 나가면 결론도 달라진다.

먼저 그의 가정 중 이용 가능한 총소득이 고정되어 있다는 것에 대한 현실성에 대하여 생각해 보자. 만약 이 가정에 따르면 100%의 세율을 부과해도 산출량에는 영향이 없어야 한다. 그러나 현실적으로는 그렇게 전부를 몰수하는 세율이 적용될 경우 부자들이 일할 유인이 사라져서 산출량을 줄어 들 것이고 이는 총소득을 감소시킨다.

또한 한 걸음 더 나아가 개인들의 효용수준이 소득에만 의존하는 것이 아니라 여가에도 의존하는 것으로 완화해 보자. 그러면 소득세의 부과는 사람들이 노동공급을 줄이고 여가를 더 선택하게 하여 초과부담을 발생시킬 수 있다.

에지워드의 가정을 그대로 따르면 세후소득이 동일하도록 조세부담을 배분하는 것이 바람직하다는 결론에 이른다. 그러나 이 과정에서 실질총소득이 감소한다는 것이 문제가 된다. 다시 말해서 소득을 공평하게 하는 과세는 총소득의 감소라는 초과부담, 즉 비용을 발생시키므로 현실적으로 최적소득세제도를 설계함에 있어서는 이에 대한 고려가 있어야 한다. 즉 이 모델의 현실에 대한 적용성을 높이기 위해서는 가정을 완화해야 한다.

스턴(Stern)에 의하면 에지워드 모델의 가정을 완화하여 노동에 대한 유인을 고려하는 모델을 도입하여 연구한 바 있다. 그는 분석의 단순화를 위하여 조세수입은 다음과 같은 식에 의하여 계산된다고 가정하였다.

$$조세수입 = -a + t \times 소득(a:\ 기초보조금,\ t:\ 세율,\ a,\ t > 0)$$

이 식을 그림으로 나타내면 〈그림 12-1〉과 같다. 이 식에서 보면 소득이 제로이면 조세부담은 없는 것은 물론이고 정부로부터 a의 크기의 보조금을 받는다. 그런 의미에서 이를 부의 소득세라고도 한다. 그리고 소득이 발생하면 그것에 대하여 t의 비례세를 적용받는다. 예컨대 a =50만원, t =0.2라고 한다면 소득이 제로인 사람은 50만원의 보조금만 받는다. 그러나 이 사람이 만일 일을 해서 1,000만원의 소득을 벌면 이 사람이 납부할 세금은 $-50+0.1\times1{,}000=50$만원이 된다. 이때 한계세율(marginal tax rate)은 t로서 일정하다. 즉 한계세율이 0.1이면 100만원을 더 벌어서 1,100만으로 소득이 증가하면 세금은 50만원에서 60만원으로 10만원 증가한다. 한편 평균세율(average tax rate)은 소득이 증가하면 더욱 증가해간다는 것을 알 수 있다. 즉 소득이 1,000만원이라면 평균세율은 $50/1{,}000=0.05$이지만 소득이 1,100으로 증가하면 $60/1{,}100=0.055$로 약간 증가한다.

〈그림 12-1〉 선형소득세 구조

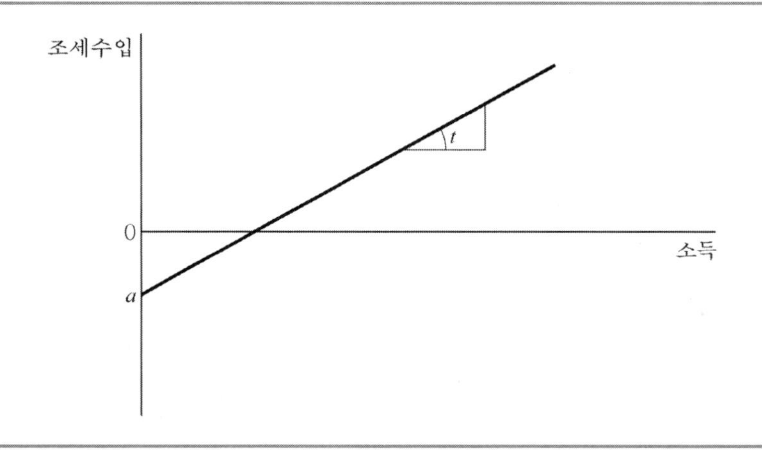

여기서 알 수 있듯이 한계세율이 일정하다고 해서 평균세율도 항상 일정한 것이 아니다. 통상적으로는 조세의 누진성을 측정하는 척도로는 한계세율보다 평균세율의 개념을 사용한다. 이에 따르면 이 예의 조세구조는 누진적인 조세구조를 하고 있는 것이다. 이러한 조세구조를 선형소득세(linear income tax schedule, flat income tax)라고 부른다.

위의 식에서 보면 조세의 누진성 정도는 a와 t의 크기에 의하여 결정된다는 것을 알 수 있다. t가 높을수록 누진성의 정도는 강화된다. 그러나 이와 더불어 초과부담도 또한 증가한다. 한편 a의 크기는 누진성의 정도를 약화시키는 구실을 한다. 따라서 최적 조세구조를 설계하는 것은 다름 아니라 일정한 조세수입의 확보를 전제로 하는 a와 t의 적절한 값을 찾아내는 작업이라고 할 수 있다.

에지워드의 분석에 의하면 고소득자에 대해서는 한계세율을 100%로 적용해야 사회후생을 극대화한다. 그러나 이상과 같은 스턴의 연구에서는 소득과 여가 간에 적절한 대체를 허용하는 경우, 즉 노동에 대한 인센티브를 제공하는 것을 허용한다면 적정 세율은 크게 떨어진다는 것을 보이고 있다. 결론만 보면 그는 정부조세수입을 국민소득의 20%로 가정하는 경우 한계세율이 19%일 때에 사회후생이 극대화된다는 것을 보여주었다. 이 결과는 에지워드의 경우에 비하면 대단히 완화된 것이다. 그의 논리에 따르면 일반적으로 노동공급이 임금에 대하여 탄력적일수록 적정세율은 낮아야 한다. 노동공급이 임금 탄력적일수록 소득재분배에 따른 초과부담이 크기 때문인데, 이를 줄이기 위해서는 낮은 세율의 적용이 필요하다는 것이다.

스턴의 연구에서는 한계세율(限界稅率)을 하나의 일정한 세율로 상정하고 있다는 점에서 현실적용이 어렵다는 약점이 있다. 이러한 점을 보완하여 한계세율을 몇 개의 구간으로 구분한 연구들을 보면 저소득구간보다 고소득구간에 있는 사람에 대하여 보다 낮은 한계세율을 적용하는 것이 바람직하다고 주장하였다. 그런데 고소득층에 대해 낮은 한계세율을 적용한다고 해서 평균세율이 감소하는 것은 아니다. 이 경우도 평균세율이 올라갈 수 있다. 따라서 이 경우도 조세구조는 누진적 구조를 유지한다. 이러한 주장의 배경에는 고소득층에 대한 한계세율을 낮춤으로써 초과부담을 줄이고 이렇게 해서 발생한 소득으로 저소득계층의 조세부담을 덜어주는 데 사용한다는 논리가 깔려 있다.

3. 과세객체와 수평적 공평성

조세제도를 설계하기 위해서는 조세부담을 지우는 기준이 무엇이냐에 대한 합의가 있어야 한다. 위에서 보았듯이 소득세의 설계에서는 조세부담의 기준이 소득이었지만 소득이외에도 재산이라든가 소비수준이라든가 또는 다른 기준을 얼마든지 생각할 수 있다. 소득세와 같이 소득에만 과세하는 제도가 효율성이나 공평성의 측면에서 반드시 바람직하다는 보장은 없다. 다음에서는 수평적 공평성

(horizontal equity)라는 측면에서 과세의 기준을 무엇으로 할 것인가에 대하여 설명하기로 한다. 수평적 공평성이란 동일한 지위(equal position)에 있는 사람은 동일하게 취급되어야 한다는 의미이다. 즉 이때 과세에 있어서 지위이란 지불능력(ability to pay)으로 정의할 수 있는데, 지불능력을 측정하는 척도로는 소득, 재산, 지출 등이 사용될 수 있다. 이와 관련해서는 이미 조세이론에서 부분적으로 설명한 바 있지만 여기에서는 논의를 좀 더 진전시켜보기로 한다.

지불능력으로서의 소득, 재산, 지출 등은 다른 한편으로 보면 사람들의 선택의 결과물이다. 이 때문에 이들을 적절한 척도로 사용될 수 있는가 하는 점이 문제될 수 있다. 예컨대 소득이 같은 두 사람이 소득의 획득 능력(earning ability)이 같다고 말할 수 없는 경우가 있다.

두 사람이 모든 조건, 즉 학력, 배경, 건강 등이 모두 같은 경우에 한 사람은 여가를 줄여서 더 일하기 때문에 소득이 높고 다른 한 사람은 여가를 즐기는 대신 일을 적게 하기 때문에 소득이 낮다고 하자. 이 경우에 소득으로 평가하면 두 사람은 소득이 다르기 때문에 동일한 지위에 있지 않다. 그러나 소득획득능력의 면에서 보면 동일한 지위에 있다. 이 경우에 소득을 기준으로 소득이 높은 사람에게 높은 세율을 적용하는 것은 게으른 사람을 우대하는 것이므로 도덕적으로 좋은 조세제도라고 할 수 없을 것이다. 소득 이외에 재산이나 지출수준에 대해서도 역시 이러한 유사한 비판이 제기될 수 있다.

동일한 지위의 척도로서 소득이 가지고 있는 이러한 문제에 대한 대안으로 시간당 임금을 들 수 있다. 적은 시간 일하고 많은 소득을 버는 사람에게 더 높은 세율을 적용하는 것이 공정의 측면에서 바람직하다는 것이다. 그러나 이 역시 문제가 있다. 임금을 시간당으로 측정하기 위해서는 총임금을 노동시간으로 나누어야 하지만 노동시간을 정확하게 측정하는 것이 어렵다. 적게 일하고 많은 시간 일 했다고 말해도 이를 반증하는 데 어려움이 있기 때문이다.

이러한 문제에 대한 대안으로 펠드스타인(Feldstein)은 수평적 공평성에 대하여 효용의 개념을 이용하여 다음과 같은 두 가지 기준을 사용하였다. 첫째, 과세이전에 두 사람이 동일한 효용수준에 있었다면 과세이후에도 동일한 효용수준에 있어야 한다. 둘째, 과세로 효용의 순위가 바뀌지 말아야 한다는 것이다. 즉 과세이전에 A가 B에 비하여 더 높은 효용수준에 있었다면 과세이후에도 A가 B보다 높은 효용수준에 있어야 한다는 것이다.

그의 이 같은 효용에 의한 공평성의 정의를 평가하기 위해서는 사람들의 선호가 동일한 경우와 서로 다른 경우로 나누어 생각할 수 있다. 먼저 사람들의 선호가 동일한 경우를 보자. 이 때는 사람들이 동일한 상품을 동일한 크기로 소비한다는 것이므로 동일하게 과세하는 것이 공평할 것이다. 만약 그렇지 않다면 과세이후에 두 사람의 효용수준이 달라질 것이기 때문이다.

다음으로 선호가 다르다고 가정해 보자. 즉 A그룹은 식품을 더 많이 소비하고 B그룹은 여가시간을 더 많이 소비한다고 하자. 이 경우 동일한 세율의 소득세가 부과된다면 어떻게 되겠는가? A그룹은 과세이후에 소득의 감소로 인해 식품소비가 감소하여 효용수준이 크게 감소할 것이다. 그러나 B그룹은 과세이후에 여가시간을 줄일 이유가 없다. 시간은 돈을 주고 사는 것이 아니기 때문에 소득이 감소했다고 해서 여가시간을 줄일 필요는 없다. 따라서 과세이후에 두 사람의 효용수준이 달라질 수 있다. 이와 같이 전통적인 의미에서 공평한 과세라도 효용의 기준에 의한 공평성의 정의에 의하면 공평하지 않을 수 있다.

그런데 만약 사람들이 그들의 경제활동과 소비지출을 선택하는 데 있어 자유롭다고 가정하면 현재의 어떤 조세제도도 위와 같이 정의된 공평성을 위배하지 않는다는 사실이다. 이와 같은 결과를 입증하기 위하여 두 가지 형태의 직업이 있다고 가정해 보자. 하나는 쾌적한 작업환경에 보수는 낮고 다른 하나는 쾌적하지 못하고 위험성이 높은 직업이라서 보수가 높다고 하자. 즉 두 직업 간에 보상적 격차가 존재한다고 하자. 이러한 두 가지 형태의 직업에 전통적인 의미에서의 소득세가 부과된다면 수평적 공평성에 위배될 수 있다. 즉 후자의 경우가 보수가 높으므로 더 많은 세금을 내는 반면 쾌적함으로 보상을 받는 전자는 세금부담이 적기 때문에 공정하지 못하다. 그러나 사람들이 자유롭게 직업 간을 이동하는 것이 허용된다면 각 직업으로부터 받는 세후의 실질적인 보수는 같아져야 한다. 선택이 자유롭다면 사람들은 쾌적함으로 보상받고 세금도 적게 내는 직업으로 이동하게 될 것이고 그러면 그 직종에서 임금이 하락하게 된다. 그리하여 결국은 두 형태의 직업에서의 실질적 보수가 같아져야 사람들의 이동이 멈추게 된다. 따라서 사람들의 이동이 자유롭다는 가정 하에서는 현행의 어떤 조세제도도 수평적 공평성에 위배되지 않는다는 것이다.

이와 같이 현재의 조세제도가 수평적 공평성에 위배되지 않는다면 조세제도의 변경은 공평성의 원칙에 위배된다는 재미있는 결론에 이르게 된다. 즉 조세제도의 변경이 불공평성의 원인이라는 것이다. 예컨대 현재 3자녀 이상의 가구에 대하여 소득세상의 혜택이 주어진다고 하자. 그래서 어떤 사람들은 다른 것을 포기하는 대신에 자식을 많이 낳았다고 하자. 그런데 갑자기 이러한 조세상의 혜택이 폐지된다면 어떻게 될까? 그러면 혜택을 보던 이들의 효용수준이 일시에 감소하게 되어 기존의 수평적 공평성이 깨질 수 있다. 이러한 논리에 따르면 기존의 조세제도만이 좋은 제도라는 것이 된다.

이상과 같이 기존의 조세제도가 가장 좋은 제도라면 새로운 조세제도의 개혁은 필요하지 않은 것이 아닌가 하는 의문에 직면한다. 즉 조세제도의 새로운 변화는 시도되지 말아야 하는가 하는 것이다.

실제로 조세제도의 개혁은 효율성과 공평성을 증진시키기 위한 목적으로 시행된다. 그런데 이 경우에는 조건이 있다. 즉 의도된 조세개혁의 목적을 효과적으로 달성하자면 새로운 제도로의 이행이 순조로워야 한다는 것이다. 예컨대 사람들이 새로운 제도에 적응하기 위하여 행동을 수정하자면 어느 정도 시간이 필요하다. 따라서 이를 감안하여 새로운 조세제도를 적용하는 데 몇 년간의 유예기간을 두어 사람들이 행동을 조정하도록 한다면 공평성의 위배 현상을 해소할 수 있을 것이다.

이상과 같이 효용에 의한 공평성의 정의에 따르면 기존의 조세제도가 좋은 제도라고 하는 것인데 이러한 생각은 상당히 보수적인 것이다. 이 같은 생각의 이면에는 새로운 조세제도가 시행되기 이전의 상태가 윤리적으로 가장 바람직하다는 생각이 전제되고 있다. 만약 그렇지 않다면 새로운 제도의 시행으로 효용의 순위가 바뀐다고 해서 공평성에 위배될 이유가 없을 것이다. 다시 말해서 현재의 상태가 바람직하기 때문에 이 상태가 그대로 유지되어야 할 명분이 분명해야 하지만 그렇지 않을 수 있다는 것이 이 주장의 약점으로 지적된다.

이상에서 설명한 것과 달리 수평적 공평성을 조세의 선택과 관련되는 규칙을 정하는 방식으로 정의하려는 주장이 있다. 이 주장에 의하면 부적절한 특성에 기초한 과세나 조변석개로 변하는 과세는 공평성의 측면에서 바람직하지 않다는 것이다. 예컨대 과세에 있어서 종교적 차별, 혼인의 여부에 따른 차별, 성별에 따른 차별 등을 배제하는 방식으로 조세의 공평성을 정의하려는 시도이다. 그러나 이러한 방식에도 역시 문제는 있다. 즉 과세대상으로 허용될 수 있는 특성을 어떻게 정의하느냐 하는 점이다. 예를 들어 같은 소비라도 생필품에 대한 소비와 사치품에 대한 소비를 어떻게 차별할 것인가에 대한 합의가 있어야 하고, 또 차별한다면 어느 정도 차별할 것인지에 대해서도 의견의 일치를 보아야 하지만 그것이 그렇게 쉬운 문제가 아니기 때문에 어려움이 있다.

4. 과세비용과 탈세

과세비용

조세제도를 운영하는 데 드는 비용은 크게 두 가지로 구분할 수 있다. 첫째는 행정비용(administrative cost)으로 조세당국의 조세징수비용이다. 세무공무원 조직의 운영비용이 여기에 속한다. 이외에도 납세자의 순응비용(compliance cost)이 있다. 순응비용이란 납세자가 조세를 납부하기 위해서 희생한 시간비용이라든가 세무사에 대한 상담비용, 서식작성 비용 등이 모두 포함된다. 조세제도의 선택에는 이러한 비용을 모두 고려해야 한다. 아무리 효율적이고 공평하다고 해도 지나치게 복잡하고 징세비용이 많이 든다면 바람직한 조세제도라고 할 수 없다.

물품세의 경우에 램지의 규칙에 의하면 모든 상품에 대하여 각각 다른 세율을 적용하여야 한다. 그렇게 하는 것이 효율성의 측면에서 상실이 없다. 그러나 수많은 상품에 대하여 각기 다른 세율을 적용한다는 것은 지나치게 복잡하고 행정비용이 과다하게 들기 때문에 현실적으로는 단일 세율을 적용하는 것이 일반적이다. 이 경우도 효율성과 행정비용 간의 상충문제에서 적정한 타협점을 모색하는 것이 필요하다.

조세비용과 공평성간에도 동일한 원리가 작용한다. 부가가치세의 경우 모든 상품의 거래에 대하여 과세하는 것이 공평성의 측면에서 보면 바람직해 보인다. 그러나 은행이나 보험 서비스처럼 행정절차가 복잡하여 비용이 많이 소요되는 거래에 대해서는 현실적으로 면세하고 있다.

이상과 같이 모든 조세에는 운영비용이 따르기 마련이므로 좋은 조세제도를 마련하기 위해서는 징수비용 및 경제적 효율성과 공평성 간에 적절한 절충점을 찾아내는 기술이 필요하다. 어느 한 가지 측면만 가지고 조세의 적합성 및 유용성을 논의하는 것은 바람직하지 않다.

탈세의 방지

효율성이나 공평성 측면에서 아무리 바람직한 조세라도 탈세(tax evasion)가 가능하다면 의도한 목적을 달성할 수 없으므로 탈세를 방지는 대단히 중요한 행정적 문제이다. 탈세(脫稅)와 유사한 개념으로 조세회피(tax avoidance)라는 개념을 생각할 수 있다. 조세회피란 법을 위반하지 않으면서 조세부담을 줄이거나 피해 가는 것을 말한다. 이러한 조세회피는 합법적이므로 법적으로는 아무런 문제가 되지 않는다. 탈세는 이와 달리 당연히 내야 되는 세금을 내지 않은 것을 말한다. 당연히 탈세는 위법으로 처벌의 대상이다.

조세회피의 대표적인 예를 들어보자. 먼저 위에서 언급한 바 있는 영국의 창문세(window tax)를 들 수 있다. 윌리엄 3세 때 소득세에 대신에 창문의 수를 과세대상으로 한 바 있다. 그랬더니 사람들이 창문의 수를 줄이거나 없애는 방식으로 행동함으로서 조세부담을 피해갔다. 또 브라질에서는 18세기에 완성된 건물에 대해서만 과세를 하였다. 그랬더니 미완의 기형적인 건물을 짓는 방식으로 조세회피가 나타났다. 또한 홀란드에서는 한 때 건물의 밑넓이에 따라 과세를 하였더니 사람들이 뾰족한 첨탑 모양의 집을 짓는 방식으로 세금을 회피하였다.

탈세는 다양한 방식으로 이루어진다. 먼저 가장 흔한 방식으로 이중장부기재를 들 수 있다. 기업의 경우 법인세를 탈세하기 위하여 두 개의 장부를 작성하기도 한다. 하나는 자신을 위해서 실제의 거래내역을 작성하고 다른 하나는 세무당국에 보고용으로 실제 거래보다 줄여서 작성하는 방식으로 탈세를 한다. 또 현금거래를 신고하지 않은 방식으로 탈세를 하기도 한다. 현금거래는 전산망에 포착되지 않는다는 점을 이용하는 탈세 방식이다. 현물거래 방식 역시 과세되어야 하지만 보고되지 않는다면 과세될 수 없으므로 탈세의 수단으로 이용된다.

탈세는 한계이론을 이용하여 설명할 수 있다. 원칙적으로 보면 사람들은 탈세로 인한 한계편익이 한계비용보다 크다면 계속 탈세에 대한 유혹을 가진다. 그러나 탈세에 따른 한계비용이 점차 증가하여 한계편익과 같아지면 더 이상의 탈세를 하지 않게 된다.

다음에서는 기업이 법인세를 탈세하는 예를 들어보기로 하자. 법인세는 기업의 이윤에 대하여 부과하는 세이고 일정률의 비례세를 부과하는 것이 일반적이다. 그러므로 기업의 법인세 부담액은 세무당국에 보고된 이윤에 법인세율을 곱하여 계산된다. 이 예에서는 법인세율이 20%라고 가정하자. 기업이 탈세를 목적으로 1억의 이윤을 보고하지 않았다면 이에 따른 이익은 2천만원이므로 이것을 한계편익이라고 말할 수 있다.

반면에 탈세를 목적으로 보고되지 않은 이윤이 적발되었을 때는 범칙금으로 해당세액의 2배를 납부해야 하고, 적발될 확률이 0.3이라고 하자. 그러면 위의 예에서 탈세에 따른 기대한계비용은 2×2천만×0.3=1천 2백만 원이 된다. 결과적으로 한계편익이 한계비용보다 크므로 이 기업은 탈세를 하려고 할 것이다.

법인세율이 일정하다면 당국에 보고되지 않은 이윤에 대한 탈세의 한계편익은 일정한 값을 갖는다. 그러나 한계비용은 체증한다고 가정하자. 현실적으로 한계비용은 체증할 가능성이 높다. 왜 그런가? 기대한계비용은 탈세에 따른 예상되는 손실로서 적발될 확률과 적발 시의 범칙금을 곱한 것으로 계산된다. 그런데 보고되지 않은 이윤이 증가할수록 세무당국에 발각될 확률은 높아진다. 그리고 범칙금 역시 보고되지 않은 이윤이 증가할수록 한계적으로 더 무겁게 부과될 가능성이 높기 때문이다.

〈그림 12-2〉 (a)에서 보듯이 한계편익은 일정한데 한계비용이 점차 증가한다면 탈세에 대한 유혹은 이들의 값이 일치하는 수준(Q^*)에서 멈출 것이다. 그러면 탈세를 전혀 일어나지 않게 하기 위해서는 어떤 정책이 필요한가? 〈그림 12-2〉 (b)에서 보듯이 한계비용을 증가시키거나 또는 한계편익을 낮추면 된다. 한계편익을 낮춘다는 것은 세율을 낮추는 것인데 그렇게 되면 기업으로서는 법

인세부담이 줄어드니까 당연히 탈세에 대한 유혹을 덜 느낀다. 예를 들어 소득세의 경우는 법인세와 달리 상당히 누진적 구조를 가지고 있다. 고소득자에 대해서는 한계세율이 매우 높게 책정된다. 따라서 소득의 신고누락에 따른 한계편익이 크다. 그렇게 되면 고소득자일수록 탈세에 대한 유혹을 더 크게 느낄 수 있다. 변호사나 의사와 같은 고소득 자영업에서 소득신고를 실제보다 줄여서 하는 것은 이러한 연유라고 볼 수 있다. 만약 소득세율을 낮추고 누진세를 일정한 비례세로 부과한다면 탈세를 줄일 수 있을 것이다. 그러나 그렇게 되면 다른 한편으로 공평성이 저해되는 문제가 발생한다.

〈그림 12-2〉 탈세의 원리

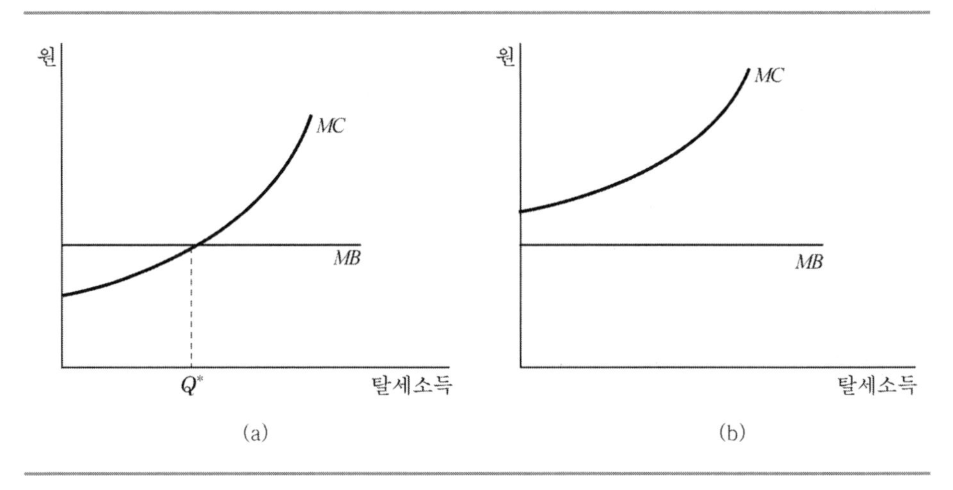

탈세를 방지할 목적으로 세율을 낮춘다는 것은 현실적으로 어려운 선택이다. 그보다는 한계비용을 높임으로써 탈세를 방지하는 정책이 유효하다. 그러기 위해서는 먼저 누락신고의 적발 확률을 높이는 방법을 생각할 수 있다. 실제로 세무당국에서는 이러한 목적을 위하여 현금거래를 줄이는 대신 신용카드 결제를 장려하고 이에 대하여 보상하는 정책을 사용하고 있다. 그러면 기업의 거래내역이 명백히 드러나기 때문에 적발 확률을 높일 수 있기 때문이다. 이러한 정책은 탈세를 방지하는데 유효한 정책이다.

또는 한계비용을 높이기 위하여 벌칙을 강화하는 방법을 생각할 수 있다. 예컨대 어떤 강성국가에서 법인세의 탈세가 적발되면 기업을 조건 없이 파산시킨다고 하자. 그러면 비록 적발된 확률이 낮더라도 탈세의 유혹이 훨씬 크게 감소할 것이다.

5. 세목의 배분-국세와 지방세의 구분

조세는 크게 국세와 지방세로 구분된다. 국세는 중앙정부의 재정수요에 필요한 재원을 확보하기 위하여 국민에게 부과하여 징수하는 조세라고 한다면 지방세는 지방자치단체의 지방행정 서비스 제공에 대한 반대급부로 지역 주민에게 강제적으로 부과하여 징수하는 조세이다. 조세제도를 설계함에 있어서 어떤 세목을 국세로 어떤 것을 지방세로 배분할 것인지를 결정하는 것은 대단히 중요하다. 다음에서는 이에 대해 기준이 되는 몇 가지 원리를 알아보기로 한다.

수직적 조화와 수평적 조화

조세의 구조를 설계할 때 먼저 해야 할 일은 세원을 국세와 지방세로 어떻게 구분하느냐 하는 것이다. 국세와 지방세로 세원을 어떻게 배분하느냐에 따라 지방자치에 미치는 영향이 달라진다는 점에서 이는 대단히 중요한 과제이다.

바람직한 조세제도의 설계를 위해서는 중앙정부와 지방정부간의 수직적 조화를 이루는 것이 필요하다. 또한 지방세는 이에 더하여 지역 간 수평적 조화를 이루도록 설계되는 것이 필요하다.

수직적 조화란 중앙정부와 지방정부간의 세원배분에 관한 논의이다. 이에 대해서는 다음 절의 세원배분방식에서 자세히 설명하기로 한다. 그에 앞서 수평적 조화에 대하여 약간의 설명을 하고 넘어가기로 한다. 지방세의 수평적 조화란 지방정부 사이에 동일한 과세대상에 대한 과세는 서로 유사한 형태를 띠어야 한다는 것이다. 만약 지역적으로 서로 다른 세율이 부과된다면 지역 간의 높은 이동성으로 인하여 비효율과 불공평성이 발생할 수 있기 때문이다.

그러나 저명한 재정학자인 머스그레이브(R. A, Musgrave)는 이러한 지역 간의 부조화를 당연한 것으로 받아들이고 있다. 그는 '지방자치의 진정한 목적은 다양한 지역에 살고 있는 서로 다른 집단들이 공공서비스에 대해 서로 다른 선호를 표명하게 하는데 있다. 그리하여 결국 과세나 공공서비스 수준에 차이가 나게 된다. 지역 간 이러한 조세수준의 차이는 지역 전반에 걸쳐서 효율적인 자원배분이나 산업입지의 선정을 방해할 것이다. 그러나 그것은 지역 간의 분권화, 즉 지방자치의 추구라는 가치에 대한 대가로 기꺼이 치러야 하는 비용이다'라고 하였다. 그의 이러한 지적에도 불구하고 현실적으로 지방정부 사이에 동일한 과세대상에 대한 과세는 관할 지역들 사이에서 유사한 형태를 띠는 것이 일반적이다. 그렇지 않을 경우 앞서 말했듯이 지역 간의 높은 이동성으로 인하여 발생하는 비용이 너무 크기 때문이다.

세원배분방식

조세체계의 수직적 조화란 중앙정부와 지방정부사이에 조세의 종목과 세율을 어떻게 배분하는가 하는 문제이다. 즉 이는 중앙과 지방간의 세원배분에 관한 논의이다. 중앙정부와 지방정부가 공공영역에 배분되는 자원을 합리적으로 이용하는 방식으로는 크게 세원분리방식(tax base separation system)과 세원공유방식(tax sharing system)이 있고, 후자는 다시 공동세 방식(shared tax system) · 부가세방식(surtax system) · 공제방식(deduction system) 등으로 구분한다.

• 세원의 분리방식

이 방식은 중앙정부와 지방정부가 세원을 각각 독립적으로 이용하는 방식이다. 즉 일정한 과세대상에 대하여 중앙정부와 지방정부 중 어느 한 정부만이 과세권을 행사하는 것이다. 이 방식에 의하면 지방정부는 자기만의 수입원을 가질 수 있어서 과세자주권이 보장된다. 그리고 지방정부의 입장에서는 세원이 완전하게 분리되어 있으므로 중앙정부로부터의 세원의 침해 및 잠식을 막을 수 있다는 장점과 동일한 과세대상에 대한 이중과세의 부담이 없다는 장점이 있다. 또한 이 방식은 세원의 관리가 단순하기 때문에 행정적인 책임소재가 분명하다는 장점이 있다.

그러나 일반적으로 중앙정부는 재정기능의 효과적인 수행을 위하여 세수의 안정성과 신장성이 높은 세원을 가지고 지방정부는 나머지를 가지므로 이러한 경우에 지방정부로서는 세수의 영세성을 면하기 어렵다는 문제가 있다. 또한 지방정부 간에도 세원이 풍부한 지역과 그렇지 못한 지역 사이에 불균등으로 인한 재정의 불균등이 심화될 가능성이 있다는 문제점이 있다.

• 세원의 공동이용방식

세원의 공동이용방식은 중앙정부와 지방정부가 일정한 범위 내에서 동일한 세원을 공동으로 이용하는 방식이다. 이 방식은 분리방식과 달리 세수의 신장성과 안정성이 높은 주요 세원의 일부를 분할 이용할 수 있다는 측면에서 지방정부의 세수확보에 유리한 면이 있다. 그러나 이 방식은 동일한 과세표준에 대하여 중앙과 지방정부에 의하여 중복해서 과세되는 중복과세(tax overlapping)의 문제가 발생한다는 문제점이 있다. 이러한 문제를 완화시키기 위하여 다음과 같은 조정방법이 사용된다.

첫째는 부가세(tax supplement)방식이다. 이는 하나의 과세대상에 대해 중앙정부가 사용한 과세표준에 지방정부가 일정한 세율을 부가하여 징수하는 방식을 말한다. 이 방식은 국세를 지방세의 과세표준으로 이용하여 지방세를 부과하는 것으로 행정의 편의성을 얻을 수 있다는 장점이 있다. 하지만 지방세가 중앙정부의 조세정책에 영향을 받을 가능성이 있다는 문제점이 있다. 현재 이러한 방식에 해당되는 지방세로는 지방소득세, 주행세, 지방교육세 등이 있는데, 예컨대 2014년 이전에 지방소득세는 본세로서의 국세에 부과세 방식으로 부과한 바 있다. 이후에는 독립세 방식을 전환되었다.

둘째는 공동세(shared tax) 방식으로 이 세는 동일한 세원에 대하여 중앙, 지방의 구분 없이 어느 한 단계의 정부가 일시에 과세한 후, 일정한 원칙에 의하여 세수를 중앙과 지방간에 나누는 방식이다. 일반적으로 이 세는 중앙정부가 미리 징수하고 나서 일정한 비율에 따라 나누는 제도로서, 흔히 분여세 방식이라고도 한다. 우리의 경우 주세, 지방소비세 등이 여기에 해당한다.

셋째는 공제방식이다. 이 제도는 중앙정부와 지방정부가 과세표준을 동일하게 한 상태에서 국세를 과세할 때는 지방세 부담 분을 공제함으로써 전체적인 조세부담을 합리적으로 조정하는 방식이다. 여기에는 세액공제(tax credits)방식과 소득 공제(tax deductions)방식이 있다. 세액공제란 국세를 부과할 때 지방정부에

낸 조세액을 감해 주는 제도이다. 즉 중복된 과세 분에 대하여 세액 자체를 줄여 주는 제도이다. 이와 달리 소득공제방식은 위와 같은 의도를 달성하기 위하여 과세표준에 세율을 적용하기 전에 과세표준의 크기를 줄여서 세액을 줄여 주는 방식이다. 우리의 경우 공제방식 중 세액공제의 예로서 새로 도입된 종합부동산세의 산정을 들 수 있다. 국세인 종합부동산세를 계산할 때는 지방세로 납부한 재산세 납부액을 공제한다(우명동, 2001). 즉 국세인 종합부동산세를 계산할 때 지방세로 납부한 재산세액을 공제해 준다.

공동세	램지 규칙	부가세	선형소득세
수직적 공평성	수평적 공평성	순응비용	조세회피
탈세			

제 13 장

소득세

소득세는 어느 나라를 막론하고 조세제도의 핵심을 이루는 세목이다. 우리나라는 국세로 개인소득세를 부과하고 있다. 우리나라는 현재 개인소득세 수입이 총국세 수입의 약 20%를 차지할 정도로 중요한 위치를 점하고 있는데, 이는 부가가치세 및 법인세와 더불어 가장 높은 것이다.

어느 나라이든 소득세는 직접세로서 대표적인 누진세이다. 정부는 소득분배의 개선을 위한 정책적 목적으로 이 개인소득세를 이용할 수 있다. 즉 소득세의 세율구조를 누진적으로 설계함으로써 소득분배를 개선할 수 있다. 그러나 근로소득에 대해 지나치게 높게 과세를 하면 근로의욕을 저해함으로써 경제의 효율성을 떨어뜨리는 결과를 초래할 수도 있다. 또한 지방정부는 국세인 소득세를 과표로 하여 지방소득세를 부가한다.[1)]

1. 소득의 개념

개인 소득세는 개인의 소득을 대상으로 부과하는 조세이다. 소득세(所得稅)를 산정하기 위해서는 우선 과세대상 소득을 어떻게 정의하느냐 하는 것이 필요하다. 먼저 이론적인 측면에서 헤이그-사이먼스(Haig-Simons)에 의한 소득의 정의

1) 지방소득세는 2010년부터 도입되었다. 지방소득세는 소득세의 10%를 부과한다. 지방소득세는 종전의 주민세 소득할과 사업소세 종원원할이 명칭변경된 것이다.

를 살펴보기로 한다.[2] 그들에 의하면 소득은 일정한 기간 동안 개인의 소비능력의 순증가를 화폐가치로 나타낸 것이라고 정의한다. 이런 소득의 개념은 그 기간 동안의 실제 소비한 금액에다 부(富)의 순증가를 더한 것과 동일하다. 이 때 부의 순증가란 저축으로서 이는 잠재적 소비의 증가를 나타내므로 소득에 포함되는 것이 마땅하다.

H-S의 정의에 의하면 소비의 잠재적 증가를 초래하는 모든 원천은 소득에 포함된다. 즉 그것이 실제로 소비를 초래하던 그렇지 않던 상관하지 않는다. 마찬가지 이유로 H-S의 정의에서는 소비능력의 감소는 소득에서 공제한다. 예컨대 소득을 벌기 위하여 들어간 비용은 소득에서 공제되어야 한다는 것이다. 예를 들어 사과가게에서 사과를 팔아서 얻은 수입이 100만원이라고 할 때, 이 가게가 사과를 도매상으로부터 구입한 금액이 80만원이고, 임대료 등 기타 비용이 10만원이라면 이 가게 주인의 소비능력은 10만원 증가한 것이다.

이상과 같이 정의된 H-S의 소득에는 통상적으로 소득이라고 불리는 각종 임금, 영업이익, 임대료, 배당금, 사용료 및 이자 등이 포함된다. 이에 대해서는 의문의 여지가 없다. 그러나 이외에 통상적으로 소득이라고 분류하지 않지만 H-S 정의에 의한 소득에 포함되는 것들이 있다. 구체적인 예를 들자면 고용자의 연금 및 건강보험기여금, 또는 실업수당이나 퇴직수당과 같은 이전지급 등은 개인의 소비능력을 증가시킨다는 의미에서는 원칙적으로 소득에 포함된다.

이외에도 H-S 정의에 의하면 자본 이득(capital gain) 역시 소득에 포함된다. 자본이득이란 자산 가치의 증가를 말한다. 자본이득과 마찬가지로 자본손실(capital loss)의 개념 역시 정의할 수 있다. 예컨대 A라는 사람이 한 기업의 주식을 1주에 80만원에 구입했는데 1년 후에 100만원으로 올랐다면 20만원이 자본이득이 생긴 것이다. 이것은 이 사람의 소비능력을 증가시킨 것에 해당되므로 소득에 포함된다. 이 때 이 사람이 이 주식을 주식시장에서 팔았다면 자본이득이 실현되지만 그렇지 않고 그대로 보유하고 있다면 자본이득이 실현되지 않은 것이다. 그런데 H-S의 정의에 의하면 자본이득은 실현되었건 아니건 간에 상관없이 소득에 포함된다. 두 경우 모두 소비능력을 증가시킨다는 점에서 소득으로 보

---

2) H. S. Rosen & T. Gayer(2008), Public Finance, ch. 17, 참조.

기 때문이다. 이 사람이 주식을 팔지 않았다는 것은 달리 말하면 자본이득을 재투자하는 것과 같은 저축으로 본다는 것이다. H-S의 정의에서 보듯이 저축은 부의 순증가로서 소비능력의 증가를 의미하므로 소득에 포함된다. 이와 같은 논리는 자본손실에도 그대로 적용된다. 다시 말해서 주식의 가치가 떨어져서 자본손실이 발생한다면 이는 소득에서 공제되어야 한다.

또한 H-S의 소득 개념에는 현물소득(income in kind)과 귀속임대료(imputed rent)와 같은 것 역시 소득에 포함된다. 현물수입이란 현금 이외에 예를 들면 자동차나 TV 등을 회사로부터 받는 것을 말한다. 귀속임대료는 자가 소유 주택의 연간 임대 가치를 말하는 것으로 예컨대 집 주인이 그 집에서 살지 않고 임대하였다면 받을 수 있는 임대수입을 말한다. 이러한 것들은 모두 통상적으로 소득이라고 하지 않지만 H-S의 정의에 의하면 소득에 포함된다.

이상과 같이 정의된 H-S 소득을 소득세제도의 설계에 있어서 그 기초로서 적용할 때는 현실적으로 적지 않은 어려움에 직면한다. 그 중에서 몇 가지를 지적하면 다음과 같다.

첫째는 영업소득을 계산함에 있어서 업무비용을 뺀 순소득을 계산해 내야 하는데, 이 때에 소비지출과 소득을 얻는 데 드는 비용을 구분하는 것이 용이하지 않다는 점이다. 예를 들어 영업을 위하여 노트 북 PC를 구입하였다고 하자. 이것은 물론 업무를 위해서 사용되기도 하지만 경우에 따라서는 집에서 소비용도로 사용될 수도 있다. 이 경우에 이것을 구입하기 위해 지불한 비용 중 얼마를 영업비용으로 할당하고 얼마를 소비지출로 할당할 것인지 구분하는 것이 분명하지 않다.

둘째는 자본이득을 측정하기 어렵다는 점이다. 주식과 같이 시장이 잘 형성되어 있는 경우는 측정이 비교적 용이하지만 미술품이나 골동품과 같은 자산의 경우는 시장이 잘 형성되어 있지 않아서 자본이득이나 손실을 측정하기 어렵다는 문제가 있다.

셋째는 귀속임대료(歸屬賃貸料)의 측정이 어렵다. 자가 소유 주택의 귀속임대료의 경우는 그래도 시장이 형성되어 있지만 다른 내구재 예컨대 자동차나 가전제품과 같은 경우는 임대료 시장이 잘 발달되어 있지 못하므로 귀속임대료를 정확하게 계산한다는 것은 불가능하다.

넷째는 현물 서비스의 가치 평가가 어렵다. 한 예로 가정에서 주부의 청소, 요리, 자녀 양육 같은 가사 서비스의 경우는 가치 있는 일이기는 하지만 이를 시장가치로 평가할 때는 역시 어려움이 따른다.

H-S의 소득개념을 사용할 때는 이상과 같은 많은 어려움이 있음에도 불구하고 이 개념은 정책 입안자들이 조세제도를 마련함에 있어서 추구해야 할 이상적인 소득의 개념으로 간주되고 있다. 그 이유는 소득은 가능하면 넓은 의미로 정의되는 것이 바람직하기 때문이다. 즉 개인이 받은 모든 소득의 원천이 동일한 비율로 과세되어야 한다는 것이다.

H-S에 의한 소득의 정의는 공평성과 효율성이라는 측면에서 평가할 수 있을 것이다. 먼저 공평성의 측면에서 볼 때 수평적 공평성을 충족시켜야 한다. 이는 동일한 소득을 가진 사람은 동일한 세금을 내야 한다는 것이다. 그렇게 되기 위해서는 모든 소득의 원천이 과세기반에 포함되어야 한다. 그렇지 않으면 동일한 능력의 소유자가 사로 다른 세금부담을 질 수 있게 된다. 이런 측면에서 보면 H-S에 의한 소득의 정의는 바람직하다. 그런데 다른 측면에서 생각하면 이 H-S의 기준이 불공평을 초래할 수도 있다. 예를 들어 근무 조건이 쾌적한 사무직에 근무하는 사람과 근무조건이 열악한 육체노동에 근무하는 사람이 동일한 소득을 얻는다면 두 사람에게 동일한 세금을 부과해야 하는데 이것이 공평한가 하는 점이다. H-S의 정의에서는 이에 대해서 명확한 해답을 주지 못 한다.

다음으로 효율성의 측면에서 보면 H-S 기준은 모든 소득을 동일하게 취급하므로 경제활동을 왜곡시키지 않는다는 점에서 중립적이다. 예를 들어 자가 소유주택에 대한 귀속임대료에 대하여 과세하지 않는다면 사람들은 주택에 대해 과도한 투자를 할 수 있다. 따라서 이런 행위는 경제활동을 바람직하지 않은 방향으로 왜곡시킬 수 있는 것이다. H-S의 정의에서는 이런 소득을 포함하여 모든 소득을 공평하게 과세한다는 점에서 중립적이다.

그러나 H-S 기준처럼 모든 소득에 대하여 그 원천에 상관없이 동일한 과세를 하는 것이 반드시 효율적인 것은 아니다. 최적과세이론에서 이미 언급한 바 있는 역탄력성의 원칙에 의하면 공급의 가격 탄력성이 낮은 생산요소로부터 발생하는 수입, 즉 소득에 대해서는 높은 세율을 적용하는 것이 초과부담을 줄이기 때문에 효율적이다. 이러한 원리는 모든 소득의 원천에 동일한 과세를 해야 한다는 H-S 기준과 배치된다. 다시 말하면 모든 소득에 동일한 세율을 적용해야 한다는 의미에서 H-S 기준의 소득은 일반적으로 초과부담을 최소화하지 않는다. 즉 H-S 기준이 경제적 효율을 극대화하지 않는다. 그렇다고 해서 H-S 기준을 포기하는 것도 현명하지 못하다. 효율성의 측면에서 보면 최적과세이론이 타당할지 모르지만 현실적으로 최적과세이론에 의한 기준을 조세의 기본구조로 채택하는 데에는 정보의 부족, 행정상의 어려움 등으로 인하여 많은 한계가 있다. 따라서 H-S 기준에 따라 모든 소득을 동등하게 취급하는 것이 현실적인 측면에서 바람직한 대안이 될 수 있는 것이다.

2. 과세대상 소득의 정의

H-S 기준에 의하면 모든 소득은 과세대상에 동등하게 포함되는 것이 바람직하다. 그러나 현실적으로는 행정상의 어려움 또는 정책상의 목적 등으로 인하여 과세대상에 모든 소득을 포함시키지 않는다. 다음에서는 현실적으로 과세대상을 설계함에 있어서 위에서 언급한 H-S 기준을 적용할 때 고려할 사항에 대하여 먼저 살펴본다.

첫째는 자본이득의 취급문제이다. 자본이득은 실현주의에 따르느냐 아니면 발생주의에 따르느냐에 따라 그 크기가 달라진다. 자본이득은 특히 주식이나 토지에 대한 투자에서 발생한다. 자본이득은 이것을 팔기 전까지는 실현되지 못하는 소득이다. 이런 미실현소득도 소득에 포함되도록 하여 포괄적인 소득을 대상으로 소득세를 부과한다면 조세수입을 증대시킬 뿐 아니라 공평성의 측면에서도 바람직하다는 장점이 있다. 또, 모든 소득을 동등하게 과세한다는 측면에서 볼 때도 조세의 경제에 대한 교란이 적기 때문에 효율성의 상실이 적다. 그러나 이를 실천에 옮기고자 할 때는 적지 않은 문제점이 나타난다. 사람들은 여러 가지 재산을 소유하고 있는데 이들의 가격변화를 파악한다는 것은 실제로 어려운 일이기 때문이다. 또 자본이득을 과세대상으로 할 때는 이중과세(double taxation)의 문제가 발생할 수 있다. 실현되지 않은 자본이득에 일단 과세하고, 그리고 소득이 실현될 때 다시 과세한다면 두 번 과세하는 셈이 된다. 주식의 경우는 그 가치의 일정 부분에 대하여 기업차원에서 이미 납세를 하였기 때문에 이중과세(二重課稅)의 문제가 발생할 수 있다.[3)]

대부분의 나라에서 자본이득은 실현주의에 입각하여 소득으로 파악한다. 미국의 예를 보면 증권투자의 경우에 실현된 자본이득을 과세대상 소득으로 보고 이에 대하여 과세한다. 그러나 이때 이에 대해 그 사람의 한계세율을 적용하는 것이 아니라 이보다 낮은 세율을 적용한다. 즉 우대 세율을 적용하는데 그 이유는 위에서 설명한 바와 같이 이중과세 문제가 있기 때문에 이를 피하기 위한 것이다. 한편 자본손실을 어떻게 보느냐 하는 것도 문제가 된다. 미국의 경우는 자본이득을 소득으로 보는 것과 마찬가지 원리로 자본손실을 소득에서 공제해 주는 방식을 택한다. 미국과 같이 실현된 자본이득에 대하여 과세하고 실현되지 않은 자본소득에 대하여 과세하지 않을 때에는 사람들이 자산의 처분을 미루는 경향이 있다. 그 이유는 물론 조세부담을 회피하기 위해서이다. 그렇게 되면 결과적으로 사람들이 자산구성을 변화시키려고 하지 않는다. 즉 현재의 자산구성을 그대로 유지하려고 하는데 이러한 현상을 자물쇠 효과(lock-in effect)라고 한다. 이러한 현상은 자본의 효율적 배분을 저해하는 요인이 될 수 있다. 자본은 수익률이 높은 곳으로 흘러가야 하는데 이러한 이동을 방해한다는 것이다.

우리나라는 현재 주식과 같은 증권의 경우 자본이익이나 손실에 대해서는 별도로 과세하지 않고 있다.[4)] H-S의 기준에 의하면 이런 방식은 타당하지 않을 수 있다. 특히 공평성의 측면에서 문제를 제기할 수 있다. 자본소득은 저소득층보다는 고소득층에서 더 많이 발생한다. 그러므로 이에 대해 과세하지 않는 것은 부의 분배를 악화시킬 수 있다. 그리고 노동소득은 상당한 고통이 수반되지만 과세하는 반면 자본소득에 대해서 과세하지 않는다면 이는 공평성의 원칙에 위배

3) 소득과는 다소 거리가 있지만 실현되지 않은 자본이득을 대상으로 부과된 조세의 예로 지금은 폐지된 토지초과이득세를 들 수 있다. 이 세는 토지공개념을 확립한다는 취지에서 도입된 것으로 전국에 있는 토지의 가격상승에 따른 이익에 대하여 과세하였으나 실행과정에서 납세자들의 거센 조세저항에 부딪쳐 2000년에 폐지되고 말았다. 이외에 현재의 종합부동산세도 이러한 유형에 속한다.

4) 2013년 현재 자본이득세의 도입 필요성과 방법에 대하여 검토가 이루어지고 있다.

될 수 있다. 그러나 자본이득의 비과세를 지지하는 주장도 있다. 그들의 논리에 따르면 자본이득에 대하여 과세한다면 자본손실에 대해서도 보상해 주어야 한다는 것인데 우리나라와 같이 개인 투자들이 대부분 손실을 보고 있는 실정에서 이에 대하여 보상한다는 것이 현실적으로 용이하지 않다는 점이다. 또 다른 근거로서 그들은 자본이득에 대한 비과세가 사람이나 기업들이 자본을 축적하고 위험을 감수하도록 유도하는 데 기여한다는 것이다. 그리고 이것이 경제 활성화에 기여한다는 점을 들 고 있다.

둘째는 정부채권에 대한 이자나 증권의 배당금에 대한 처리이다. H-S 기준에 따르면 국채나 지방채에 대한 이자는 당연히 소득에 포함되어 과세되어야 한다. 그러나 정부가 재정수입을 원활하게 조달할 목적으로 이에 대하여 비과세하거나 우대할 수 있다. 다른 채권의 이자에 대해서는 세금이 부과되는데 반해 정부채권에 대해서만 면제된다면 정부는 정부채권을 발행하는 것이 훨씬 용이해져 재정수입을 확보하기가 쉬워진다. 배당금 역시 소비능력의 증가라는 측면에서는 다른 소득과 마찬가지로 취급되어야 한다. 그러나 배당금은 통상적으로 일반소득과 달리 별도로 취급한다. 그 이유는 위에서 언급했듯이 배당금은 기업 이윤의 일부로서 이에 대해서는 기업차원에서 이미 법인세를 납부하였기 때문에 다른 소득과 동일하게 과세할 때는 이중과세의 문제가 발생하기 때문이다.

셋째는 정책적인 측면에서 특정한 형태의 저축에 대하여 우대할 수 있다. 고용주가 제공하는 퇴직기여금, 건강보험 기여금 등은 일반적으로 과세하지 않는다. 이 역시 H-S 기준에 의하면 저축의 증가로서 소득에 포함되어야 마땅하지만 그렇게 하지 않는다. 그 이유는 주로 경제적인 측면보다는 정치적인 측면의 고려 때문이다. 또한 개인이 노후를 위하여 적립하는 특정 저축이나 보험, 또는 교육을 위한 저축이나 보험 등에 대해서는 비과세할 수 있다. 이러한 우대는 특정한 목적을 위하여 저축을 증대시키는데 목적이 있다.

이외에도 증여나 상속 역시 소득을 증가시킨다. 그러나 이에 대해서는 소득세의 과세대상 소득으로 구분하지 않고 별도로 상속세·증여세를 부과하는 방식을 취하는 것일 일반적이다.

요약하면 모든 소득의 원천은 과세대상 소득에 포함되는 것이 바람직하다. 즉 모든 소득을 종합하여 소득세를 부과하는 것이 공평의 측면에서 마땅하다. 이러한 원칙에 따른 것이 우리나라의 종합소득세제도이다(이준구, 1999).[5] 그러나 실제로는 이러한 기준에서 상당히 벗어나고 있다. 자본이득의 경우는 그것이 실현되지 않으면 과세대상으로 하지 않는다. 실현된 후에 과세대상으로 하거나 아니면 우리나라의 경우처럼 아예 과세하지 않는 경우도 있다. 만약 기업이 근로자에게 주택이나 승용차를 제공하였다면 이는 현물 소득으로서 임금과 같은 요소소득과 실질적으로는 차이가 없으나, 일반적으로 현물소득은 과세하지 않는다. 또, 자신이 보유한 집에서 나오는 주택서비스의 현금가치, 즉 귀속임대료의 경우는 원칙적으로 소득에 포함되어야 하지만 과세대상에서 제외된다.

3. 공제제도

소득세는 소득을 세원으로 하는 세인데, 소득 자체가 바로 과세표준인 것은 아니다. 소득세의 과세표준은 소득에서 소득을 버는 데 들어간 비용을 공제한 후의 소득을 과세표준으로 한다. 그러므로 동일한 소득을 올린 사람이라도 소득을 취득하는 데 소요된 비용이 다르면 납부할 소득세의 크기는 달라진다. 이와 같이 과세대상인 소득에서 일정한 비용을 감해주는 제도를 소득공제제도라고 한다. 이외에도 산출세액에서 일정한 세액을 감해주는 세액공제제도가 있다.

인적소득공제

소득공제에는 납세자가 부득이 지출할 수밖에 없는 비용이 포함되는데 이 속에는 납세자와 그 가족의 생계를 유지하는데 들어가는 최소한의 비용이 포함된

5) 이자소득, 배당소득 등에 대해서는 일정 금액(4천만원) 이상의 소득에 대해서만 종합과세하고 있다. 경품이나 복권에 당첨되어 얻은 현물이나 소득은 기타소득으로 분류하여 분리 과세한다. 금융종합소득세는 IMF 위기로 인하여 일시적으로 그 시행이 보류되었으나 2001년도부터 다시 실시되어 이자, 배당 등 금융소득이 연간 4천만 원을 초과하는 경우 근로소득·사업소득 등 다른 소득과 합산하여 종합과세 된다. 그러나 금융소득이 4천만원 이하일 때는 14%로 분리 과세한다. 경우에 따라서는 분리과세가 저소득층에게 불리하고 고소득층에 유리할 수 있어서 형평의 원칙에 위배된다는 지적이 있다. 그러므로 저소득층에게 두 가지 중 유리한 것을 선택할 수 있도록 선택권을 주어야 한다는 주장이 있다.

다. 이러한 비용을 인적공제라고 한다. 인적공제는 개개인의 사정을 고려해 과세 표준을 계산한다는 점에서 다른 세와 다르다고 할 수 있다.

인적공제(人的控除)는 인구 정책적 목적으로도 사용되기도 한다. 예컨대 출산율을 높이기 위해서 다자녀에 대하여 공제를 늘려 주는 방식이다. 그런데 왜 인적공제를 해 주느냐에 대해서는 사람마다 이견이 있다. 어떤 사람들은 자녀가 많으면 조세 지불능력의 저하를 감안해 주어야 한다고 주장한다. 자녀 양육비는 불가피한 측면이 있다는 것이다. 이 경우에도 한 자녀의 양육비에 대한 보상으로 얼마를 공제해주어야 하며, 그리고 자녀의 수가 많을수록 체증해서 공제해줄 것인지 아니면 그 반대로 할 것인지에 대해서도 논란이 된다. 또한 자녀 양육비가 선택의 여지가 없는 비용이라는 점에 대해서도 논란이 있다. 의료기술의 발달로 인하여 자녀의 선택이 자유로운 상황에서 예컨대 한 주부는 추가적인 자녀를 선택한 반면 다른 주부는 직장 근무를 선택했다면 왜 전자만 보상하고 후자에게는 보상을 해주지 않느냐 하는 주장이 있을 수 있다. 어떤 종교에서와 같이 출산계획을 금지하는 경우는 자녀가 자유로운 선택이 아니라 불가피한 존재가 될 수 있는 측면이 있는 것이 사실이다.

한편 인적공제를 저소득가정에 대한 조세감면의 수단으로 생각할 수 있다. 인적공제가 클수록 평균세율은 낮아지기 때문이다. 예를 들어 저소득층 가계의 소득과 인적 공제액이 같아지면 세율은 제로이다. 특히 고소득층에 대하여 인적공제를 단계적으로 제한하게 되면 조세의 누진성은 더욱 강화되어 소득재분배의 효과를 걷을 수 있다.

특별소득공제

인적공제 외에도 근로소득공제, 보험료, 교육비, 의료비, 주택자금, 기부금 등의 전부 또는 일부를 공제하는 특별공제가 있다. 또, 거래의 투명성을 높이고 조세의 탈루를 방지할 목적으로 신용카드의 사용내용이나 영수증을 제출하는 경우 일정액을 소득공제해 주고 있다. 보험료나 교육비와 같은 특정 상품의 구입에 대하여 공제를 해 주게 되면 해당 상품의 상대가격을 낮추는 효과를 갖는다. 예를 들어 어떤 사람의 교육비 지출이 100만원이고 한계세율이 35%이라고 가정하면 이 사람의 실제교육비는 65만이 된다. 왜냐하면 100만원에 대하여 소득공제를 해

주면, 100만원×0.35=35만원만큼의 세금부담이 감소하기 때문이다. 다시 말하면 교육서비스에 대한 가격이 상대적으로 하락하는 효과를 갖는다. 따라서 사람들이 교육에 대한 수요를 증가시킬 수 있다. 한계세율이 높을수록 이러한 가격효과는 더 크게 나타날 것이다.

또한 국세인 소득세의 과세대상소득에서 지방소득세 또는 지방재산세를 공제해 주는 방법이 있다. 이에 대해서도 찬반양론이 있다. 먼저 반대하는 사람들의 주장은 지방세는 성격상 사용료(user fee)에 해당한다는 것이다. 사람들은 지방정부로부터 받는 각종 공공서비스 예컨대 공공교육, 소방, 치안 서비스의 편익에 대한 대가로서 지방세를 납부한다고 본다. 그래서 어떤 사람은 많은 서비스를 제공받는 대신 높은 지방세를 책정하는 지방정부를 선택하고 그와 반대로 선택하는 사람도 있다. 그렇다면 지방세는 불가피한 비용이 아니라 각자의 선택이므로 이를 특별히 공제해 줄 이유가 없다고 본다. 반대로 지방세를 공제해 주는 데 찬성하는 사람들은 이런 지방세부담이 불가피하게 발생하는 것으로 지불능력을 감소시키기 때문에 이를 고려해 주어야 한다고 주장한다. 이들의 주장은 지방소득세나 재산세가 사용료가 아니라고 본다. 어느 주장이 더 타당한지에 대해서 명확한 대답을 하기 어렵다.

하여튼 국세의 부과에서 어떤 세목의 지방세를 공제해 준다는 것은 지방정부에 대한 재정보조와 같은 효과를 갖는다. 이는 해당 세목의 실효세율을 낮추는 것과 같으므로 지방정부로서는 지방세를 더 걷는 것이 정치적으로 가능하기 때문이다. 그런데 중앙정부가 왜 이러한 방식으로 지방정부를 보조하느냐에 대해서는 논란의 여지가 있을 수 있다. 다시 말해서 중앙정부는 이와 달리 지방정부에 보조금을 주는 방식으로 지방정부의 재정을 보전해 줄 수도 있지 않느냐 하는 것이다. 어느 방식이 선택되느냐 하는 것은 그 나라의 정치적, 그리고 역사적 상황에 달려 있다고 볼 수 있다. 미국의 경우는 연방정부 소득세에서 지방소득세를 공제해 주는 방식을 취하고 있지만 우리나라는 소득세에서 지방세를 공제해 주고 있지 않다.

대부분의 나라에서는 특정한 목적의 차입이자에 대하여 소득공제를 해 준다. 그 이유는 주로 특정한 재화 및 서비스로 지출을 증대시키거나 저소득층에 대한 소득보조를 위한 것이다. 한 예로 주택구입을 위한 차입금 이자에 대하여 공제를 해 줄 수 있다. 그런데 이 경우에 소비자가 주택구입용으로 차입한 돈으로 다른 용도의 소비, 예컨대 자동차를 구입하는 데 사용한다던가 하는 식으로 전용할 수 있는 가능성이 있다. 어떤 이유에서든 차입이자를 공제받는다면 실질적인 차입이자는 그 사람의 한계세율에 비례해서 감소한다. 즉 낮은 이자로 자금의 차입이 가능한 것이다. 예를 들어 차입이자에 대하여 공제가 이루어지는 경우에 어떤 사람의 한계세율이 35%인데, 은행의 차입이자가 15%라고 하면 이 사람의 실질 차입이자율은 9.75%에 불과하다{(1-0.35)×0.15=0.0975}. 그런데 이렇게 낮은 이자로 차입한 자금으로 높은 이자를 받을 수 있는 다른 금융자산에 투자한다면 이 사람은 힘들이지 않고 돈을 벌 수 있는 가능성이 발생한다. 이러한 현상을 조세재정(tax arbitrage)이라고 한다. 그러므로 이런 재정(裁定)을 방지하는 제도적 장치가 필요하다. 기업의 경우에 투자에 대한 이자비용을 영업비용으로 보고 이를 공제해주는 것에 대해서는 납득하기가 어렵지 않다. 그러나 소비용 차입 이자에 대해서도 공제해 주는 것에 대해서는 의견이 엇갈린다. 찬성하는 사람들은 소비용 차입이자 역시 개인의 소비능력을 감소시키므로 공제해 주는 것이 타당하다고 한다. 그러나 반대하는 사람들은 소비용 차입 이자는 특정 소비를 앞당기기 위하여 추가로 지불하는 가격에 해당한다고 본다. 따라서 공제를 해 줄 필요가 없다고 생각한다.

이외에 대부분의 나라에서 공공 목적의 기부금에 대해서도 공제를 해준다. 종교, 교육, 자선, 과학 단체 등에 기부는 대체로 소득공제 대상이 된다. 기부금은 조세지불능력을 감소시키므로 공제를 해 주는 것이 타당하다는 측면이 있다. 그러나 다른 측면에서 기부금이 자의적으로 이루어지는 경우에, 기부자는 재화에 대한 소비보다도 자선을 통하여 더 큰 만족을 얻는다고 가정하면 이에 대한 공제의 타당성이 줄어든다. 하여튼 현실적으로 정부가 기부에 대하여 공제를 해주는 것은 이러한 자선 행위를 촉진시키자는 데 목적이 있다고 할 수 있다. 기부금에 대한 공제는 자선의 비용을 떨어뜨림으로서 이를 촉진시키는 경향이 있다. 예를 들어 한계세율이 35%인 경우에 100만원을 기부했다면 실제로 기부한 금액은 65만원이다. 나머지 35만원은 소득공제로 돌려받기 때문이다. 이 부분은 정부가 개인의 기부행위에 대하여 보조해 주는 것에 해당한다. 정부가 개인의 기부에 대하여 왜 보조를 해 주어야 하느냐 하는 점에 대해서도 의견이 엇갈린다. 찬성하는 사람들은 위에서 열거한 많은 기구나 단체들이 다원적인 사회를 구성하는 데 일익을 담당한다는 점을 들어 만약 공제가 없으면 이들의 활동이 위축된다는 점을 들고 있다. 한편 반대하는 사람들은 특히 종교 단체에 대한 기부금의 공제는 오늘날 종교와 국가의 분리원칙에 위배된다는 점을 들고 있다.

세액공제제도

공제제도에는 이상에서 설명한 소득공제이외에도 세액공제가 있다. 소득공제는 소득에서 일정액을 공제해주는 데 반해 세액 공제는 납부할 세액 중에서 일정액을 감해 주는 제도이다. 예를 들어 인적공제나 특별공제로 인하여 50만원의 소득공제를 받았다면 한계세율이 10%일 경우 5만원의 세금이 감면된다. 이에 반해 세액공제란 세액 자체를 감해 주는 것으로 50만원의 세액공제는 그 만큼의 세금부담이 경감되는 것이다. 우리나라의 예로 주택자금이자세액공제는 주택마련을 촉진하기 위한 것으로 주택마련을 위한 차입금의 이자를 산출세액에서 공제해주는 제도이다. 또 장기증권저축세액공제와 같은 것을 들 수 있는데 이는 장기의 증권투자를 위한 저축에 대하여 일정비율만큼을 세액에서 공제해 주는 제도이다.

그러면 소득공제와 세액공제의 경제적 효과는 어떤가? 어떤 사람들은 소득공제가 세액공제로 전환되어야 한다고 주장한다. 세액공제가 소득공제보다 바람직하다는 것이다. 그들의 주장은 세액공제의 경우가 소득공제보다 저소득층에 유리하다고 본다. 예를 들어 차입이자에 대하여 소득공제를 해 주는 경우에, 저소득층은 고소득층에 비하여 한계세율이 낮으므로 세금감소의 혜택이 적다. 반면에 세액공제는 이자비용이 동일할 경우에 감세금액이 동일하므로 저소득층에 유리하다는 것이다. 따라서 소득공제는 세액공제로 통합되는 것이 바람직하다고 주장한다.

실제로 소득공제를 선택할 것인지 아니면 세액공제를 선택할 것인지는 정책적 목적에 달려있다고 할 수 있다. 소득공제의 경우는 해당지출이 조세지불능력을 감소시킨다면 이를 교정하기 위한 유인으로 타당하다. 그러나 그 목적이 어떤 행위를 촉진하기 위한 것이라면 어느 것이 합당한지 판단이 불분명하다. 세액공제는 지출 대상이 되는 재화의 실효가격을 모든 사람에게 동일한 비율로 감소시킨다. 그러나 소득공제는 사람에 따라 각기 다른 비율로 해당 재화의 가격을 떨어뜨린다는 점에서 차이가 있다.

소득공제와 세액공제는 모두 납세자의 세금의 크기를 줄인다. 그러므로 소득이 극히 낮은 경우는 세금이 제로(0) 수준이 된다. 이러한 수준을 면세점(免稅點)이라고 한다. 즉 면세점이란 소득이 그 이하로 떨어지면 납세의무가 없어지는 수준의 소득으로 최저생계비수준의 소득수준을 말한다. 면세점은 인적공제와 각종 공제가 어떤 수준에서 허용되느냐에 따라 그 크기가 결정된다. 다시 말해서 면세점은 각종 공제의 합계가 되는데, 이는 사람에 따라 약간씩 차이가 있게 된다.[6)]

이상에서 설명한 바와 같이 소득세의 계산에서는 각종공제제도를 도입하여 개인의 사정을 참작하거나 정부의 정책적 목적을 달성하기 위하여 사용한다. 그러나 그 정당성에 대해서는 항상 논란의 여지가 있다. 일반적으로 소득세의 공제제도는 다른 세에 비하여 개인의 사정을 잘 고려한다는 점에서 보면 소득의 재분배에 기여하는 세라고 할 수 있다.

〈표 13-1〉 우리나라의 종합소득세율

과세표준	세 율
1,200만원 이하	6%
1,200만원 초과-4,600만원 이하	초과금액의 15%
4,600만원 초과-8,800만원 이하	〃 24%
8,800만원 초과-15,000만원 이하	〃 35%
15,000만원 초과-3억원이하	〃 38%
3억원초과-5억원이하	〃 40%
5억원초과	〃 42%

주: 2018년, 1월 1일이후 적용되는 세율임

6) 연간 근로소득이 500만 원인 경우를 보자. 500만 원 이하의 소득에 대해서는 70%를 근로소득으로 공제해 주므로 공제액은 350만원이다. 그러면 과세대상금액이 150만원이므로 본인의 경우에 인적공제를 150만원 해 준다면 총공제금액이 500만원이 되어 납부할 세액은 0가 된다.

4. 세율구조

이상에서 설명한 바와 같이 개인의 소득에서 여러 가지 소득공제를 해 준 후에 과세대상 소득이 정해지면 이에 세율을 곱하여 그 사람이 내야 할 소득세의 크기를 계산할 수 있다. 일반적으로 소득세제도에서는 하나의 세율만이 있는 것이 아니고 소득구간에 따라 여러 가지 다른 세율을 정하여 적용하는 방식을 채택한다. 이는 물론 분배적 정의를 위하여 조세부담의 누진성을 강화하기 위한 것이다.

세율은 한계세율(marginal tax rate)과 평균세율(average tax rate)로 구분할 수 있다. 한계세율(限界稅率)은 소득이 1원 증가할 때 세액이 증가하는 크기를 말하고, 평균세율은 세액을 소득으로 나눈 비율을 의미한다. 〈표 13-1〉에서 보면 각 구간의 소득에 대하여 적용되는 세율이 바로 그 구간에서의 한계세율이다. 〈표 13-1〉에는 평균세율이 나타나 있지 않은데 한계세율이 소득구간이 증가할수록 높기 때문에 소득의 크기가 증가할수록 평균세율은 증가한다. 이 표에서 보듯이 우리나라의 소득세율은 5단계로 나누어 누진적으로 적용된다. 낮은 소득구간에서는 낮은 세율이 적용되다가 높은 소득구간으로 옮아갈수록 점차 높은 세율이 적용되는 계단식 구조를 가지고 있다.

실제의 소득과 비용을 공제한 다음에 세율이 적용되는 과세표준 사이에는 엄청난 괴리가 있다. 이 때문에 각 계층의 실질적인 조세부담을 알기 위해서 소득세액을 공제하기 전의 총소득으로 나눈 비율을 실효세율(effective tax rate)이라고 정의하고 이것을 사용한다. 법정 세율구조만 보면 매우 누진적으로 보이지만 소득 중 상당한 부분이 공제되어 과세대상에서 빠져나간다면 실제로 지는 조세부담은 그렇게 무겁지 않게 된다. 따라서 실효세율은 법정세율보다 크게 낮아 질 수 있다. 다시 말해서 소득세 제도의 설계에서 공평과세를 위해 누진적인 구조를 도입한다고 할지라도 세액산정에서 공제제도를 너무 많이 두면 그 취지가 유명무실해질 수 있다. 이 때문에 일부에서는 소득세의 누진구조가 실효성이 없으므로 차라리 단일세율의 소득세(flat income tax)가 바람직하다고 주장하는 사람들도 있다. 단일세율이란 일정한 한계세율을 갖는다는 의미이다. 그들에 의하면 모든 사람 및 모든 소득에 동일한 세율을 적용하자는 것으로 인적 공제, 영업비용 등 극히 일부의 공제만 허용하고 모든 소득을 과세표준으로 하자는 것이다. 이 경우에 일정한 조세수입을 조달한다는 가정 하에 세율과 인적공제의 수준을 어떻게 조화시키느냐 하는 것이 문제이다. 만약 저소득층의 조세감면을 통하여 조세의 누진성을 강화하는 것이 목적이라면 인적공제수준을 올리는 대신 세율을 높여야 된다.

이 제도를 주장하는 사람들은 현행의 제도에서 누진적인 한계세율로 인해 발생하는 초과부담을 줄일 수 있으며, 또한 탈세를 하려는 유인이 줄일 수 있다는 점을 강조한다. 다시 말하면 사람들이 누진적 세율구조 하에서 추가적인 소득의 발생으로 인해 높은 한계세율을 적용받으면 일할 동기가 감소하여 초과부담이 발생할 뿐 아니라 이런 추가적 소득에 대한 조세회피의 유인이 커진다는 것이다. 또한 조세구조의 단순화로 인하여 행정비용이 감소하고 사람들의 납세의식을 고양시킨다는 점을 들고 있다. 더욱이 이러한 이점들은 인적공제를 적정수준에서 잘 조정하기만 하면 조세 형평성의 희생 없이 달성될 수 있다고 주장한다. 이 제도에 반대하는 사람들은 이 제도에서는 조세부담이 고소득층에서 중산층으로 재분배된다는 점을 들고 있다. 이에 대해서는 조세부담의 귀착 문제를 따져봐야 하므로 단정해서 평가하기 어렵다. 이외에도 단일 세율의 적용만으로 소득에 대한 복잡한 개념 정의 및 이에 따른 행정적 문제들이 쉽게 해소되지 않는다는 점 등을 들고 있다.

결론적으로 보면 이 제도는 초과부담을 줄이고 행정의 편의성을 높여서 경제적 효율성을 증가시킬 수는 가능성이 있는 것으로 평가된다. 그러나 조세부담의 형평성을 저해할 가능성이 높은 것으로 생각된다. 따라서 이 제도의 채택에 대한 논의는 형평성의 문제를 어떻게 해결하는가에 달려 있다고 하겠다.

5. 지방세로서의 소득세

소득세가 지방세로 도입될 때 문제가 되는 것은 첫째는 국세와 지방세로서의 소득세의 정의를 어떻게 하느냐 하는 것이다. 둘째는 지역 간 경계를 넘어서 발생하는 소득을 어떻게 취급할 것인가 하는 것이 문제이다. 다시 말해서 지방정부는 먼저 중앙정부와 동일한 과세표준을 사용할 것인지 아니면 다른 형태의 소득 정의를 사용할 것인지를 결정해야 한다. 둘째는 지방정부로서는 지역민이 다른 지역에서 벌어온 소득을 어떻게 취급할 것인지, 그리고 그 지역에서 비거주자가 벌어들인 소득에 대하여 어떻게 대우해 줄 것인지에 대하여 결정을 내려야 한다.[7)]

과세표준의 공동이용

중앙정부에서 사용한 소득에 대한 정의와 과세표준을 지방정부가 그대로 이용하는 경우는 여러가지로 이점이 있다. 납세자로서는 소득세 납부를 위한 각종 행정 처리에 별도의 노력을 기울이지 않아도 되고 세무행정당국 역시 별도의 계산 절차 없이도 과세가 가능해 진다. 그러나 중앙정부가 소득에 대한 정의나 조세법을 변경하게 되면 지방정부도 이를 자동적으로 적용해야 하므로 조세수입 상에 변동이 초래될 수 있다는 문제점이 있다.

지방정부의 소득세는 중앙정부의 소득세와 관련해서 몇 가지 형태로 과세될 수 있다. 다음에서는 미국의 예를 참고하여 과세방식을 분류하기로 한다. 첫째 형태는 국세인 소득세의 일정비율로 지방세를 부과하는 방식이다. 이 때에 지방정부는 독자적으로 소득공제, 세액공제, 면세 등의 조치를 취할 수 있다.

둘째는 지방소득세의 과세표준을 중앙정부 소득세의 과세표준과 같게 하는 방식이다. 이 경우에 지방정부는 나름대로의 세율 구조와 세액공제제도를 갖출 수 있다. 그러면 지방정부의 조세수입은 중앙정부의 과세표준에 대한 정의의 변화에

7) R. C. Fisher(2007), State & Local public Finance, ch. 16 참조.

따라 민감하게 변경될 수 있다. 그러나 중앙정부의 세율구조의 변화는 지방세 수입에 영향을 미치지 못할 것이다. 또한 첫 번째 방식과 같이 납세자의 순응비용이나 세무당국의 징수비용 상의 이점이 있다는 장점이 있다.

셋째 방식은 중앙정부에 의해 정의된 총소득(일부 항목을 제외한 소득)을 그대로 사용하고 여기에 지방정부의 나름의 개인소득공제 및 면제 항목을 적용하여 과세표준을 정한다. 그리고 지방정부 독자의 세율구조와 세액공제를 적용하는 방식이다. 이 방식이 미국에서 가장 많은 주에서 사용하는 방식이다.

마지막으로 지방정부는 중앙정부의 소득세와 전혀 상관없이 독자적으로 과세표준을 정의하고, 세율구조를 정하는 방식이다. 물론 이 때에 각종 공제제도, 면제제도 등도 독자적으로 정한다. 이런 이중적인 소득세구조는 다른 방식에 비하여 복잡하므로 납세자의 순응비용이나 세무당국의 징수비용을 높이는 단점이 있다. 그러나 지방세입이 중앙정부의 조세규정의 변화에 의하여 영향을 받지 않는다는 이점도 있다.

한편 소득세를 계산함에 있어서 지방정부에 납부한 지방소득세액을 중앙정부의 소득세 공제항목에 포함시키는가 하는 점이다. 물론 그렇게 할 수도 있고 하지 않을 수도 있다. 반대로 지방소득세를 계산할 때에 국세인 소득세액을 공제해주는 방식을 취할 수도 있다. 그러나 이렇게 공제제도를 많이 두게 되면 결과적으로 과세표준이 협소해져서 대신에 세율을 높게 책정해야 된다.

지역 간 소득세의 조정

지방세로서의 소득세를 부과할 때 직면하는 다음의 문제는 지역 간에 발생하는 소득에 대한 조정이다. 다시 말하면 지역민이 다른 지역에서 벌어온 소득과 타 지역민이 해당 지역에서 번 소득을 어떻게 취급할 것인가의 문제이다. 이와 관련해서는 다음과 같은 네 가지 가능성을 제시할 수 있다. 첫째는 소득을 번 지역에서만 과세하는 것이다. 둘째는 소득을 버는 사람이 거주하는 지역에서만 과세하는 것이다. 셋째는 양 지역에서 모두 과세하는 것이다. 그리고 넷째는 어느 지역에서도 과세하지 않은 방식을 생각할 수 있다.

실제로는 미국의 경우를 보면 지역의 거주자가 번 모든 소득에 대하여 과세한다. 그리고 비거주자가 그 지역에서 번 모든 소득에 대해서도 과세한다. 그러나 지역민이 다른 지방정부에 납부한 세액에 대해서는 세액공제를 해 준다. 만약 모든 지방정부가 이런 원칙에 동의하고 이에 따른다면 해당 지역에서 발생한 소득에 대해서 과세하는 것과 같은 효과를 갖게 된다. 그러나 이 경우에 예외가 있다. 즉 지역 간에 세율의 차이가 날 경우이다. 지역 간에 세율이 차이가 난다면 이에 대해서는 조정이 필요하다. 예를 들어 A지역이 B지역보다 세율이 높은 경우에 A지역에 거주하는 사람이 B지역에서 소득을 번다면 A지역 정부는 세율의 차이를 반영하여 해당 소득에 대하여 과세하게 된다. 즉 A정부는 해당 주민에게 B지역에서 납부한 세액을 공제해 주지만 세율의 차이에 해당하는 만큼의 세금을 추가로 걷게 되므로 결과적으로 거주지에서 납세한 것과 마찬가지라는 얘기이다. 다시 말하면 모든 지방정부가 이러한 약정에 동의한다고 하면 결과적으로 거주하는 지역에서 소득세를 납부하는 것과 같은 효과를 갖게 된다. 그러나 이러한 합의가 없다면 동일한 소득이라도 개인에 따라 세금을 덜 낼 수도 있고 더 낼 수도 있는 문제가 발생한다.

실제적으로는 각 지방정부마다 어떤 조세 규칙을 적용하느냐에 따라 문제가 복잡해질 수 있다. 예컨대 모든 소득을 대상으로 할 수도 있고 어떤 정부는 근로소득(earned income)만을 대상으로 하고 재산소득은 제외할 수도 있다. 미국의 경우를 보면 주마다 같은 규칙을 채택하고 있는 것이 아니다. 미시건 주와 매리랜드 주에 속한 지방정부들은 주거지원칙을 적용하지만 캘리포니아 주는 소득발생지 원칙을 적용한다. 이 때 특히 민감한 문제는 비거주자(nonresident)가 버는 소득의 처리에 관한 것이다. 거주지 원칙을 적용하면 그 지역에 주소를 두지 않은 비거주자가 버는 소득에 대해서는 과세하지 않지만 소득원천지 원칙을 따르면 과세하게 된다. 만약 정부 서비스 혜택이 관할지 주민에게만 돌아간다고 가정하면 주거지 원칙을 적용하는 것이 합당하다. 예를 들어 주민세가 주로 학교 교육서비스에 사용되는 경우가 이에 해당한다. 이 경우 교육서비스 혜택은 거주자 자녀에게 돌아가기 때문이다. 그러나 주민세가 일반적 행정서비스, 예를 들어 치안서비스, 교통 서비스, 공원 서비스 등에 사용된다고 가정하면 이러한 서비스는 비거주자에게도 돌아가는 것이므로 소득원천지 원칙에 입각해서 과세하는 것이 합당할 것이다.

지방세로서의 소득세의 세율은 정률세로 정할 수도 있고 누진세구조로도 설계할 수도 있다. 누진세 구조를 가질 경우 지역 간 소득세 조정이 더 복잡해진다. 또한 지역마다 과세표준에 대한 정의가 다를 경우에는 세율을 비교하여 지역 간 부담의 과소를 평가할 수 없게 된다. 지역마다 공제, 면제 등이 다르면 세율이 같더라도 조세부담은 다를 수 있기 때문이다(R. C. Fisher, 2007).

6. 소득세의 효과

소득세의 부과는 개인들로 하여금 그들의 행위를 변화시키는 유인으로 작용한다. 사람들은 소득세가 부과되면 일하는 시간을 줄이거나 저축, 소비 등의 행태를 변화시키는 방식으로 대응함으로써 조세를 회피하고자 한다. 이러한 유인을 한계세율(marginal tax rate)을 가지고 나타낼 수 있다. 한계세율이란 마지막 단위의 가득 소득에 대한 세율을 말한다. 예컨대 1시간 적게 일하는 경우 세금이 얼마나 감소하는가를 나타낸다. 납세자의 한계세율이 50%일 때 1시간의 추가적 노동에 대한 보수가 10만원이라면 이 노동자는 1시간 일하고 5만원을 가지고 갈 수 있다. 또 다른 예로 동일한 세율에서 이 납세자가 20만원을 자선단체에 기부했다면 이에 대하여 소득공제를 받으면 10만원의 납세액이 줄어들게 된다.

지방소득세제의 고려사항

소득세가 국세와 지방세로 함께 부과되는 경우에는 납세자의 조세부담은 이중적으로 된다. 즉 같은 과세표준에다 국세로 20%가 그리고 지방세가 5%부과된다면 납세자의 통합된 세율은 25%이다. 그러나 이 경우에 국세를 부과할 때 지방세부담을 공제해 준다면 납세자가 부담하는 세율은 이보다 크게 낮아진다. 반대로 지방세를 부담할 때 국세부담을 공제해 줄 수 있다. 그 경우도 역시 총 조세부담을 줄인다. 더욱이 국세와 지방세의 계산에서 상호간에 부담을 공제해 줄 수도 있는데 이 경우는 조세부담을 더 크게 줄이게 된다.

지방정부가 소득세를 지방세로 선택할 때는 여러 가지 조세 즉 판매세, 법인세, 부가가치세 등과 비교하여 어느 것이 주민들의 부담을 줄이면서 필요한 수입을 조달하는데 적합한지를 고려하게 된다. 일반적으로 지방정부가 조세를 선택할 때는 다음과 같은 점을 고려한다. 먼저 초과부담 즉 조세의 효율성 비용이 적게 유발되는 조세를 선택하려고 한다. 초과부담이 작다는 것은 주민이나 지역의 기업들의 행동의 변화를 적게 유발한다는 것을 말한다. 다시 말해서 주민이나 기업들이 조세부과로 인하여 그 지역을 벗어나지 말아야 한다. 또한 조세징수의 행정비용이 적은 것을 선택하려 한다. 그리고 가급적이면 그 지역 주민의 소득감소를 최소로 하는 조세를 선택하려 한다. 이때는 조세부담을 다른 지역의 비거주자에게로 수출하는 경우를 포함한다. 조세수출(exporting tax)과 관련하여 좀 더 부언하면, 예컨대 국세인 소득세에서 특정 지역의 지방세부담을 공제해 주는 것은 해당 주민의 조세부담을 모든 국민의 부담으로 전가시키는 것과 같다. 그렇게 되면 그 해당 지역의 주민의 부담은 감소하지만 국세 수입이 감소하여 국세의 세율구조를 상향 조정해야 한다. 소득세가 다른 지역의 비거주자에게 부과되는 경우도 조세수출의 예이다.

소득세수입과 연령구조

또한 소득세 수입은 연령구조와도 관련이 있다. 고령사회로 접어들면 일하는 사람의 수는 줄어들고 늙어서 은퇴하는 사람의 수가 늘어난다. 따라서 소득의 원천이 변하게 된다. 은퇴한 사람의 소득은 주로 각종 연금, 이자, 배당금과 같은 자본소득, 그리고 사회보장금 등이 그 원천이다. 이 경우에 정부가 이들 소득을 다른 소득과 동일하게 취급하느냐 아니면 달리 취급하느냐에 따라 소득세 수입이 달라질 수 있다. 한 예로 노령인구의 수입을 젊은이들의 임금이나 월급과 같은 근로소득에 비하여 우대하여 과세하는 것을 생각해 볼 수 있다. 즉 노인세대의 소득에 공제를 더 해 주거나 낮은 세율을 적용하는 것이다. 이 경우에 세대간의 형평성 문제가 제기될 수 있다. 만약 노령인구 중 가난한 인구의 비중이 많다면 조세 상 우대 조치를 해 주는 것은 정당성을 얻을 수 있다. 그러나 노령인구 중 가난한 인구의 비중이 오히려 적다면 형평성의 문제를 야기할 수 있다. 노령인구에 대한 세금 우대는 조세의 총수입을 감소시킬 수 있고 따라서 이 부분을 보충하기 위하여 젊은 세대의 부담이 늘어날 수 있기 때문이다. 또한 근로소득을 중과하고 그 이외의 소득에 대하여 우대할 경우에는 사람들이 일찍 은퇴할 유인을 받게 된다. 그러면 인구의 고령화와 더불어 사회보장금의 수혜나 연금소득으로 살아가는 사람의 수를 증가시킨다. 그러면 경제의 잠재성장력이 감소하게 된다(R. C. Fisher, 2007).

소득세와 인플레이션

이외에도 소득세부담은 인플레이션과 밀접한 관련이 있다. 즉 인플레이션이 발생하면 조세부담이 왜곡되는 현상이 발생한다. 인플레이션이 조세부담에 미치는 가장 대표적인 현상이 과세표준 구간의 이동(bracket creep)이다. 예컨대 개인의 명목소득이 두 배로 증가하였어도 물가가 같은 기간에 두 배 상승하였다면 실질소득은 그대로이다. 명목소득(名目所得)이란 화폐가치로 표시한 소득이자만 실질소득은 구매력으로 나타낸 것이므로 실질소득증가율은 명목소득증가율에서 물가상승률을 감해 주어야 한다. 그러나 명목소득이 증가한 경우에 사람들이 적용받는 과세표준 구간은 더 높은 한계세율의 구간으로 상향 이동한다. 즉 즉 실질 소득은 그대로인데 과세 대상소득 즉 과표가 커지므로 더 많은 세금을 내게 된다. 예컨대 1,200만원 이하에서는 6%의 세율을, 그리고 1,200만원을 초과하는 소득에 대해서는 15%의 세율을 적용받는다고 하자. 이 경우에 어떤 개인의 소득이 1천만 원일 때 한계세율은 6%를 적용받는다. 그런데 이 사람의 소득이 2천만 원으로 증가하였고 이 기간 동안 물가 상승이 100% 있었다고 하자. 그러면 이 사람의 명목소득이 물가상승률과 같이 증가하였으므로 실질소득은 전과 동일하다. 그러나 이 사람이 부담하는 세금은 전보다 증가한다. 이 사람은 1,200만원을 초과하는 소득인 800만원에 대하여 15%의 세금을 내야 하므로 전에 비하여 조세부담이 증가하게 된다. 이러한 인플레이션 효과는 각종 공제에도 일어난다. 공제액이 물가에 연동되어 있지 않고 고정되어 있는 경우는 물가상승에 따라 공제액의 실질 가치가 감소하게 되어 결과적으로 조세부담이 늘어난다.

또한 인플레이션은 자본소득에 대한 조세의 실질부담을 변화시킬 수 있다. 예를 들어 100만원 상당의 금융자산을 구입한 후 1년 후에 200만원에 팔았다고 하자. 그런데 같은 기간에 물가가 두 배로 올랐다면 이 사람은 결과적으로 이 금융자산의 거래로 인해 이익을 본 것이 없다. 그러나 명목가치로 보면 100만원의 자본이득을 보았으므로 이 부분에 대하여 과세된다. 자본소득에 대한 과세는 명목가치로 평가하기 때문이다. 인플레이션이 일어나면 자본의 수익률에 대해서도 이와 유사한 영향을 미친다. 인플레이션과 자본의 수익률에 대해서 일반화하면 다음과 같다. 명목이자율을 i, 한계세율을 t, 예상 인플레이션을 e라고 하면, 세후 실질수익률은 r은 다음과 같이 나타낼 수 있다.

$$r = (1-t)i - e$$

예를 들어, 한계세율(t)을 35%, 명목이자율(i)을 10%, 그리고 물가상승률(e)을 5%라고 하면 명목이자율은 10%라도 세후 실질이자율은 1.5% 밖에 되지 않는다[(1-0.35)0.1 - 0,05 =0.015]. 그런데 만약 예상인플레이션과 명목이자율이 같은 비율로 증가하게 되면 세후 수익률은 어떻게 될까? 즉 명목이자율이 10%에서 20%로 그리고 물가가 5%에서 15%로 각각 10%씩 상승한 경우에, 이를 단순하게 생각하면 물가가 10% 오르고 명목이자율도 10% 올랐으므로 서로 상쇄되어 세후 수익률에는 변화가 없을 것으로 생각하기 쉽다. 그러나 위의 식에서 보듯이 그렇지 않다. 이 경우를 위의 식에서 계산해 보면 실질 수익률을 마이너스 2%가 된다는 것을 알 수 있다. 이러한 결과는 과세가 실질이자에 대해서가 아니라 명목이자에 대하여 부과되기 때문에 나타나는 현상이다.

이상에서의 결론은 인플레이션이 발생하면 다른 조치를 취하지 않는 한 납세자의 조세부담이 증가한다는 것이다. 이를 다른 말로 인플레이션 조세(inflation tax)라고 한다. 레닌은 자본가계층을 붕괴시키는 한 방법으로 인플레이션의 조세에 대한 이러한 영향을 거론 한 바 있다. 그러면 이러한 문제는 어떤 방식으로 해결할 수 있는가? 크게는 두 가지 방법을 생각할 수 있다. 하나는 조세부담을 완화하기 위하여 주기적으로 과세표준 구간, 공제의 크기, 세율 등을 당시의 사정을 반영하여 조정하는 것이다. 둘째는 과세표준 및 공제 수준을 물가상승에 연동시키는 방식이다(H. S. Rosen & T. Gayer, 2008). 다시 말해서 물가에 대하여 지수화 하는 방식이다. 두 가지 방법 모두 장단점이 있다. 전자의 경우는 주기적으로 입법화하는 절차를 거쳐야 하고 아무래도 인위적인 조정이 이루어질 수 있다는 단점이 있는 반면에 당시의 시대상황을 추가적으로 반영할 수 있다는 장점이 있다. 이에 반하여 후자는 입법과 같은 번거로움이 없이 과세표준 구간이나 공제액의 크기가 자동적으로 조정되어 나간다는 점에서 장점이 있다.

주요개념

귀속임대료	세액공제	소득공제	소득세(所得稅)
실효세율	이중과세(二重課稅)	인적공제(人的控除)	인플레이션 조세
자본이득	조세수출		

제 14 장

사업세

기업의 영업활동에 대하여 부과하는 조세에는 여러 가지 있다. 이들을 넓은 의미에서 사업세 또는 영업세(business tax)라고 한다. 이 세에 해당하는 조세의 구체적인 예로는 우리나라의 법인세(corporate tax)나 부가가치세(value-added tax) 등이 있다. 법인세는 법인의 순수입 즉 이윤에 대하여 부과하는 세이며, 부가가치세는 상품의 거래과정에서 발생한 부가가치를 과표로 하는 세이다.

이외에도 외국의 경우에 총수입세(gross receipt tax), 판매세(sales tax) 등을 들 수 있다. 총수입세는 기업의 총수입을 과표로 한다. 판매세는 부가가치세와 유사한 점이 있으나 엄밀하게 말하면 법인세나 부가가치세와 같은 영업과세와 달리 소비세로서의 성격이 있다.

이 장에서는 법인세와 부가가치세를 먼저 설명하고 판매세를 설명한다. 미국의 대부분의 주에서 일반판매세가 부과되고 있은데, 일반판매세가 부과되면 부가가치세를 부과하지 않는다. 일반판매세가 부과되지 않은 일부 주에서만 부가가치세를 채택하고 있다. 영업세는 국세로도 또는 지방세로도 부과할 수 있다. 세목을 어떻게 배분하느냐 하는 것은 그 국가가 처한 상황에 따라 달라진다. 우리나라는 국세로 법인세와 부가가치세를 부과한다. 2010년부터는 부가가치세의 일부를 지방소비세[1]로 이양하는 조치를 취한 바 있다. 우리나라는 부가가치세제도를 택하

1) 우리나라는 2018년 현재 국세인 부가가치세수입의 11%를 지방소비세로 지방정부에 이전하고 있다. 2019년도부터는 이를 15%로 인상하였으며 그 후로 지방재정의 자주성을 제고하기 위하여 지속하여 인상될 것으로 예상된다.

고 있는 까닭에 일반판매세는 채택하고 있지 않지만 특정한 재화 및 서비스의 소비에 대하여 개별소비세제도를 채택하고 있다.

1. 부가가치세

영업과세의 한 형태로 부가가치세(value-added tax)를 들 수 있다. 그러나 다른 측면에서 보면 이 세는 소비과세의 한 형태로서 생각할 수도 있다. 재화가 생산되어 소비될 때까지의 각 재화의 거래 단계에서 추가되는 부가가치를 과세 대상으로 하기 때문이다. 즉 이 세는 두 가지 성격을 모두 가지고 있다. 이 세는 대표적인 간접세로 소득세나 법인세에 비하여 역진적이라는 비판을 받고 있으나 조세저항이 적으면서도 조세수입을 확대할 수 있다는 장점을 갖는 것으로 평가되고 있다. 다음에서는 우리나라의 부가가치세 제도를 중심으로 설명하기로 한다.[2]

우리나라에서는 1977년에 이 제도를 처음으로 도입하였는데, 현재는 조세총수입의 약 1/3을 담당할 정도로 큰 비중을 차지하는 중요한 세목으로 발전하였다. 우리나라가 부가가치세를 서둘러 도입하게 된 것은 정부가 70년대 경제개발을 주도하기 위해서 많은 재정수입을 필요하였기 때문이다. 미국의 경우는 극히 일부 주에서 도입하고 있으나 일반화되지 못하고 있는 실정이고 일본도 이제 도입 초기단계에 있다는 점을 감안한다면 우리나라의 부가가치세 실시는 매우 이례적이라고 할 수 있다. 그러나 유럽의 대부분 국가에서는 부가가치세가 조세의 중심을 이루고 있다.

부가가치세의 개념

부가가치세(附加價値稅)를 알기 위해서는 우선 부가가치란 무엇인지 이해하는 것이 필요하다. 부가가치란 간단히 말해서 생산의 각 단계에서 부가된 가치를 말한다. 예를 들어 보자. 밀을 생산하는 단계부터 시작하여 여러 중간단계를 거쳐 빵이 만들어져 소비자에게 팔리기까지를 생각해 보자. 밀을 생산하는 농부가 1년

---

2) 이준구(1999), 재정학, 16, 17장, 참조.

에 5억 원의 밀을 생산했다고 하자. 이 밀을 생산하는데 다른 중간재의 구입이 없었다면 이 5억 원은 모두 부가가치가 된다. 농부는 자신이 가지고 있는 생산요소만을 사용하여 이만큼의 가치를 창출하였기 때문이다. 다음 단계로 제분회사가 농부로부터 밀 5억 원어치를 구입하여 그 해에 8억 원어치의 밀가루를 만들었다면 이 단계에서 부가가치는 3억 원이 창출되었다. 즉 제분회사는 중간재구입에 들어간 비용 5억 원을 뺀 3억 원의 부가가치를 생산한 셈이다. 다음으로 제과회사가 제분회사로부터 8억 원의 밀가루를 사다가 빵을 만들어 10억 원에 팔았다고 하자. 이 때에 창출되는 부가가치는 2억 원이 되는데, 이는 8억 원의 중간재 투입이 있었기 때문에 가능하였다.

따라서 부가가치란 각 생산단계에서 재화를 만들어 판매한 가치에서 그 재화를 만들기 위하여 전 단계에서 구입한 중간재 구입비용을 감해서 구할 수 있다. 이때 각 생산단계에서 창출된 부가가치는 결국 생산요소에 대한 보수인 임금, 이자. 지대, 이윤 등으로 분배된다. 그리고 이들을 모두 합한 것을 국내총생산(GDP)라고 부른다.

부가가치세제도의 유형

부가가치세는 위와 같이 계산된 부가가치에 부가가치세율(현재 10%)을 곱하여 구한다. 그러므로 위의 예에서 농부가 내야 할 부가가치세는 5천만원이 되며, 제분회사와 제과회사가 내야 할 부가가치세는 각각 3천만원과 2천만원이다. 이런 단순한 예에서는 각 생산자가 내야 할 부가가치세를 간단히 계산할 수 있다. 그러나 현실적으로는 소비재뿐만 아니라 자본재도 생산되고 있어 이것의 처리를 어떻게 하느냐에 따라 계산 방법이 다소 복잡해진다.

부가가치세제도는 자본재를 어떻게 처리하느냐에 따라 몇 가지 유형으로 나눌 수 있다. 즉 부가가치세에는 소비형 부가치세, 순소득형 부가가치세, 그리고 총소득형 부가가치세 등이 있다. 총소득형 부가가치세제도에서는 위에서 예로 든 부가가치를 바로 과세표준으로 한다. 다시 말해서 기업의 총수입에서 중간재구입비만을 공제한 것을 모두 과세표준으로 한다. 이를 합계한 것은 국내총생산(GDP)에 상응하므로 GDP형 부가가치세제도라고도 한다.

순소득형 부가가치세제도는 총수입에서 중간재구입비를 공제하고 여기에 다시 감가상각비를 공제한 것을 과세표준으로 하는 방식이다. 감가상각비는 해당년도의 자본재의 마모분에 해당하므로 이 부분에 대하여 과세를 면제해 주는 것이다. 국민소득에서 감가상각비(보전투자)를 공제한 것을 국민순소득(소비+순투자)이라고 정의하므로 이를 순소득형 부가가치세제도라고도 부른다.

소비형 부가가치세제도는 총수입에서 중간재구입비뿐만 아니라 모든 투자재구입비용을 모두 공제하는 제도이다. 즉 국민순소득에서 순투자도 공제해 준다. 그러므로 이 제도 하에서 과세는 국민소득에서 총소비만을 대상으로 한다. 따라서 이런 유형의 부가가치세제도는 판매세에서 설명하게 될 소매판매세(retail sales tax)와 동일한 효과를 갖는다.

부가가치세의 산정

우리나라는 소비형 부가가치세제도를 채택하고 있으므로 다음에서는 이 제도에 국한하여 설명하기로 한다. 소비형(consumption-type)부가가치세제도는 위에서 설명한 것과 같이 자본재구입비를 과세대상에서 제외시킨다는 입장이다. 다시 말해 과세대상을 선정할 때 자본재의 구입에 든 비용을 중간재 구입비용과 마찬가지로 간주하여 공제해 준다. 이 제도는 일정기간의 총수입에서 모든 중간투입물의 구입비용을 빼고, 여기서 다시 자본재를 구입하는 데 들어간 비용을 공제하여 부가가치를 구하여 세액을 정한다. 그러면 결국 부가가치세는 한 경제에서 생산된 소비재의 가치에 대해서만 부과하는 셈이 된다.

부가가치 산정방식에는 직접공제방식과 간접공제방식이 있다. 직접공제방식은 어떤 기업의 판매총액에서 전 생산단계로부터의 구입총액을 빼어 부가가치를 구한 다음, 여기에 세율을 곱하여 세액을 산출해 내는 방식이다. 반면에 간접공제방식은 어떤 기업의 판매총액에 부가가치세율을 곱하여 구한 세액에서 전 생산단계의 기업이 이미 납부한 부가가치세를 뺀 나머지를 기업이 부담해야 하는 세액으로 결정하는 방식이다. 우리나라는 후자의 방식을 택하고 있는데, 이를 매입세액공제방식이라고도 한다. 예를 들어, 앞의 예에서 보면 제과회사가 내야 하는 부가가치세는 10억 × 0.1＝1억에서 재분회사와 농부가 납부한 세액 8천만원을 공제한 2천만 원이다.

〈그림 14-1〉 부가가치세의 계산

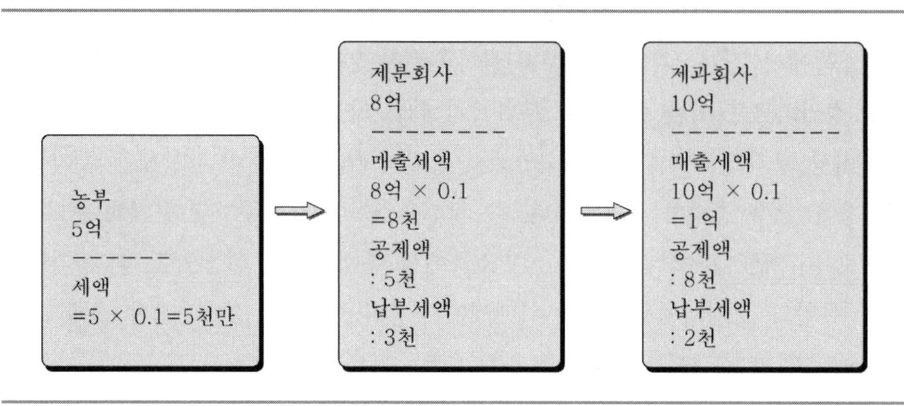

이와 같은 간접공제방식, 즉 매입세액공제방식의 장점은 행정적인 절차가 매우 단순하다는 장점이 있다. 이외에도 거래당사자간에 상호 견제를 통해 탈세를 방지할 수 있다는 중요한 장점이 있다. 상호 견제가 가능한 이유는 전 단계의 부가가치세의 납부 사실이 확인되지 않으면 공제가 이루어지지 않으므로 세금의 부담이 증가하기 때문이다. 따라서 각 사업자는 전 단계에서 세금이 납부되었는지를 항상 확인하여 거래하게 되고 이 과정에서 상호 견제하는 기능을 가지게 된다. 그럼에도 현실적으로는 상당한 탈세가 이루어지고 있는 실정이다. 시중에서는 매입세금계산서를 불법으로 판매하는 방식으로 탈세가 이루어지고 있는 것을 볼 수 있다.

부가가치세제도에서는 부가가치세의 부담이 최종소비자에게로 전가된다. 위의 예에서 보면 농부는 부가가치세액 5천만 원을 제분회사에 전가시키고, 제분업자는 누적된 부가가치세액 8천만 원을 제과회사에게, 그리고 거래의 마지막 단계에 있는 제과회사는 부가가치세액 1억 원을 모두 소비자에게 부담시킨다. 따라서 제과회사의 출고가격은 10억이지만 여기에 1억 원의 부가가치세를 부과하여 11억 원에 소비자에게 판매한다. 그러므로 실제로 모든 부가가치세를 부담하는 것은 소비자이다.

제과회사의 부가가치세액을 산정하는 절차를 보면 먼저 매출액 10억에 세율

0.1을 곱하여 부가가치세액 1억을 산출한다. 다음에는 그 전 단계에서 밀가루를 구입할 때 8천만원의 부가가치세를 납부했다는 매입세금계산서를 받아 두었다가 이것을 공제한 2천만원을 납부하면 된다.

면세와 영세율제도

부가가치세는 대부분의 나라에서 단일세율을 적용하고 있다. 그래서 이 세를 흔히 역진적인 성격의 세라고 한다. 즉 단일세율의 적용은 저소득층에 부담이 상대적으로 과중하게 되기 때문인데, 현실적으로 이를 해소하기 위하여 각종 보완제도를 두고 있다. 그 중 하나가 영세사업자에 대하여 간이과세자로 지정하고 낮은 세율을 적용하는 것이다.[3)]

또, 부가가치세가 가지고 있는 역진성을 줄이기 위하여 면세(exemption)제도를 두고 있는데, 면세(免稅)는 최종소비단계에서만 부가가치세의 적용을 면제해주는 제도로서 영세율제도와는 구별된다. 면세의 대상은 첫째, 규모가 영세해서 기장 능력이 없으며 행정비용의 부담만 들어 갈 것으로 판단되는 경우이다. 둘째는 식료품이나 의약품처럼 필수품의 성격을 가지고 있어서 저소득층의 소비가 많은 품목이다. 셋째의 범주에는 의료서비스나 교육처럼 공익성이 높은 재화나 서비스들이 포함되며, 넷째는 은행이나 보험과 같은 금융서비스의 경우처럼 행정적인 측면에서 적용이 힘든 상품이다.

영세율(zero rate)제도는 과거에 주로 수출품에 대하여 적용되었던 것으로 이 제도는 최종소비단계에서 부가가치세의 납부의무가 면제되는 면세제도와는 달리 그 이전의 단계에서 납부한 부가가치세까지도 면세되어 환급된다는 점에서 다르다. 앞에서 든 예에서 제과회사가 빵을 수출하는 데 영세율이 적용된다면 제과회사는 이 단계에서 내야하는 2천만 원의 부가가치세의 면제는 물론 그 전 단계에서 납부한 부가가치세액 8천만 원도 다시 환급 받게 된다(이준구, 1999). 그러므로 영세율제도는 면세제도보다 훨씬 조세혜택이 크다. 우리나라는 수출촉진을 위하여 과거에 수출기업에 대하여 이를 적용한 바 있다.

---

3) 간이과세율을 업종별로 다르나 제조업의 경우는 약 1.5%, 서비스업은 약 3%의 세율을 적용받는다.

지방세로서의 부가가치세

우리나라에서는 이상에서 설명한 부가가치세가 국세로 부과된다. 그러나 부가가치세는 지방세로도 부과될 수 있다. 미국의 경우에는 미시간 주에서 유일하게 우리나라와 유사한 소비형 부가가치세제도가 주세(state tax)로서 부과되고 있는데, 이를 SBT(single business tax)라고 부른다. 이 제도는 1975년에 채택된 바 있다. 우리나라의 부가가치세율은 10%이지만 미시건 주의 SBT세율은 2% 미만으로 낮게 책정되어 있다.

법인세는 법인의 이윤에 대해서만 적용되는 데 비하여 부가가치세는 모든 기업에 대하여 부과되므로 그 과세적용 범위가 법인세에 비하여 더 넓다. 그러므로 법인세 대신 부가가치세를 부과하는 경우에 법인세로 인한 조세수입만큼의 수입을 확보하는 것이 목적이라면 부가가치세율을 법인세율보다 낮게 설정해도 된다.

부가가치세는 효율성이나 공평성의 문제를 별개로 한다면 과세표준의 적용범위가 넓다는 점, 세율이 낮다는 점, 상대적으로 안정적인 수입의 흐름을 확보할 수 있다는 장점이 있다. 그러나 부가가치세에 대한 비판도 만만치 않은데, 요약하면 이윤이 발생한 것이 아니라 적자가 나더라도 과세된다는 점, 노동에 불리하게 작용한다는 점 등을 들 수 있다. 이 세는 과세표준이 부가가치로서 위에서 언급했듯이 임금, 이자, 지대, 이윤 등을 합한 것이다. 이들 구성요소 중 하나 예컨대 이윤이 마이너스라도 과세는 플러스가 될 수 있다. 부가가치세는 임금, 이자, 지대, 이윤 등을 합한 것에 대한 과세이기 때문이다. 이와 대조적으로 법인세는 이윤에 대한 과세로 자본에 대하여만 과세하는 것이므로 부가가치세가 법인세에 비하여 노동에 대하여 불리하게 과세되는 경향이 있다.

소비형 부가가치세와 법인세를 비교해 보면 부가가치세의 경제 정책적 이점은 자본에 대하여 실효세율이 낮게 적용된다는 점이다. 그 이유는 부가가치세는 그 해의 모든 투자지출에 대하여 즉각적으로 공제를 해주기 때문이다. 즉 법인세에서 즉각 상각을 해주는 것과 같은 효과를 갖는다. 즉각 상각이란 자본재 구입비용의 모두를 그 해의 비용으로 처리해 주는 것을 말한다. 일반적으로 법인세에서는 자본지출에 대한 감가상각비를 자본재의 수명기간에 걸쳐서 나누어 공제해 준다. 물론 즉각 상각해 주는 것이 기업으로서는 이익이다. 그러므로 자본이 지역 간을 이동하는 것이 자유롭다면, 법인세 대신 부가가치세 제도를 채택한 지역에서 자본에 대한 수익률이 높을 것이다. 다른 조건이 동일하다면 이러한 이점 때문에 부가가치세 제도를 채택한 지역으로 기업들이 몰리고 투자가 활성화될 가능성이 높다. 다시 말해서 한 지방정부만 소비형 부가가치세를 지방세로 채택하고 다른 지방정부는 법인세를 부과하는 경우에 부가가치세는 기업의 설비투자에 대하여 모두 공제를 해 주므로 그 지역으로 생산 설비가 집중되는 결과를 초래하게 된다. 여러 개 주에서 부가가치세 제도를 채택하는 경우에도 동일한 문제가 발생된다. 자본설비에 대한 공제를 어느 지역에서 더 우대하느냐에 따라서, 또 얼마나 낮은 세율을 적용하느냐에 따라서 기업의 지역 간 투자량이 결정될 것이다.

2. 법인세

법인세(corporation tax)는 법인의 이윤에 대하여 부과하는 조세이다. 그러나 법인이 사람과 같이 인격을 가지고 있지 않기 때문에 과세대상이 될 수 있는가 하는 점에 대해서는 논란거리가 된다. 현실적으로는 이러한 논란에도 불구하고 각국에서는 기업에 어떤 형태로든 조세를 부과하고 있다. 우리나라의 법인세는 국세로서 부과된다. 대부분의 나라에서 법인세는 국세로 정하고 있다. 다음에서는 먼저 우리나라의 국세로서의 법인세에 대하여 설명한다.

법인세의 성격

민법에서는 법인을 인격의 실체로 볼 것인가 그렇지 않은가에 따라 법인의제설과 법인실체설의 두 가지 학설로 갈리고 있다. 법인의제설(法人擬制說)의 입장에서는 법인은 인격의 실체가 아니라 허구의 법적 존재라고 본다. 따라서 이 설에 의하면 실체가 없는 법인에게 조세를 부과하는 것은 부당하고 본다. 다시 말해서 이 설은 기업의 이윤에 대하여 법인세를 부과할 수 없다는 것이다. 그 대신에 법인의 이윤이 개인에게 돌아간 다음에 개인에게 소득세를 부과하자는 입장이다. 즉 법인세와 개인소득세를 통합하자는 입장이다. 이러한 주장의 배경에는 뒤에서 설명할 이중과세의 문제를 피할 수 있다는 의도가 있다.

만약 법인세와 개인소득세가 별도로 존재하면 이중과세의 문제가 발생하게 된다. 이중과세란 기업의 이윤이 발생하면 이에 대하여 법인세가 부과되고, 이 이윤이 다시 개인 주주에게 배당된 후에 다시 개인소득세가 부과되기 때문에 하나의 세원에 두 번 과세한다는 의미이다. 이런 문제 때문에 법인의제설의 경우에 법인세와 개인소득세를 통합해야 한다고 한다. 그러나 통합주의적인 생각에도 문제는 있다. 기업은 이윤이 발생하면 그 중 대부분을 주주들에게 배당하고 나머지는 차기의 투자를 위하여 기업의 내부에 유보해 두게 되는데, 이 경우에 배당된 이윤에 대해서는 개인소득세로 과세되지만 사내유보 이윤에 대해서는 과세되지 않는다면 형평성의 측면에서 위배된다는 문제가 있다.

다음으로 법인실체설(法人實體說)은 법인을 자연인과 같이 법적인 권리와 의무를 가진 인격의 실체로 본다는 입장이다. 그러므로 법인도 개인과 마찬가지로 조세부담의 주체가 된다. 법인을 실체로 보고 조세부과의 대상이 될 수 있다는 근거로 다음과 같은 것을 들 수 있다. 첫째는 법인은 사회로부터 각종 혜택을 받고 있기 때문에 그 대가로서 국가에 조세를 납부해야 한다는 것이다. 법인의 활동은 정부로부터 제도적, 법적 측면에서 많은 보호와 혜택을 받는데, 법인세는 그와 같은 혜택에 따른 사용자부담금과 같은 성격의 조세라는 입장이다.

둘째는 기업의 이윤에 대하여 법인세가 부과되지 않으면 위에서 언급했듯이 기업은 이윤을 사내에 유보함으로써 조세를 회피할 수 있다. 이윤이 사내에 유보되는 경우에 법인의제설에 따르면 주주에게는 실현된 이익이 아니기 때문에 과세를 할 수 없게 되는 문제가 발생한다. 따라서 이러한 조세회피를 막기 위하여 이윤이 배당되기 전의 기업단계에서 법인세가 부과되는 것이 형평성의 측면에서 바람직하다는 것이다.

셋째는 정부가 법인에 영향을 주는 수단으로 법인세를 활용할 수 있다는 점이다. 정부는 법인세를 경제 정책적 수단으로 활용할 수 있다. 법인세를 인하시켜 투자를 촉진시키기도 하고, 법인세를 통하여 소득의 재분배라는 정책적 목적을 달성할 수도 있다(이준구, 1999).

오늘날 대부분의 국가는 법인실체설의 입장에 따라 기업에 법인세를 부과하고 있다. 그리고 부수적으로 발생하는 법인세의 이중과세 문제는 배당소득세액공제 제도와 같은 각종공제제도를 통하여 해결하려 하고 있다. 우리나라의 경우에도 법인세가 국세로서 전체 국세 수입 중 약 20%내외의 비중을 차지하여 소득세와 더불어 직접세의 두 기둥을 이루고 있다. 법인세를 개인소득세와 통합해야 한다는 주장이 일각에서 제기되고 있지만 가까운 장래에 실현될 전망은 없어 보인다.

법인세의 산정

법인세의 산정도 개인소득세의 산정과 비슷하다. 법인세는 일정기간 동안에 발생한 기업의 소득에서 각종 비용을 공제한 후의 소득을 과세표준으로 한다. 이 때에 수입이나 비용에 어떤 항목을 포함시키고 뺄 것인가에 따라 과세표준의 크기가 달라진다. 과세표준이 결정되면 여기에 법인세율을 곱하여 법인세액을 구할 수 있다. 비용을 어떻게 계산하는가에 따라 과세표준이 달라지고 따라서 법인세의 크기가 달라지기 때문에 비용항목을 어떻게 정의하느냐 하는 것이 매우 중요하다. 다음에서는 비용항목 중에서 몇 가지를 예를 보기로 하자.

감가상각비(減價償却費)는 자본재의 사용에 따라서 마모된 가치만큼을 비용으로 처리하는 회계 상의 비용항목이다. 법인세법에서는 편의상 자본재를 몇 개의 그룹으로 나누고 각 그룹에 대하여 정해진 규칙에 따라 감가상각비를 공제해 나가도록 하고 있다. 예를 들어 기업이 트럭을 2천만원에 구입하고 그 수명이 5년이라면 1년에 감가상각비로 구입가격의 1/ 5인 400만원씩을 공제한다. 만약 법인세율이 22%라면 감가상각에 의한 그 해의 법인세 감소금액은 (400만×0.22=)88만원이 된다. 이 때에 기업이 감가상각을 얼마나 빠르게 하느냐에 따라 법인세의 부담이 달라질 수 있다는 것이다. 다시 말해서 감가상각을 빠르게 하여 기간을 줄이면 당장 법인세가 경감되어 기업의 부담이 적어지게 된다. 이러한 방법을 가속상각(accelerated depreciation)이라고 하는데, 정부는 경기가 위축되었을 때 기업의 투자를 촉진시키기 위하여 이러한 방법을 허용할 수 있다. 위의 예에서는 트럭의 수명을 3년으로 단축하면 1년에 약 666만원의 감가상각비를 계상하게 되어 감가상각에 따른 법인세 감소금액은 약 (666만×0.22=)147만원이 되므로 기업의 법인세의 부담은 전에 비해 경감된다.

또 다른 방법으로 위에서 언급한 바 있듯이 감가상각을 자본재구입과 동시에 비용으로 처리해 주는 즉각 상각(immediate write-off)방법이 있다. 이는 기업의 법인세를 더욱 경감시켜 투자를 더욱 촉진시키는 방법이다. 위의 예에서 자동차 구입비 2천만이 일시에 감가상각비로 처리된다면 이에 따른 법인세 감소금액은 약 (2,000만×0.22=)472만원이 되어 모든 경우 중에서 가장 크게 된다(이준구, 1999).

또, 기업의 차입금에 대한 이자를 비용항목으로 처리해 줄 것인지 아닌지에 따라서 기업의 재무 상황이 달라질 수 있다. 법인세법에서 차입금에 대한 이자는 경비로 인정해주지만 자기자본에 대한 귀속이자에 대해서는 경비로 인정해 주지 않는다고 하자. 그러면 기업은 자기자본보다 타인자본의 조달비율이 높을수록 법인세를 적게 내게 된다. 따라서 기업으로서는 타인자본에 의존하는 것이 더 이익이 될 수 있다. 이러한 경우에 발생하는 제도적 모순을 해결하기 위한 일환으로 정부는 부채비율의 일정한 한도를 넘는 차입금에 대해서는 차입이자를 비용으로 간주해 주지 않고 있다.

〈표 14-1〉 우리나라 법인세의 세율 구조

과세표준	세율
과세표준 2억 원 이하	10%
과세표준 2억 초과-200억 원 이하	20%
과세표준 200억 초과-3,000억이하	22%
과세표준 3,000억 초과-	25%

주: 2018년부터 적용되는 세율임.

법인세의 전가

법인세를 보는 입장에는 두 가지가 있다. 그 중 하나는 법인세를 법인의 경제적 이윤에 대한 과세로 보는 것이며, 다른 하나는 법인세를 법인에 투자한 자본의 이익에 대한 과세라는 입장이다.

먼저 제11장에서 우리는 이윤에 대한 과세는 장·단기 모두에서 전가되지 않고 그 부담이 모두 기업의 소유주에게 돌아간다고 언급한 바 있다. 이 때 이윤이란 모든 비용을 기회비용으로 파악한 경제적 이윤을 의미하였다. 예컨대 이때는 자기자본에 대한 귀속이자도 비용으로 포함된다. 그러나 현실의 법인세는 비용처리를 기회비용의 개념에 의하여 정확하게 처리하지 않으므로 실제의 법인세 산정에서 말하는 이윤은 경제적 이윤과 다르다. 따라서 엄밀한 의미에서 법인세를 경제적 이윤으로 보기 어렵다.

요약하면 법인세를 경제적 이윤에 대한 과세로 보는 경우는 그 부담이 소비자나 노동자에게로 전가되지 않는다. 단기든 장기든 기업의 생산량 결정은 조세부과이전에 이루어지기 때문인데, 그렇게 되면 이윤에 대한 과세는 법인의 소유주인 주주에게 돌아간다.

그런데 법인세를 산정함에 있어 주주가 공급한 자본의 기회비용을 차감하는 것이 허용되지 않는다면 법인세의 과세대상소득은 경제적 이윤이 아니라 법인에 투자한 자본이 얻는 이익에 대한 과세로 해석할 수 있다. 이때는 법인세의 귀착이 경제적 이윤에 대한 과세의 경우와 달라질 수 있다.

먼저 단기의 경우를 보자. 법인세를 법인에 투자한 자본에 대한 과세로 보는 경우에 법인세가 부과되면 자본에 대한 수익률이 법인세에 해당하는 것만큼 감소한다. 그러나 단기이므로 자본의 공급이 고정되어 있다고 보면 그 부담은 자본의 공급자인 주주가 지게 된다(이준구, 1999).

그러나 장기에는 얘기가 달라진다. 즉 장기적으로는 기업이 법인세를 회피할 수 있다. 첫째는 자본소유자가 자본을 법인부문에서 비법인 기업부문으로 이동시킴으로서 조세부담을 줄일 수 있다. 법인만이 법인세부담의 대상이 되기 때문이다. 그러나 그렇게 되면 비법인부문의 자본이 증가하여 이 부문의 자본수익률이 떨어질 수 있다. 그러므로 법인에 대한 과세는 실질적으로는 법인에 국한되지 않고 비법인 자본소유자에게도 일부 전가되는 결과를 초래한다. 둘째는 장기적으로 법인세가 자본에 대한 수익률을 감소시킨다면 자본소유자들은 자본 축적에 대한 매력 즉 유인을 덜 느낄 것이다. 결국은 이에 따라 사회 전체적으로 자본량이 감소하게 되는데 이는 다시 노동생산성을 떨어뜨리고 실질임금의 감소를 초래하는 작용을 한다. 이와 같이 법인세의 부과는 법인세 부과이전에 비하여 자본수익률을 낮추고 이는 자본축적을 줄이며 자본과 보완적으로 결합되는 생산요소인 노동의 생산성을 떨어뜨린다. 이 경우에 법인세의 일부는 장기적으로 노동자에게 전가되는 것이다.

지방세로서의 법인세

• 과세표준의 할당

법인세가 우리와 같이 국세로 사용되면 과세표준을 정하는 데 별로 문제될 것이 없다. 그러나 법인세가 지방세로 사용될 때는 지역 간 과세표준의 할당이라는 복잡한 문제가 발생한다. 다음에서는 법인세가 지방세로 사용할 경우 과세표준의 설정에 관한 문제를 다루기로 한다.

법인세가 지방세로 채택된 경우에도 한 기업이 하나의 지역에서만 경제활동을 수행한다면 국세의 경우와 같이 문제될 것이 별로 없다. 그러나 대부분의 기업은 여러 지방정부에 걸쳐서 경제활동을 수행하기 때문에 복잡한 문제가 발생한다. 각 지방정부가 이런 기업에 대하여 어떻게 과세를 할당하는가 하는 것이 문제가 된다. 다시 말하자면 지역 간에 해당 기업의 과세표준을 어떻게 할당하느냐 하는 문제이다. 다음에서는 기업의 이윤에 대하여 부과되는 법인세가 지방세로 부과되는 경우에 과세표준을 어떻게 할당할 것인지에 대하여 미국의 예를 중심으로 논의를 전개하기로 한다.[4)]

예를 들어 한 기업이 두 개 지역에 생산 공장이 있고 제품은 세 지역에다 판매를 한다고 하자. 미국의 경우에는 이러한 경우에 기업의 실재적인 영업 시설(business nexus)이 있는 지역의 정부만이 과세를 할 수 있다. 미국의 판례를 보면 기업의 활동이 다른 지역으로 단지 배송을 하는 주문 정도로, 예컨대 인터넷 판매와 같은 정도의 활동만 이루어지는 경우에는 그 지역의 지방정부가 과세하는 것을 금지하고 있다. 즉 어떤 지방정부가 과세를 하는 조건은 그 지역에서 고용이나 재산이 유지되는 경우로 한정하고 있다.

각 지역에서 기업에 대하여 과세하기 위해서는 다음과 같은 세 가지 방법이 사용될 수 있다. 첫째는 분리회계(separate accounting)방식이다. 이 방식은 각 지역에서의 기업 활동을 각기 별도의 기업으로 분리된 것처럼 회계하는 방식이

4) R. C, Fisher(2007), State & Local Public finance, ch. 17, 참조.

다. 그러나 이러한 방식은 실제적으로 적용하는 데 많은 어려움이 있다. 예를 들어 자동차제조사가 자동차를 만들어 판매할 경우에 엔진, 트랜스미션, 조립 등을 각각 다른 지역에서 생산하고 이를 여러 지역에 판매한다고 할 때 각각의 생산 활동에 대하여 얼마의 가치를 책정해야 할 것인가가 분명하지 않다. 자동차의 가치는 이외에도 홍보라든가 배송 등의 활동에 대해서도 할당되어야 하므로 이러한 모든 가치를 분리해 내서 회계 처리한다는 것이 쉽지 않다.

둘째는 특정할당방식(specific allocation)방식이다. 이는 한 기업의 소득이 여러 가지 부차적인 소득을 가질 경우에 효과적이다. 예를 들면 이자소득, 배당소득은 다른 소득과 분리될 수 있다. 이 경에 이들 소득은 특별히 본사가 소재한 지역에 할당하는 방식이다.

셋째는 공식(formula)에 의한 방식이다. 미국의 경우 이 공식에는 세 가지 요인이 포함된다. 판매액, 임금총액, 재산(부동산)이다. 미국의 경우 처음에는 이 세 요인에 대하여 동일한 가중치를 부여하였지만 현재에는 판매에 대하여 더 높은 가중치를 두는 경향이 있다. 동일한 가중치를 두는 경우에 다음과 같은 공식이 적용된다.

$$A_i = \frac{1}{3}\left[\frac{w_i}{W} + \frac{p_i}{P} + \frac{s_i}{S} \right]$$

이 식에서 A_i는 해당 기업의 i지역에 대한 할당인자이며, W, P, S는 각각 기업의 임금총액, 총재산가치, 판매총액이다. 그리고 w_i, p_i, s_i는 해당 기업의 각 지역에 대한 임금, 재산, 판매액의 가치를 나타낸다. 그러므로 w_i/W는 해당 기업의 총임금지급액에 대한 i지역으로의 임금지급액의 비중이며, p_i/P, s_i/S 역시 마찬가지의 의미를 갖는다.

예를 들어, 어떤 기업이 A라는 지역에서 모든 생산이 이루어지는 까닭에 임금지급액과 재산이 모두 A지역에 존재한다고 하자. 그러나 이 기업의 판매액 중 10%만이 A지역에서 판매되고 나머지는 여타 지역에다 판매한다고 하자. 그 얘기는 이 기업의 매출액 중 90%는 다른 지역에 우편이나 인터넷으로 판매된다는 것을 의미한다. 다른 지역에서는 기업 활동 설비의 실체(presence)가 존재하지 않으므로 과세되지 않는다. 이 경우에 이 기업의 A지역에 대한 할당인자는 1/3(1 + 1+ 0.1) = 0.7이다. 따라서 이 기업의 총이윤이 125억이라면 이것의 70%에 해당하는 87억이 A지역 정부에 의해서 과세되는 소득대상이 된다. 이상에서 설명한 예는 세 인자에 대하여 동일한 가중치를 부여한 경우이다. 그런데 이 경우는 이윤의 일부 그러니까 38억(125-87=38)에 대하여는 어느 지방정부에 의해서도 과세되지 않았다. 이 때 A지방정부는 다른 정부에 의해서 과세되지 않는 부분, 즉 38억에 대해서도 과세하는 조치를 취할 수 있다. 미국의 경우 이러한 것을 환류조항(throwback provision)이라고 한다. 이런 조항을 두는 경우에는 A지방정부는 125억 전부에 대하여 과세할 수 있다.

이상과 같은 법인세 과세 방식에서 논란거리는 지역 별 판매 비중의 계산에 관한 것이다. 일반적인 관행에서 판매지역은 목적지 원칙(destination basis)에 따른다. 이는 판매지역을 소비자가 위치한 곳으로 정의한다는 것이다. 이 원칙에 따르면 위의 예에서 해당 기업이 A지역에서 모든 생산을 하더라도 해당 정부는 이윤 중 일부인 38억에 대해서는 과세하지 못한다. 그런데 법인세를 해당 기업이 해당정부로부터 받는 편익에 대한 대가라는 편익의 원칙의 관점에서 본다면 이론적으로는 이러한 목적지 원칙이 타당하지 않을 수 있다. 이 때 이론적인 타당성의 문제는 기업이 받은 편익이 생산지에서 초래된 것인지 아니면 소비지로 귀속되어야 하는 것인지에 관한 것이다. 대부분의 경제학자들은 기업이 영업으로 인해 받는 편익은 생산지에서 초래된다고 본다. 그렇다고 한다면 이론적으로는 과세표준을 정함에 있어서 위에서 설명한 세 가지 요인을 모두 포함하기보다는 판매요인을 빼고 나머지 두 가지 요인 즉 임금지급액과 재산만을 포함시키는 공식을 만드는 것이 타당할 수 있다. 실제로 이러한 주장이 있다. 그러나 현실적으로는 판매요인에 다 많은 가중치를 두는 경향이 있다.

과세표준의 결정공식에서 판매요인을 포함시키는 경우 이 요인이 지역의 경제발전을 부양시키는 전략적 행위로 사용될 가능성이 있다. 예를 들어 극단적으로 한 지방정부가 생산요인을 제외하고 판매요인만을 공식에 포함시키면 이는 생산에 대한 실효세율을 낮추는 결과가 된다. 그러므로 이는 기업들로 하여금 이 지역에 투자를 늘리도록 하는 유인으로 작용한다. 하지만 단기적으로는 해당 지방정부는 과세표준의 축소로 인하여 수입이 감소한다. 그러나 기업의 생산시설이 이 지역으로 유치되고 그에 따라 고용이 늘어나면 소득이 증가하는 경제효과를 얻게 된다. 그렇게 되면 소득과 관련된 다른 세수입이 증가하게 되어 오히려 총 지방세수입이 증가하는 효과를 얻을 수도 있다.

• 부담과 효과

지방세로 법인세가 사용되는 경우는 국세로 법인세가 사용될 때의 경제적 효과와 약간 다른 점이 있어 수정이 필요하다. 법인세가 각 지역에 동일한 세율로 부과된다면 문제가 단순하지만 지역마다 다른 세율로 부과된다면 문제가 복잡해진다. 이 경우는 당연히 법인의 자본투자가 세율이 높은 지역에서 낮은 지역으로 이동하게 되기 때문에 문제가 된다.

다음의 문제는 법인이 여러 지역에 걸쳐서 사업을 수행하는 경우에 과세표준을 어떻게 할당하느냐에 따른 문제이다. 이 점에서 대해서는 위에서 미국의 예를 들어 설명한 바와 같이 임금지불액, 판매액, 재산 등의 인자(factors)를 포함하는 공식을 만들어 사용할 수 있다.

다시 예를 들어 보자. 여러 지역에 걸쳐서 영업을 하는 법인의 이윤을 Y, 세율은 t라고 하자. 이 때 과세표준은 임금지급액(W), 판매액(S), 재산(P)의 비중을 평균한 값에 따라 할당된다고 하자. 그러면 가중치가 동일할 경우 각 지역의 법인세(T)는 다음과 같이 계산된다.

$$T = \frac{1}{3}[\frac{w_i}{W} + \frac{p_i}{P} + \frac{s_i}{S}]tY \text{ 또는,}$$

$$T = \frac{tY}{3W}w_i + \frac{tY}{3P}p_i + \frac{tY}{3S}s_i$$

위의 식에서 i는 각 지역을 나타낸다. 그러면 법인세는 결국 각 지역에서의 판매액, 임금지급액, 재산 가치라는 세 가지 요인에 대한 과세로 귀착된다. 이 때 각각에 대한 실제 세율은 명목세율(t)의 1/3이며, 이를 해당 기업의 판매액, 임금지급액, 재산 가치에 대한 이윤의 비중(예컨대 임금의 경우에 $Y \cdot w_i / W$)에 곱하여 세액을 구한다. 그러므로 한 지역에서 부과되는 실제세율은 각 요인에 대한 이윤의 비중(예컨대 해당 지역의 재산에 대한 이윤율은 $Y \cdot p_i/P$)이 기업마다 다를 것이므로 기업별로 다르게 된다. 다시 말해서 이윤이 같은 두 기업이라도 해당 지역에서 임금지급액, 판매액, 생산설비가 많은 기업은 실제세율이 높고, 그렇지 못한 기업은 실제 세율이 낮다는 것이다.

지방세로서 법인세도 국세로서의 법인세와 마찬가지로 단기적으로는 자본소유자의 수익을 감소시킨다. 그리고 장기적으로는 그 조세부담이 법인자본으로부터 비법인자본소유자에게로 전가된다. 즉 모든 자본소유자에게 부담이 돌아간다. 이는 또한 조세부담의 일부가 노동공급자에게로 전가되는 결과를 가져온다.

지역 간 세율의 차이가 있을 경우에는 고용, 판매, 재산 등이 세율이 높인 지역에서 낮은 지역으로 이전되게 되고 이를 통하여 기업은 조세부담을 줄인다. 이는 효과 면에서 보면 마치 각 지역에서 서로 다른 세율로 고용, 판매, 재산에 대하여 과세하는 것과 같다.

예를 들어 위의 식에서 재산 요인에 대한 효과는 재산세의 부과와 같은 효과를 갖는다. 재산소유자는 세율이 높은 지역에서 낮은 지역으로 재산 즉 생산설비를 이동시키려 할 것이고 그렇게 되면 세율이 높은 지역에서 이동이 가능하지 않은 자본, 노동, 토지 등의 가격은 떨어질 것이고, 반대로 세율이 낮은 지역에서의 이러한 요소에 대한 가격은 올라갈 것으로 예상할 수 있다. 마찬가지로 판매요인을 보면 세율이 높은 지역에서 소비자 가격을 올리는 반면 세율이 낮은 지역에서 소비자 가격을 낮추는 효과를 갖는다. 그리고 임금요인 역시 노동자가 지역 간을 이동할 수 없다고 가정하면 세율이 낮은 지역에서 임금을 낮출 것이고 반면에 세율이 높은 지역에서는 임금을 올리는 효과를 초래한다. 다시 말하여 지역별로 차등 과세되는 법인세는 세율이 높은 지역에 있는 소비자, 노동자, 이동할 수 없는 토지 소유자 및 자본 소유자의 부담으로 귀착된다.

요약하면 특정한 한 지방정부의 입장에서 보면 세율의 인상은 그 지역에 거주하는 소비자. 노동자, 그리고 이동할 수 없는 토지 및 자본 소유자의 부담을 증가시킨다. 즉 지역민의 실질소득을 감소시킨다. 그러므로 일반적으로는 법인세의 증가가 다른 지역으로 수출되지 않는다.

한편 지방정부의 입장에서는 판매, 고용, 재산 중에서 특히 판매에 대하여 가중치를 증가시키려는 유인을 갖게 된다. 그렇게 함으로써 그 지역의 고용, 재산에 대한 과세를 줄이는 대신에 그 지역에서의 판매나 소비에 대해서는 과세를 늘릴 수 있다. 만약 노동 및 자본이 이동가능하다면 이런 노동, 자본에 대한 과세를 줄이는 것은 그 지역에서 고용과 소득을 증가시키는 효과를 초래한다. 물론 판매에 대해 가중치를 증가시키면 소비재에 대한 가격을 상승시키는 효과가 있다. 이와 같이 판매에 대한 가중치를 증가시키는 방식을 통하여 그 지역의 정부는 효과적으로 소비지출에 대한 세금을 증가시키는 대신에 생산에 대한 세금은 감소시키는 것이 가능해 진다. 대부분의 지방정부는 이러한 유혹을 받을 가능성이 크다(R. C. Fisher, 2007).

3. 판매세

판매세(販賣稅)라고 하면 통상 최종소비단계의 판매에 대하여 부과하는 것으로 생각하기 쉽다. 이런 의미에서 보면 이 세는 소비세의 성격을 갖는다. 그러나 판매세는 소비단계 뿐만 아니라 제조에서 판매에 이르기까지 모든 단계에서 부과될 수 있다. 이때는 우리나라의 부가가치세와 유사한 점이 있으나 성격 면에서 전적으로 동일한 것은 아니다. 이런 점에서 판매세를 별도로 구별해서 논의할 필요가 있다. 판매세의 예로는 우리나라의 개별소비세, 담배소비세 등을 들 수 있다.[5]

다시 말해서 판매세는 재화 및 서비스의 판매에 대하여 부과하는 조세이다. 이 세는 생산에서 최종 판매에 이르기까지 어느 단계에 대해서도 부과할 수 있다. 극단적으로 판매세가 모든 단계의 거래에 대하여 부과되는 경우를 특히 다단계 총판매수입세(multistage gross receipts tax)라고 한다. 이는 기업의 총수입에 대하여 과세되는 것과 같기 때문이다. 이 경우에는 이미 언급한 바 있는 부가가치세와 유사하다. 특히 과세부담이 소비자에게 전가된다는 점에서 두 세는 유사하다. 예를 들어 1%의 판매세, 즉 총 수입세를 부과한다면 농부가 밀을 판매할 때

5) R. C. Fisher, State & Local Public Finance(2007), ch. 15 참조.

1%, 제분업자가 밀가루의 판매에 대하여 1%, 빵틀제조업자의 빵틀판매에 대하여 1%, 그리고 제빵업자의 빵 판매에 대하여 1%를 부과한다. 그러면 최종 소매단계에서 소비자가 부담한 실효세율은 명목세율인 1%를 초과하게 된다. 이와 같이 소매이전에 부과된 판매세는 생산비용의 일부가 되어 최종 소비자 가격에 포함되므로 부담이 모두 소비자에게로 전가된다. 이런 점에서 보면 판매세는 부가가치세와 유사성이 있다. 그러나 엄밀하게 보면 다단계 총 수입세는 기업의 수입을 과세표준으로 하는데 반해 부가가치세는 부가가치를 과세표준으로 한다는 점에서 다르다.

총 수입세는 형평성에 있어서 문제가 있다는 지적을 받는다. 예컨대 이 세는 기업의 내부거래에 대해서는 과세되지 않으므로 기업의 수직적 통합을 촉진하는 작용을 한다. 즉 기업 내에서 생산요소가 생산되어 이용되면 조세부담을 줄일 수 있다. 또 특정 생산요소에 대해서만 판매세가 부과된다면 생산요소간의 상대가격을 변화시켜 기업이 해당 생산요소를 더 많이 이용하는 쪽으로 생산기술을 변경시킬 수 있다.

판매세부과방식과 소비자부담

판매세는 도매단계에만 부과될 수도 있고 소매단계에만 부과될 수도 있다. 또 제조단계의 제조업자에 대해서만 부과할 수도 있다. 최종소비단계에만 과세하는 경우는 물론 중간재로 판매하는 경우에 대해서는 과세하지 않는다. 이 경우는 소비자의 실효세율이 명목세율과 같게 된다. 그러나 도매단계나 제조단계에 판매세가 부과될 때 두 세율을 달리 할 수 있다. 다시 말해서 판매세가 부과되는 단계의 상대적 중요성에 따라 실효세율이 달라진다. 한 재화의 최종비용은 제조비용, 배분비용, 판매비용, 광고비용 등으로 구성되는데, 만약 제조단계에서만 판매세가 부과된다고 하면 제조비용이 총비용에서 차지하는 비용이 클수록 소비자의 실효세율은 커지게 된다. 즉 과세되는 단계의 상대적 중요성에 따라 실효세율이 달라진다.

제조단계의 기업에 판매세가 부과되는 특별한 경우를 예로 들어보자. 어떤 기업이 주택을 건설하는데 주택은 소비단계에서 면세되지만 생산단계에서 일부 판매세가 부과된다고 하자. 구체적으로 이 기업이 구매하는 원자재의 구입이 총비용에서 차지하는 비중이 20%라고 하고, 이에 대하여 5%의 판매세가 부과된다고 하자. 나머지 80%는 노동, 부동산 등의 구입이며 판매세가 부과되지 않는다고 하자. 그러면 기업의 생산비용은 1%(0.2×0.05=0.01)만큼 증가하게 되고 이것이 소비자 가격에 반영될 것이므로 이는 결과적으로 최종적으로 집을 구입하는 소비자의 부담이 된다. 이와 같이 소매단계에서 판매세가 면제되더라고 생산단계에서 판매세가 부과되면 그 부담은 소비자에게로 돌아온다. 그리고 그 부담의 정도는 판매세가 부과되는 단계에서 과세대상이 총비용에서 차지하는 상대적 비중에 따라 달라진다. 부가가치세에서는 거래의 모든 단계에 과세되었으므로 누적적 조세부담(cascading of tax)이 발생하지만 앞서의 예와 같이 어느 한 단계에 대해서만 과세될 때는 누적적 조세부담은 발생하지 않는다. 이런 점에서 두 세는 차이가 있다.

판매세의 유형

판매세는 일반 판매세(general sales tax), 특별 판매세(selective sales tax) 로 구분할 수 있다. 통상적으로는 일반 판매세는 일정 지역에 있는 주민의 모든 최종소비에 대하여 부과한다. 그러나 우리의 부가가치세에서와 같이 필수품과 같은 품목에 대해서는 면세하는 경우가 일반적이다. 그리고 최종소비에 대한 정의가 모호하여 경우에 따라서는 중간재에 과세되기도 한다. 또한 다른 지역의 주민들에 의한 소비도 과세대상이 되기도 한다.

일반판매세는 원칙적으로는 저축을 제외한 개인의 모든 소득의 지출을 과세대상으로 해야 하지만 실제로는 상당한 품목이 면제 대상이 된다. 과세면제는 재화보다는 서비스 쪽이 더 많다. 대표적인 것으로 전문적 서비스인 의료, 법률, 금융서비스 등을 들 수 있다. 이외에도 식품이나 주거서비스와 같은 필수품도 면제대상이 된다. 이런 점에서 보면 판매세는 소비세의 성격을 갖는다. 일반판매세의 소비세로서의 진정한 경제적 효과는 그 면제대상을 얼마나 허용하느냐에 달려 있다.

특별판매세는 우리나라의 개별소비세에 해당하는 것으로 주류나 담배, 사치품,

에너지 과소비 제품 등에 대하여 주로 과세한다. 이 세는 조세수입의 목적이외에 정책적인 목적을 가지고 있다는 점에서 일반판매세와 차이가 있다. 그러나 그 과세대상이 일반적으로 정해져 있는 것이 아니라 필요에 의해서 정해지는 것이라서 일반 판매세와 사실상 구분할 의미가 없다. 특별소비세는 두 가지 정책적 용도로 사용될 수 있다. 첫째는 소비의 외부비경제효과를 초래하는 재화나 사회적으로 바람직하지 않은 재화의 소비를 줄이도록 하는 목적으로 사용된다. 술이나 담배 등에 대한 과세가 대표적인 것이다. 이러한 목적을 가진 세를 규제적 조세(sumptuary taxes)라고 한다. 둘째는 공평성의 증진을 위한 목적으로 사용된다. 고소득층이 많이 소비하는 재화에 대해 특별히 소비세를 중과하면은 조세구조의 역진성을 완화하고 누진성을 강화한다. 우리나라의 경우 골프에 대한 과세가 그런 것이다.

한편 판매세의 면제와 관련해서 염두에 두어야 할 것은 이것이 납세자의 조세회피의 수단이 될 수 있다는 점이다. 말하자면 소비자들은 과세품목에 대한 소비를 줄이는 대신 면제대상품목의 소비를 증가시킨다는 것이다. 이러한 행위의 변화는 재화의 생산 구조를 교란시켜 경제적 효율성을 저해할 수 있다.

지방세로서의 판매세

판매세는 지방정부의 지방세로 사용될 수 있다. 미국에서는 우리나라와 같은 부가가치세가 정착되지 않은 대신 주정부의 판매세가 이를 대신하고 있다. 다음에서는 미국의 판매세를 중심으로 그 특징을 설명하기로 한다. 판매세가 재화가 판매되는 지역의 위치를 기준으로 부과될 때 이를 판매지 원칙(origin principle)이라고 하고, 소비자의 위치를 기준으로 과세하는 것을 목적지 또는 소비지 원칙(destination principle)이라고 한다. 둘 중에서는 소비지 원칙에 입각한 판매세가 일반적이다.

판매지역 원칙에 따르면 한 지역에서 판매되는 과세대상이 되는 모든 재화 및 서비스에 대하여 과세한다. 그러나 소비지 원칙에 따르면 그 지역에서 판매되더라도 다른 지역으로 배달되는 재화 및 서비스에 대해서는 과세하지 않는다. 소비지가 그 지역이 아니라 다른 지역이기 때문이다. 이러한 이유로 판매회사가 소비자와 다른 지방정부에 위치하는 경우에 인터넷 구매나 우편, 또는 메일로 주문구매를 할 때는 판매세가 부과되지 않는다. 그러나 다른 지역 주민이 그 지역에 들어와서 재화 및 서비스를 구입하여 소유하는 경우는 그 지역에서 소비하는 것으로 간주하여 과세한다. 소비지원칙에 의한 판매세는 한 지역에서 재화 및 서비스가 판매되어 그 지역에서 소비된다는 가정에 입각하여 과세하기 때문이다.

이 원칙의 판매세 하에서는 주민들이 그 지역에서 구입한 것에 대해서는 과세하지만 다른 지역으로부터 배달된 재화 및 서비스를 구입하는 경우는 과세하지 않는다. 이때는 지역 주민의 소득이 타 지역으로 유출되는 문제가 발생할 수 있다. 이러한 문제를 해결하기 위하여 해당 지방정부는 다른 지역에서 구입한 재화 및 서비스에 대하여 판매세와 동일한 세율로 다른 형태의 과세를 하게 된다. 이러한 세를 이용세(use tax)라고 한다. 즉 자기 지역에서 판매세를 회피하기 위하여 다른 지역에서 물건을 구입하는 사람에게는 동률의 이용세(利用稅)를 부과하는 것이다. 그러나 그러자면 개인들의 구매를 일일이 추적하여 파악해야 하는데 그 작업이 용이하지 않다는 문제가 있다.

판매세와 효율성

• 최적구조

판매세의 부과는 소득효과와 대체효과를 초래한다. 판매세가 부과되면 소비자의 가처분소득을 감소시키므로 모든 재화의 소비에 변화를 초래한다. 이러한 효과를 소득효과(income effect)라고 한다. 이는 판매세가 부과되면 자원을 개인소비로부터 정부로 이전시키기 때문이다. 이러한 소득효과는 사회 전체의 입장에서 보면 자원의 단순한 이전에 해당하므로 경제적 효율성의 상실이라고 할 수 없다.

다음으로, 판매세가 일부 재화에 대해서만 부과되는 경우에는 비과세되는 재화와 비교하여 과세대상 재화의 상대가격을 변화시킨다. 그러면 소비자들은 과세되는 재화를 비과세되는 재화의 소비로 대체 소비하려 한다. 또한 판매세가 특정 지방정부에서만 부과되거나 특정 지방정부가 다른 정부에 비하여 과중한 판매세를 부과하는 경우에 소비자들은 판매세부담이 없거나 낮은 지방정부에서 구매를 하고자 하는데 이러한 효과를 대체효과(substitution effect) 또한 가격효과(price effect)라고 한다. 특히 이것을 가격효과라고 부르는 것은 판매세의 부과가 재화들의 상대가격을 변화시키기 때문이다. 이러한 가격효과 즉 상대가격의 변화는 경제적 비효율성을 일으키는 중요한 원인이 된다.

판매세의 경제적 효과에 대해서는 조세이론에서 물품세를 설명하면서 이미 언급한 바 있다. 물품세는 소비세로서 판매세의 일종이다. 다음에서는 물품세 부과의 최적이론을 원용하여 판매세의 효과에 대하여 재론하기로 한다. 판매세가 여가를 포함한 모든 재회에 동일한 비율로 과세되는 경우에는 상대가격에 변화를 초래하지 않고 다만 소득효과만 초래한다. 따라서 경제적 효율성의 손실은 초래되지 않는다. 그러나 문제는 판매세가 여가를 포함한 모든 재화에 부과될 수 없다는 데에 있다. 특히 여가에 대해서도 동일한 세율로 과세해야 하지만 현실적으로 이것이 불가능하기 때문에 문제가 된다.

현실적으로는 여가를 제외한 재화들에 대하여 동일한 세율을 부과하게 되는데 이 경우에는 물론 경제적 효율성의 손실이 발생한다. 그 이유는 이러한 과세는 소득세와 같은 효과를 초래하기 때문이다. 여가의 대한 면세는 여가의 상대가격을 낮추게 되어 노동을 여가로 대체하려한다. 다시 말해서 노동을 줄이고 여가를 늘리려 한다. 그 과정에서 경제적 효율성의 손실이 초래된다. 이러한 문제를 해결하는 방법으로 여가와 보완관계에 있는 재회에 대하여 과세하는 것을 생각할 수 있다. 예컨대 골프, 요트, 경마 등과 같은 재화의 소비에 대하여 중과세하는 것을 생각할 수 있다.

이상의 논의에서 보듯이 판매세가 여가를 제외하고 재화들에 일정한 세율로 부과될 때 이것을 이론적으로 반드시 최적과세라고 할 수 없다. 또한 이론적으로는 램지규칙과 역탄력성의 원칙에 따라 가격 탄력성이 높은 재화에는 낮은 세율을, 그리고 탄력성이 낮은 재화에 대해서는 높은 세율을 부과하는 것이 경제적 효율성의 손실을 최소화한다. 다시 말해서 이론적으로는 각 재화에 대하여 동일한 세율을 부과하는 것보다는 서로 다른 세율을 부과하는 것이 바람직하다. 그러나 현실적으로 재화마다 다른 세율을 적용할 때는 행정비용이 많이 들어 다른 측면에서의 효율성이 상실된다는 또 다른 문제가 초래된다.

• 경계(境界)효과

위에서 언급하였듯이 판매세가 소비지원칙에 입각하여 부과될 때 소비자는 주거하는 지역이 아닌 다른 지역에서 상품을 구입하는 방법으로 판매세부담을 줄이는 것이 가능하다. 이러한 효과를 특히 경계효과(border effect)라고 한다. 이런 방식의 조세회피의 방법으로 두 가지가 있다. 첫째는 다른 지역에서 구입해서 살고 있는 지역으로 배송되도록 하는 방법이다. 이 경우 소비자는 구입지에서 판매세를 내지 않는다. 만약 거주지에서 이용세가 부과되지 않는다면 물론 세금을 절약할 수 있다. 그러나 이용세가 징수된다면 조세회피가 불가하다. 둘째는 한 지역이 다른 지역에 비하여 판매세율이 낮다면 소비자는 낮은 조세지역에서 구매함으로써 절세를 하는 것이 가능하다. 이 경우에도 조세차이만큼의 이용세가 징수될 수 있는데 그렇게 되는 경우는 역시 절세가 어렵게 된다. 이와 같이 절세가 가능한 것은 지역 간 세율에서 차이가 있거나 이용세의 징수상의 어려움이 있을 경우이다. 이외에도 이 두 효과의 크기는 수송비의 정도, 조세 및 상품에 대한 소비자의 인식정도 등에 의해서 영향을 받을 수 있다.

세전 소비자 가격이 모든 지역에서 동일하다고 가정할 때 한 지역이 다른 지역에 비해 높은 판매세율을 부과하는 경우 그 지역은 다른 지역에 비하여 공급비용이 높게 되어 소비자가격이 올라간다. 그리면 그 지역의 판매량은 감소한다. 반면에 낮은 세율을 부과하는 지역에는 수요가 집중되어 판매량은 증가한다. 만약 세율이 낮은 지역에 이와 같이 지속적인 수요의 증가가 발생하게 된다면 이는 다시 가격을 일부분 올리는 반작용이 초래할 것이다. 그리하여 결과적으로 두 지역 간 가격 차이를 줄이게 된다. 그렇다면 이런 지역 간의 가격 차이는 어느 선에서 유지될까? 만약 지역 간 수송비나 정보획득 비용이 크지 않다면 세율이 낮은 지역으로 수요가 크게 증가하여 가격 차이를 큰 폭으로 줄이겠지만 수송비나 정보비용이 어느 정도 존재한다고 보면 지역 간 가격 차이는 계속 유지될 수 있다. 만약 지역 간 가격 차이가 크지 않다면 소비자는 먼 지역까지 가서 구매할 유인이 적을 것이다. 그러나 지역 간 가격 차이가 적을 지라도 소비자는 한 번에 구매를 크게 하는 방식으로 수송비를 줄여서 절세를 할 수 있다.

여러 실증 연구를 보면 지역 간 판매세율의 차이가 소비자로 하여금 구매지역을 변경시키도록 하는 유인이 된다는 것을 보이고 있다. 그러나 세율 차이의 효과가 판매량에 미치는 효과는 그렇게 크지 않다고 한다. 이는 다시 말하면 한 지역에서의 세율의 증가는 조세수입을 증가시킨다는 것이다. 즉 수요의 조세 탄력성이 비탄력적이라는 것을 말해 준다.

지역 간 세율차등은 이상에서 암시되었듯이 경제적 효율성을 저해한다. 직관적으로 설명하면 지역 간 세율 차이로 지역 간 수송이 증가한다면 이러한 비용은 사회 전체적인 입장에서 보면 없어도 될 추가적인 비용에 해당하므로 효율성의 상실을 초래한다.

또한 지역 간 세율의 차이는 지방정부의 재정 상태 및 정부의 자율성에도 영향을 미치게 된다. 미국과 같이 지방자치가 잘 시행되는 나라에서는 세율구조의 결정이 지방정부의 자율권에 속한다. 이러한 여건에서 한 지방정부의 조세선택은 다른 지방정부의 경제활동에 영향을 미친다. 다시 말해서 상대적으로 낮은 세율을 선택한 지방정부에서 경제활동이 증가할 수 있다. 이러한 문제를 해결하기 위하여 만약 중앙정부가 개입한다면 지방정부의 자율권을 해칠 수 있다. 예를 들어 담배에 대한 판매세를 부과할 때 지방정부간에 세율이 다르다고 하자. 그러면 사람들은 세율이 낮은 지역에서 담배를 구입하고자 할 것이므로 지역 간 경제활동에 변동을 초래하고 이는 각 지방정부의 재정수준에 영향을 미칠 뿐 아니라 전체적으로도 효율성을 떨어뜨린다. 이 경우에 중앙정부는 지방정부의 세율결정권한을 제한하거나 또는 타 지역에서의 담배구입량을 제한하는 방식으로 개입할 수 있다. 다른 예로서 인터넷 구매도 마찬가지다. 지역 간 세율의 차이가 있다면 소비자는 세율이 낮은 지역에다 주문을 많이 할 것이고 따라서 지역 간 경제활동이 증가한다. 이는 위에서 말했듯이 수송비를 증가시키므로 경제적 비효율성을 초래한다. 이 경우에 지역 간을 이동하는 상품에 대하여 이용세의 부과를 용인할 것인가의 여부에 따라서 경제적 효과는 달라질 것이다.

판매세와 형평성

판매세의 경제적 귀착에 대하여 좀 더 알아보자. 먼저 일반판매세와 같이 모든 소비재에 대하여 판매세가 부과된다고 해보자. 그러면 소비자의 판매세 부담은 그가 소비하는 소비량에 따라서 그 크기가 결정된다. 이러한 경우에는 소비자들이 그 부담을 실제로 전가하기가 어렵다. 그러나 여가에 대하여 과세되지 않는다면 소비자들은 재화에 대한 소비를 줄이는 대신 여가를 더 소비하는 방식으로 판매세를 회피할 수 있다. 여가를 더 즐긴다는 것은 노동공급을 줄인다는 것이므로 이는 소득을 줄이게 된다. 이러한 식의 조세회피는 경제전체적으로 보면 효율성의 상실을 초래하는 원인이다. 그러나 대체적으로 노동공급의 가격탄력성은 상대적으로 비탄력적이므로 이러한 방식으로 조세회피를 할 가능성은 낮다고 할 수 있다.

이와 같이 일반판매세의 부담은 소비자의 소비수준에 의하여 결정된다고 할 수 있다. 그런데 소득 중에서 소비의 비중은 저소득층이 더 높다. 즉 고소득층은 소비보다 저축을 많이 하므로 소득 대비 소비의 비중이 낮은 것이다. 따라서 소득 대비 소비가 많은 저소득층이 소득에 대한 판매세의 부담 비중이 더 크다. 그러므로 이러한 의미에서 보면 판매세는 역진적인 성격의 세이다.

판매세의 역진성(逆進性) 때문에 이를 완화하기 위한 목적으로 저소득층이 많이 소비하는 재화 및 서비스에 대하여 면제하는 제도를 두고 있다. 이러한 면세제도는 판매세의 역진성을 어느 정도 완화시키는 데 기여한다. 면세에 속하는 품목은 주로 필수품에 해당하는 것으로 식료품 및 의복, 조제약, 의료서비스, 전기, 가스, 주거 서비스 등이 있다. 이들 품목이 고소득층의 소비에서 차지하는 비중은 낮지만 저소득층의 소비에서 차지하는 비중은 높으므로 판매세의 역진성을 완화하는 데 도움이 된다.

그런데 판매세의 일부 품목에 대해 면세하는 경우에 소비자는 과세대상품목에서 비과세대상품목으로 소비를 이동시키는 방식으로 조세를 회피하려고 할 것이다. 이 경우에 과세대상 재화에 대한 수요는 감소하고 대신에 비과세대상 재화에 대한 수요가 증가하는데 그러면 이들을 생산하는 데 필요한 생산요소에 대한 수요에도 영향을 미치게 되어 결국은 생산요소 공급자에게로 조세부담이 귀착된다. 예컨대 비과세대상 재화에 대한 수요는 증가하여 이의 생산에 투입되는 노동수요 역시 증가하여 노동공급자의 임금은 올라가지만 과세대상 재화에 투입되는 노동의 임금은 하락하게 될 것이다. 이런 경우에 분배에 대한 효과는 어느 계층이 어떤 재화의 생산에 종사하느냐에 따라 달라질 것이다. 이에 대해서는 일률적으로 말할 수 없으므로 분배에 대한 효과는 단언하기 어렵다. 만약 비과세재화의 생산에 저소득층이 많이 종사한다면 당연히 소득분배에 기여할 것이지만 반드시 그렇다고 단언하기 어렵다.

또한 면세가 되는 재화라고 하여 판매세의 부담이 제로가 되는 것은 아니라는 점이다. 면세되는 재화를 구입한 사람도 대부분의 경우에 간접적인 조세부담을 진다. 왜냐하면 면세되는 제화의 생산에 투입되는 중간재나 원자재에 대하여 판매세가 부과되는 경우에 이에 대한 조세부담을 회피할 수 없기 때문이다. 예를 들어 식품에 대하여 면세된다면 식품의 소매단계에서는 면세가 되더라고 이를 생산하기 위한 기계, 수송용 차량 등의 구입에 대해서 판매세가 부과된다면 이러한 부담은 식품의 최종 판매가격에 포함되기 때문에 이를 피할 수 없게 된다. 이렇게 중간재판매에 대하여 판매세가 부과되는 경우에는 지역 간의 실효세율을 비교하는 데 어려움이 있다. 예를 들어 동일한 세율과 면세제도를 가지고 있더라도 중간재에 대하여 판매세를 부과하는 지역의 실효세율이 더 높아지게 된다.

판매세의 귀착이 평형에 미치는 효과는 조세부담능력으로서의 소득을 어떻게 정의하느냐에 따라서 달라질 수 있다. 통상적으로는 연간소득을 척도로 보고 조세부담의 정도를 설명한다. 그러나 이러한 연간소득은 조세부담의 문제를 다루는 데 적합하지 않은 척도라는 측면이 있다. 어떤 특정 년도의 연간소득이 그 사람의 평생소득의 연평균이 아니기 때문이다. 예컨대 대학생은 고졸자에 비하여 현재 연간소득이 없지만 평생소득으로 본 연평균 소득을 계산하면 더 높을 것으로 짐작할 수 있다. 그러므로 대학생이 부담하는 조세부담은 이 학생이 평생 동안 버는 소득의 연평균에 기초하여 측정하는 것이 바람직하다. 그런데 한 사람의 평생에 걸친 소득은 궁극적으로 보면 본인이 소비하거나 아니면 다음 세대의 소비를 위하여 이전된다. 즉 모든 소득은 결국에는 소비된다. 따라서 판매세 부담은 소비수준에 비례한다고 볼 때 판매세는 역진세가 아니라 비례세라고 생각될 수도 있다.

판매세에 대하여 면세이외에 판매세부담을 소득세에서 세액공제해주는 방법으로 이 세의 역진성을 완화시킬 수 있을 것이다. 특히 역진성을 줄이기 위한 세액공제는 저소득 특정계층에 대하여 적용할 수 있을 것이다. 면세는 해당 품목의 가격을 낮추는 효과가 있기 때문에 과세품목에서 비과세품목으로 소비의 전환이 일어난다. 하지만 세액공제의 경우는 특정 재화의 소비에 대해서만 공제해 주는 것이 행정기술상 어려우므로 그렇게 하지 않고 일반판매세부담의 일부에 대하여 한도를 정해 놓고 공제를 할 수 있다. 이 경우 세액공제는 재화의 가격에 영향을 주지 않는다. 세액공제는 해당되는 저소득층의 소득을 보전해 주는 역할을 하므로 소득분배의 개선에 기여할 수 있다.

감가상각비(減價償却費)
경계(境界)효과
규제적 조세
면세(exemption)
목적지 원칙
법인세
법인실체설(法人實體說)
법인의제설(法人擬制說)
부가가치
소비형부가가치세제도
영세율
즉시상각
판매세(販賣稅)
판매지 원칙

제 15 장

재산세

우리나라의 경우 재산에 대한 과세는 국세로서의 종합부동산세와 지방세인 시 · 군세로서의 재산세가 있다. 종합부동산세는 전국에 있는 부동산을 합산하여 과세한다. 이 세는 2005년 개정된 세법에서 새로 도입되었다. 국세로서 종합부동산세가 도입된 직접적 배경은 특정 지역에 부동산 가격을 안정시키기 위한 것이었다. 즉 부동산에 대해 중과세함으로써 부동산소유에 대한 기회비용을 증가시켜 수요를 억제한다는 것이 그 배경이었다.

이외에도 정부는 이 세로 걷은 세입을 영세한 지방정부에 보조함으로써 지방재정의 불균형 현상을 시정하려는 목적이 있었다. 지방정부 수입의 대부분을 차지하는 재산세 수입이 지역 간에 편중되어 있어서 지방정부 간 재정불균형을 초래하는 원인이 되었기 때문이다. 이 세의 도입이 부동산가격 안정이라는 목적에는 어느 정도 기여하였다. 그리고 지방재정불균형의 시정이라는 목적에도 어느 정도 기여하였다고 평가된다. 그러나 이러한 효과에도 불구하고 이 세의 타당성과 적절성에 대하여 많은 논란이 있었다. 이 세의 도입으로 지방세인 종합토지세는 폐지되었지만 재산세는 시군세로서 그대로 운영되고 있다. 즉 지방세로서의 재산세의 부과 시에는 건물과 토지가 통합된다. 그리고 토지에 대한 부과되는 재산세는 전국이 아니라 당해 시 · 군의 관할구역 안에 소재하는 토지만 합산한다.

1. 재산세의 산정

재산세는 토지, 건축물, 선박, 항공기 등과 같은 재산을 과세대상으로 한다. 소득세는 유량(flow)에 대한 과세인데 비하여 재산세는 재산 즉 저량(stock)에 대한 과세라는 점에서 상이하다. 재산세의 과세대상 중에서 토지와 주택, 건물이 대표적인 것이고 이로부터 징수되는 재산세가 대부분을 차지한다. 재산세의 과세대상 중에는 개인 소유의 주택이나 토지와 같은 재산뿐 아니라 상업용 즉 기업소유의 재산도 포함된다. 그러므로 같은 조건이라면 기업이 많이 입지한 정부의 재산세의 세원이 풍부하게 되어 유리하다.

재산세(財産稅)는 과세표준을 결정하는 것이 대단히 어려운 작업이다. 왜냐하면 재산은 시장에서 거래되기도 하지만 그렇지 않은 경우도 있어서 그 가치를 어떻게 평가하느냐 하는 것이 항상 문제가 된다. 재산의 평가에 사용될 수 있는 기법으로는 이론적으로 보면 다음과 같은 방법이 있다.[1)]

첫째는 매매가격 비교법(comparative sales approach)방법이다. 이 방법은 실제 거래된 자료와 재산의 특성을 가지고 추정하는 방법으로서 개인의 주택이나 토지를 평가하는데 사용된다. 예를 들어 아파트의 경우 특정지역에서 거래에 사용된 자료를 가지고 다음과 같은 회귀분석결과를 얻었다고 하자.

$$V = 100 + 70M + 150BATH + 400BR$$

(V: 평가가치, M: 평방미터, $BATH$: 욕실 수, BR: 침실 수)

이 회귀방정식에는 실제 주택의 거래에서 사용된 자료를 사용한다. 회귀 결과로 위와 같은 결과를 얻은 경우에 이를 이용하면 30평방미터에 욕실이 1이고, 침실이 2개인 아파트의 평가가치는 100+70×30+150×1+400×2=3,150(만원)이 된다. 이것으로 과세표준을 삼는 방식이다.

두 번째는 비용접근법(cost approach)이다. 이 방법은 토지를 제외한 건축물의

1) R. C. Fisher(2007), State & Local Public Fianance, ch. 13, 14, 참조.

가치를 평가하는데 사용된다. 건축물의 시장가치는 건축비용을 초과할 수 없다는 원리를 적용한다. 즉 이 방법은 건축에 들어간 역사적 비용을 이용하여 가치를 추정한다. 그런데 건물은 건축년도에 따라 가치가 감소하므로 적절한 감가상각을 해주는 것이 필요하다.

세 번째는 소득접근법(income approach)이다. 이 방법은 재산의 가치는 그것에 대한 수요에 의존하고, 이 때 수요는 그 재산이 창출해 내는 순소득에 의존한다는 생각에 기초하고 있다. 예를 들어 한 아파트의 경우 임대를 한다면 각종 유지비용을 제외하고 연간 500만원씩 20년간 임대료 순수입을 얻을 수 있다고 하자. 그러면 이 아파트의 평가가치는 20년간 발생시키는 소득의 현재가치를 합하여 추정할 수 있다.

원론적으로는 재산 가치를 평가할 때는 시장가격을 반영하는 것이 원칙이다. 즉 시장에서 거래된 재산에 대해서는 가치평가가 실거래가격을 반영하도록 하면 된다. 위에서 설명한 가치평가방법은 시장에서 거래가 되지 않은 재산에 대한 평가를 예시한 것이다. 재산세율이 일정하다면 과세대상의 가치가 어떻게 변동되느냐에 따라 재산세 부담이 달라진다. 우리나라 부동산 시장과 같이 가격변동이 심한 경우에 시장가격을 반영하여 가치를 평가하게 되면 재산세가 폭등할 수 있는 문제가 발생한다. 이러한 경우에는 재산 평가가치의 증가율에 일정한 제한을 두는 방식을 생각할 수 있다. 예를 들어 미국의 캘리포니아 주(proposition 13)에서는 재산의 평가가치를 1976년의 시장가치를 기준으로 하여 증가율을 연간 2% 이내로 제한하였다. 이러한 혜택은 계속 보유 재산에 대해서만 적용되고 만약 재산이 시장에서 거래된다면 평가가치는 실거래가격으로 재평가된다. 이러한 조치는 재산세의 급격한 증가를 방지하는 것은 물론 재산세 부담을 크게 줄이는 결과를 초래하였다. 그러나 문제는 재산을 매매하지 않으면 재산세 부담이 경감되지만 같은 크기의 집이라도 일단 거래되면 시장가격으로 재평가되기 때문에 재산세부담에서 차등이 발생하게 된다. 그러므로 사람들이 주택을 오래 소유하는 것이 유리하다. 이러한 조치는 결과적으로 조세저항을 줄이는데 기여할 수 있지만 동일한 과세대상에 동일한 조세부담을 지운다는 공평성의 원칙에는 위배된다는 문제를 가지고 있다. 또 부동산의 거래를 위축시킬 수 있는 문제도 생각할 수 있다.

재산 가치를 평가할 때 도시와 농촌을 구별하여 차등을 두는 방법을 생각할 수 있다. 즉 농촌의 주택이나 농지에 대한 평가는 시장가치보다 특별히 낮게 하는 것이다. 그러면 재산세부담이 줄어든다. 이러한 정책은 농촌을 보호하기 위한 정책의 일환으로 사용될 수 있다. 그런데 이 경우에 도시와 인접한 경계지역에 있는 토지가 농업적 용도로 사용되지 않으면서 재산세 감면의 혜택을 받게 될 소지가 있다. 그렇게 되면 이 지역으로 인구가 이동하게 되어 도시가 확장되는 결과를 초래할 수 있다. 이 같은 문제를 방지하기 위한 대책으로 정부와 주민 간의 계약을 생각할 수 있다. 예를 들어 일정한 기간 동안 농지로 이용하는 조건으로 감면의 혜택을 주고 만약 이를 어기는 경우는 그간의 혜택을 모두 반환하게 하는 것이다. 이러한 조치는 우리나라와 같이 근대화의 과정에서 나타나는 농지의 무분별한 잠식을 방지하는 하나의 대책이 될 수 있다.

일반적으로 재산세도 소득세와 마찬가지로 저소득층의 세금부담을 줄여주기 위하여 거주하고 있는 주택에 대하여 기본공제를 해 줄 수 있다. 즉 재산의 평가가치에서 일정한 금액, 예컨대 1억을 공제한 후의 재산에 대하여 과세하는 것이다. 그렇게 되면 재산의 평가가치가 1억에 미치지 못하는 가구에 대하여 재산세를 면제하는 것과 같은 효과를 갖는다. 경우에 따라서는 이러한 자격을 고령자나 장애자에 국한함으로써 사회보장적 효과를 거둘 수도 있다.

재산세의 부담을 완화하는 방법으로 미국의 재산세면제 장치의 하나인 재산세한도제도(circuit breaker)를 들 수 있다. 이 방법은 재산세가 소득의 일정 수준을 초과하는 경우 이 부분에 대하여 전부 또는 일부를 면제해 주는 방식이다. 예를 들어 은퇴자와 같이 소득은 낮지만 고가의 주택에 살고 있어서 재산세가 무거운 경우 이를 납부하기 위해서는 집을 팔아야 한다. 이러한 문제를 방지하기 위하여 소득의 일정 수준을 넘는 재산세에 대하여 일부 면제를 해 주는 것이다. 이때 대부분의 지역에서는 면제의 상한선을 두고 있다. 이 제도는 전 납세자를 대상으로 적용할 수도 있지만 고령자나 장애자와 같은 특정 계층에 대해서만 자격을 부여함으로써 사회보장적 효과를 거둘 수 있다.

우리나라는 재산에 대한 평가를 정부에서 일률적으로 결정하여 발표한다. 토지와 주택의 경우는 부동산가격공시 및 감정평가에 관한 법률에 따라 결정되는 개별공시지가와 개별주택가격이 시가표준액이 된다. 즉 부동산의 시가표준액은 토지의 경우 개별공시지가이고, 주택의 경우는 개별주택가격이다. 이러한 시가표준액은 부동산의 시장가격을 기준으로 하여 위에서 설명한 여러 가지 방법을 종합하여 추정한다. 일반적으로 발표되는 시가표준액은 시장가격보다 낮다.

우리나라 재산세의 과세표준은 시가표준액인 개별공시지가와 개별주택가격에다 과표현실화율을 곱하여 구한다. 그러니까 과표현실화율이란 시가표준액에 대한 과세표준의 비율로서 만약 이것이 0.5라면 과세표준은 시가표준액에 0.5를 곱하여 구한다는 것을 의미한다. 정부는 과표현실화율은 매년 일정비율씩 상향 조정하여 과표가 시가표준액과 일치하도록 조정해 나가고 있다. 이러한 조치는 재산세의 급격한 증가를 막는데 기여할 수 있다.

지방세로서의 재산세는 이상과 같이 과표가 정해지면 이에 세율을 곱하여 구한다. 재산세의 세율은 과표구간에 따라 누진적으로 차등 적용된다. 즉 소득세와 같이 한계세율이 적용된다. 그리고 부동산의 경우 평가가치가 일정 수준, 예컨대 9억 이상이 되면 이에 대해서는 국세인 종합부동산세가 부과된다. 종합부동산세액의 산정에는 지방세로 납부한 재산세액은 공제해 주는 방식을 취한다.

2. 재산세의 효과

재산세는 경제적인 측면에서 보면 자본으로부터 발생하는 소득이나 자본 자체의 가치에 대하여 부과하는 세 중의 하나라는 성격을 갖는다. 자본이란 노동이나 원재료와 같이 생산과정에 투입되는 생산요소라는 점에서 보면 재산세는 소비에 대한 과세가 아니라 생산에 대한 과세라는 측면이 있다. 이러한 재산세의 성격규정은 상업용 건물, 장비, 토지 등에 대한 과세에서 더욱 분명하다. 재산세 이외에도 자본에 대한 과세로 법인세를 들 수 있을 것이다.

재산세하면 생각나는 것이 주로 주택에 대한 과세이므로 이런 과세인 재산세를 생산에 대한 과세로 생각하는 것이 얼른 납득하기 어려울 수 있다. 사람들은 통상 주택을 소비재라고 간주하는 경향이 있기 때문이다. 그런데 주택의 경우도 엄밀히 생각해 보면 주택 그 자체는 '주거서비스'라는 소비재를 생산하는데 투입되는 한 생산요소라는 성격을 가지고 있다. 이는 임대업을 생각해 보면 분명해진다. 임대업의 경우 임대업자는 주택이라는 생산요소를 노동 등과 결합하여 세입자에게 주택서비스라는 상품을 제공하고 그에 대한 대가로 임대료를 받는다. 즉 주택이 생산요소로서 사용된 것이다. 자가 소유의 주택의 경우도 마찬가지로 생각할 수 있는데 이 경우는 소유자가 생산자인 동시에 소비자에 해당한다고 생각할 수 있다. 다음에서는 이와 같이 재산세가 생산에 투입되는 자본에 대한 과세라는 측면에서 재산세의 경제적 효과에 대하여 논의하기로 한다.

재산세의 귀착

먼저 재산세가 전국적으로 단일세율로 획일적으로 부과되는 경우를 생각해보자. 이 때는 단기적으로 보면 모든 납세자들이 세금부담을 전가할 수 없을 것이다. 재산세를 전가하기 위해서는 경제적 행위를 변경시켜야 한다. 즉 재산의 형태나 입지 등을 변경하는 방식으로 세 부담을 전가시킬 수 있지만 전국적으로 같은 세율로 재산세가 부과되면 이런 방법을 통하여 전가하는 것이 불가능하게 된다.

• 재산별 차등과세

이상과 같이 재산세가 단일세율로 부과된다는 가정은 현실성이 떨어진다. 그러므로 가정을 좀더 완화하여 다음에서는 재산의 형태에 따라 차등 세율이 적용되는 경우를 보자. 즉 한 형태의 재산에 대해서는 면세되고 다른 형태의 재산에 대해서는 단일세율이 부과되는 경우를 예로 들어 보자. 이런 경우에는 투자자들은 과세를 피하기 위하여 과세되는 재산에 대한 투자를 줄이고 면세되는 재산에 대한 투자를 늘린다. 이렇게 사람들이 과세대상 재산에 대한 투자를 줄이게 되면 이런 재산에 대한 수익률은 상승하게 될 것이다. 반면에 면세되는 재산의 수익률은 투자가 증가함에 따라 감소한다. 이는 투자의 한계수익률이 체감하기 때문에 나타나는 현상이다. 그리하여 결국 균형에서는 두 가지 형태의 재산으로부터의 세후 수익률이 같아지게 된다.

다음과 같이 생각해 보자. 아파트의 임대에 대해서는 과세하고 일반주택의 임대에 대해서는 비과세한다고 해보자. 이 경우 단순하게 생각하면 아파트 임대업자만 세금부담을 지고 주택의 임대사업자는 세금부담에서 자유로울 것 같이 생각된다. 그러나 그렇지 않다. 아파트임대 사업에만 과세하는 경우에 일차적으로는 아파트 임대사업자의 수익률이 떨어진다. 그러면 임대업자로서는 아파트에 대한 투자를 줄이고 그 대신에 주택에 대한 투자를 늘린다. 그렇게 되면 전반적으로 아파트 공급이 감소하는 대신 주택의 공급이 증가하여 주택 임대에 대한 수익률이 감소하게 된다. 즉 아파트의 임대에 대하여 과세하면 그 부담이 비과세되는 주택의 임대사업에도 영향을 미친다는 것이다. 결과적으로는 균형에서는 아파트와 주택의 임대에서 발생하는 세후의 수익률이 같아진다.

요약하면 재산세가 한 형태의 재산에 부과되더라도 그 부담은 비과세되는 다른 형태의 재산소유자에게도 일부 전가된다. 이러한 전가는 투자자들의 행위의 변화를 통하여 시장에 영향을 미침으로서 이루어진 것이다. 이해를 분명히 하기 위하여 숫자로 예시하면, 아파트와 주택의 임대사업에서 수익률이 모두 9%였다고 하자. 그런데 아파트의 임대 수입에 대해서만 과세하여 수익률이 5%로 떨어졌다고 하자. 투자자들은 아파트에 대한 투자를 줄이게 될 것이다. 그러면 아파트에 대한 투자의 한계수익률은 체감하는 성질에 의해서 이에 대한 수익률이 다시 올라갈 것이다. 예컨대 7%로 상승하였다고 하자. 반면에 주택에 대한 투자는 늘어날 것이므로 수익률이 감소한다. 과세 전에 9%의 수익률이 7%까지 하락하게 되면 균형이 성립하게 된다. 결국에 두 종류의 재산에서 세후 수익률이 같아진다. 그러나 소비자, 즉 이용자의 입장에서 보면 아파트의 이용자 가격이 높다. 이러한 결과는 소비자의 행위를 고려하지 않았기 때문이다. 일단 이 예에서 알 수 있는 것은 두 가지 형태의 재산이 있는 데 한 형태의 재산에만 과세하면 그 부담이 과세되는 재신의 소유자에만 모두 돌아가는 것이 아니라는 점이다. 즉 그 부담은 두 가지 형태의 재산소유자에 모두 돌아간다. 그 이유는 투자자들이 행위를 자유롭게 조절할 수 있다고 가정하였기 때문이다.

이상에서는 소비자는 그대로 있고 투자자가 행위를 변경시키는 것이 가능한 경우를 예로 들어 설명하였다. 그러나 만약 투자자가 아니라 사용자, 즉 소비자가 행위를 변경시키는 것이 자유롭다고 가정해 보자. 위의 예에서 아파트임대에 만 과세할 때 아파트 임대가격을 상대적으로 상승시키고 이에 따라 소비자들은 주택에 비해 아파트 임대에 대한 수요를 줄일 것이다. 그 대신에 비과세되는 주택으로 수요를 전환할 것이다. 그러면 아파트 임대가격은 하락하고 주택의 임대가격은 상승하게 되어 결국에는 두 재산에서 이용자 가격이 같아지게 된다. 그런데 두 재산에서 세전 가격, 즉 수익률이 같다고 하더라도 아파트에 대한 투자로부터 얻는 수익에 대해서는 세금을 납부해야 하므로 이로부터 얻은 수익률은 주택에 대한 수익률보다 낮아진다. 즉 이 경우는 차등 과세의 부담이 아파트의 투자자에게 돌아가게 된다. 이와 같이 투자자들이 행위를 변경시키는 것이 허용되지 않고 소비자만 허용된다고 가정하면 과세의 부담은 당연히 과세되는 재산의 소유자에게로 돌아간다.

• 지역별 차등과세

다음은 동일한 재산에 대하여 지역별로 서로 다른 세율로 과세되는 경우에 경제적 부담의 귀착 문제에 대하여 알아보자. 사실 이러한 문제는 위에서 언급한 재산별 차등과세의 경우와 전적으로 동일하다. A지역에서는 아파트 임대에 대하여 높게 과세하고 B지역에서는 낮게 과세한다고 하자. 그러면 일차적으로는 A지역의 아파트 소유자의 임대수익률이 B지역에 비하여 낮아지게 된다. 이때 자본의 이동이 자유롭다면 투자자들은 A지역에서 B지역으로 투자를 이동시킨다. 그 결과 A지역의 아파트 공급이 감소하고 따라서 이 지역에서 아파트 임대 수익률(임대가격)이 올라가게 된다. 한편 B지역에는 아파트 공급이 증가하므로 수익률이 떨어진다. 결국 균형에서는 두 지역에서 세후 수익률이 같아진다. 즉 지역별 차등과세는 자본의 이동을 유발하므로 낮은 세율로 과세되는 지역의 자본에 대한 수익률도 역시 어느 정도 떨어뜨리는 결과를 초래한다. 이 같은 현상이 일어날 때 아파트 이용자의 비용은 A지역이 B지역보다 높다. 그 이유는 앞서 말했듯이 아파트 공급부족으로 임대료 가격이 상승하였기 때문에 A지역에 거주하는 사람이 더 높은 임대가격을 지불한다. 이와 같이 지역 간에 차등 과세가 되는 경우는 높은 세율이 부과되는 지역에 재산에 대한 투자를 감소시키는 한편 재산의 이용자에게는 비용을 증가시키는 결과를 초래한다. 즉 A지역에서의 주거비가 B

지역에 비하여 비싸게 된다.

이상에서 보았듯이 차등과세로 인한 조세부담은 고율의 과세지역에서 저율의 과세지역으로 일부 전가되는데, 이는 낮게 과세되는 지역으로 자본공급이 증가함에 따라 이 지역에서 수익률이 감소하기 때문이다. 그런데 만약 자본의 이용자 즉 위의 예에서는 아파트를 빌리고자 하는 사람의 이동이 자유롭다면 이야기는 달라진다. 임대료가 A지역이 B지역보다 높기 때문에 일부 이용자는 B지역으로 이동할 것이다. 이러한 수요의 이동은 A지역 아파트 임대 가격을 점차 낮추고 B지역의 아파트 임대가격을 차츰 올린다. 이와 같은 소비자의 행위 변경이 가능할 경우에 종국적인 경제적 효과는 자본의 공급자와 수요자의 상대적 이동 가능성의 정도에 따라서 달라질 것이다.

이상과 같이 A지역에서 높게 과세하면 A지역에서 자본투자가 감소한다. 그러나 이야기가 여기서 끝나는 것이 아니다. 자본은 하나의 생산요소로서 다른 생산요소와 결합되어 생산과정에 투입되는 것이다. 그러므로 자본투입이 감소하면 노동에 대한 수요 역시 감소한다. 따라서 A지역은 B지역에 비하여 일자리를 구하기 힘들어지고 이에 따라 임금은 내려가고 소득이 감소하는 효과가 나타날 것이라는 예상을 할 수 있다.

또한 특정지역의 재산에 대한 중과세는 자본과 보완적인 투입관계에 있는 토지에 대한 수요에도 영향을 미친다. 위의 예에서 A지역의 아파트에 대한 투자가 감소하면 자연히 토지에 대한 수요도 감소한다. 더욱이 주민들이 주거비가 적게 드는 B지역으로 이동하게 되면 토지에 대한 수요는 더더욱 감소한다. 그리하여 결국은 토지의 가격이 하락한다. 결국 차등과세의 부담이 토지소유자에게도 돌아가는 것이다. 토지의 공급은 고정되어 있다는 점을 감안해 보면 토지의 소유자는 행위의 변화를 통하여 이러한 부담을 전가할 수 있는 입장이 아니므로 재산세 부담의 상당한 부분을 토지 소유자가 지게 된다.

• 요약 및 정책적 의미

다음에서는 이상의 논의를 요약한 다음 정책적 의미는 무엇인지 알아보기로 한다. 먼저 전국적으로 단일세율을 부과하는 경우이다. 위에서 보았듯이 전국적으로 단일세율이 부과되면 그 부담은 자본소유자에게로 돌아간다. 또한 자본의 이동이 자유롭다면 재산 유형에 따른 차등과세, 즉 특정 재산에 대해서만 중과세되는 경우에는 그 부담이 다른 재산의 소유자에게로도 돌아간다는 것이다. 그리고 재산에 대한 과세는 자본의 수익률을 감소시키고 그에 따라 자본투자를 감소시킴으로서 사회의 총 자본량이 감소한다. 그렇게 되면 그 부담은 소비자나 노동자에게도 돌아간다. 즉 투자가 감소하면 그것에 의하여 생산되는 재화(위의 예에서, 주거 서비스)의 가격이 상승하여 이를 소비하는 소비자의 부담 역시 증가한다. 또한 투자의 감소는 노동에 대한 수요를 감소시키고 이는 임금하락을 가져와 노동자의 소득을 감소시킨다.

지역 간 차등 과세되는 경우도 마찬가지이다. 이에 대한 설명을 단순화하기 위하여 다음과 같이 가정해 보자. 자본은 완전히 이동 가능하지만 반면에 소비자와 노동자는 완전히 이동가능하지 않다고 가정해 보자. 즉 소비자와 노동자는 차등과세로 인하여 지역 간을 이동하는 것이 허용되지 않는다고 하자. 이 경우에 지역별로 차등과세가 된다면 그 효과는 어떻게 될까? 이 경우에는 높게 과세되는 지역은 낮게 과세되는 지역에 비하여 생산된 재화(즉, 주거 서비스)의 가격이 올라가고 임금은 하락한다. 이러한 가정은 현실과 완벽하게 일치하지는 않지만 어느 정도 현실을 반영하고 있다. 즉 사람들이 다른 지역에 대한 정보, 즉 가격을 잘 인지하고 이를 이용한다는 것이 쉽지 않기 때문이다. 다시 말하면 이런 가정하에서는 재산세의 부과가 소비재 가격(주거비용)은 올리고 생산요소(노동, 토지)의 가격은 내림으로써 그 부담을 소비자와 노동자에게로 전가시킨다. 전통적인 견해에서도 재산세의 부담이 주거비용을 올림으로써 그 부담을 사용자에게로 전가한다고 한다. 이 같은 견해와 여기에서의 결론은 유사하다.

한편 위와 반대로 자본, 소비자. 노동이 모두 자유롭게 이동이 가능하다고 가정해 보자. 그러면 위와 전혀 다른 결과가 도출된다. 이 경우도 지역 간 차등 과세는 일차적으로 지역 간 주거비용이나 임금에 차이를 초래한다. 이러한 차이의 상당 부분은 곧 소비자와 노동자들의 지역 간 이동을 통하여 제거된다. 그러나 효과 중 일부는 과세가 높은 지역의 토지가격을 낮게 과세되는 지역에 비하여 낮추는 형태로 나타나게 된다. 이는 토지는 공급이 고정되어 있어 이동이 불가능하기 때문이다. 실제로 주민들은 지역 간 가격 차이 때문에 주거지를 이동하는 것을 볼 수 있는데 이렇게 행위의 변경이 자유롭다면 재산세부담의 대부분은 높게 과세되는 지역의 토지소유자에게로 돌아간다.

이상과 같은 결과가 조세정책에 주는 의미는 무엇인가? 먼저 만약 전국적으로 재산세를 낮춘다면 그 효과는 당연히 재산 즉 자본의 소유자에게 소유한 크기에 따라 돌아갈 것이다. 그러나 한 지방정부만 재산세율을 낮추고 다른 지방정부는 그대로 있게 된다면 효과는 어떻게 되겠는가? 이 경우는 위의 논의에서 분명하듯이 세율을 낮춘 지역의 임대(즉, 주거비)가격을 낮추고 임금을 상승시킨다. 토지가격 역시 조세의 자본화 현상에 의하여 올라가게 되어 토지소유자에게 유리하게 작용하게 될 것이다.

3. 재산세와 소득분배

재산세의 형평성

전통적인 견해에 의하면 재산세는 역진적이라고 본다. 그 이유는 위에서 말한 바와 같이 주택에 대하여 재산세가 부과되면 주거비용(주택 서비스 비용, 임대료)을 높임으로써 조세부담이 주택 서비스의 소비자에게로 돌아간다고 보는 데에 있다. 저소득자의 경우가 고소득자에 비하여 소득에서 주거서비스의 비용이 차지하는 비용이 높다는 점을 감안하면 이 세가 역진성이라고 보는 것은 일면 타당성이 있다.

이 장에서는 지금까지 재산세를 생산요소로서의 자본에 대한 과세라는 관점에서 논의를 해 왔으므로 이러한 관점에서 재산세가 소득분배와 어떤 관계에 있는지 좀 더 논의를 하기로 한다.

먼저 재산세가 전국적으로 동일하게 과세되는 경우를 생각해 보자. 이 때는 앞서 언급한 바와 같이 재산세의 부담이 자본의 소유자에게 그 크기에 비례하여 돌아간다. 즉 자본을 많이 소유한 사람에게 더 큰 부담이 지워진다. 자본은 소득이 낮은 사람에 비하여 높은 사람들이 상대적으로 많이 소유하고 있는 것으로 볼 수 있다. 그러므로 이런 관점에서 보면 전통적인 견해와 달리 재산세는 역진세가 아니라 비례세이거나 누진세로서의 성격을 갖는다.

지역별로 차등(差等) 과세되는 경우는 어떤가? 이 때는 위에서 본 바와 같이 재산세가 높게 부과되는 지역의 소비자, 노동 및 토지소유자에게로 부담이 돌아간다. 그리고 부담의 정도는 그들의 이동 가능성 정도에 따라서 결정된다. 그런데 만약 재산세가 높게 부과되는 지역이 다른 지역에 비하여 소득도 역시 높다고 하면 이 지역 사람들이 차등 과세의 부담을 대부분 지게 되므로 이 때는 재산세가 역진적이라기보다는 누진세적인 성격을 갖는다.

이상과 같이 재산세는 전통적인 견해에 의하면 역진적인 세라고 할 수 있지만 이론적으로는 볼 때 자본에 대한 과세로서 역진적이라기보다는 비례세나 누진세의 성격이 있는 것을 볼 수 있다. 오늘날 여러 경험적 연구에서도 재산세가 역진세가 아니라 비례세나 누진세에 가깝다는 것을 보이고 있다.

편익과세로서의 재산세

티브 모형에서 설명한 바 있지만 재산세는 편익조세로서의 성격이 있다. 이 경우는 소득분배와 관련하여 위에서 설명한 것과 전혀 다른 결론에 이르게 된다. 만약 주민이 지방정부가 제공하는 서비스와 재산세를 비교하여 주거지를 선택한다고 하자. 그러면 같은 재정 패키지(조세/지출)를 선택한 주민들이 한 지역에 함께 모이게 된다. 이 경우에 재산세는 정부가 제공한 서비스의 소비에 대한 가격이라는 성격을 갖는다. 즉 소비자들이 정부서비스의 소비에 대하여 정당한 가격을 지불하고 이를 구입하는 것이다. 따라서 조세라는 것이 단순히 공공서비스에 대한 수요를 반영하기 때문에 공공서비스의 공급과 분리하여 조세귀착을 논의하는 것은 의미가 없어진다. 예컨대 소득이 높은 집단은 더 많은 공공서비스를 수요하기 때문에 더 많은 세금을 내는 것이다. 이렇게 고소득집단이 세금을 많이 낸다고 해서 이를 소득의 재분배를 반영하는 것으로 볼 수 없다. 단지 이들은 원하는 서비스에 대하여 가격을 지불할 뿐이다.

이와 같이 재산세를 편익과세의 관점에서 보면 이는 세금이라기보다는 사용료(fee)의 성격을 갖는다. 이 경우는 재산세가 자원배분을 왜곡시키지 않는다. 다시 말해서 재산세가 사용료의 개념이라면 자본을 지역 간이나 용도에 따라 재분배할 유인이 사라진다. 따라서 자본의 수익률도 변하지 않는다. 이와 같이 재산세를 어떤 지역에서 제공하는 서비스에 대한 사용료로 보느냐 아니면 이를 자본에 대한 과세로 보느냐 하는 것은 재정학에서 논쟁거리이다. 하여튼 편익조세의 관점에서 볼 때는 재산세의 소득분배에 대한 영향은 고려할 의미가 없게 된다. 그런데 재산세를 편익조세로 보는 견해가 성립되기 위해서는 티브 모형과 같이 분리된 동질적인 지방정부가 다수 존재하여야 하고, 또한 지구지정제도(zoning rule)가 잘 정착되어야 한다는 전제조건이 충족되어야 한다.

4. 토지에 대한 과세

이상에서는 재산세를 토지와 건축물을 포함한 통합된 가치로 보고 이에 대한 과세로서 설명하였다. 즉 토지와 건축물에 동일한 세율이 적용되는 것으로 가정하고 구분하여 설명하지 않았다. 다음에서는 토지를 건축물로부터 분리하여 별도로 다른 세율을 적용할 때의 효과에 대하여 알아보기로 한다. 이런 재산세를 분할재산과세(two-rate, split rate, graded property tax)라고 한다. 단일세(單一稅)로 유명한 헨리 조지(Henry George)는 극단적으로 건축물에는 제로 세율을 적용하고 토지에만 조세를 부과할 것을 주장한 바 있다. 그 이유는 토지에 대한 과세는 조세회피가 어려워 경제적 효율성을 저해하지 않는다는 장점 때문이다.

토지에 높은 세율을 적용하는 분할과세는 토지이용을 촉진시킬 수 있다. 즉 일정한 토지에다 주택이나 상가와 같은 건축물의 투자를 촉진시키고 공한지의 보유를 줄이는 역할을 한다. 또한 토지 공급이 제한되어 있기 때문에 토지에 대한 중과세가 토지소유자의 행위에 영향을 미치지 않는다. 따라서 초과부담을 발생시키지 않으므로 경제적 효율성을 저해하지 않는다.

토지에 중과하는 이러한 분할과세의 효과는 〈그림 15-1〉에서 설명할 수 있다. 〈그림 15-1〉 (a)에서 보면 토지에 대한 중과세는 토지에 대한 수요를 줄여 수요곡선을 하향 이동시킨다. 결과적으로 토지의 공급은 제한되어 있기 때문에 토지의 량은 일정하게 유지되고 토지의 사용자가격(지대)도 P_0로 그대로이다. 하지만 세후 토지소유자의 수입은 P_1으로 하락한다. 이는 토지소유자가 토지의 량을 조절시킬 수 없기 때문에 모든 조세부담을 진다는 것을 의미한다.

한편 토지에 대한 중과세로 인해 발생한 정부수입의 증가는 정부수입의 총규모를 일정하게 유지한다고 전제하면 건축물에 대해 세율을 낮추는 것이 가능하게 된다. 이는 같은 〈그림 15-1〉 (b)에서 보면 건축물의 공급비용을 낮추는 것과 같으므로 공급곡선을 하향시키는 것으로 나타낼 수 있다. 결과적으로 건축물의 공급이 늘어난다. 이는 동일한 토지에 더 많은 건축물을 짓는다는 것이므로 이전보다 고층 건물이 들어올 수 있다는 것을 말해준다. 달리 말하면 토지를 집약적으로 이용하는 효과가 있으므로 이를 자본집약적 효과(capital-intensity effect)라고도 부른다.

〈그림 15-1〉 분할과세의 효과

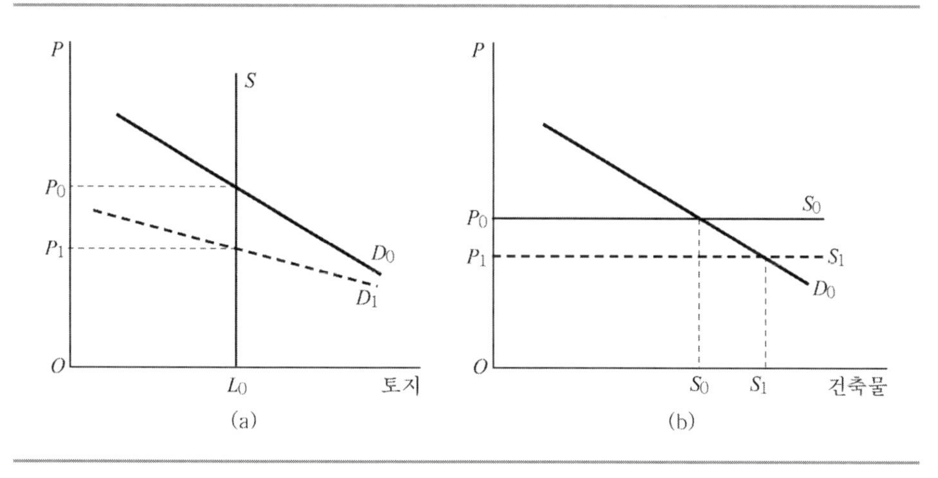

그런데 이러한 분할과세에는 다음과 같은 문제가 뒤따른다. 먼저 토지와 건축물의 가치 평가를 분리할 수 있는 기제가 있는가 하는 문제이다. 토지와 건물은 통상적으로 결합해서 소득을 발생시키기 때문에 이 둘을 분리해 내는 것이 문제가 된다. 토지의 평가 시에 그 토지가 현재 어떻게 사용되고 있는지를 반영할 것인지 아니면 최선의 용도로 사용될 때의 가치를 반영할 것인지에 따라 그 가치가 달라진다. 예컨대 현재 공한지로 있다면 주차용도로의 가치로 평가할 것인지 아니면 그곳에 건물을 지었을 때 토지의 가치로 평가할 것인지와 같은 질문이다.

또한 위에서도 언급하였듯이 토지에 대한 과세는 토지의 이용을 촉진시키는 결과를 초래할 수 있다는 점이다. 만약 공한지에 세금이 늘어나면 그 소유자는 더 효율적인 용도로 사용할 때까지 기다리기보다는 그곳을 빨리 개발하고자 하는 유인에 빠질 수 있다. 이러한 경우에는 분할과세로 인해 초과부담이 초래되고 비효율을 유발할 가능성도 있다.

5. 재산의 구성과 조세부담

주로 지방정부의 과세 대상이 되는 재산은 주거용 재산과 영업용 재산으로 크게 나눌 수 있고, 영업용 재산은 산업용과 상업용 재산으로 다시 구분이 가능하다. 한 지방정부의 재산세의 세원으로서 재산이 어떻게 구성되었느냐에 따라 주민들의 부담이 달라질 수 있다. 영업용 재산에 대한 재산세의 부과가 해당 주민의 부담으로 돌아가지 않는다면 그 지역에 영업용 재산이 많을수록 주민 1인당 조세부담은 가벼워진다고 생각할 수 있다. 영업용 재산으로부터의 조세수입이 많으면 상대적으로 주민 1인당 조세부담은 감소할 수 있기 때문이다. 즉 지역의 주민은 영업용 재산에 대해 높은 세율을 부과하는 것에 대해 찬성할 것이다. 그렇게 되면 정부지출에 필요한 재원의 많은 부분이 해당 주민이 아닌 영업을 하는 기업의 부담이 되기 때문이다.

그런데 한 지역의 영업용 재산에 대해 고율의 재산세를 부과하면 그 부담이 과연 그 지역 주민의 부담으로 돌아오지 않는가 하는 점이다. 실제로는 자본은 이동 가능하므로 조세부담의 일부는 주민의 부담으로 돌아오게 된다. 부언하면 한 지역에서 상업용이나 산업용 재산에 대한 재산세율이 높아져서 어느 단계에 이르게 되면 세율이 낮은 지방정부와 경쟁관계에 놓이게 된다. 그렇게 되면 자본이 그 지역에서 세율이 낮은 지역으로 유출된다. 따라서 세율이 높은 지방정부의 조세수입은 감소하고 결과적으로 주민의 조세부담은 증가한다. 그러므로 영업용 재산에 대해 재산세율을 무작정 올릴 수 없는 것이다.

또한 산업용 재산과 상업용 재산은 서로 이동 가능성이 다르기 때문에 이들에 대하여 다르게 대우해야 하는가 하는 문제에 직면한다. 여러 연구에 의하면 산업용 재산이 상업용 재산에 비하여 세율의 변화에 대하여 민감하다고 한다. 이것이 사실이라면 산업용재산이 많이 소재한 지방정부로서는 상업용 재산이 많은 정부에 비해 상대적으로 낮은 재산세율을 선택해야 한다. 그래야 자본의 유출을 막을 수 있다. 상업용 입지선택이 지방의 시장과 연계되어 있는 반면에 산업용 입지선택은 비교적 이동이 자유로워서 어느 곳으로든 이동 가능하다. 이 때문에 산업용 재산이 지방정부의 재산세 결정에 더 민감한 측면이 있다. 결론적으로 영업용 재산의 구성 비율이 높을수록 주민의 조세부담은 감소하고 정부지출을 높이는 경향이 있다(R.C. Fisher, 2007).

과표현실화율　　단일세(單一稅)　　재산세(財産稅)　　재산별 차등과세
지역별 차등과세　　분할재산과세

제 16 장

정부 간 보조금제도

지방정부는 지출 할 곳은 많은 데 비하여 조달 가능한 자체 재원은 부족하다. 그러므로 대부분 지방정부의 재정자립도가 낮은 형편이다. 우리나라의 국세와 지방세의 비중을 보면 1990년대를 전후하여 약 90:10 수준에 있다가 2000년대 들어 80:20 수준으로 약간 개선되고 있으나 아직도 국세에 매우 편중된 모습을 보이고 있다.

또한 지방정부 간에도 상급 자치단체는 재정능력이 비교적 높지만 그 이외에 기초 자치단체의 경우는 재정능력이 매우 취약한 상태에 있다. 이와 같이 중앙정부와 지방정부간의 재정적 불균형이나 지방정부 간의 불균형 문제가 있을 때 이를 조정하기 위한 제도적 장치로서 정부 간 보조금제도가 필요하게 되었다.

1. 보조금제도의 의의

지방자치단체의 필요경비는 원칙적으로 지방세와 세외수입 등 자체재원으로 충당하는 것이 바람직하다. 그러나 그럴 경우에 지역 간 세원의 편재로 인하여 지자체간 부익부 빈익빈 현상이 나타나게 된다.

이론적으로는 지역 간 고루게 분포되어 있는 세원을 지방세로 하고 대도시나 일부 지역에 편중되어 있는 세원은 국세로 하는 것이 바람직하다. 그러나 현실적으로는 이러한 원칙에 정확하게 부합하는 세목을 찾기가 쉽지 않다. 또 설령 있다고 하더라도 다른 이유 때문에 채택하는 데에 어려움이 따른다.

또한 이론에 부합하는 원칙에 입각하여 중앙과 지방간 세원을 배분하더라도 중앙과 지방간 또는 지방정부간의 재정불균형이 발생할 수 있다. 그러므로 중앙정부는 국세수입 중 일부를 재정이 취약한 지방자치단체에게 공여해 줌으로써 재정적 불균형을 시정하는 것이 필요한데, 이러한 제도를 일컬어 지방재정조정제도라고 한다. 즉 지방재정조정제도(local finance equalization scheme)는 원래 중앙정부가 지방자치단체의 재정불균형을 조정해주는 장치를 말한다. 그러나 이외에도 광역자치단체가 기초 자치단체에게, 그리고 동급 자치단체 간에 재원을 공여해 줌으로써 지방자치단체의 바람직한 역할 수행을 뒷받침해 주는 것 역시 넓은 의미에서 지방재정조정제도(地方財政調整制度)에 속한다.

일반적으로 정부 간 재정불균형은 공평성이라는 측면에서 많은 문제를 발생시키므로 이를 치유하는 장치로서 정부 간 보조금제도는 그 의의를 갖는다. 지방재정조정제도가 갖는 이러한 의의를 좀더 구체적으로 설명하면 다음과 같다.

첫째 정부는 이 제도를 통하여 지역 간 외부효과, 즉 공간적 외부성을 조정하는 수단으로 사용할 수 있다. 지방정부가 공급하는 공공재는 그 지역을 넘어서 다른 정부에 상당한 정의 또는 부의 효과를 초래한다. 한 지역에서 수행한 공공사업의 결과로 편익이나 비용이 다른 지역의 주민에게로 돌아가는 경우를 지역 간 외부효과라고 한다. 예컨대 상류 지역에 위치한 지방정부가 강물을 정화시키는 사업을 수행하면 그 혜택은 하류에 위치한 지역의 주민들에게도 돌아가게 된다. 이와 같이 어떤 사업에서 정의 외부효과가 발생하는 경우에 지방정부가 이런 편익을 계산에 넣지 않고 사업수행의 결정을 내리는 경우 사회적으로 필요로 하는 수준에 미치지 못하게 된다. 즉 지역 간 정의 외부효과가 존재할 경우에 사회 전체적 관점에서 볼 때 필요한 만큼의 공공서비스 수준을 지방정부로서는 제공하지 못한다. 그러므로 사회 전체적인 관점에서 보면 경제적 비효율이 발생할 수 있다. 이러한 경우에 상위에 있는 중앙정부가 나서서 지역 간 정의 외부효과를 창출하는 지방정부에 적절한 보조금을 지불함으로써 왜곡된 유인 구조를 바로 잡는 것이 필요하다.

또 다른 형태의 지역 간 외부성의 문제로 사람들의 지역 간 이주에 의해서 초래되는 외부효과를 들 수 있다. 사람들은 티브 모형에서와 같이 무거운 지방세부담를 회피하고 더 나은 공공서비스를 얻기 위하여 다른 지방정부로 이동할 수 있다. 예컨대, 한 지방정부의 조세부담이 공공편익보다 크다고 하자. 그러면 이 정부의 주민들은 다른 지방정부로 이동할 것이다. 이때 만약 새로 이주해 간 주민이 공공서비스의 단위 당 평균 비용에 미치지 못하는 세금을 부담한다면 기존의 주민들은 동일한 세금을 내지만 전에 비해 공공서비스의 이용이 줄어들 수 있다.[1] 이 경우는 새로 이주한 사람들이 기존의 주민들에게 비용을 전가시키는 사례이다. 즉 이주로 인하여 부의 외부효과가 발생한 것이다. 이러한 외부효과는 조정되지 않는 한 당연히 경제적 비효율을 발생시킨다. 이러한 문제를 시정하기 위하여 정부 간 보조금이 사용될 수 있다. 다시 말해서 상위 정부가 조세부담은 높으나 공공서비스 수준이 낮은 지방정부에 보조금을 지급한다면 인구의 이동을 방지할 수 있고 이는 효율적인 지방정부구조를 유지하는 데 기여하게 된다.

실제로 어떤 지방 정부는 재원이 풍부하지만 반면에 지방세입으로 인건비도 충당하지 못하는 곳도 있다. 이런 경우 재정이 빈약한 지방정부에 거주하는 상위 소득의 주민들은 지방세 부담은 높지만 공공서비스 수준은 낮을 수 있다. 이때는 재정이 열악한 지방정부의 주민들이 다른 지방정부로 이동하려는 유인을 갖게 되는데, 그렇게 되면 지방 정부 간에 불균형이 초래되어 비효율이 초래된다. 이 경우에 중앙정부가 일단 국세로 조세수입을 확보한 다음, 재정능력이 빈약한 지방정부에 보조해 주는 방식으로 지방재정을 조정하는 것이 사회 전체적인 관점에서 볼 때 효율성을 증가시킬 수 있다.

둘째로 이 제도는 형평의 증진을 위하여 전국적으로 공공서비스의 수준을 균등화시키는 데 의의가 있다. 중앙정부로서는 형평이라는 측면에서 전국적으로 최소한의 공공서비스수준(national minimum)을 일정하게 유지하는 것이 필요하다.

특히 공공서비스 중에서 저소득층의 후생과 연관이 깊은 공공재를 가치재라고도 한다. 가치재(merit goods)란 국민의 후생을 증대시키기 위하여 특별히 소비

---

1) 이주한 주민의 소득이 그 지역의 평균 소득에 미치지 못하는 경우에 조세부담은 적으나 그 지방정부가 제공하는 각종 공공서비스는 동일하게 향유할 수 있다. 이 경우에 기존의 주민들은 인구의 증가로 인하여 평균적인 공공서비스의 소비 혜택은 감소할 수 있다.

를 장려할 필요가 있는 재화라는 의미에서 부쳐진 이름이다. 중앙정부로서는 형평의 증진이라는 관점에서 지방공공서비스의 공급을 일정 수준으로 유지시키는 것이 필요하지만, 소득이 낮은 지방정부가 충분한 가치재를 공급할 재정능력이 없을 때 국가적 관점에서 볼 때 지역 간의 불균형 문제가 발생한다. 이때에 중앙정부는 지방정부에 보조금을 지불하여 의도한 목적으로 사용할 수 있도록 장려할 수 있다. 예를 들어, 어린이들에 대한 교육을 정부가 책임져야 할 의무가 있지만, 그 지역주민들의 소득수준이 너무 낮아서 비용조달이 원활하지 않다면 중앙정부는 교육서비스가 일정수준으로 공급될 수 있도록 하기 위하여 보조금을 지급하게 된다(우명동, 2001).

셋째로 이 제도는 효과적으로 지방세를 국세로 대체하는 것을 가능하게 한다는 점에서 의의가 있다. 징세 면에서 볼 때 국세가 지방세보다 더 효율적이다. 그러므로 지방세의 국세로의 조세 대체는 조세체계의 효율성을 증대시키는 데 기여한다. 국가 간에는 조세회피가 어려운 반면 지방정부 간에는 주민의 이동이 가능하여 조세회피가 용이하기 때문에 전국적으로 부과되는 세금이 지방 단위로 부과되는 세금보다 더 효율적이다. 그리고 조세징수에 있어서도 규모의 경제 이점이 있을 수 있다. 그러므로 정부 간 보조금제도가 가능하다면 전국적으로 과세하여 얻은 수입을 지방 단위로 배분하여 사용하는 것이 바람직할 수 있다. 이러한 조세를 특히 공유세(revenue-sharing tax)라고 하는데 이런 방식을 통하여 중앙 정부는 경제적 비효율성을 줄이면서 재정불균형을 시정할 수 있다.

넷째는 이 제도는 중앙정부가 지방정부에 업무를 위임하여 처리하기 위한 수단으로 사용된다는 점에서 의의가 있다. 중앙정부가 사무를 직접 처리하는 것이 아니라 예컨대 선거관리와 같이 지방정부에 위임해서 처리해야 할 사무가 있다. 이 경우에 지방재정조정제도를 통하여 지방정부에 재원을 공급함으로써 효율적인 역할분담체제를 구축할 수 있다. 또한 중앙정부의 지방정부에 대한 재정배분 권한은 지방정부를 통제하는 수단으로서 사용될 수 있다는 점에서 의의가 있다.

2. 보조금의 형태

중앙정부 또는 상급정부가 하급 정부에 교부하는 보조금은 그 성격에 따라 크게 일반 보조금과 특정보조금으로 나눌 수 있다. 여기서 보조금은 상급 정부가 하급 정부에 보조해 주는 재원이라는 의미에서 지원금이라는 의미이다. 다음에서는 용어의 통일을 기하기 위하여 이런 지원금을 보조금(補助金)이라는 용어로 통일하여 사용하기로 한다.

보조금은 특성에 따라 일반보조금과 특정보조금으로 구분할 수 있다. 보조금 중 일반보조금(general grant)은 무조건부보조금(unconditional grant)라고도 하는데, 이는 상위 정부가 지출목적을 구속하지 않고 지원하는 재원이다. 이런 점이 다음에서 설명할 특정보조금과 구별된다. 일반보조금은 우선 교부된 자금의 사용이 하급 자치단체의 재량에 맡겨지므로 세원의 증가와 같은 성격을 갖는다. 또한 이 자금의 지출책임이 자치단체에 위임된다는 점에서 지방자치의 취지에 부합된다는 장점이 있다.

특정보조금(special grant)은 중앙정부가 조건을 달아서 자치단체에 제공하는 보조금이다. 즉 자치단체는 이 자금을 특정한 사용범주에 대해서만 지출할 수 있다. 이런 의미에서 이 보조금을 범주적 보조금(categorical grant)이라고도 한다. 이 보조금은 일정한 행정수준의 유지, 행정지도의 필요성, 국가가 위임하는 업무 및 특정행정수요에의 대응 등의 목적을 위해 지출되므로 중앙정부가 지방정부에 대해 통제력을 강화한다는 특성을 갖는다.

다른 한편으로 특정보조금은 지급되는 형태에 따라 정률보조금(matching grant)[2]과 정액보조금(non-matching grant)으로 나눌 수 있다. 정률보조금은 지방정부가 어떤 사업을 수행할 때 중앙정부가 비용 중의 일정비율을 보조해 주는 방식이다. 정률보조금은 다시 말하면 지방정부가 어떤 공공사업을 시행할 때 소요되는 비용에 비례하여 중앙정부로부터 재원을 지원받는다. 이런 의미에서 이를

2) 정률보조금이란 예를 들어 최저생계비이하인 계층에 중앙정부(80%)와 광역시도(10%), 자치구(10%)가 생계비를 보조하는 기초생계급여사업과 같은 것이다.

대응보조금이라고도 한다.

정률보조(定率補助)는 중앙정부가 지방정부의 특정 공공재 공급에 대해 가격 보조를 해 주는 경우에 해당한다. 예를 들어, 한 지방정부가 어떤 공공재를 생산하는데 총비용이 15억이고, 총 편익 중에서 5억이 외부지역으로 확산된다고 하자. 이 경우 지방정부가 생산비용 중에서 10억을 부담하고 중앙정부가 외부효과를 내부화하기 위하여 해당 지방정부에 보조금으로 5억 원을 준다고 하자. 그러면 중앙정부의 대응교부비율(matching rate)은 0.5가 된다. 즉 중앙정부는 지방정부 지출액의 1/2을 부담하였다(우명동, 2001). 이를 일반화하면 대응교부비율(matching rate)을 r이라고 할 때 총사업비 중에서 중앙정부의 보조금비중(m)은 $r/(1+r)$와 같이 계산된다. 위의 예에서 $r=0.5$인 경우 중앙 정부는 총사업비의 1/3을 지원하게 된다. 그런데 이러한 보조금의 지급은 지방정부 서비스의 공급가격을 줄이는 효과를 갖는다. 즉, $r=0.5$일 때는 공공서비스 공급에 지출하는 1원 당 지방정부의 조세부담인 조세가격(P)은 $P=1-m\{=1/(1+r)\}$로 줄어든다. 위의 예에서 조세가격은 $P=0.67$이 된다. 이것은 지방정부 주민이 공공서비스 공급 비용의 2/3를 부담한다는 의미를 갖는다.

이에 반해 정액보조금은 지방정부의 지출총액과는 상관없이 상위정부가 일정액을 정해서 교부해 주는 방식이다. 즉 정액보조금은 특정 프로그램을 수행하는 데 있어서 지방정부가 자신의 기금을 사용할 의무를 지지 않고 교부받는 조건부 보조금으로써 이를 비대응보조금이라고도 한다.

〈그림 16-1〉 보조금의 종류

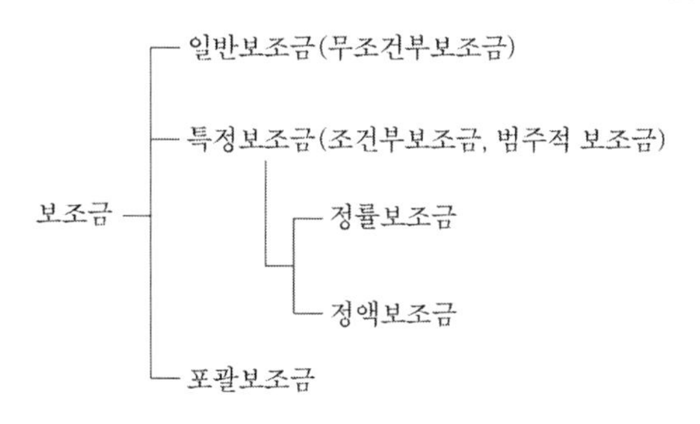

이상의 일반보조금이나 특정보조금과 달리 포괄보조금(block grant)이라는 개념이 있다. 이것은 중앙정부가 지방정부에게 기금의 사용처를 지정한다는 의미에서 조건부 보조금과 유사하나, 그 지정은 일반적으로 그 기금이 사용되어야 하는 지출의 기능적 영역만 규정할 뿐이고 해당 기능의 범위 안에서 세부적으로 기금의 사용용도를 규정하지는 않는다는 점에서 일반보조금과 유사한 성격을 갖는다. 예를 들어 중앙정부는 해당 기금이 교육을 위해 사용될 것을 요구하기는 하지만 교육 분야에 쓰이기만 하면 되지 구체적으로 도서구입이든, 인건비이든, 학교급식이든 상관하지 않는다. 즉 지방정부가 지정된 분야 중에서 필요한 곳에 쓸 수 있다(우명동, 2001).

3. 지방재정조정제도의 경제적 효과

정부보조금의 경제적 효과는 보조금의 성격에 따라 다르다. 일반보조금 및 특정보조금 중 정액보조금은 총액보조금(lump-sum grant)으로서 정률보조금과 지급방법이 다르므로 그 경제적 효과도 다르다. 그러므로 이 둘을 구분하여 설명할 필요가 있다. 먼저 총액보조금은 소득효과(income effect)를 갖는다. 그리고 이것은 공공서비스에 대한 수요의 증가로 나타난다. 반면에 정률보조금의 지급은 공공재생산의 한계비용에 영향을 미쳐서 공공재의 공급가격을 떨어뜨리려는 가격효과(price effect)를 갖는다.[3)]

수요이론을 원용하여 보조금 지급의 경제적 효과를 비교해 보자. 먼저 총액보조금의 지급은 지방정부의 가용 재원을 증가시킨다. 이것은 바꾸어 말하면 지방정부가 주민들에게 세금을 적게 걷는다는 것과 동일하다. 그러므로 주민의 소득을 증가시키는 효과를 갖는다. 공공재가 정상재라고 가정한다면 소득의 증가는 공공서비스에 대한 수요의 증가로 나타난다. 즉 〈그림 16-2〉에서 보면 수요곡선 D_1을 D_2로 우측 이동시키는 것으로 나타낼 수 있다. 공공재의 가격이 P_1으로 동일하다면 이는 공공서비스에 대한 수요를 Q_1에서 Q_2로 증가시킨다.

---

3) R. C. Fisher(2007), State & local Public Finance, ch. 9, 참조.

〈그림 16-2〉 보조금의 효과

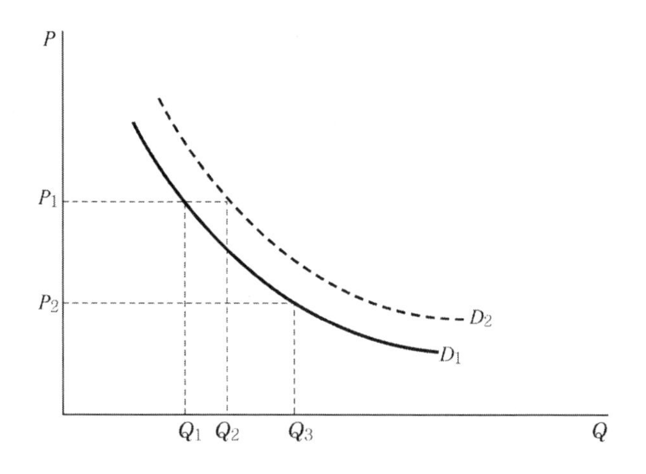

한편 정률보조금의 지급은 앞 절에서 설명한 바와 같이 조세가격을 낮추는 효과가 있다. 이 그림에서 볼 때 공공재 생산의 가격을 P_1에서 P_2로 낮추는 것과 같은 효과이다. 그러면 이는 해당 공공서비스 수요를 Q_1에서 Q_3로 증가시키는 효과를 갖는다. 이러한 각종 보조금의 경제적 효과에 대해서는 다음에서 보다 구체적으로 설명하기로 한다.

자원배분효과

• 일반보조금

보조금은 크게 자원배분에 미치는 효과와 소득분배에 미치는 효과로 구분할 수 있다. 먼저 자원배분측면을 보기로 하자. 일반보조금은 기금 사용에 있어서 아무런 조건도 부여되지 않은 무조건부 보조금이므로 소득보조와 마찬가지 효과를 갖는다. 즉 지방정부는 이 보조금으로 전액 공공재 공급을 증대시킬 수도 있지만, 전액을 주민들에게 돌려주어(세금을 줄이는 방법으로) 민간재화의 소비에 자유롭게 쓰도록 할 수도 있기 때문이다.

다시 말해서 중앙정부가 지방정부에 일반보조금의 형태로 교부하지 않고 대신에 지역 주민들에게 소득보조형태로 직접 지급하는 경우와 그 효과는 같다. 소득보조 시에 주민들은 정부로부터 받은 소득을 지방세 형태로 납부하여 공공서비스를 제공받을 수도 있지만 그렇지 않고 민간재화를 소비하는 데 사용할 수도 있다. 따라서 중앙정부가 지방정부에 지급한 일반보조금이나 지역주민에 대해 직접 지불한 소득보조는 경제적 효과 면에서 동일하다.

이론적으로는 보조금이 지방정부에 주어지면 지방정부는 수입 증가분을 모두 공공지출의 증가로 사용할 수 있다. 그러나 이와 달리 공공지출 수준을 그대로 두기로 결정한다면 동일한 금액만큼의 세금을 덜 걷어도 된다. 이러한 결정은 주민들의 소득을 증가시키는 효과를 초래할 것이다. 즉 일반보조금은 조세 감면을 통하여 주민들의 소득을 증가시킬 수 있다. 한편 달리 생각하면 중앙정부가 보조금을 교부하는 대신 같은 금액을 주민들에게 직접 소득 보조할 수도 있을 것이다. 이러한 경우에 지방 정부가 공공지출을 증가시키고자한다면 주민들에게 같은 금액을 지방세로 부과할 수 있다. 따라서 어느 경우나 효과 면에서는 동일하다.

보조금의 효과에 대한 이상과 같은 설명은 사실 신고전학파 경제학자들의 주장과 맥을 같이 한다. 신고전학파 경제학의 논리에 따르면 민간재화와 공공재 사이의 자원배분은 주민의 선호에 의해서 결정되는 것으로 본다. 그러므로 지역주민의 소득이 증가한 것이나 지방정부에 대한 보조금이 증가한 것 사이에는 자원배분상의 차이가 없다고 생각한다.

그러나 현실적으로는 이와 달리 이 두 경우는 서로 다른 결과를 가져오는 것으로 알려져 있다. 이러한 효과를 흔히 끈끈이 효과(flypaper effect)라고 한다. 경험적 연구를 보면 중앙정부가 지방정부에게 일반보조금을 지급해 주는 것이 주민에게 동액의 소득보조를 해 주는 것에 비하여 공공재에 대한 지출을 더 크게 증가시킨다고 한다. 다시 말하면 중앙정부가 지방정부에 일정액의 일반보조금을 지급해 줄 때가 같은 금액을 소득보조형태로 주민들에게 지급해 주는 것보다도 공공재 생산을 증가시킨다는 것이다. 이와 같이 정부교부금이 일반보조금 형태로 지급될 때 그 지역사회의 공공재생산으로 더 많은 자원이 배분되는 현상을 끈끈이 효과라고 한다. 끈끈이란 의미는 일반보조금이 지방정부 지출에 주는 자극효과가 소득보조에서 보다 더 크게 나타난다는 것을 강조한 표현이다.

예를 들어, 중앙정부가 특정 지방정부에 1억 원의 일반보조금을 줄 경우 지방정부는 공공서비스 지출에 8,000만원만을 사용하고, 나머지는 조세감면(2,000만원)으로 처분한다고 하자. 이러한 결정에 대하여 주민들이 특별히 반대하지 않을 것이다. 주민들은 중앙정부보조금이 공공지출로 사용되는 것에 대하여 대체적으로 당연하게 생각한다. 그러나 이와 달리 중앙정부가 해당 지방정부의 주민에게 직접 동액의 1억 원을 소득보조해 주고, 지방정부로 하여금 8,000만원의 지방세를 부과하여 징수한 후 이것으로 공공지출에 충당하라고 했다고 해보자. 주민들은 아마도 이러한 조치에 대하여 못마땅해 할 가능성이 크다. 세금 내는 것을 좋아할 사람은 없기 때문이다. 그러면 해당 지방정부로서는 주민들의 이 같은 여론을 반영하여 공공지출을 최소한으로 줄이는 결정을 할 가능성이 높다. 예컨대 지방세로 8,000만원보다 적은 3,000만원을 걷을 수 있다. 그러면 주민들은 나머지 소득 7,000만원으로 다른 재화의 소비를 증가시킬 수 있을 것이다. 이와 같이 중앙정부가 지방정부에 일반보조를 해 줄 때, 마치 파리가 끈끈이에 붙어 떨어지지 못하듯이 보다 많은 예산이 지역공공재에 대한 지출증가로 사용되는 현상이 있는데 이를 끈끈이 효과라고 부른다(우명동, 2001).

• 특정보조금

중앙정부가 지급하는 일반보조금과 특정보조금의 경우 어느 것이 주민후생의 측면에서 효과적인가? 이 의문에 답하기 위하여 먼저 일반보조금과 특정보조금 중 정액보조금의 경제적 효과를 비교해 보자. 두 보조금은 정액보조금이라는 점에서 동일하다. 미시경제학적인 측면에서 볼 때 결론적으로 말하면 일반적으로 중앙정부가 동액의 예산을 일반보조금으로 지급하는 방법이 특정정액보조금으로 지급하는 경우보다 주민 후생의 측면에서 우수하다. 전자에서 지역주민들의 선호를 더욱 만족시킬 수 있기 때문이다. 그 이유는 다음과 같다. 일반보조금으로 지급하게 되면 특정보조금의 경우보다 지역주민들로 하여금 보조금의 사용 용도를 자유롭게 선택하게 할 수 있는 가능성을 높이기 때문이다. 선택의 가능성이 크면 만족수준도 당연히 더 높을 수 있다. 즉 일반보조금의 경우는 지방정부가 중앙정부가 정해준 공공재공급뿐만 아니라 다른 공공재를 생산하거나 조세감면을 통해 주민으로 하여금 민간재화의 수요를 증가시키는 등 다양하게 사용할 수 있다. 이와 같이 주민의 선택 폭이 넓어지면 당연히 주민의 후생 수준이 높아질 가능성이 커진다.

미시경제이론을 원용하여 설명해 보자. 〈그림 16-3〉에서 예산선 AB는 지방정부가 주어진 예산으로 교육과 그 외의 기타서비스 간의 지출에 대하여 선택 가능한 조합을 나타내고 있다. 중앙정부가 AC에 해당하는 보조금을 사용에 제한이 없는 일반보조금으로 지급한다면 예산선은 AB에서 CD로 확장된다. 그러나 같은 금액이 일반보조금이 아닌 특정교육보조금으로 지급된다면 예산선은 AXD로 제한된다. 교육에 반드시 AX만큼 지출해야 하기 때문에 CX구간은 선택할 수 없기 때문이다.

두 보조금을 비교할 때 그림에서 두 단계로 나누어 분석하는 것이 필요하다. 먼저 교육에 대한 기존의 지출이 $AX(OY)$에 미치지 못하는 구간을 보자. 이 구간에서는 일반보조금 형태로의 지급이 교육보조금으로 지급하는 것보다 지방정부의 선택 가능성을 높인다. 즉 일반보조금으로 지급되면 지방정부는 예산선 CX구간에서도 선택이 가능하다. 지방정부는 교부받은 보조금으로 교육에도 일부 지출할 수 있지만 나머지는 다른 서비스를 공급하기 위하여 사용할 수 있는 여지가 있다. 이 그림에서 이 지역 주민의 사회적 무차별 곡선이 I_1과 같을 때 교육에 대한 지출 수준이 OZ이고, 기타 서비스에 대한 지출이 OP일 때 주민의 후생이 극대화된다. 그러나 이 구간에서 교육에 대해 동액의 특정보조금이 지급되면 예산선 CX구간은 선택에서 배제된다. 왜냐하면 AX만큼이 모두 교육서비스에 지출되도록 용도제한이 되었기 때문이다. 이 때에 도달할 수 있는 가장 높은 사회적 무차별곡선은 I_0이고, 교육에 대한 지출은 OY, 기타 재화에 대한 지출수준은 OA이다. 이 경우에 달성되는 사회적 후생수준(I_0)은 I_1보다 낮다는 것을 알 수 있다. 즉 이 구간에서는 일반보조금이 특정보조금보다 우수하다.

〈그림 16-3〉 일반보조금과 특정보조금의 비교

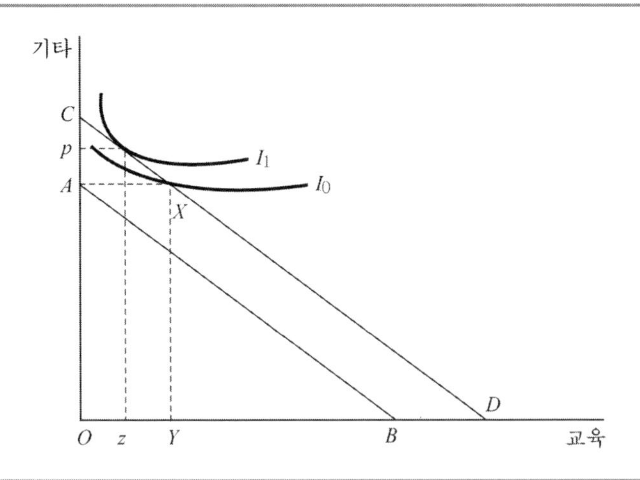

다음은 이 그림에서 특정 공공서비스인 교육에 대한 기존의 지출이 AX 이상으로 이루어지고 있는 구간에 대해 분석해 보자. 결론부터 말하면 이 구간에서는 두 보조금의 경제적 효과에 차이가 없다. 일반보조금은 용도 제한 없이 자유롭게 쓸 수 있으므로 문제될 것이 없다. 문제는 특정보조금도 일반보조금과 같이 구속을 받지 않고 사용할 수 있느냐 하는 점이다. 이 구간에서는 이미 지방정부가 자체 재원으로 교육에 대하여 AX 이상 지출하고 있기 때문에 특정보조금이 지급되면 기존에 사용하던 크기에 해당하는 만큼의 지출을 다른 용도로 전환할 수 있다. 자체 재원은 총예산 내에서 대체가능(fungible)하기 때문이다. 그러므로 중앙정부가 AX 크기만큼의 특정보조금을 지급한다고 해서 특정서비스에 대하여 동액만큼의 지출이 증가하리라는 보장은 없다. 이미 특정서비스에 대하여 요구하는 것만큼 지출하고 있기 때문에 보조금이 지급되면 교육에 대한 기존의 재원을 다른 용도로 전환할 수 있기 때문이다.

예컨대 중앙정부에서 교육을 위하여 사용하라는 목적으로 10억의 특별보조금을 지급하였다고 하자. 그런데 이 지방정부는 이미 교육에 대하여 10억의 지출을 집행하고 있다고 하자. 그러면 이 지방정부는 중앙에서 받은 10억을 교육에 사용하고 기존에 교육에 사용하던 10억 원의 재원을 빼내서 다른 용도로 사용할 수 있는 가능성이 발생한다. 물론 이러한 상황에서 지방정부는 보조금 전액을 교육에 추가로 지출할 가능성이 역시 있다. 현실적으로는 특별보조금 10억 중 일부(예컨대 5억)는 교육에 대한 추가 지출로 사용하고 그리고 나머지는 다른 용도로 전환할 가능성이 높다. 따라서 일반보조금과 특정보조금 간에 차이가 없게 된다. 그러나 중앙정부에서 특정 서비스에 대하여 특정보조금을 주면서 해당 서비스에 사용하던 기존의 지출을 줄이지 못하도록 제약한다면 경제적 효과는 달라질 것이 분명하다.

이상에서는 일반보조금과 특정보조금 중에서 정액보조금과의 차이에 대하여 살펴보았다. 그리고 이때 결론은 일반보조금이 특정보조금보다 효율적이지만 두 보조금 간에 큰 차이가 없다는 것이었다. 다음에서는 특정보조금 중에서 정률보조금의 성격에 대하여 알아보자.

일반보조금에 비하여 특정보조금을 지급하는 경우에는 중앙정부가 원하는 방향으로 지방정부의 지출을 증가시키는 것으로 알려져 있다. 특히 정률보조금이 지급되는 경우 이러한 현상이 두드러진다. 그 이유는 일반보조금은 공공재와 민간재화 간의 상대가격 체계에 영향을 주지 않지만 정률보조금은 특정 공공재 공급에 대해 일정한 보조를 해주는 것이므로 공공재 가격을 낮추는 효과를 갖는다. 때문에 특정 공공재의 수급을 증가시키게 된다.

미시경제학의 원리에 의하면 보조금 지급에 의한 가격인하효과는 대체효과와 소득효과의 합으로 나타난다. 예컨대 공원에 대한 보조금의 지급은 공원입장료의 하락을 가져온다. 그러면 공원입장료가 극장이나 오락실 등에 비하여 상대적으로 싸졌기 때문에 사람들은 공원을 더 많이 이용하게 되는데 이러한 효과를 대체효과라고 한다. 또한 공원 입장료의 하락은 전에 비하여 주민들의 구매력을 증대시키므로 공원이나 그 외의 다른 재화를 더 많이 이용할 수 있다. 예컨대 입장료가 1/2로 하락하였다면 공원에 한번 갈 돈으로 두 번갈 수 있게 된 것이다. 이러한 효과를 소득효과라고 한다.

일반보조금이 지급될 때 조세감면이 이루어지면 주민의 소득증가로 나타난다. 그리고 소득의 증가는 구매력을 증가시킨다. 그에 반해 위에서 보았듯이 정률보조금의 지급은 소득효과 및 대체효과를 동시에 갖는다는 점에서 차이가 있다. 만약 특정보조금의 지급에 따라서 초래된 공공재의 가격하락으로 인한 소득효과가 동액의 일반보조금의 소득효과와 크기가 같다고 하면 전체적으로 볼 때 특정보조금의 효과가 일반보조금의 효과보다 더 크게 나타난다. 특정보조금은 소득효과 이외에도 대체효과(代替效果)를 갖기 때문이다. 따라서 정률보조금이 일반보조금보다도 지방정부의 지출을 자극하는 효과가 더 크다고 할 수 있다.

예를 들어 100억 원이 일반보조금으로 지급되었다고 하자. 그 결과로 조세감면이 이루어져 공원에 1번 갈 것을 2번 간다고 하자. 이와 달리 동액의 보조금이 특정보조금으로 공원운영비로 지급되는 경우에 주민들은 소득효과로 2번, 그리고 극장에 비해 싸졌다는 생각에 1번 더 공원에 간다고 하자. 두 경우를 비교해 보면 정률보조가 더 효과적일 수 있다는 것을 알 수 있다.

그런데 정률보조금의 지급도 지정된 특정 서비스이외에 다른 서비스에 대한 지출의 증가를 초래할 수 있다는 측면이 있다. 즉 정률보조금은 다른 공공서비스에 대한 지출증가나 또는 조세감면의 효과로 나타날 수 있다는 것이다. 그 이유는 일반적으로 정부서비스에 대한 수요는 가격에 대하여 비탄력적이기 때문이다(R. C. Fisher, 2005). 예를 들어 1인당 교육비가 100만원이고 학생이 10명이라면 지방정부의 교육비지출은 1천만 원이다. 그런데 중앙정부에서 1인당 교육비의 절반을 지원하기로 하였다고 하자. 그래서 1인당 교육비가 50만원으로 낮아졌다고 하자. 이에 따라 학생이 10명에서 12명으로 증가하였다고 하면, 이 경우 정부보조금까지 합한 총교육비는 1천 2백만 원으로 증가하였지만, 지방정부가 부담하는 교육비는 1천만 원에서 6백만으로 감소하였다. 즉 지방정부 부담은 4백만 원이 줄어들었다. 지방정부는 이 감소분으로 다른 공공서비스에 지출할 수도 있고 또는 주민들에게 조세감면을 해 줄 수도 있을 것이다.

소득재분배효과

중앙정부는 지방정부에 예산 중 일부를 이전시키는 보조금 제도를 통하여 개인 간 소득을 재분배하는 데 일정 부분 영향을 미칠 수 있다. 개인 간 소득 재분배는 원칙적으로 중앙정부가 전국적 차원에서 각종 사회보장제도 및 조세제도를 통하여 달성하는 것이 효과적이다. 이에 비해 보조금 제도를 통하여 지역 간 주민들의 소득분배를 개선하고자 할 때는 그 영향력은 상대적으로 작다. 그러나 조세제도와 함께 보조금제도를 병행하여 사용함으로써 효과를 더 높일 수 있다. 다음에서는 보조금제도의 이와 같은 성격에 대하여 알아보기로 한다(R. C. Fisher, 2007).

중앙정부는 먼저 지역마다 서로 다른 세율의 소득세와 정부 간 보조금제도를 채택함으로써 개인들 사이의 소득을 재분배할 수 있는 방법을 생각할 수 있다. 정부는 부유한 지역에는 높인 소득세율을 부과하여 기금을 마련하고 이를 가난한 지역에 보조금으로 지급하는 방법이다. 그렇게 함으로서 동일한 소득을 가진 사람이라면 어느 지역에 살던 공공재 비용을 동일하게 부담하도록 하는 것이다. 가난한 지역의 주민들은 그들 지역의 높은 지방세부담을 중앙정부의 낮은 소득세부담으로 보상받을 수 있고, 또한 지방정부는 중앙정부로부터의 보조금을 받으면 지역 주민의 지방세를 감해 줄 수 있다. 그러면 지역 주민으로서는 소득보조를 받는 것과 같은 효과를 갖는다.

둘째는 전국적으로 동일한 소득세율체계를 통해서 조세를 징수한 다음 그 수입 중 일부를 가난한 지역에 보조금으로 교부해 주는 방법이다. 사실 전국적으로 서로 다른 소득세율 체계를 갖는다는 것은 현행 법 체계에서는 현실적으로 불가능하다. 그러므로 전국적으로 동일한 소득세체계를 유지하면서 가난한 지역에 더 많은 일반보조금을 주는 정책이 일반적이다. 하지만 이 경우는 첫 번째에 비하여 재분배효과가 미흡하다는 단점이 있다.

그런데 어느 경우에나 발생할 수 있는 문제는 가난한 지역에도 부유한 사람이 거주할 수 있고 부유한 지역에도 가난한 사람이 거주할 수 있기 때문에 가난한 지방에 보다 많은 보조금을 준다면 어떤 경우에는 정부 간 보조금이 개인 간의 소득분배를 개선시키는 데 기여하지 못할 수 있다. 즉 부유한 지역에 있는 가난한 사람으로부터 가난한 지역의 부유한 사람에게 소득이 이전될 수도 있어서 개인 간 소득분배의 개선에 역행될 수 있다.

종합적으로 볼 때 정부 간 보조금 제도를 통하여 소득을 재분배하는 정책은 중앙정부가 전국적 차원에서 소득을 재분배하는 정책에 비하여 효과가 떨어진다. 그렇다고 하여 보조금제도가 소득 재분배에 완전히 쓸모가 없는 것은 아니며, 부분적인 문제점에도 불구하고 일정한 소득재분배 효과를 갖는다(R. C. Fisher,

2007).

4. 국가와 지방정부 간 재정조정제도

우리나라의 정부보조금에는 중앙정부의 지방정부에 대한 보조금과 광역자치단체의 기초 자치단체에 대한 보조금의 두 가지 형태가 있다. 중앙정부의 지방정부에 대한 보조금에는 일반 지방정부에 지원되는 것과 시·도의 교육 자치기관에 지원되는 것으로 구분된다. 여기에서는 일반정부 간의 재정조정에 국한하여 설명한다.

또한 광역자치단체에 의한 기초 자치단체에 대한 보조금은 특별시·광역시의 경우와 도의 경우가 약간씩 다른데 이에 대해서는 다음 절에서 설명하고 여기에서는 중앙정부와 지방정부간 재정조정에 대해서 다루기로 한다.

우리나라 지방재정조정제도는 시대에 따라 변천을 거듭하였다. 그 과정을 간단히 살펴보면 다음과 같다. 1991년 이전에는 중앙정부가 일반지방정부에 교부하는 보조금으로 지방교부세, 국고보조금의 두 가지가 있었지만 1991년부터 지방양여금제도를 새로 도입하여 지방정부에 대한 재정지원을 강화하게 되었다. 그러나 지방양여금제도는 2005년에 다시 폐지되고 그 재원은 지방교부세와 국고보조금에 흡수되었다. 따라서 현재 지방양여금제도는 재정보전제도의 하나로서 역사적 의의만 갖고 사라지게 되었다.[4] 또한 2004년에는 국가균형발전특별법이 재정되었는데, 이 법에 의해서 의해 국가균형발전특별회계의 보조금이 신설되었다. 그러나 그 후에 다시 국가균형발전특별회계가 광역지역발전특별회계로 개편되고, 이것이 2013년[5]에 다시 지역발전특별회계로 개편되었다. 그러므로 2013년 현재는 지방교부세, 국고보조금, 지역발전특별회계에 의한 보조금이 일반 행정에 대

4) 지방양여금 제도는 그 동안 국고보조금 성격의 사업과 보통교부세 성격의 재원이 포함되어 있어서 제도상의 정체성에 문제가 있다는 지적에 따라 2005년도부터 폐지하게 되었다.

5) 균형발전특별법이 2004년에 제정되었으며 이에 따라 균형발전특별회계가 설치된 바 있다. 이 법은 2009.4.22에 일부 개정되었고 이에 따라 균형발전특별회계가 광역·지역발전특별회계로 개편되었다. 이 법은 다시 2013. 12.26.에 일부 개정되었고 종전의 광역·지역발전특별회계는 지역발전특별회계로 개편되어 2014년부터 시행에 들어갔다.

하여 지원되고 있다.

지방교부세

지방교부세는 그 명칭이 세(稅)이지만 조세의 일종이 아니고 중앙정부가 법률에 의하여 재원 중 일부를 지방정부에 배분하는 일반보조금(general grant)에 해당한다. 이 제도의 목적은 지방정부가 처해 있는 자연적 조건이나 지리적 조건과 더불어 현대산업사회에서의 불균형적인 경제발전의 결과로 초래되는 지방정부간의 재정력 격차를 해소해 줌으로써, 주민이 어느 지역에 살던 최소한의 행정적 서비스를 제공받을 수 있도록 하기 위함이다.

다시 말해서 지방교부세(특별교부세, 부동산교부세를 제외한 보통교부세)는 무조건부보조금으로서 두 가지 의의를 가진다. 우선은 중앙정부와 지방정부간 수직적 재정불균형을 시정하는 기능을 한다. 국세수입에 비하여 지방세수입은 극히 저조하여 대부분의 지방정부재정은 적자에 직면한다. 지방교부세는 이러한 지방재정의 적자를 보전해주는 데 기여한다.

〈표 16-1〉 지방재정조정재원의 특성비교

구분	지방교부세	국고보조금	지역발전특별회계
재원	내국세의 19.24%	중앙정부의 예산	특정 국세(주세) 외
용도	일반적인 재정수요	국가시책 관련사업	특정사업
성격	일반재원	특정재원	특정재원
유형	일반보조금	특정보조금	포괄보조금

또한 지방교부세(地方交付稅)는 지방정부 간 수평적 재정수입의 차이를 보전해 주는 기능을 한다. 즉 수평적 재정불균형을 시정한다. 지역 간의 경제력 차이로 인하여 지방정부 간 재정력 격차가 발생하는데, 이 때 지방교부세는 재정적으로 열악한 지역에 대하여 재정의 부족분을 지원해 줌으로서 국가자원을 재배분하는 기능을 수행한다. 그러므로 지방교부세는 동급 지방정부간의 수평적 재정불균형을 시정하기 위한 형평화보조금과 같은 성격을 갖는다(전상경, 2007).

지방교부세율은 1983년 이후 13.27%로 운영되어 오다가, 2000년부터 15%로 인상되어 운영되었으나 다시 2005년 12월 13일에 법 개정에 의해 19.13%로 인상되었다. 2008년 현재는 19.24%로 다시 인상되었다.[6] 2006년 이후 지방교부세재원이 외형적으로는 증가하였다고 하지만 실제로는 그렇지 않다. 종전의 지방양금제도가 폐지되면서 그 재원의 일부가 지방교부세재원으로 되었고, 그 동안 중앙부처에서 국고보조금제도로 운영하던 여러 사업이 지방교부세로 들어왔기 때문이다. 따라서 외형상으로는 커졌지만 실제적으로는 미미한 증가에 불과하다.

지방교부세법에서 보면 지방교부세는 현재 보통교부세, 특별교부세, 부동산교부세, 소방안전교부세가 있다.

• 보통교부세

2008년 현재 보통교부세는 지방교부세 총액의 100분의 97을 재원으로 하여 특별시나 광역시의 자치구를 제외한 전체지방정부 중 지방교부세법에서 정한 일정한 기준에 미달되는 재정력을 가진 지방정부에 배분된다. 특별히 자치구는 지방교부세를 받지 못하는 대신에 특별시나 광역시의 자치구 재원 조정교부금을 받는다.[7] 특별시나 광역시도 일정한 조건이 충족되면 교부세의 배분대상이 된다.

보통교부세는 자치단체가 일정한 행정수준을 유지할 수 있도록 표준적인 행정수행경비 중에서 부족분을 일반재원으로 보전해 주는 것으로 이는 지방교부세제도의 핵심적인 부분이다. 이 교부금은 매년도 기준재정수입액이 기준재정수요액에 미달하는 자치단체에 대하여 교부하게 되는 데, 여기서의 기준재정수요액이란 각 자치단체의 재정수요를 합리적 기준에 따라 자치단체별로 산정한 이른바 표준적인 재정소요액을 말한다. 이는 각 지방자치단체가 실제로 지출한 실적치나 지출하고자 하는 예산액이 아니라 지치단체의 적정 재정수요액(national minimum)이란 의미를 갖는다. 즉 지방자치단체 각각의 구체적인 재정지출규모가 아닌 자치단체의 객관적인 행정여건을 고려하여 선정된 표준적인 재정수요이

6) 지방교부세 가운데 보통교부세와 특별교부세의 재원은 해당년도의 내국세(목적세 및 종합부동산세, 담배에 부과하는 개별소비세 총액의 100분의 20 및 다른 법률에 따라 특별회계의 재원으로 사용되는 세목의 해당 금액은 제외) 총액의 19.24%의 금액으로 한다. 부동산교부세는 종합부동산세 전액과 전년도 정산액의 합을, 소방안전교부세는 담배에 부과되는 개별소비세의 20%와 정산액을 재원으로 한다.

7) 자치구의 필요 교부금액은 특별시・광역시에 합산하여 산정하고 교부한다.

다. 따라서 지역의 특수한 사정이나 독자적인 판단에 의해서 실시되어야 하는 특별한 수요는 원칙적으로 제외된다. 자치단체 중에서 재정자립도가 일정한 수준을 넘는 곳에는 지방교부세를 교부하지 않는데, 이러한 불교부단체에의 포함여부는 매년 변동될 수 있다.

보통교부세의 산정과정을 구체적으로 보면 먼저 기준재정수요액과 기준재정수입액을 산정한 후 그 차액에 조정률을 곱하여 산정한다. 조정률은 각 지방정부의 기준재정수요액과 기준재정수입액의 차이를 모두 합한 재원부족액이 당해 년도의 지방교부세 재원 총액과 일치하지 않기 때문에 이를 일치시키기 위한 조정자 역할을 하는 것이다.

$$\text{보통교부세액} = \text{조정률} \times (\text{기준재정수요액} - \text{기준재정수입액})$$

$$\text{조정률} = \frac{\text{보통교부세총액}}{\text{지방정부 재정부족액총액}}$$

• **특별교부세**

특별교부세 재원은 교부세총액의 3%로 되어 있다. 보통교부세는 그 산정에 있어서 획일성과 시기성으로 인하여 각 자치단체의 재정현실을 정확하게 반영하지 못하는 제도적인 한계를 가지고 있다. 특별교부세는 이러한 미비점을 보완하는 제도적인 장치로서 다음과 같은 경우에 교부된다. 첫째는 보통교부세의 산정에서 사용된 기준재정수요액의 산정방법으로 포착할 수 없는 특별한 재정수요가 있을 때이다. 지방교부세법 9조에서는 이와 같이 특별한 지역 현안 수요가 있을 때 특별교부세재원의 100분의 40에 해당하는 금액을 사용할 수 있다고 규정하고 있다. 둘째는 보통교부세의 산정기일 후에 발생한 재해로 인하여 특별한 재정수요가 있거나 또는 재정수입의 감소가 있을 때이다. 지방교부세법의 상기 동조에 의하면 보통교부세산정 이후에 발생한 재해로 인하여 특별한 재정수요가 있거나 재정수입액의 감소가 있을 때 특별교부세 재원의 100분의 50을 사용하도록 규정하고 있다. 셋째는 국가적 장려사업, 국가와 지방자치단체 간에 시급한 협력이 필요한 사업, 지역 역점시책 또는 지방행정 및 재정운용 실적이 우수한 지방자치단체에 재정 지원 등 특별한 재정수요가 있을 경우에 특별교부세 재원의 100분의

10을 사용하도록 하고 있다.

이처럼 특별교부세를 교부하는 이유는 무엇보다도 보통교부세의 획일적인 산정방법에서 생기는 문제와 회계연도 도중에 발생한 재해 등 예측할 수 없었던 사태에 대처한다는 목적에서이다.

• 부동산 교부세

부동산 교부세는 2005년에 부동산가격안정대책의 일환으로서 국세로 종합부동산세가 도입됨에 따라 신설된 것이다. 2005년에 개정된 지방교부세법 제4조 3항에 의하면 종합부동산세도입에 따른 자치단체의 재원감소를 보전하고 재정형평성을 제고하기 위하여 국가는 교부세 재원이외에 종합부동산세총액을 자치단체에 전액 교부하여야 한다고 규정하고 있다. 부동산교부세의 배분기준은 부동산세제 개편에 따른 지방정부의 세수감소분을 기초로 산정하되 재정여건 지방세운용상황 등을 감안하여 정하도록 하고 있다.

• 소방안전교부세

지방교부세에는 이외에도 소방안전교부세가 있다. 소방안전교부세는 국민의 안전을 강조하기 위하여 2015년에 도입되었다. 소방안전교부세는 그 동안 지방자치단체의 소방 및 안전예산 확대와 소방·안전시설 확충을 위한 것으로 담배분 개별소비세의 일정비율을 재원으로 한다.

지방교부세법 제9조의 4에 의하면 행정안전부장관은 지방자치단체의 소방 및 안전시설 확충, 안전관리 강화 등을 위하여 소방안전교부세를 지방자치단체에 전액 교부하여야 한다고 규정하고 있다. 소방안전교부세의 교부기준은 지방자치단체의 소방 및 안전시설 현황, 소방 및 안전시설 투자 소요, 재난예방 및 안전강화 노력, 재정여건 등을 고려하여 정하도록 하고 있다.[8)]

8) 이외에도 분권교부세제도가 존재한 바 있다. 국고보조사업의 일부를 지방으로 이양함에 따라 그에 필요한 재원을 마련하기 위한 목적으로 한시적으로 시행되던 제도이다. 2004년에 지방교부세법을 개정할 당시에 분권교부세를 도입하였으며, 2009년 12월까지 한시적으로 운영한 후 2010년에 보통교부세에 통합되도록 규정한 바 있다. 그러나 2009년에 정부는 이 제도를 2014년까지 5년 더 연장하여 시행된 후 폐지되었다.

국고보조금

국고보조금제도는 지방교부세와 더불어 우리나라 지방재정조정제도의 근간을 이루고 있는 제도이다. 국고보조금은 지방교부세에 비하여 지방자치단체의 재정적 취약성을 보전하고 재정능력의 격차를 완화하는 효과는 약한 것으로 인식되고 있다. 지방교부세제도가 지방재정의 확충과 재정의 수평적 균형을 달성하는 제도인데 반하여 국고보조금제도는 국가적 이해관계를 기초로 하는 특정사업이나 공공활동을 극대화시키는 데 주요한 목적이 있다. 이러한 국고보조금은 지방정부 간에 발생하는 지역 간 외부효과로 인해 발생한 자원배분의 비효율성을 시정하거나 또는 중앙정부가 지향하는 특정목적을 달성하기 위하여 운영되는 특정보조금이다.

구체적으로는 국고보조금(國庫補助金)은 국가가 지방자치단체에 국가사무나 사업을 추진하도록 그 시행을 위임하거나 혹은 지방자치단체가 실시하는 사무나 사업을 장려하기 위해서 이에 소요되는 경비의 전부 또는 일부에 상당하는 금액을 교부하는 조건부 특정보조금이다. 따라서 국고보조금은 지방재정력을 확충한다는 측면보다도 국가적 목표 내지는 이해관계를 지방정부의 행정적 협조 및 지원을 받아 달성하기 위한 정책수단이라는 성격을 갖는다. 이로 인해 국고보조사업의 경우에는 사업의 목적이나 보조금의 사용용도 등에 대한 분명한 정의와 각종 수행조건이 따라 붙게 된다(이상용 외, 2001).

국고보조금은 기금의 성격에 따라 부담금, 보조금, 교부금으로 구분할 수 있다. 부담금(liability)이란 지방자치단체가 수행해야 할 사무 중에서 국가와 상호간에 이해관계가 있는 경우에 국가가 그 비용의 일부 또는 전부를 부담하는 경비를 말한다. 생활보호, 의료보호, 전염병예방, 직업안정, 재해복구 사업 등이 여기에 속한다.

보조금(subsidies)이란 국가가 필요하다고 인정될 때 지급하는 장려 보조금과 지방자치단체의 재정사정상 필요하다고 인정될 때 교부하는 지방재정보조금으로서 협의의 보조금이라 할 수 있다. 그리고 교부금은 국민투표, 대통령 또는 국회의원선거, 징병사업 등과 같이 국가가 집행하여야 할 사무를 국민의 편리, 효율성 등을 이유로 지방정부에 위임하여 수행하는 경우에 교부하는 경비이다.

국고보조금의 운영은 보조금의 예산 및 관리에 관한 법률에 의하면 지방정부의 신청에 의하여 하도록 되어 있지만 국가시책 상 부득이 하여 대통령령이 정하는 경우에는 필요한 금액을 예산에 계상할 수 있도록 하고 있다. 즉 국가가 소요경비 전액을 교부하는 보조사업의 경우, 재해발생 등 사전에 예측하지 못한 사유로 인하여 보조금의 교부가 불가피한 경우 등에는 지방정부의 신청이 없더라도 보조금을 계상할 수 있도록 하고 있다.

최근의 경향을 보면, 국가재정의 일반회계에서 국고보조금이 차지하는 비중은 평균 10.0% 내외 수준이며 이는 총 국가재정의 약 7% 수준에 해당한다. 국가보조금이 지급되는 분야 중에서는 복지·건설·농림 분야가 차지하는 비중이 가장 높아서 약 2/3 정도를 차지한다. 복지 분야의 경우 국민기초생활보장제도의 실시로 매년 지속적으로 증가하는 추세를 보이고 있으며, 그 중 주요 3개 분야가 차지하는 비중도 점점 증가하는 추세에 있다.

국가균형발전특별회계(구 지역발전특별회계)

국가균형발전특별법은 2003년에 제정되었으며 2004년부터 시행에 들어갔는데 이 법에 의해서 국가균형발전특별회계가 설치된 바 있다. 이 법은 지역 간 불균형을 해소하고 지역혁신 및 특성에 맞는 발전을 통하여 자립형 지방화를 촉진하여 전국이 고르게 잘 사는 사회를 건설할 것을 목적으로 하였다. 국가균형발전특별회계는 이 법에서 의도하고 있는 국가균형발전 계획의 추진을 재정적으로 지원하기 위한 것이다. 이 회계는 구체적으로는 지역개발 및 지역혁신을 위한 사업을 지역의 특성 및 우선순위에 따라 효율적으로 추진하기 위하여 2005년부터 시행된 바 있다.

이 제도는 지방교부세나 국고보조금과 달리 균형발전이라는 이념에 부합하는 정부사업을 추진하는 데 필요한 예산을 확보하고 관리하는 장치로서의 성격을 가진다. 여기에 속한 사업의 대부분은 국고보조금사업의 성격을 가지고 있지만, 그 재원 조달에 있어서는 법정비율로 되어 있기 때문에 안정적이라는 측면에서 정부의 재정여건에 따라 지원규모가 달라지는 국고보조금과 차이가 있다. 이런 점에서 국가균형발전특별회계는 종전의 지방양여금과 국고보조금의 성격을 모두 가지게 되었다. 국가균형발전회계의 재원은 상당부분이 종전의 지방양여금재원을 포함하게 되었다.

국가균형발전특별법에 의한 국가균형발전특별회계는 지역개발사업계정과 지역혁신사업계정으로 나누어 지원되었다. 지역개발사업에는 낙후지역 및 농어촌의 개발, 지역사회기반확충, 지역경제활성화, 향토자원의 개발, 농어촌지역개발사업 등이 포함되며, 지역혁신사업에는 지역혁신체제의 구축 및 활성화, 지방대학육성 및 지역인적자원의 개발, 지역과학기술의 진흥 및 특성화, 지역정보화 사업 등이 포함되었다(전상경, 2007).

그러나 이 회계는 2009년에 광역·지역발전특별회계로 개편되었다가 2013년에는 다시 지역발전특별회계로 개편되어 2014년부터 시행되었다. 지역발전특별회계에서는 종전의 지역개발계정을 생활기반계정으로, 광역발전계정을 경제발전계정으로 변경하여 시행하게 되었다. 또한 포괄보조금 편성권을 종전의 시·도에서 시·군·구로 확대하게 되었다. 이 같은 개편은 기존 정책에서 다소 도외시 되었던 주민의 삶의 질 향상을 위한 지역생활권 설정, 시·도 발전계획 수립, 시·도 생활권발전협의회 등 지역주도의 정책 추진 기틀을 마련하려는 데 목적이 있다.

지역발전특별회계의 재원은 주세법에 의한 주세, 일반회계나 다른 특별회계로부터의 전입금 등으로 구성된다.[9] 지역발전특별회계는 2018년에 다시 내용의 변경 없이 균형발전특별회계로 명칭 변경되었다.

5. 지방정부 간 재정조정 제도

2006년도 현재 우리나라의 광역자치단체와 기초자치단체간의 정부 간 재정조정 장치로는 시군조정교부금제도, 자치구조정교부금제도, 도·시비보조금제도 등이 있다. 특별시와 광역시의 자치구간에 존재하는 수직적 또는 수평적 재정적 불균형은 자치구조정교부금제도를 통하여 이루어진다. 또한 특별시나 광역시·도는

9) 지특회계는 정권교체에 따라 2018년에 다시 원래대로 국가균형발전특별회계로 명칭 변경되었다. 균형발전의 가치를 강조하기 위한 것이나, 내용에서는 기존의 지특회계의 사업내용과 운영방식을 그대로 유지하였다.

지방공공서비스의 효율적 공급을 위하여 보조금을 지치구나 그에 속한 군에 배분한다. 그리고 군이 있는 광역시 및 도와 시·군 간의 재정불균형을 시정하기 위한 제도로서 2000년에 도입된 재정보전금제도가 있었다(전상경, 2007). 이 제도는 2014년에 지방재정법이 개정되는 과정에서 시군재정보전금이 시군조정교부금으로 명칭 변경되었고 내용 역시 일부 변경되었다.

시군조정교부금(구 지방재정보전금)

2014년 이전까지 운영되던 구 재정보전금제도는 군이 있는 광역시 및 도가 그 관할구역 내 시・군의 재정을 보전해 주기 위하여 시・군이 징수한 광역시세, 도세 징수액의 일정부분을 배분해 주는 제도이다. 이 제도는 2000년도에 도입된 것으로 과거의 도세징수액의 일정 부분을 징수교부금제도를 통하여 시군에 이전하는 제도가 폐지되면서 신설된 것이다.

2013년까지 시·도지사는 시·군에서 징수하는 광역시세·도세의 일정부분과 지방소비세액의 일정부분을 재정보전재원으로 인구, 징수실적(지방소비세제외), 해당 시·군의 재정사정 등을 감안하여 시·군에 배분하였다. 재정보전금은 시・군의 행정운영에 필요한 재원을 보전하기 위한 일반보전금, 시・군의 지역개발사업 등 시책 사업을 지원하기 위한 시책추진보전금, 지방교부세가 교부되지 않는 시군에 지급하는 특별재정보전금의 세 가지가 있었다. 일반재정보전금은 재정보전금총액의 90%이고, 시책추진보전금은 나머지 10%이며, 특별재정보전금은 일반재정보전금의 일정금액으로 하였다.[10] 일반재정보전금은 시・군의 인구수와 시・군의 광역시세 및 도세 징수실적, 재정력지수에 따라 배분하였다. 특별재정보전금은 해당 시・군의 재정결함에 비례하여 배분하고, 시책재정보전금은 도지사의 재량에 따라 배분하였다(전상경, 2007).

그러나 이 제도는 2014년 지방재정법 개정으로 시군조정교부금으로 명칭 변경되었다. 그리고 개정된 이 제도에서는 조정교부금을 일반조정교부금과 특별조정교부금으로 구분하였다. 일반조정교부금은 전과 같이 일반적 재정수요에 충당하

10) 1995년 이후 지방교부세가 교부되지 않는 시・군은 경기도 내의 일부 시・군뿐이기 때문에 특별재정보전금은 경기도에만 적용되었다. 정부는 이곳에 배분하던 특별재정보전금을 2015년부터 폐지하기로 시행령을 개정하였다.

기 하며, 특별조정교부금은 구 시책추진재정보전금을 변경한 것으로 특정한 재정 수요에 충당하기 위하여 운영하되, 특별조정교부금은 민간에 지원하는 보조사업의 재원으로 사용할 수 없게 하였다. 기본재원은 전과 같이 시도세 총액(일부 목적세 제외)의 일정비율로 하였다. 재분방식에서의 기본 틀은 전과 동일하지만 인구나 징수실적보다는 시군의 재정력 지수에 좀더 높은 가중치를 주었다.

구시군재정보전금제도는 도세징수실적을 기준의 하나로 이용하고 있기 때문에 잘 사는 지역에 더 많은 재원이 배분될 가능성이 있다. 따라서 도 지역 내의 지역 간 재정균등화에는 역행한다는 비판을 받아왔다. 다시 말해 인구가 많은 도시가 많은 재정지원을 받을 가능성이 크고, 실질적으로 재정이 빈약하고 지역발전의 필요성이 큰 낙후지역에 대한 재정적 배려를 충분히 반영하고 있지 못한다는 문제를 가지고 있다는 비판이 있었기 때문에 개정된 지방재정법에서는 재정력지수에 높은 가중치를 두도록 개정되었다.

시 · 도비보조금

중앙정부가 지방정부에 국고보조금을 지급해야 하는 것과 동일한 필요성과 논리에 의해서 생긴 제도가 시 · 도비보조금이다. 다시 말해 시 · 도비보조금제도는 특별시와 광역시 및 도가 시 · 군 · 자치구에 대하여 특정한 사업을 조장하기 위한 수단으로서 발전되었다. 지방재정법 제23조 제2항에 의하면 시 · 도는 시책 상 필요하다고 인정될 때 또는 재정사정상 필요하다고 인정될 때 예산의 범위 안에서 시 · 군 및 자치구에 보조금을 교부할 수 있다고 규정하고 있다. 따라서 각 시 · 도는 이의 운영을 위한 조례를 설치하여 보조금을 배분할 수 있다.

이 보조금은 시 · 도세의 일부를 예산에 반영하여 지원되는데, 국고보조금과 같이 지원되기도 하고 독자적으로 지원되기도 한다. 즉, 시 · 도비보조금은 국고보조사업에 대한 시 · 도비부담의 형태로 지급되는 것이 있고, 다른 하나는 순수한 시 · 도비 보조 사업으로 지급되는 것이 있다. 보조율에도 기준보조율과 차등보조율이 있으며, 조건부의 경우에는 시군이 자체재원을 투입하여야 한다. 시 · 도비보조금은 원칙적으로 신청주의에 의하여 배분되지만 전액보조인 경우와 재해발생과 같이 특별한 경우에는 신청이 없더라도 배분할 수 있다(이달곤, 2004).

자치구 조정교부금

자치구 조정교부금은 특별시 또는 광역자치단체가 자치구에 대하여 재원을 이전해 주는 제도이다. 2006년 현재 자치구 수는 모두 69개로 서울특별시 25개, 부산광역시 15개, 대구광역시 7개, 인천광역시 8개, 광주광역시 5개, 대전광역시 5개, 울산광역시 4개이다. 자치구는 시 · 군과 동일한 기초자치단체로서의 지위를 갖지만 양자 간에는 지방세목이 다르다. 즉 자치구세목에는 등록면허세와 재산세의 2개 세목만이 배분되어 있어 시 · 군에 비하면 월등히 적은 편이다. 뿐만 아니라 시 · 군은 지방교부세를 통하여 국가와 지방간의 수직적 재정불균형과 자치단체간의 수평적 재정불균형을 시정할 수 있는 수단을 가지지만 자치구는 보통지방교부세의 교부대상이 아니기 때문에 자치구간의 재정적 불균형이 존재할 수 있다.

자치구로서는 자치행정을 수행할 수 있는 재정적 기반을 확립하는 것이 필요하다. 그리고 시 본청과의 관계에서 사무기능 배분에 상응하는 재원을 배분받는 것이 요구된다. 이 제도는 이러한 요청에 부응하고 또한 자치구 간 세원의 불균형으로 인하여 발생하는 수평적 재정력 격차를 완화하기 위한 목적으로 고안된 제도이다.

자치구 조정교부금에 대한 법적 근거로서, 지방자치법 제173조에 의하면 특별시장이나 광역시장은 시세(市稅) 수입 중의 일정액을 확보하여 조례로 정하는 바에 따라 해당 지방자치단체의 관할 구역 안의 자치구 상호 간의 재원을 조정하여야 한다고 규정하고 있다.

조정교부금은 배분방식에 있어서는 지방교부세와 매우 유사하나 완전히 일치하는 것은 아니다. 조정교부금은 보통교부금과 특별교부금으로 나눌 수 있는데, 지방정부마다 약간씩 다르지만 대체로 보통교부금은 총교부금의 90%, 특별교부금은 10%로 하고 있다. 보통교부금은 기준재정수요와 기준재정수입으로 산정되는 지방교부세와 유사하다. 즉 각 자치구의 기준재정수입액과 기준재정수요액을 산정하여 기준재정수입액이 수요액에 미달하는 지방정부에 대하여 부족재원의 일정금액을 지급한다. 이 때 적용되는 교부율은 지방정부마다 다를 수 있다.

주요개념

국가균형특별회계	국고보조금	끈끈이 효과	보통교부세
부동산교부세	분권교부세	정률보조금	조정교부금
지방교부세	지방재정보전금	지방재정조정제도	특별교부세
특정보조금	포괄보조금		

제 17 장

재정적자와 공채

근래에는 국가 부도 또는 지방정부 부도가 중요한 이슈로 부각되고 있다. 국가부채는 재정적자가 누적된 것으로 그 규모가 정부가 감당할 수 있는 수준을 초과할 때 국가 부도에 이르게 된다. 정부는 재정수입보다 정부지출이 더 많아서 재정적자가 발생하면 그 차이를 메우기 위하여 흔히 공채를 발행한다. 국가가 발행한 공채의 상환능력에 의구심이 발생할 때 국가의 신용이 하락하며 결국에는 부도에 이르게 된다. 국가부도는 말할 것도 없이 국민경제를 파탄에 이르게 하므로 항상 경계되어야 할 일이다. 이 장에서는 재정적자를 메우는 적절한 방법, 재정적자의 실질적 부담의 귀착 등에 대하여 설명한다.

1. 부채와 적자의 개념

먼저 적자(deficit)와 부채(debt)의 개념을 구분하는 것이 필요하다. 재정적자(財政赤字)는 일정 기간, 통상 1년 동안에 정부지출이 정부수입을 초과할 때를 말한다. 반면에 국가부채는 일정 기간 동안 발생한 재정적자를 모두 더한 것이다. 즉 국가부채는 그동안 재정수입을 초과하는 재정지출을 모두 누계한 것이다. 그러므로 한 해에 적자가 발생하면 부채는 증가하고 반대로 흑자가 발생하면 부채는 감소한다.[1)]

개인이 빚을 지면 이자를 갚아야 되듯이 정부도 부채를 지면 이에 대하여 매년 이자를 상환해야 한다. 그러므로 당연히 국가부채가 많으면 바람직하지 않다. 하지만 국가부채가 불가피한 경우도 있다. 오늘날 대부분의 국가는 정도의 차이는 있지만 국가부채를 지고 있다. 이와 관련하여 국가부채의 수준이 어느 정도까지 허용될 수 있느냐에 대해서는 논란의 여지가 있다. 일반적으로 국가부채 수준은 GDP에 대한 비율로 나타내는데 예를 들어 국가부채가 GDP의 10%라면 생산활동으로 100원의 부가가치를 창출할 때 이 중에서 10원에 대한 이자를 매년 지급해야 한다는 것이다. 이자율이 10%이라면 이자는 1원이므로 국가는 이를 확보하기 위하여 세금을 더 추징할 필요를 느끼게 된다.

정부는 적자가 발생하면 부족한 수입을 보전하기 위하여 중앙은행으로부터 차입할 수 있다. 이 때에 중앙은행은 그 대신에 정부의 채권을 매입하여 소지하게 된다. 그러므로 중앙은행이 소유한 정부 채권보유량은 부채로서 계산된다. 정부부채라고 하면 중앙정부의 부채만을 생각하기 쉽다. 그러나 금융시장에 미치는 영향이나 압력을 평가하기 위해서는 지방정부 부채도 역시 국가 부채로서 계산되는 것이 필요하다.

인플레이션이 일어나면 이것 역시 부채의 크기에 영향을 미친다. 인플레이션은 채무자의 채무부담을 줄이는 작용을 한다. 정부는 채무자로서의 입장에 있기 때문에 물가가 올라가면 부채의 실질가치는 감소한다. 이 부분은 실질적으로 정부의 중요한 수입원이 된다. 다시 말하면 정부 부채가 100조일 때 물가상승률이 10%라면 정부의 실질적 부채부담은 10조만큼 감소한다. 따라서 정부는 10조원의 조세수입이 증가한 것과 같은 효과를 얻게 된다. 그러므로 이를 인플레이션 조세(inflation tax)라고 부른다. 그러나 정부 부채를 계산할 때 이러한 인플레이션의 영향은 고려하지 않는다. 따라서 정부 부채는 실제보다 과대 추정되는 경향이 있을 수 있다.

정부의 예산에서는 지출의 성격에 따라 경상지출과 자본지출로 구분할 수 있다. 실제 정부 회계에서는 이 둘을 모두 포함하여 구분하지 않을 수도 있고 구분하여 계상할 수도 있다. 경상지출이란 그 해에 소비되는 서비스에 대한 지출을

1) H. S. Rosen & T. Gayer(2008), State and Local Public Finance, ch. 20, 참조.

말한다. 예를 들면 정부청사의 유지비나 공무원의 월급 등이다. 반면에 자본지출이란 수년에 걸쳐서 사용되는 서비스에 대한 지출로서 예를 들면 댐, 항만, 항공모함 등에 대한 지출을 말한다.

현재 우리나라는 정부예산에서 자본예산제도를 시행하고 있지 않다. 만약 자본예산을 구분하여 회계처리를 하게 되면 정부 재정 상태에 대하여 보다 정밀한 정보를 제공하게 된다. 예컨대 내구재 즉 자본재의 구입은 실질적으로는 재정손실(loss)이라고 할 수 없다. 즉 이는 단지 화폐와 내구재를 교환한 것에 불과하다. 자본예산에서는 이런 구매지출은 손실로 보지 않게 되므로 적자로 계산되지 않는다. 물론 자본재가 마모되어서 감사상각을 하게 되면 이 부분은 손실이므로 적자에 포함된다.

자본예산의 도입에 대해서는 많은 논란이 있다. 이 제도의 도입과 그렇지 않은 경우에 정부 적자의 계산에 차이기 있을 수 있기 때문이다. 예를 들어 정부가 소유하고 있는 건물과 같은 자산을 민간에게 처분하면 이로 인해 얻은 수입은 현행의 회계 상으로는 적자를 줄인다. 재정수입이 증가하기 때문이다. 그러나 자본예산의 관점에서 보면 정부자산의 판매는 단지 실물자산과 화폐자산과의 교환에 불과하므로 적자수준에 영향을 주지 않는다.

자본예산의 관점에서 보면 통상적인 재정적자가 반드시 나쁜 것만은 아니라는 생각을 심어줄 수 있다. 정부가 차입을 통해서 다년간 사용할 수 있는, 정부 활동에 필요한 자산을 구입한다면 자본예산의 관점에서는 그에 대한 지출을 투자로 본다. 그러므로 이런 지출을 나쁘다고 할 수 없다. 개인이 돈을 빌려 집을 구입한다고 해서 바람직하지 않다고 하는 것과 마찬가지 이치이다.

자본예산에 반대하는 사람들에 의하면 경상지출과 자본지출을 구분하기가 쉽지 않다고 한다. 예를 들어 주민들의 교육 프로그램에 대한 지출이 경상지출인지 자본지출이 구분하기 모호하다는 것이다. 교육은 장래의 소득을 발생시키는 인적자본에 대한 투자지출이므로 투자의 성격이 있다는 것이다. 또는 미사일에 대한 지출 역시 장기간에 걸쳐서 사용한다는 점에서 보면 투자로 볼 수 있는 여지가 있을 수 있다. 이 같은 지출을 일회성 경상지출로 볼 것인지 아니면 투자로 볼 것인지 구분하기 모호한 점이 있다는 것이다. 그러므로 자본예산이 남용되는 경우 관료들이 무엇이든지 새로운 지출을 할 때 그것을 투자로 간주해 주기를 바라며 자본예산으로 편성되도록 정치적 압력을 가할 수 있다. 그러면 이는 정치적 모략이 될 수 있다. 이전지출(transfer program)과 같은 경우는 더욱 모호한 점이 있다. 가난한 사람에 대한 식량지급과 같은 이전지출도 투자로 보자는 사람들이 있는데 이들의 주장에 의하면 이는 장래에 사람들의 생산능력을 높인다는 것이다. 이런 식으로 지출을 보면 거의 모든 지출을 자본예산으로 편성해야 하고 그러면 정부의 적자규모는 크게 축소될 것이다.

이외에도 통상적으로 정부부채(政府負債)를 평가할 때는 금융 부채만을 포함시키고 정부소유의 실물자산은 고려하지 않는다. 개인의 경우는 10억 짜라 집에 살면서 연간 100만원의 은행 빚이 있다고 해서 이 사람을 평가할 때 채무자라고 하는 것은 지나치다. 정부도 각종 실물자산 예컨대 빌딩, 각종 장비 등이 있지만 이러한 것들의 가치를 정부부채를 평가할 때 고려하지 않는다. 또한 법적으로 약속한 각종 사회보장지출 역시 정부가 장래에 세금을 걷어서 지출해야 한다는 점에서 보면 정부의 부담으로 부채에 가깝다. 하지만 이러한 암묵적 지출은 공식적인 정부의 부채에 포함되지 않는다. 만약 이것까지도 포함하면 정부의 부채는 더욱 커지게 된다.

이상에서 알 수 있듯이 국가부채는 어떻게 정의하느냐에 따라 그 크기가 달라질 수 있다. 즉 국가부채에 암묵적 부채까지도 포함시킨 국가부채의 개념을 사용할 수도 있을 것이고, 아니면 통상적인 공식적 부채의 개념을 사용할 수도 있을 것이다. 그러므로 국가부채의 개념은 활용하는 하는 목적에 따라 적절히 선택해서 사용해야 한다.

2. 국가부채의 귀착

국가부채는 적은 것이 바람직하다는 생각이 일반적이다. 하지만 부득이 하게 부채가 발생한다면 과연 그 부담이 누구에게 돌아가는지 경제적 효과를 규명해 보아야 한다. 얼핏 생각하면 국가부채는 장래에 상환되어야 하기 때문에 부담이 미래세대의 납세자에게 돌아가는 것으로 생각될 수 있다. 구체적으로 말하면 미래세대의 납세자에게 세금을 걷어서 채권소유자에게 원리금을 지급해야 하기 때문에 법적으로 보면 미래의 납세자가 부담하는 것으로 보인다. 그러나 우리가 조세의 귀착에 보았듯이 국가부채의 경제적 귀착은 좀더 복잡한 경로를 거쳐서 파급된다. 즉 법적인 부담이 미래세대에 있다고 해서 실질적인 부담도 반드시 그런 것은 아니다. 이와 관련한 해답은 경제적 행위에 대한 가정을 어떻게 하느냐에 따라 달라질 수 있다.

러너의 모형

먼저 러너(A. P. Lerner)의 견해를 보자. 그에 의하면 부채는 국내부채인가 해외부채인가에 따라 그 효과가 달라진다. 즉 내국인으로부터 재원을 조달하는 국내부채(internal debt)인 경우는 러너(Lerner)에 따르면 미래세대의 부담이 되지 않는다고 한다. 이 경우는 미래세대 구성원 상호간의 소득의 이전으로 보기 때문이다. 즉 부채가 상환될 때 채권을 소유하지 않은 납세자로부터 채권을 소유한 사람에게로 부가 단순히 이전된다는 것이다. 따라서 사회 전체의 소비수준에는 영향을 미치지 않는다는 점에서 후생수준이 악화된다고 보지 않는다. 이것은 마치 오른 손에 있는 것을 왼손으로 옮긴 것에 불과한 것에 비유된다.

그러나 해외부채(external debt)인 경우는 얘기가 전혀 달라진다. 먼저 현재세대의 소비지출을 위해서 해외로부터 재원을 조달한다고 하자. 이 경우에는 미래세대에게 부담이 돌아간다. 그 이유는 미래에 상환되는 원리금만큼 미래세대의 소비수준이 감소하기 때문에 후생수준이 감소하게 된다는 것이다. 그러나 만약 조달된 재원이 투자지출에 사용되어 자본 축적이 이루어진다면 결과는 달라질 수 있다. 이때는 투자계획의 생산성이 중요한 역할을 한다. 구체적으로 말하면 투자로부터의 한계수익이 재원조달의 한계비용보다 크다면 해외로부터의 차입이 미래세대에게 도움이 된다. 반대로 투자의 한계수익이 한계비용보다 작다면 미래세대의 부담으로 작용한다. 그러나 이러한 러너의 주장은 일면 타당한 점이 있으나 지나치게 단순화한 것이며 실제로는 부채의 귀착과 관련해서는 더 복잡한 요인들을 고려해야 한다.

중복세대모형

러너의 모형에서는 한 세대란 한 시점에서 살아있는 사람들을 말한다. 그러므로 만약 올해 시점에서 재원을 차입하여 10년 후에 상환한다고 할 때 올해 시점에 살아있는 모든 사람이 현세대이고 10년 후 시점에서 살아있는 모든 사람들이 미래세대다. 이에 반해 다음에서 설명할 중복세대모형(overlapping generation model)에서는 세대를 좀 더 구체적으로 정의하여 한 세대를 동일한 시점에 태어난 모든 사람들로 정의한다. 이런 정의에 따르면 한 시점에서 여러 세대가 공존할 수 있다.

분석의 단순화를 위하여 다음에서는 현 시점에서 젊은 세대와 노인세대 두 세대만이 공존한다고 하자. 그리고 각 세대는 수명이 1년이라고 가정한다. 그러니까 노인세대는 1년 후에 사망하고 젊은 세대는 1년 후에 노인세대가 되는 것이다. 이 때 정부가 1년 후에 상환할 것을 조건으로 하여 100조원을 차입하는데 분석의 단순화를 위하여 이자는 없다고 가정하고 차입한 돈은 그 해에 공공소비지출에 사용된다고 가정하자.

정부는 1년 후에 차입한 100조원을 세금을 걷어서 상환해야 한다. 현 시점에서는 젊은 세대만이 정부에 돈을 빌려 줄 것이다. 노인세대는 상환 받을 시점에서 생존할 수 없기 때문에 돈을 빌려 주지 않을 것이다. 그리고 정부는 차입한 돈 모두를 모든 세대 즉 젊은 세대와 노인 세대를 위하여 동일하게 50조원씩의 소비를 증가시키는 지출을 한다고 하자.

가정에 의해 1년 후에 노인세대는 퇴장한다. 대신에 현재시점의 젊은 세대가 노인세대가 된다. 그리고 새로 태어난 젊은 세대가 새로 등장한다. 결과적으로 각 세대의 손익은 어떻게 되는가? 먼저 현재시점의 노인세대는 소비수준이 50조원만큼 증가한다. 이 세대는 세금을 내지 않고 혜택만 보고 떠난다. 다음으로 현재 시점의 젊은 세대는 100조원을 빌려주었다가 1년 후에 돌려받는다. 그리고 이 세대는 정부의 지출로 인하여 1년 동안 소비가 50조원 증가하였고 동시에 50조원의 세금을 내었다. 그러므로 이익도 손해도 없다. 마지막으로 1년 후에 새로 태어난 젊은 세대는 어떤가? 이들은 소비의 증가 없이 세금만 50조원이 증가하였다. 이 모델을 통해서 보면 정부부채는 미래세대의 부담으로 귀착된다는 것을 알 수 있다. 위에서 언급했듯이 러너의 모델에서는 국내부채인 경우는 미래세대의 부담이 되지 않았다. 그러나 중복세대 모형에서는 국내이든 아니면 국외이든지 상관없이 젊은 세대의 부담으로 된다는 점에서 러너의 모형과 다르다.

실제적으로 정부의 재정정책이 세대 간에 미치는 효과를 측정하기 위해서는 다음과 같은 세대 간 회계방식이 사용될 수 있다. 먼저 각 세대를 대표하는 사람을 선택해서 그 사람이 정부에 납부한 모든 세금의 현재가치를 계산한다. 또한 그가 정부로부터 받은 각종 이전소득의 현재가치를 계산하여 하여 이 둘의 차이를 구한다. 이 차이를 해당 세대의 구성원이 지불한 순 조세(net tax)라고 하는데 이것을 각 세대 간에 비교하는 절차를 통해서 정부의 재정정책이 각 세대의 분배에 어떻게 영향을 미쳤는지 평가할 수 있다. 이러한 방식에 의한 여러 실증연구에 따르면 국가부채는 미래세대의 부담이 된다는 데 무게를 두고 있다. 그러나 그 결과는 미래의 세율, 이자율 등에 따라 달라질 수 있을 것이다.

신고전학파의 모델

위의 중복 세대 모형에서는 정부 부채가 저축, 노동 등의 경제적 의사결정에 미치는 영향에 대해서는 고려하지 않았다. 그러나 부채 상환을 위하여 조세가 부과될 때 이것이 경제적 의사결정을 왜곡시킨다면 실제로는 국가부채가 경제에 미치는 비용은 달라질 수 있다. 신고전학파는 이와 같이 국가부채가 경제에 주는 왜곡 현상에 초점을 맞추고 있다는 점에서 특징이 있다.

신고전학파 모형에서는 특히 정부가 어떤 사업을 수행할 때 그 재원이 세금에 의한 것이든 차입에 의한 것이든지 간에 자원이 민간부문으로부터 이전되어 온 것이라는 점을 강조한다. 통상적으로 생각하면 조세에 의해 재원이 조달되면 민간의 소비를 줄이는 것으로 생각한다. 그러나 달리 생각하면 그 재원은 민간이 투자를 위해 사용할 수 있었던 것으로 볼 수 있다. 이때는 정부의 차입이 민간의 투자를 줄이게 된다. 즉 정부 사업은 민간의 투자사업과 경쟁관계에 있다는 것이다. 그렇게 되면 정부의 차입은 미래세대의 자본축적을 줄이게 되고 따라서 이들의 소득을 줄이는데 기여하게 된다. 다시 말해서 정부의 차입이 자본축적에 영향을 미쳐서 미래세대의 부담으로 귀착된다. 그러나 이와 다른 주장도 있다. 만약 정부의 차입으로 공공자본이 축적되어 이것이 민간부문에 있을 때보다 더 생산적으로 사용된다면 정부 차입이 오히려 미래세대의 소비에 기여할 수도 있다는 것이다.

신고전학파 모델에서는 정부 차입이 공공자본의 축적이라는 측면보다는 민간자본의 위축이라는 점을 더욱 강조한다. 이러한 현상 즉 정부 차입이 민간 투자를 감소시키는 현상을 구축효과(crowding out effect)라고 한다. 구축효과(驅逐效果)는 이자율의 변동에 의해서 유발된다. 정부 차입은 금융시장에서 자금에 대한 수요를 증가시키므로 시장이자율을 인상시킨다. 그렇게 되면 기업투자의 기회비용이 상승하여 투자가 줄어들게 된다. 이런 식으로 생각하면 재정적자와 이자율이란 두 변수 간에는 정의 상관관계가 있게 된다. 그러나 이와 관련해서는 많은 논란이 있다. 실증적으로 이자율과 GDP에 대한 재정적자의 관계를 조사할 수 있을 것이다. 그래서 만약 두 변수 간에 정의 관계가 나타나면 구축효과를 지지한다고 볼 수 있다. 하지만 이자율에는 재정적자이외에도 많은 변수들이 영향을 주므로 이러한 요인들을 모두 고려하자면 문제가 매우 복잡해진다. 예를 들어 경기침체기에는 투자가 줄어들어 이자율이 떨어진다. 그리고 기업 활동이 부진하여 조세수입도 감소한다. 따라서 재정적자가 발생한다. 이 경우는 재정적자와 이자율이 정의 상관관계를 나타내는 것이 아니라 역의 상관관계를 나타낼 수 있다. 이런 결과는 구축효과를 설명하는데 도움이 되지 않는다. 하지만 신고전학파에 속한 대부분의 학자들은 구축효과를 지지한다. 즉 재정적자가 자본축적을 감소시킨다는데 동의한다. 그러나 재정적자의 이러한 영향이 어느 정도인지에 대해서는 명확한 대답을 주지 못한다.

Ricardian 모델

이상의 모델에서는 정부의 차입이 있을 때 개인들의 의도적인 세대 간 소득이전에 대해서는 고려하지 않았다. 바로(R. J. Barro)에 의하면 정부의 차입이 있을 때 현 세대는 그들의 후손이 그 부담을 진다는 사실과 그리고 그들이 후생이 감소할 것이라는 것을 인식한다고 주장한다. 이와 같이 현 세대가 그들 자손의 조세부담을 인식하고, 그리고 그들의 소비가 감소하게 되는 것을 원치 않는다고 가정하면, 현 세대는 후손들의 세금 부담을 상쇄할 만큼의 유산을 남겨 주려 할 것이다. 그러면 결과적으로 정부의 차입이 미래세대에게 아무런 영향도 미치지 않게 된다. 즉 각 세대는 정부의 차입이 있더라도 소비에 영향을 받지 않는다.

실제로 개인들이 정부부채의 세대 간 효과를 이와 같은 방식으로 무력화시키는 경우에는 정부가 재원조달을 조세부과를 통해 하던 차입을 통해 하던 본질적으로 동일한 효과를 갖게 된다. 이와 같이 정부의 재정조달이 어떤 형태를 취하던 간에 그 경제적 부담은 세대 간에 이전되지 않는다는 것이 리카르도 모델(Ricardian Model)의 핵심이다.

그러나 이 모델에 대한 반론도 적지 않다. 어떤 이는 이 가설이 비현실적 가정에 입각하고 있다고 한다. 그들에 의하면 실제로 현재의 재정적자가 미래세대의 부담으로 돌아간다는 것을 알아낸다는 것이 쉽지 않다고 한다. 사실 개인들로서는 정부의 재정적자가 얼마나 큰지 파악하는 것도 쉽지 않다. 그런데 더욱이 그 부담이 후손에게 얼마나 돌아가는지를 파악한다는 것은 지나친 합리화일 수 있다. 실제로 사람들은 이 모델에서 가정하듯이 그렇게 원시안적인 통찰력을 가지고 있지 않다. 이 모델은 사람들이 모든 정보를 완벽하게 알고 있다는 가정에 입각하고 있지만 현실적으로는 그렇지 않다는 것이다. 만약 이 모델이 옳다고 한다면 정부의 재정적자가 증가하면 개인의 저축이 증가해야 한다. 그러나 시계열 자료를 통해 보면 재정적자와 저축의 이러한 관계가 분명하게 나타나지 않다. 그래서 이 이론은 예측력의 측면에서도 비판을 받고 있다.

3. 국가부채의 보전방식

만약 정부의 지출이 수입보다 많아서 재정적자가 발생한다면 정부는 이것을 세금을 더 걷어서 메울 것인지 아니면 채권의 발행에 의한 차입으로 할 것인지 결정해야 한다. 어느 방식이 더 우수한 것인지에 대해서는 논란의 여지가 많다. 다음에서는 이와 관련하여 몇 가지 원칙에 대해 설명한다.

첫째로 편익의 원칙(benefits-received principle)이다. 이것은 정부의 지출로 인하여 혜택을 받은 집단이 그 부담을 지게 하는 방식이다. 이 방식에 의하면 정부지출이 미래세대의 혜택으로 돌아간다면 차입을 통하여 재원을 조달하는 것이 권장된다. 즉 정부 차입이 미래세대를 위한 것이라고 보고 그 부담을 그들에게 전가하는 것이다. 국가교육을 위한 지출을 차입을 통해서 조달하는 예가 여기에 해당한다. 그러한 논리적 근거는 학생들을 위한 교육지출이 그들의 미래소득을 증가시키는데 기여한다고 보기 때문이다.

둘째는 세대 간의 공평성의 원칙이다. 만약 기술의 진보에 인해서 미래세대가 현재보다 더 잘 살 것으로 예상된다면 재정 부담을 그들에게로 전가하는 것이 타당할지 모른다. 그렇다면 재원이 현 세대에 대한 세금이 아니라 차입을 통해서 조달하는 것이 세대 간의 형평성 차원에서 볼 때 합당할 것이다. 그러나 미래에 대한 이러한 확신이 없다면 이러한 논리는 반대의 결과를 가져올 수도 있다.

셋째는 효율성의 고려이다. 차입이든 세금이든 어느 방식이든지 간에 초과부담을 일으킨다는 점에서 효율성의 상실을 초래한다. 정부지출이 증가하면 어떤 방식에 의해서 재원을 조달하든지 간에 결국은 세금의 증가를 가져온다. 단지 차이가 있다면 세금에 의한 방식은 지출이 이루어지는 시점에서 한 번에 모든 부담을 지우지만 차입에 의한 방식은 차입에 대한 이자를 수년에 걸쳐서 지급하기 위하여 세금을 여러 해에 걸쳐서 나누어 걷어야 한다는 점이 다르다. 후자의 경우도 이들을 모두 현재가치로 환산하면 일시에 걷는 세금과 동일해야 한다. 따라서 어느 방식을 선택하든지 세금을 걷어서 조달해야 한다는 점에서는 마찬가지이다.

그러나 두 방식 간에 효율성의 측면에서 평가하면 차이가 있다. 결론적으로 말하면 일시의 세금부과보다는 차입에 의한 방식이 효율성 측면에서 우월하다. 두 방식 간의 차이는 지출에 필요한 재정수입을 조달하기 위하여 높은 세율을 적용하여 한 번에 조세로 걷는 것과 낮은 세율로 여러 차례에 걸쳐서 나누어 세금을 걷는 것 중에서 어느 것이 효율성의 상실이 적은가 하는 것이다.

〈그림 17-1〉 세율과 초과부담의 관계

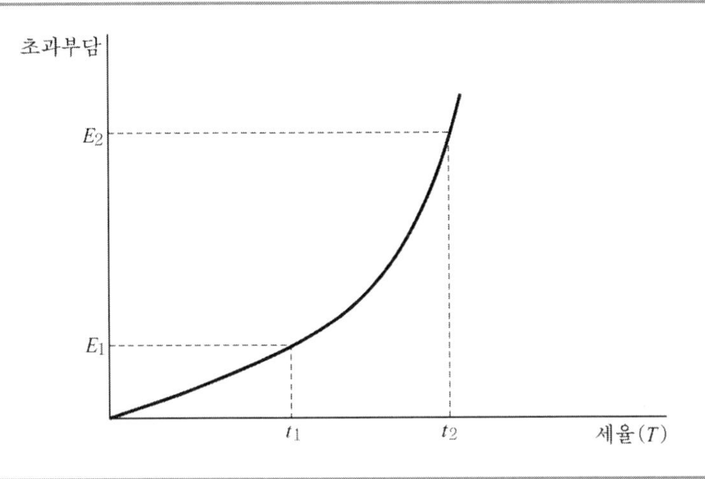

이 문제는 다음과 같이 세율과 초과부담간의 관계를 설명함으로써 이해될 수 있다. 조세이론에서 보았듯이 세금의 부과는 노동공급에 대한 의사결정을 왜곡시키는데 그 결과로 나타나는 효율성의 상실의 크기는 세율에 대하여 체증하는 것으로 알려져 있다.2) 이러한 관계를 그림으로 나타내면 〈그림 17-1〉과 같다. 이 그림에서 세율이 t_1일 때 초과부담 즉 효율성의 상실은 E_1이다. 그러나 세율이 2배로 증가하면 초과부담은 E_2로 4배나 증가한다. 그렇다면 같은 수입을 조달하는데 있어서 세율 t_2를 적용하여 한 번 과세하는 것보다 두 번으로 나누어 t_1의 낮은 세율을 적용하면 같은 수입을 조달하면서도 초과부담이 적게 발생한다. 다시 말하면 차입에 의한 방식이 여러 번에 걸쳐서 세금을 걷는 것과 같으므로 초과부담을 적게 발생시키고 따라서 더 우월한 방식이라는 것이다.

이상과 같은 주장은 노동공급에 국한해서 초과부담을 논의한 것이다. 그러나 다른 측면까지 고려하면 얘기가 달라질 수 있다. 차입에 의한 방식은 자본축적을 줄일 수 있다. 즉 정부차입은 시장의 이자율을 올리므로 구축효과가 발생하여 민간 투자를 위축시킨다. 이는 또 다른 초과부담을 초래한다. 요약하면 차입에 의한 방식이 노동공급이라는 측면에서 보면 효율적이지만 자본축적이라는 관점에

2) 조세의 초과부담은 $1/2ewLt^2$로 계산된다. 이 식에서 e는 임금에 대한 보상된 노동수요의 탄력성을, w는 세전 임금을, L은 노동시간을, 그리고 t는 세율을 의미한다.$ewLt^2$

서 보면 오히려 불리하다. 따라서 어느 것이 우월하다고 분명하게 말하기 어렵다.

이상에서 알 수 있듯이 정부가 부채를 보전하기 위해서는 세금을 더 걷든지 아니면 차입을 해야 한다. 그런데 한 회계연도에 재정적자가 발생하였다는 것은 조세수입을 포함한 정부의 수입을 정부지출이 초과하였다는 말이다. 그러므로 재정적자란 정부가 그 차이만큼을 민간으로부터 차입을 했다는 것의 다른 표현이기도 하다. 물론 금년에 재정적자가 발생하면 일단 차입을 하고 다음 해에 세금을 더 걷어서 상환할 수 있다. 차입에 의한 보전은 필요한 시점에서 일시에 이루어지지만 조세에 의한 보전은 그렇지 못하다는 차이가 있다. 그러므로 두 수단이 완전한 대체 수단이 아니다. 하여튼 국고상의 적자가 발생하면 정부는 그 차이만큼을 차입하기 위하여 채권을 발행하게 된다. 정부가 발행하는 채권을 국채 또는 국공채라고 한다. 우리나라의 국채의 예로는 국고채권, 국민주택채권, 재정증권, 외국환평형기금채권 등이 있다. 이 중에서 특히 국고채권의 경우는 세입보전공채의 성격을 가지는 대표적인 국채이다. 이 국고채는 국회의 의결을 얻은 세출의 범위 안에서 발행할 수 있다.[3] 국고채는 1년, 3년, 5년, 10년의 만기로 발행되며, 3년 만기가 주류를 이룬다. 국고채권은 가장 거래가 활발하고 실세금리를 민감하게 반영하는 채권의 하나로서 장외시장의 대표수익률과 시중자금사정을 나타내는 기준금리를 파악하는 지표로 이용되고 있다.

다음은 국가부채의 보전방식이 거시경제 정책에 미치는 영향에 대해서 알아보자. 재정정책은 무엇보다도 실업대책으로 흔히 사용된다. 실업의 가능성이 있을 때 정부는 필요한 재원을 세금으로 조달할 것인지 아니면 차입을 통해 조달할 것인지 선택해야 한다. 실업률이 매우 낮은 완전고용에 가까운 시기라면 정부의 지출증가가 인플레이션을 유발할 수 있다. 이런 경우는 정부가 민간의 소비여력을 흡수하는 것이 필요하다. 즉 세금을 걷는 것이 유용하다. 반대로 실업률이 매우 높을 때라면 정부는 재정적자를 운용하는 것이 수요를 자극하는데 도움이 된다. 재정적자란 부족 재원을 차입한다는 것을 의미한다. 다시 말해서 재정을 통

3) 국고채는 원래 1993년에 국채의 발행 및 상환을 종합하여 관리하는 국채관리기금을 설치함에 따라 농지채권 · 농어촌발전기금채권 · 철도채권 등의 국채를 통합하여 국채관리기금채권이라고 하였는데, 이를 1998년부터 국고채권으로 부르게 되었다. 그러다가 1999년에 국채관리기금을 공공자금관리기금에 통합하게 됨에 따라 국고채권은 공공자금관리기금의 부담으로 발행하게 되었다.

해서 총수요를 관리하는 것으로 이를 통상 기능적 재정(functional finance)이라 고 한다. 그러나 케인지언의 이러한 재정의 기능적 역할에 대한 회의도 만만치 않다. 위에서 언급했듯이 리카르도 모델(Ricardian model)이 옳다고 하면, 즉 세대 간 이타심이 작용한다면 사람들은 정부의 재정정책을 무력화시키게 된다. 정부가 실업 시에 재정적자를 유지하기 위하여 차입을 증가시키면 사람들은 저축을 증가시켜 총수요를 줄이게 되므로 실업정책은 효과가 없어진다. 또한 케인지언의 생각이 옳다고 하더라도 재정정책이 실업을 완화시키는데 시간이 얼마나 소요되는지 확실하지 않다. 재정정책이 성공하자면 타이밍이 중요하지만 만약 그렇지 못하고 실기하게 되면 오히려 실업을 줄이기보다는 물가를 올리는데 기여할 수도 있다는 것이다.

4. 지방정부의 부채

지방정부 역시 한 회계연도의 수입보다 지출이 많으면 재정적자가 발생한다. 그리고 지방재정의 적자가 누적된 것을 지방정부의 부채라고 한다. 기업이 적자가 지속되면 도산되듯이 지방정부 역시 부채가 지나치게 커지면 상환불능상태에 빠지게 되어 도산 상태에 이를 수 있다. 우리나라에서는 아직 지방정부가 도산된 경우는 없지만 외국에서는 많은 사례를 볼 수 있다. 우리나라는 이러한 점을 우려하여 중앙정부에서 지방정부의 부채를 적정 수준에서 관리해 나가고 있다.

지방채

지방정부의 부채(local debt)란 달리 말하면 지방정부가 재정수입의 부족을 보전하기 위하여 과세권을 담보로 하여 조달한 채무를 말한다. 지방정부의 부채는 국가부채와 마찬가지로 채권의 발행을 통해서 보전되는데 지방정부가 발행한 채권을 지방채라고 한다. 지방채는 국채와 마찬가지로 채무이행이 한 회계연도를 넘어서 이루어지며 증서 차입 또는 증권 발행의 형식을 취하기도 한다. 지방채를 지방정부가발행한 채권이라고 정의하면 지방정부가 아닌 지방공사나 공단의 차입금은 지방채라고 할 수 없으며 당해 연도에 채무상환이 이루어지는 일시 차입금도 지방채라고 할 수 없다.

지방채는 해당 지방정부가 지방세를 미리 당겨쓰는 행위라는 의미에서 지방채를 '이자가 붙어 있는 지방세'로 간주하기도 한다. 또한 지방정부의 차입이 중앙정부로부터 이자율이 싼 지원금 형태로 이루어질 때는 국고보조금의 성격도 지니기 때문에 '이자가 붙어 있는 보조금'이라고도 한다(전상경, 2007).

다음에서는 우리나라의 지방채 발행에 대하여 설명하기로 한다. 지방정부가 지방채를 발행할 수 있는 법적 근거는 지방자치법을 들 수 있다. 지방자치법 제115조 제1항에서 "지방자차단체장은 그 지방지차단체의 항구적인 이익이 되거나 또는 비상재해 복구 등의 필요가 있을 때에는 행정안전부 장관의 승인을 받은 범위 내에서 지방의회의 의결을 얻어 지방채를 발행할 수 있다."고 규정하고 있다. 또, 지방재정법 제7조의 단서 조항에서도 부득이한 경우에는 지방자치법에서 정한 바에 의하여 지방채로 재원을 조달할 수 있음을 규정하고 있다.

지방채는 국채와 비교하여 몇 가지 특징이 있다. 우선 지방채는 인플레이션을 유발할 우려가 적다는 특징이 있다. 국채는 중앙은행이 인수하는 경우 통화팽창의 염려가 있지만 지방채는 시중에서 소화하는 경우 그와 같은 우려가 없다. 이런 점에서 지방채는 사채나 회사채와 유사한 면이 있다. 또한, 지방채의 경우는 이것으로 조달한 재원으로 행하여지는 공공투자가 지역주민의 복지 및 지역경제 활성화에 밀접하게 연관되어 있다는 특징이 있다. 이외에도 지방채의 발행은 중앙정부의 통제를 받는다는 점에서 자주적이지 못하다는 점에서 국채와 성격이 다르다.

지방채의 발행

지방채(地方債)는 그 발행시점과 상환시점이 다르다는 점 때문에 일반조세와 달리 주민들의 저항이 적다는 장점이 있다. 따라서 지방정부는 지방세보다는 지방채를 통한 세입증대를 시도할 유인을 갖는다. 즉 단체장은 지방채로 조달한 재원으로 여러 가지 공공사업을 시행하여 자신의 업적을 높이려는 강한 유혹을 갖기 때문에 지방채가 과도하게 발행되려는 경향이 있다.

지방채의 과도한 발행은 지방정부의 재정압박을 초래하고 그 결과 향후에 그 지역주민들의 부담으로 돌아가 결국에는 재정파단 등의 문제로 이행할 가능성이 있다. 그러므로 지방정부가 감당할 수 있는 한도 내에서 지방채를 발행하도록 관리하는 것이 필요하다. 우리나라는 2006년 이전에는 지방자치단체가 지방채를 발행할 경우 행정안전부장관의 승인을 받도록 하는 규정이 있었으나 이러한 규정은 그 후에 지방정부의 자율성을 지나치게 제약한다는 이유로 폐지되고 지방채 발행총액한도제가 도입되었다. 현행 지방재정법 제11조 제2항은 지방채를 발행하고자 하는 지방정부는 지신의 재정상황 및 채무규모 등을 고려하여 대통령령이 정하는 지방채 발행한도액의 범위 안에서 지방의회의 의결을 얻도록 하는 규정을 두고 있다.

지방채발행한도제도란 특정 자방정부가 재정상황 및 채무규모를 고려하여 대통령령이 정하는 지방채발행한도액의 범위 내에서 지방의회의 의결을 얻은 후 자율적으로 발행하는 제도이다. 이 때 특정 지방정부의 재정 상태와 채무상환능력은 다음과 같은 두 식에 의하여 판단된다.

$$\text{채무상환비율} = \frac{\text{최근 4년간 순지방비로 상환한 평균채무액}}{\text{최근 4년간 평균일반재원수입액}} \times 100$$

$$\text{예산대비채무비율} = \frac{\text{채무총규모}}{\text{예산총규모}} \times 100$$

위의 두 식과 같이 정의되는 지표에 의해 전국의 지방정부 재정 상태를 4개 유형으로 분류하고 각 유형별로 차등화된 한도액이 설정된다. 가장 우수한 재정 여건에 속하는 제1유형에 속하는 지방정부의 지방채발행한도액은 채무상환비율이 10%이하, 채무비율이 30% 이하인 단체로서 일반재원 대비 10% 이하로 정해지며, 제2유형은 채무상환비율 10% 이하, 채무비율 30-40% 이하인 단체로 일반재원 대비 5%, 제3유형은 채무상환비율 10-20% 이하 채무비율 40-80%인 단체로 일반재원 대비 3%로 정하고 채무상환비율이 20%초과 채무비율이 80%를 초과하는 제4유형에 속하는 지방정부는 총액한도가 부여되지 않는다[4](전상경, 2007).

4) 재정상황에 따른 지방정부의 유형구분은 다음과 같다.

지방채의 귀착

정부부채의 귀착에 대해서는 위에서 언급한 바와 같이 학파에 따라 의견이 서로 다르다. 그러나 대체로 정부가 조달한 재원이 소비로 사용되면 미래세대의 부담으로 귀착되는데 비해 투자로 사용될 경우에는 사업의 성과에 따라 그 결과가 달라질 수도 있다는 것이었다. 지방채도 마찬가지로 조달된 재원이 어떻게 사용되느냐에 따라 실질적 지방채부담의 귀착이 달라진다. 지방채로 조달된 재원이 자본축적을 위한 투자로 사용되지 않고 현세대의 소비지출에 모두 사용된다면 현세대가 그 부담을 미래세대로 떠넘기는 셈이 된다. 즉 편익은 현세대가 지고 지방채에 대한 상환은 미래세대가 져야 하기 때문이다. 그러나 지방채로 조달한 재원을 자본축적을 위한 투자로 사용한다면 투자의 효율성에 따라서 정도는 달라지겠지만 대체적으로는 부담은 현 세대와 미래세대가 함께 지고 그 편익도 현세대와 미래세대가 공동으로 향유하게 된다.

원칙적으로는 편익을 향유하는 자가 그 비용을 부담하는 것이 바람직하다. 이러한 원리를 편익의 원리라고 한 바 있다. 이와 같은 관점에서 본다면 자본축적의 목적으로 사용되는 투자적인 지출에 대하여 지방채를 활용하는 것이 바람직하다. 재원의 용도와 재원조달방법에 따라 그 부담과 편익을 분류한 것이 〈표 17-1〉이다. 이 표에서는 지방채가 경상적 지출보다는 자본적 지출로 사용될 경우 세대 간 공평성을 제고시킬 수 있다는 점을 강조하고 있다.

지방채 부담의 세대 간의 귀착에 대한 논리는 현재 살고 있는 주민과 미래에 이곳으로 이주해 올 주민 사이에도 동일하게 적용될 수 있다. 지방정부의 공공재 건설을 위한 자본적 지출에 필요한 재원을 모두 조세의 형태로 조달한다고 하자. 그러면 그 부담은 현 주민들이 지지만 그 지방정부가 제공한 공공재의 편익은 미래에 그 지방정부로 이주해 올 주민들이 비용부담 없이 누리게 된다. 결과적으로 그 조세부담이 미래세대에서 현세대로 이전되는 것이다. 그렇지만 공공재 건

구분	제1유형	제2유형	제3유형	제4유형
채무상환비율	10%이하	10%이하	10-20%이하	20%초과
예산대비채무비율	30%이하	30-40%이하	40-80이하	80%초과

설을 위한 자본적 지출에 필요한 재원을 지방채로 조달하면 장차 이주해 올 주민들도 그 부담을 지게 되므로 주민들 간의 부담의 불공평성이 시정될 수 있다.

이상의 논의에서 보면 지방채는 자본적 지출에 사용되는 것이 바람직하다는 것이다. 그러면 구체적으로 지방채를 활용할 수 있는 사업에는 어떤 것이 있을까? 이에 대해서 현행 지방재정법 시행령 제9조에서는 지방채 발행 사업을 공익시설의 설치, 당해 사업의 수익금으로 원리금상환이 가능한 사업, 천재지변과 같은 예측할 수 없는 재해 때문에 발생하는 세입결함의 보전, 재해예방 및 복구사업, 기 발행한 지방채의 차환, 그 밖의 주민의 복지증진을 위해 필요성이 인정되는 사업 등으로 구체화하고 있다. 따라서 경상적 보수유지비, 일반적 조사비, 소모성기자재비, 내구수명이 극히 짧은 시설비 등은 인정하지 않는다(전상경, 2007).

〈표 17-1〉 조세와 지방채의 비교

		재원조달방법	
		조세	지방채
재원의 용도	경상적 지출	I. 편익: 현세대 부담: 현세대	II. 편익: 현세대 부담: 현 세대와 미래세대
	자본적 지출	III. 편익: 현세대와 미래세대 부담: 현세대	IV. 편익: 현세대와 미래세대 부담: 현세대와 미래세대

지방채의 종류

우리나라의 지방채는 발행하는 회계에 따라 일반회계채와 특별회계채, 그리고 발행하는 방법에 따라 증서차입채와 증권발행채, 또, 상환하는 방법에 따라 일시상환채와 분할상환채로 나눌 수 있다. 일반회계채란 일반회계의 재원으로 조달하는 채무이고, 공기업특법회계채는 공기업 특별회계의 재원에서 조달하는 채무이며, 기타 특별회계채는 기타 특별회계로 조달하는 채무이다.

발행하는 방법에 따라서 구분한 것이 증서차입채와 증권발행채이다. 증서차입채란 지방자치단체가 증서에 의하여 차입하는 방식으로서, 이는 다시 국내차입금과 국외차입금으로 나누고, 국내차입금은 자금의 종류에 따라 정부자금채, 지방공공자금채, 민간자금채로 구분한다.

정부자금채는 정부특별회계(재정융자, 토지관리 및 지역균형개발 등)에서의 지방채 인수를 통한 자금 지원, 정부관리기금(국민주택기금 등)에서 지원되는 융자금, 민간기금(공무원 연금 기금 등)에 의한 것 등이 있다. 지방공공자금채는 시·도 단위로 조성 운영되는 지역개발기금, 지방재정공제회 등에서 지원되는 자금이다. 만간자금채는 은행(시중은행 등), 제2금융권(투자신탁 등)의 금융자금과 일반 민간인 자금 등에 의한 것이다.

한편, 국외차입금(차관)에는 공공차관과 상업차관이 있다. 공공차관은 외국정부, 경제협력기구, 외국 법인 등에서 현금을 차입하거나 자본재 또는 원자재를 도입하는 것이다. 상업차관은 지방정부가 일반 기업과 같은 지위에서 외국인(법인)과의 차관계약에 의하여 도입하는 외국자본을 말한다.

한편 증권발행채는 지방정부가 발행하는 지방채권을 말한다. 이는 다시 내국채와 외화채로 나뉘며, 내국채는 모집, 매출, 교부 등 세 가지로 다시 구분한다. 모집에 의한 모집공채는 청약에 의하여 불특정 다수를 대상으로 투자자를 모집하여 증권을 발행하는 것으로, 발행 주체가 연고인수선(은행, 보험, 투자신탁 등)과 계약을 채결하여 발행하는 사모와 발행주체가 자본시장을 통하여 투자자를 공개 모집하는 공모가 있다. 공모에도 발행주체가 직접 공모하는 직접공모와 위탁기관(증권사 등)을 통하여 투자자를 모집하는 간접공모가 있다. 매출에 의한 매출 공채에는 지방정부로부터 인·허가나 차량등록 등 특정 업무를 제공받은 주민 또는 법인을 대상으로 강제로 소화하는 방식이다. 이런 방식이 지방채 증권 중에서 가장 많으며, 발행기관이 직접 매출하는 직접 매출 방식과 매출 위탁회사를 지정하여 매출하는 위탁 매출 방식이 있다. 예로, 지하철 공채, 상하수도 공채, 지역개발공채 등이다. 교부에 의한 교부공채에는 지방정부가 주로 부지를 매입하거나 공사 대금 등을 지불하는 경우에 일시에 현금을 지급하는 대신에 나중에 지급을 약속하고 증권을 채권자에게 교부하는 것이다.

국외채권의 경우는 지방정부가 외국인을 대상으로 채권을 발행하는 것으로 외자의 도입에 해당한다. 예로서, 미국의 양키본드, 일본의 마루라이 본드 등이 있으며, 특히 서울특별시와 대구광역시가 중앙정부의 승인을 얻어 미국에서 양키본

드를 발행한 바 있다(손희준 외, 2001).

주요개념

국가부채	기능적 재정	러너 모형	리카르도 모형
인플레이션 조세	재정적자(財政赤字)	정부자금채	중복세대모형

제 18 장

재정정책과 경제발전

경제발전과 재정의 관계를 적극적으로 해석한 대표적인 학자로 케인즈를 들 수 있다. 그의 조언을 따라 미국에서 실시된 뉴딜정책은 재정정책이 경제에 어떻게 영향을 미치는 것인지를 보여준 대표적인 사례이다. 뉴딜정책이란 1930년대 혹독한 경기 침체 국면을 극복하기 위해 당시 미국 대통령인 프랭클린 루스벨트가 추진한 일련의 정책을 말한다.

당시 미국은 물가와 성장률이 동시에 급락하는 소위 디플레이션과 대규모 실업 사태로 대변되는 공황에 직면한 바 있다. 이런 상황에서 케인즈는 정부가 직접 재정지출의 확대를 통해 부족한 유효 수요를 보전하는 방식으로 경기를 회복할 수 있다고 보았다.

결과적으로 보면 그의 구상대로 미국 경제는 뉴딜 정책을 통하여 상당한 회복을 보였다. 이러한 역사적 경험에 근거하여 그 후 각국의 정부는 경제를 부양시키는 방법으로 적극적 재정정책을 선호해 왔다. 적어도 1970년대 말 2차 오일쇼크가 발생하기 직전까지 케인스 이론에 의한 정책 처방은 적절했던 것으로 평가된다.

그러나 문제는 정부의 적극적 재정지출로 인하여 미국을 비롯하여 대부분의 선진국 경제들이 막대한 재정적자를 기록하게 되었다. 더욱이 1980년대 들어오면서 오일 쇼크 등으로 세계의 경제 성장률이 떨어지고 물가가 상승하는 소위 스태그플레이션이라는 새로운 경제 현상이 나타나게 되었다. 그리고 그에 대한 원인으로 케인즈의 재정적자를 통한 재정정책이 거론되면서 케인즈 정책에 대한 회의론이 제기되었다.

케인즈의 경제 처방에 대한 회의론을 배경으로 해서 등장한 것 가운데 래퍼의 공급경제학을 들 수 있다. 이 이론의 골자는 지속 가능한 성장과 함께 물가를 안정시키기 위해서는 총수요보다 총공급 측면이 강조돼야 한다는 것이다. 래퍼는 한 나라의 세율이 적정 수준을 넘어 지나치게 높을 때는 오히려 세율을 낮추고 규제완화를 추진하는 것이 경제주체의 창의력을 높임으로서 경기와 세수를 동시에 회복시킬 수 있다고 주장하였다. 만약 그의 주장대로라면 재정적자와 경제성장을 동시에 달성할 수 있으므로 그 보다 더 좋은 정책은 없을 것이다.

1. 공급측면의 재정정책

한 경제의 산출능력은 그 나라가 가지고 있는 인적, 물적 자본과 기술수준의 질과 양에 의하여 결정된다고 할 수 있다. 정부는 이러한 각종 투입 요인을 고려하여 경제정책을 수립함으로써 국민경제의 공급능력을 조정할 수 있다.

먼저, 정부가 저축(貯蓄)을 통하여 어떻게 공급능력을 증대시킬 수 있는지 알아보자. 한 국민경제에서 저축은 단기적으로는 수요를 위축시키지만 장기적으로 보면 투자의 원천이 되기 때문에 대단히 중요하다. 즉, 저축은 투자의 재원으로 장래의 자본 스톡을 증대시킴으로써 경제의 생산능력을 증대시키는 데 결정적인 역할을 한다.

정부는 저축을 증대시키기 위하여 각종 정책을 사용할 수 있을 것이다. 국민저축은 정부저축과 민간저축으로 구성되는데, 이 중에서 정부 저축은 정부 수입에서 경상 지출을 차감하고 남는 부분으로 정의된다. 그러므로 정부는 경상지출을 줄이는 방법을 통하여 정부저축을 늘릴 수 있다. 이렇게 증가된 정부저축은 정부투자를 위한 재원을 늘리게 된다. 정부투자는 주로 도로, 항만 등 사회간접자본시설에 집중적으로 사용될 때 그 효과가 경제전반에 걸쳐서 광범위하게 확산된다는 의미에서 한 경제의 생산력을 좌우하는 매우 중요한 자본이다. 사회간접자본투자는 이렇게 외부효과가 매우 크다는 특성이 있기 때문에 민간 기업에게 맡기기보다는 정부가 직접 담당하는 것이 일반적이다. 정부의 투자는 건물, 도로, 각종 시설과 같은 물적자본(physical capital)뿐만 아니라 교육이나 직업 훈련과 같은 인적자본(human capital)형성에 대해서도 이루어진다. 물론 정부가 어느 부문에 투자하느냐에 따라 경제성장에 미치는 영향도 다르다.

그런데 정부투자가 경상지출의 삭감에 의한 정부저축의 증대에 의해서가 아니라 민간부문으로부터 조달될 때는 민간투자를 위축시킬 수도 있다는 점도 함께 고려해야 한다. 다시 말해서 정부가 투자에 필요한 재원을 자체수입이 아니라 금융 시장에서 조달하여 사용하는 경우에는 시중 이자율을 올리게 되므로 민간투자를 구축한다. 즉 민간으로부터 재원을 조달하여 정부지출을 증가시킬 경우에는 민간부문의 투자를 줄이는 구축효과(crowding-out)를 초래할 수 있고, 따라서 국민총투자는 예상된 것보다 적게 나타날 수 있다.

또한 정부는 기술진보를 촉진하는 정책을 통하여 공급능력을 증대시킬 수 있다. 기술 진보란 동일한 양의 노동과 자본 등 생산요소를 투입하더라도 더 많은 양의 생산이 가능하도록 해주는 것을 말한다. 오늘날과 같이 경제가 발전하고 산업 구조가 고도화 될수록 기술 진보의 중요성은 증가하고 있다. 기술 개발 중에서도 특히 우주개발이나 신에너지 개발과 같이 개발과 투자 회수에 장기간이 소요되거나 투자 규모가 큰 경우, 또는 기술개발의 위험(risk)이 큰 경우에는 민간기업에게만 맡겨놓을 수 없게 된다. 이때에는 정부가 직접 기술개발에 관여하거나 기술개발을 촉진시키는 각종 정책을 사용하는 것이 필요하다. 그런데 정부가 민간의 기술개발에 관여할 때는 불필요한 규제나 간섭이 되지 않도록 조심하여야 한다. 일반적으로는 정부가 관심을 가지고 기술 개발 투자를 수행할 때 기술발전은 촉진되고 경제성장에 유효한 영향을 미치게 된다. 정부는 기술 진보를 촉진하기 위하여 직접 연구기관을 설립하거나 또는 민간 부문의 기술 개발을 촉진하기 위하여 각종의 세제감면 등 인센티브를 제공할 수 있다.

이외에도 정부의 출산력 제고와 같은 정책은 장기적으로 노동력을 증대시켜 경제의 공급능력을 증대시키는 데 기여할 수 있다.

2. 수요측면의 재정정책

정부는 공급측면에서 국민경제의 생산능력을 향상시킴으로써 국민경제의 성장에 영향을 미칠 수 있지만 이러한 정책은 장기에나 가능하다는 한계를 가진다. 그러나 수요정책은 단기에 효과가 나타난다는 점에서 더욱 유용하게 그리고 자주 사용된다. 정부로서는 당장에 직면해 있는 경제침체에서 벗어나기 위해서 공급측면의 정책보다는 총수요를 조정하는 정책을 선택하는 경우가 많다.

정부가 정부지출, 조세 징수 등의 조정을 통하여 총수요(總需要)를 조절하는 정책을 총수요관리정책 또는 좁은 의미의 재정정책(fiscal policy)이라고 한다. 이러한 정책은 오늘날 경기를 조절하는 기능으로서 매우 중요한 위치를 점하고 있다.

국민경제의 총수요는 소비(C), 투자(I), 정부지출(G), 순수출(NX)로 구성되는데, 이 중에서 소비, 투자, 수출 항목은 정부가 조정하기 어려운 측면이 있다. 왜냐하면 경기가 침체된 시기에 가계는 오히려 소비보다는 저축을 하려는 경향이 강하고, 기업도 재고가 쌓여가는 상황에서 투자를 할 수 있는 입장이 아니기 때문이다. 그러므로 정부로서는 이 중에서 정부지출 항목을 직접 조정하는 방식으로 밖에 총수요에 영향을 미치는 선택을 하지 않을 수 없다. 일반적으로 정부지출의 증가는 승수효과를 통하여 국민소득을 증대시킨다. 정부지출의 승수효과란 정부지출의 증가가 정부지출의 승수 배에 해당하는 국민소득을 증가시키는 효과를 말한다.

정부지출의 증가 또는 조세수입의 감소를 통하여 국민소득의 증대를 꾀하는 정책을 확장적인 재정정책(財政政策)이라고 한다. 다음에서는 정부지출의 증가가 국민소득에 어떤 영향을 주는지를 케인즈의 승수 모형을 가지고 알아보기로 한다.

승수 모형에서 소비함수를 가처분소득(Y_d)의 함수로 정의할 때 가처분소득은 소득(Y)에서 조세(T)를 감한 것으로 정의된다. 가처분소득(可處分所得)은 바로 소비와 저축으로 처분될 수 있는 소득이다. 이때 조세는 정액세로 징수되는 것으로 가정한다. 그러면 해외부문을 제외한 국민소득회계방정식과 소비함수는 다음과 같이 쓸 수 있다.

$Y = C + I + G$ ---------------------------- ---- ------(18-2-1)

$C = a + bYd \{Yd = Y - T\}$ ------------------- --------(18-2-2)

그리고 투자(I)와 정부지출(G), 수출(X)은 소득과는 상관없이 독립적으로 이루어지고 수입은 국민소득에 비례한고 가정하자. 즉,

$I = I^0$ --(18-2-3)

$G = G^0$--(18-2-4)

위의 식들을 국민소득회계방정식에 대입하여 정리하면 다음과 같다.

$Y = a + bY - bT + I^o + G^o$ ------------------------------(18-2-5)

위의 식을 다시 Y에 대하여 정리하면,

$Y = \frac{1}{1-b}[a + I^o - bT + G^o]$- ----------------------------(18-2-6)

위의 식(18-2-6)에서 보듯이 정부지출이 있으면 국민소득은 이들의 계수인 $\frac{1}{1-b}$배 만큼 증가하는데, 이를 특히 정부지출승수라고 한다.

정부지출승수: $\frac{\triangle Y}{\triangle G} = \frac{1}{1-b}$ ----------------------------(18-2-7)

예를 들어, 한계소비성향이 0.8이라고 가정하면 재정지출승수는 약 5가 된다. 이것이 의미하는 바는 정부지출이 100억 증가하면 국민소득은 500억 증가한다는 것이다. 이 예에서 보면 정부지출의 국민소득 증대 효과가 매우 큰 것처럼 보인

다. 그러나 화폐부문까지 고려한 일반적인 상황에서는 효과가 저감될 수 있다.

다시 말해서 정부지출의 증가는 국민소득을 일차적으로 증가시킨다. 그러나 국민소득의 증가는 거래적인 동기에 의한 화폐수요를 증가시키게 되므로 투자로 사용될 화폐의 양을 줄인다. 그러면 이자율이 상승한다. 그리고 이에 따라서 실물부문에서 이자율에 영향을 받는 투자가 감소하게 되므로 국민소득이 감소하는 부차적인 효과가 초래된다. 이러한 구축효과(crowding out effect)까지 감안하게 되면 정부지출에 의한 국민소득의 화대는 크게 줄어들게 된다.

또한 정부지출의 증가가 조세의 증가에 의해서 조달될 때도 승수효과는 감소한다. 정부지출의 증가와 조세징수가 동시에 같은 액수만큼 이루어질 때 국민소득에 미치는 효과를 특히 균형재정승수효과라고 한다. 즉 균형재정을 유지하기 위하여 정부지출과 조세징수를 동시에 같은 액수만큼 증가시킬 때 국민소득이 얼마나 변하는가를 나타낸 수식을 균형재정승수라고 한다. 균형재정승수는 위의 (식 18-2-6)에서 구할 수 있다. 이 식에서 보듯이 조세 증가의 국민소득에 대한 효과는 다음과 같다.

$$\frac{\triangle Y}{\triangle T} = -\frac{b}{1-b} \text{ ------------------------------------- }(18\text{-}2\text{-}8)$$

따라서 균형재정승수는 다음과 같이 쓸 수 있다.

$$\text{균형재정승수:}\quad \frac{\triangle Y}{\triangle G}-\frac{\triangle Y}{\triangle T}=\frac{1}{1-b}-\frac{b}{1-b}=1 \text{ --------- }(18\text{-}2\text{-}9)$$

이상에서 알 수 있듯이 정부지출에 필요한 재원을 같은 금액의 조세징수에 의해서 충당할 때도 역시 재정지출승수는 1로서 그 효과는 크게 감소한다.

또한 정부가 지출을 통화발행을 통하여 조달하는 경우도 생각할 수 있다. 이때도 역시 재정지출승수는 감소할 수 있다. 정부지출로 인하여 통화량이 증가하면 물가가 상승하는데 이는 다시 이자율 상승, 환율의 하락을 초래하게 되므로 총수요를 줄이고 따라서 정부지출에 의한 국민소득의 증가 효과는 줄어든다.

이 처럼 다양한 이유로 구축효과가 발생하므로 정부지출 그 자체가 국민소득에 미치는 효과는 그렇게 크지 않을 수 있다. 즉 정부지출이 소비를 자극하여 생산을 유발함으로서 나타나는 효과는 다양한 구축효과의 작용 때문에 케인즈가 생각했던 것처럼 크게 나타나지 않을 수 있다. 그러므로 승수효과를 과신하는 것은 바람직하지 않다.

경제발전이라는 측면에서 더 중요한 것은 정부지출이 어디에 쓰였느냐 하는 점이다. 앞 절에서 언급하였듯이 정부지출이 이전지출을 통해 소비수요의 증대로 쓰였는가 아니면 정부지출이 사회간접자본의 건설과 같은 투자적인 지출로 쓰였는가에 따라 경제발전에 미치는 효과는 다르게 나타날 수 있다. 물론 후자의 용도로 정부지출이 이루어질 때 생산유발 효과는 더 크게 나타날 수 있다. 다시 말해서 정부지출은 크게 소비지출과 투자지출로 구분되는데, 둘 다 단기적으로 총수요를 확대한다는 점에서 동일하다. 그러나 특히 투자지출은 위에서 언급했듯이 장기적으로 경제의 공급능력을 증대시키기 때문에 중요한 의미를 갖는다.

3. 재정정책의 물가 및 국제수지 안정화 기능

정부의 재정 수입과 지출은 물가수준에 영향을 미친다. 재정수지의 결과는 통화 공급량을 변화시키기 때문이다. 만약 재정수지 적자의 경우에 정부가 필요한 재원을 한국은행으로부터 차입해 보전한다면 총통화는 늘어나고, 이에 따라 물가는 상승한다. 그러나 재정적자 시에 부족한 재원을 국채를 판매하여 조달하였다면 물가(物價)에 미치는 효과는 훨씬 줄어들 것이다. 시중에서 자금을 흡수하기 때문이다. 이렇게 정부가 부족한 재원을 어떻게 조달하느냐에 따라 그 효과는 다르게 나타난다.

한편 재정을 통하여 국제수지에 영향을 미칠 수 있다. 특히 우리나라와 같이 대외개방도가 높은 경제는 국제수지를 잘 관리는 것이 매우 중요하다. 국제수지의 적자가 장기간 누적되면 1997년의 외환위기, 그리고 2008년도와 같은 금융위기에 처할 수 있다. 수출에서 수입을 뺀 순수출의 크기는 경상수지에 해당하는 것으로 이 값이 플러스일 때는 경상수지가 흑자이고, 마이너스일 때는 적자를 의미한다. 그런데 순수출(純輸出), 즉 경상수지는 국민저축과 투자의 차이에 의하여 결정된다. 그 이유는 다음과 같다. 국민소득을 Y로 나타낼 때 국민소득 방정식은 다음과 같다.

$$Y = C + I + G + NX \text{------------------------------} (18\text{-}3\text{-}1)$$

위의 식에서 양변에 C와 G를 빼 주면,

$$Y - C - G = I + NX \text{------------------------------} (18\text{-}3\text{-}2)$$

위의 식에서 Y- C - G는 국민저축이다. 한편 위의 식 좌변에서 세금(T)을 빼어주고 다시 더한 후 정리하면,

$$(Y - T - C) + (T - G) = I + NX \text{------------------} (18\text{-}3\text{-}3)$$

위의 식의 좌변은 국민저축(national saving: S)으로 민간저축(Y - T - C)과 정부저축(T - G)의 합으로 구성되어 있음을 알 수 있다. 위의 식을 정리하면,

$$NX = S - I \text{--} (18\text{-}3\text{-}4)$$

위의 식에서 알 수 있는 것은 정부가 재정지출을 늘릴 경우 정부 저축이 줄어들고 이는 국민저축을 줄이므로 경상수지는 더욱 악화되게 된다. 마찬가지로, 조세 감면을 늘리는 경우에도 정부저축을 줄이므로 국민 저축이 줄어들어 경상수지를 악화시키게 된다. 그러므로 정책적인 측면에서 경상수지가 적자일 때 이를 해소하기 위해서는 정부지출을 줄이든가, 조세수입을 증가시키는 긴축재정정책이 필요하다.

4. 조세수입과 경제발전

재정정책은 정부의 과세와 지출에 초점이 맞추어진다. 대부분의 경제성장과 안정화정책은 정부지출에 집중되는 경향이 있다. 그러나 중요한 경제발전 행위를 수행하기 위해서는 이에 필요한 재원의 조달측면 즉, 정부의 수입측면에 대한 이해가 선행되어야 하므로 이에 대한 검토가 필요하다.

개발도상국의 경우에 정부가 공적 행위를 수행할 때 저축이 부족할 경우에는 국내외 차입을 통하여 이를 메울 수도 있다. 그러나 장기적 관점에서 보면 공평하고 효율적 조세구조의 정립을 통하여 수입을 마련하는 것이 바람직하다.

선진국일수록 재정수입 가운데 조세수입이 대종을 차지한다. 그러므로 경제가 발달할수록 조세구조의 설계 형태가 경제전반에 미치는 영향은 더욱 중요하게 된다. 조세 구조는 두 가지 측면에서 평가될 수 있다.

첫째는 조세 수입 가운데 직접세와 간접세의 비중이 차지하는 구조이다. 선진국의 경우는 대체로 직접세의 비중이 높은 반면 개도국은 간접세의 비중이 높다. 개도국은 소득이 낮기 때문에 조세수입을 관세, 물품세 등에 의존하기 때문이다. 그러나 이러한 패턴은 유럽에는 뚜렷하지 않다. 유럽에서는 간섭세의 비중이 높은 편이다. 그러므로 직섭세 또는 간접세 위주의 조세구조 가운데 어느 것이 경제발전을 위하여 바람직한지 분명하지 않다. 다만 극단적으로 편중된 조세구조를 피하는 것이 바람직한 접근 방식이라고 할 수 있다.

둘째는 조세가 어느 정도 누진적인인 구조를 가지고 있는 가이다. 개도국의 경우는 대체로 누진적이지 않다. 예를 들면 멕시코와 같은 국가는 매우 역진적인 조세구조를 가지고 있다. 다시 말해서 저소득계층이 고소득계층에 비하여 더 높은 세율을 적용받는다. 개도국에서 그와 같은 과세는 전통적으로 두 가지 목적으로 사용되어 왔다. 하나는 조세감면이 민간기업의 경제활동을 자극하는 수단이 되었기 때문이다. 또한 그와 같은 조세특례는 외국자본을 유치하는 데에도 기여하였다. 개도국 정부는 역진적인 조세구조가 소득분배에 악영향을 미친다는 사실을 알면서도 경제발전을 우선하기 위하여 불가피하게 그와 같은 선택을 하는 경우가 있다. 다음은 공공지출에 소요되는 재원을 충분히 조달하기 위한 목적이다. 개도국의 정치 및 경제적 이념이 무엇이든지간에 경제발전을 위해서는 우선 본질적인 공공서비스의 확대, 즉 건강, 교육, 수송, 각종제도, 빈곤의 제거와 같은 사회기반설의 건설이 시급하다. 그리고 이에는 막대한 재원이 소요되지만 개도국은 직접세의 세원이 충분하지 않으므로 역진적인 간접세에 의존하지 않을 수 없는 실정이다.

이와 같이 사정 때문에 대부분의 개도국은 재정적자에 직면한다. 대체적으로 개도국이 야심적인 개발 프로그램을 수행하기 위한 공적지출은 조세수입을 초과한다. 그러므로 이러한 문제를 해결하기 위하여 조세구조의 공평성 측면보다는 수입 측면을 강조하지 않을 수 없다. 일반적으로 과세의 크기에 영향을 미치는 원천은 다양하다. 열거하면 1인당 소득수준, 소득분배의 불공정성 정도, 산업구조 및 경제활동의 유형, 사회·정치 제도, 이해 집단의 영향력, 그리고 조세행정의 신뢰성이 등이다. 이러한 요인들은 각 나라마다 다르므로 각국의 조세구조에는 차이가 있다.

5. 균형재정과 적자재정

균형재정이 바람직한가 아니면 적자재정이 바람직한가에 대한 논쟁이 이어져 왔다. 균형재정은 주로 고전학파경제학들에 의해, 그리고 적자재정은 케인지언학파들에 지지되어 왔다. 먼저 균형재정이 바람직하다는 고전학파 경제학자들의 주장에 대하여 설펴보고 이어서 적자재정이라도 합리화될 수 있는 근거는 무엇인지 살펴보기로 한다.

균형재정과 작은 정부론

고전학파의 재정원리는 어떤 형태의 적자도 악덕으로 본다. 고전학파는 국가예산은 전시나 비상시국을 제외하면 수입과 지출이 일치하는 균형예산을 중요한 규범으로 생각하였다.

근래에 균형재정을 지지한 학자로 부케넌(J. Buchanan)을 들 수 있다. 그는 재정이 방만하게 운영될 때 인플레이션이 촉진되고 그러면 경제주체의 지나친 기대심리 상승으로 자원이 생산적으로 배분되지 않는다고 하였다. 그리고 이는 결과적으로 불황의 한 요인이 된다고 보았다.

근래에 미국을 중심으로 균형예산원칙의 고수에 대한 지지가 높아지고 있다. 그 내용을 보면, 첫째, 적자재정은 국민경제적으로 이점보다 불리한 점이 더 많다. 인플레이션의 유발뿐만 아니라 국채발행으로 인하여 민간투자를 위축하는 이른바 구축효과가 발생한다. 둘째, 정부의 지나친 재량은 배분의 왜곡과 불안정을 유발한다. 따라서 정부의 재량적 재정정책은 비상시에만 허용하도록 해야 한다. 셋째, 정부의 지출은 민간부문의 비중이 위축되지 않는 범위 내에서 이루어져야 한다. 넷째, 정치가들은 감세와 지출증대로 국민으로부터 인기를 얻으려고 하며 그 결과 균형예산안의 마련을 어렵게 한다. 그러므로 지출과 수입을 연계시키는 법제화가 필요하다는 것이다.

프리드만(M. Friedman) 역시 균형예산에 대한 대표적인 지지자 가운데 한 사람이다. 그는 스미스가 말한 '최소의 정부가 최량의 정부'라는 고전학파의 명제를 다시 주장하면서 정부지출을 줄이기 위하여 정부가 담당해야 할 기능을 다음과 같은 것에 국한해야 한다고 주장하였다. 즉 사회질서와 안정의 유지, 사유재산제도의 법적보장, 법률제정에 대한 비판의 자유, 계약질서의 이행, 경쟁촉진, 통화제도의 유지, 환자 및 노약에 대한 보호 등이다(이필우, 1997). 그의 주장에서 알 수 있듯이 정부는 시장경제의 효율을 극대화하기 위하여 사회, 경제, 제도적 요건을 마련하는 것을 주요 임무로 해야 하며, 그 외에 일에 간여하는 것은 시장제도의 효율성을 저해하기 때문에 바람직하지 않다고 보았다.

케인즈의 기능적 재정이론

대공황이후에 케인즈의 기능적 재정이론이 고전학파의 균형재정이론을 압도하면서 영역을 확대해왔다. 대표적인 학자로 갈브레이드(J. Galbraith)를 들 수 있다. 그는 고전학파의 '작은 정부론'에 맞서 정부의 적극적 역할을 주장하였다. 즉, 그는 정부의 기능으로, 민간산업부문의 개발촉진, 유료도로의 건설, 운수·우편·통신·방송·금융 등에 대한 통제, 최저임금·이자율·임대료 등에 대한 국가의 가격통제, 주택공급의 촉진, 사회보장제도의 촉진, 징병제, 국립공원건설 등을 거론하였다.

그는 국가의 적극적 역할을 주문한 이유로 공공부문으로 자원배분이 과소하게 이루어진다는 점을 들었다. 즉 '공공부문 빈곤설'이다. 그러므로 그는 민간부문과 공공부문 간에 자원배분의 균형을 이루기 위하여 정부는 더 많은 세금을 거두어서 더 많은 역할을 해야 한다고 주장하였다(이필우, 1997).

일반적으로 적자재정이 설득력을 갖는 근거로는 재정의 경제 안정화, 조세의 평탄화, 조세의 세대간 분담을 들 수 있다(N. G. Kankiw, 2014).

재정의 경제안정화란 경제가 후퇴기에 접어들면 세입이 감소하고 이전지급이 증가하는 자동안정장치가 작동한다. 이러한 장치는 경제를 안정시키는데 도움이 되지만 그 결과로 재정적자를 초래할 수 있다는 것이다. 만약 정부가 엄격한 균형재정의 규칙을 준수한다고 하면 정부는 후퇴기에 조세를 늘리고 지출을 감소시켜야 하는 경우도 발생한다. 이 같은 조치는 당연히 총수요를 위축시킴으로서 경기를 더욱 하강시킬 수 있다. 이런 경우는 재정적자의 실현이 경제에 도움이 될 수 있다는 것이다.

다음으로 조세의 평단화란 조세로 인한 시장교란을 최소화하자는 것이다. 조세의 부과는 경제주체의 경제활동 의욕에 영향을 미친다. 특정 기간에 적용되는 높은 세율은 경제활동을 억제하여 사회적 비용을 증가시킨다. 예를 들면 특정 기간에 노동소득에 중과세 할 경우에 노동자의 일하려는 동기를 감소시킨다. 또한 특정 기간에 대하여 소비세를 감해 줄 경우 그 기간이 지나면 소비가 억제되는 경향이 발생한다. 두 경우 모두 사회적 비용을 증가시킨다. 그러므로 세율을 어떤 기간에는 높이 유지하고 다른 기간에는 낮게 유지하는 것보다는 세율을 안정적으로 평탄하게 유지함으로 조세의 사회적 총비용을 최소화시킬 수 있다. 세율을 일정하게 유지할 경우에는 소득아 낮아지는 경기 후퇴기에는 수입이 감소하여 재정적자가 발생할 수 있는데 이러한 이유로 발생되는 재정적자는 균형재정보다 경제에 오히려 도움이 된다는 것이다.

그리고 조세의 세대 간 재분배를 위하여 재정적자가 불가한 경우가 있다. 재정적자는 조세부담을 미래세대로 이전시키기 위한 방편으로 사용될 수 있다. 재정적자가 공채를 발행해서 이루어질 경우에 그 상환의 부담은 미래세대에게로 돌아간다. 적자재정이 합리화되기 위해서는 적자재정으로 발생한 이익이 미래세대에게도 영향을 미쳐야 한다.. 예를 들어 SOC의 건설을 위하여 적자재정이 실현될 경우에 이로 인하여 미래세대의 생산성을 높일 수 있다. 또는 전쟁수행을 위한 정부지출이 확대된 경우는 미래세대에게 평화라고 하는 편익을 가져다주게 된다. 두 예 모두 재정적자로 인한 부담을 미래세대에게 이전하는 것이 정당화될 수 있는 사례이다. 그러나 현 세대를 위한 이전지출의 증가가 현 세대만을 위한 것일 경우에 이로 인하여 발생한 재정적자는 미래세대에게 부담만 전가하는 것이므로 정당화될 수 없다.

6. 지방정부의 재정정책

지방정부의 기업 활성화 정책

각 지방정부가 행하는 재정정책의 효과는 지방정부간 상호작용을 거치면서 나타난다. 예컨대 한 지방정부가 기업 활동을 촉진하기 위한 유인책으로 마련한 재정정책이 다른 모든 지방정부에서 이용 가능한 것이라면 한 지방정부의 재정정책은 지역 간의 기업의 상대 비용에 영향을 미치지 못하게 되고 결과적으로 정책의 효과가 나타나지 않을 수 있다.[5]

예를 들어 A 지방정부가 기업 활동을 촉진하기 위한 정책을 사용했다고 하자. 그러면 〈그림 18-1〉과 같이 공급곡선을 하향 이동시킨다. 만약 이 같은 유인정책이 성공해서 자본이동이 매우 유동적이라고 가정하면 A 지역의 생산비는 감소하고 산출량은 증가한다. A 지역에서 생산비와 가격이 하락하면 B 지역의 생산물 대한 수요를 줄일 것이므로 생산 역시 감소시킬 것이다. 원칙적으로는 A 지역의 재정정책이 성공적이라면 기업들은 경제 활동을 B 지역으로부터 A 지역으로 이동시키려고 한다. 그러나 B 지역정부 역시 A 지역의 정책에 대응하는 정책을 구

5) R. C. Fisher(2007), State & Local Public Finance, ch. 22. 참조.

사할 것이다. 그 결과로 B 지역에 있는 기업 역시 생산비용이 하락하게 되고 공급곡선이 하향 이동하게 되면 생산이 증가한다. 이와 같이 B 지역에서 대응한 정책이 정확히 A 지역의 것과 동일한 효과를 가지면서 A 지역 효과를 상쇄한다고 하자. 그러면 B 지역의 생산량은 정책 이전 수준으로 회귀한다. 또한 B 지역에 의해 유발된 비용 감소 역시 A 지역에서의 생산에 대한 매력을 줄이게 된다. 따라서 A 지역의 생산량 역시 원래 수준으로 회귀한다.

〈그림 18-1〉 지방재정정책과 상호작용

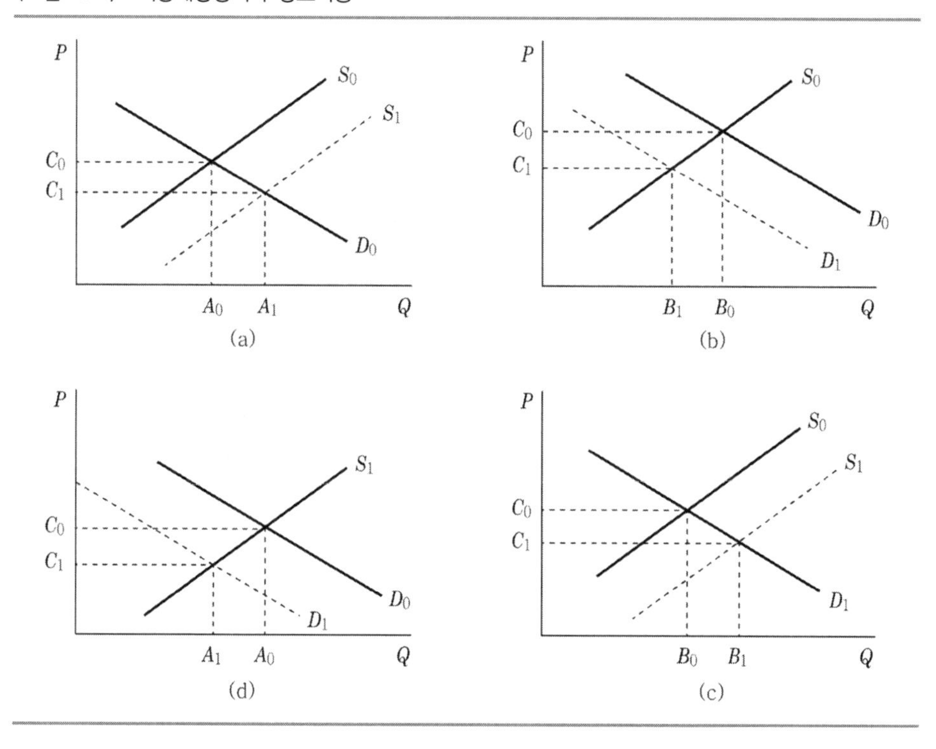

이상과 같은 과정에서 한 지방정부의 재정정책이 아무런 변화를 초래하지 못하였다고 결론지을 수 있다. 그러나 그것은 성급한 결론일 수 있다. 지방정부가 정책 시행 이후에도 동일한 정부 서비스를 제공한다고 가정하면 조세부담의 재분배가 이루어질 수 있기 때문이다. 한 지방정부가 지방법인세와 같이 기업에 대한 과세 수준을 결정할 할 수 있다는 전제하에 위와 같이 한 지방정부가 지방법인세율을 인하하였다면 이로 인하여 지방법인세의 수입이 총조세 수입 가운데서 차지하는 비중이 줄어들 수 있다. 이 같은 조세부담의 재분배는 경제적 의사결정에 변화를 초래할 수 있다. 예를 들어, 감세정책으로 인하여 자본소유에 대한 조세부담이 감소하고 소비에 대한 조세부담이 증가했다고 하자. 이로 인한 기대효과는 저축의 증가와 이에 따른 자본스톡의 증가를 유발할 수 있다. 이상과 같이 한 지방정부의 재정정책(예, 감세정책)에 다른 지방정부들이 즉각적으로 상응하는 대응을 하게 될 때 그 효과는 중앙정부에 의한 자본에 대한 감세 정책과 동일한 효과를 갖는다.

결론적으로 말해서 각 지방정부마다 다른 지방정부에 비하여 경쟁력을 높이기 위한 재정적 조치를 취하더라도 그 결과는 상대적 비용 수준에 영향을 주지 못한다. 그러나 국가 전체적으로 보면 기업의 생산비용을 줄일 수 있다. 그러므로 모든 지방정부가 함께 정책적으로 반응을 보이는 상황에서 한 지방정부의 재정적 조치는 중앙정부의 재정정책을 효과적으로 보완할 수 있다.

생산요소 및 소비자의 이동이 어려운 경우

한 지방정부가 투자에 대해 직접보조를 한다거나 조세감면을 해 주는 것과 같은 방식으로 기업의 투자비용을 줄려주는 일련의 재정정책에 일단 성공하더라고 정책의 궁극적 효과는 소비자와 각종 생산요소의 이동 가능성에 의해 좌우된다. 투자자는 지역 간 이동이 매우 자유롭지만, 이와 달리 소비자, 노동, 토지 등의 생산요소는 상대적으로 이동이 쉽지 않다.

한 지역에서 투자에 대한 직접보조 방식으로 투자비용을 낮추는 정책을 실시한다고 하자. 그 같은 정책은 기업의 투자율을 높이고 그 지역으로 더 많은 자본을 유치할 수 있다. 해당 지역에서 높은 투자수익률이 실현되면 이는 타 지역의 반응을 불러일으키게 되므로 해당 지역의 투자 수익률은 다시 떨어지게 된다. 이때 분명한 것은 해당지역 내에 투자가 증가한 반면 여타 지역에서는 감소하였다는 사실이다. 일단 투자의 증가는 노동과 같은 생산요소에 대한 수요를 증가시키고 임금을 인상시킨다.

한편 지방정부의 이 같은 재정정책으로 투자가 이루어진 지역에서는 투자 및 생산의 증가로 인해 지역의 소비재 가격은 떨어진다. 만약 소비자의 이동이 어렵다고 가정하면 소비자는 보다 낮은 가격으로 재화를 살 수 있으므로 더 많은 소비자 잉여를 얻게 된다.

또한 다른 예로 한 지방정부가 재산세 감면정책과 같은 투자활성화 정책을 사용한다고 해 보자. 예컨대 신축 업무용 건물에 대한 조세감면을 해 준다고 하자. 그러면 전보다 건축에 대한 수요는 증가할 것이다. 이로 인해 예상할 수 있는 것은 아파트건축, 오피스 건물건축 등이 증가하게 된다. 업무용 빌딩의 증가는 첫째는 노동에 대한 수요증가와 임금상승을 유발할 것이고, 둘째로는 업무용 오피스에 대한 임대료의 하락과 같은 효과를 예상할 수 있을 것이다.

생산요소 및 소비자의 이동이 자유로는 경우

노동과 소비자의 이동이 어렵다는 가정은 대도시권역에서는 적용가능성이 떨어진다. 도시지역에서는 한 지역에서의 투자 증가로 인해 아파트나 건물 임대료 등이 하락하는 경우에는 사람들은 더 낮은 임대료를 찾아서 지역 간을 이동한다. 사람들이 낮은 임대료 지역으로 이동하게 되면 그 지역에서의 아파트와 공간에 대한 수요가 증가하므로 임대료는 상승할 것이며, 이 같은 이동은 각 지역에서 임대료 수준이 같아질 때까지 계속될 것이다.

이와 같이 사람들이 낮은 임대료를 찾아서 이동한다면 자본 투자자의 이윤은 어떻게 될까? 만약 투자자들이 모든 지역에서 동일한 임대료를 부과한다고 할 때 높은 조세 지역에 사는 사람들은 다른 지역에 비해 낮은 투자 수익률을 실현한다. 이러한 이윤의 차등은 또 다른 자본이동을 유발하게 될 것이다. 즉 투자자는 다시 조세감면이 이루어지는 지역으로 이동을 하게 된다. 결과적으로 그와 같은 조세감면을 표방한 지방정부에는 자본공급의 증가, 임대로 하락이 초래되고 이에 따라 또 다시 사람들이 이전해 올 것을 예상할 수 있다.

그러면 이와 같은 과정은 어떻게 멈추게 되나? 생산요소의 하나인 토지를 생각해 보자. 토지는 이동성이 거의 없는 생산요소라는 점에서 다른 생산요소와 다르다. 한 지역에서 조세특혜로 인해 유발된 투자의 증가는 토지수요를 증가시키고 토지 가격을 상승시킨다. 그러면 결과적으로 토지가격이 상승하게 되므로 추가적 투자는 매력을 잃게 된다. 따라서 투자자의 이동은 멈추게 된다.

다음은 이 과정에서 누가 이익을 얻는가이다. 분명한 것은 토지 가격의 상승으로 인해 토지소유자가 이익을 본다. 해당 지역의 임대인이 이익을 보는지는 소비자들의 이동가능성에 달렸다. 조세감면정책으로 인해 새로운 임대인들이 해당지역으로 이동해 온다면 임대료는 낮아진다. 이때 이익이 임대인과 임차인 가운데 누구에게 돌아가는가의 문제는 각 그룹이 얼마나 이동성이 큰가에 달렸다.

사실 이상과 같은 설명은 재정의 자본화 현상과 일맥상통한다. 기업의 비용을 높이는 원천이 어느 지역에 있는가는 문제되지 않는다. 예컨대 높은 재산세율과 같이 지역 간 비용에서의 차등이 있을 경우 이에 대한 지역들의 대응이 일어나는 것은 위에서 설명한 바와 같다. 그러나 이때 두 가지 점을 유의해야 한다. 첫째, 어떤 지역이 비용에서의 우위에 있을 때 투자자들이 이에 반응할 때만 위와 같은 조정과정이 일어난다는 점이다. 만약 모든 지역이 동일한 혜택을 제공하거나 또는 비용에서의 이점이 매우 적은 수준이라면 위와 같은 조정과정은 작동하지 않을 수 있다. 둘째, 이 같은 과정이 얼마나 순탄하게 일어나는가는 소비자의 이동비용, 소비자의 시장에 대한 인식, 공공서비스 수준, 기업가의 개별선호, 정보비용 등 많은 다른 요인들에 의해서 영향을 받는다는 점이다. 실제 투자자, 노동자, 소비자가 지역 간의 재정정책의 차이에 어떻게 반응하는지는 확실하지 않다.

〈그림 18-2〉 자본투자에 대한 지원의 효과

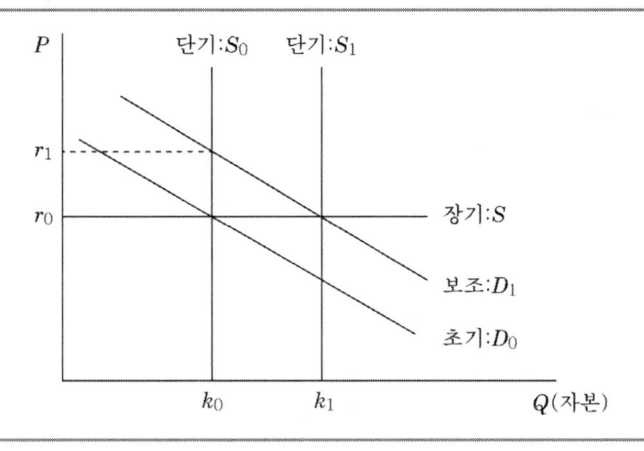

이상과 같은 조정과정을 〈그림 18-2〉에서 설명하면, 한 지역의 조세특혜는 일단 그 지역의 투자 수익률을 증가시킨다. 이는 투자를 유인하게 되므로 자본 스

톡을 K_0에서 K_1으로 증가시킨다. 이 같은 조세정책의 기대효과는 투자의 증가로 인해 다른 생산요소에 대한 수요의 증가를 초래한다. 즉 노동과 같은 이동 가능한 생산요소의 유입을 초래한다. 그리고 이는 다시 토지와 같은 비이동성 생산요소의 가격을 인상시킨다. 노동이 이동가능하다면 고용증가가 투자 증가에 동반되어 일어날 것이며 비이동성 요소인 토지의 임대료는 상승할 것이다.

전국을 대상으로 거래되며 가격결정이 이루어지는 재화의 경우는 지역의 재정정책으로 인해 기업의 비용이 하락하게 될 때 해당 지역에서 재화의 생산은 증가한다. 그러나 가격은 그대로이다. 반면에 재화의 가격이 관할구역 안에서 결정되는 지방재인 경우는 지역의 재정정책으로 기업의 비용이 감소할 때는 생산의 증가와 더불어 지방재의 가격 역시 하락하게 될 것이다.

균형재정 기능적 재정 뉴딜정책 조세의 평탄화
긴축재정정책 구축효과

주요 참고문헌

강태혁, 『한국예산제도론』, 율곡출판사, 2010.
권형신 외, 『한국의 지방재정』, 해남, 2001.
기획재정부, 재정교실, 2004.
김신복, 『발전기획론』, 박영사, 1998.
김종순, 『지방재정학』, 삼영사, 1997.
김홍배, 『비용편익분석론』, 홍문사, 1997.
서승환 외, 『도시경제론』, 홍문사, 1993.
순희준 외, 『지방재정론』, 대영문화사, 2001.
오연천, 『지방재정론』, 박영사, 1987.
______, 『한국조세론』, 박영사, 1992.
우명동, 『지방재정론』, 해남, 2001.
유 훈, 『지방재정론』, 법문사, 1995.
윤성채, 『정부와 예산』, 대영문화사, 2001.
이달곤, 『지방재정론』, 박영사, 2004.
이준구, 『재정학』, 다산출판사, 1999,
이필우, 『재정학』, 법문사, 1997.
전상경, 『현대지방재정론』, 박영사, 2007.
정운찬, 『거시경제학』, 율곡출판사, 2006.
Davoodi, H., Fiscal Decentralization and Economic Growth::A Cross Country Study, *J.U.E.*, 43-2, 1998.
Fisher, Ronald C., *State & Local Public Finance* 3th ed., Thomson Western, 2007.
Hyman, David N., *Public Finance*, Harcourt Brace College Publishers, 1999.
Inman, R.P, Rubinfeld, D.L, Rethinking Federalism, *J.E.P.*, 11(4), 2009.
Mankiw, N. J. *Macroeconomics*, 2014.
Rosen, H. S. & T. Gayer, *public finance*, 8th ed., McGraw-Hill, 2008.

찾아보기

(ㄱ)

(ㄴ)

(ㄷ)

(ㄹ)

〈저자 약력〉

최 식 인

연세대학교 대학원졸(경제학 박사, 1992)
현 협성대학교 도시지역학부 교수(1994-)

〈저서 및 논문〉

『경제학원론』(청목출판사, 2010)
『경제발전론』(청목출판사, 2017)
“경제성숙단계의 소농의 재인식”(한국경제발전학회) 등

재정학개론(개정2판) –국가/지방재정의 이해–

2019년 8월 20일 개정2초판 인쇄
2019년 8월 25일 개정2초판 발행

저 자 최 식 인
발행인 유 성 열
발행처 **청목출판사**
서울특별시 영등포구 신길로 40길 20
전화 (02) 849-6157, 833-6091
FAX (02) 849-0817
등록 제318-2005-000030호

파본은 바꾸어 드립니다. 값 24,000원

http : //www.chongmok.co.kr

ISBN 979-11-5908-041-8